中共国家税务总局党校　　系列教材·税收理论与实务类
国家税务总局税务干部学院

新发展阶段
税收治理

王伟域　主编

中国税务出版社

图书在版编目（CIP）数据

新发展阶段税收治理／王伟域主编． — 北京：中国税务出版社，2021.7（2022.7重印）
ISBN 978-7-5678-1110-2

Ⅰ．①新… Ⅱ．①王… Ⅲ．①税收管理-研究-中国 Ⅳ．①F812.423

中国版本图书馆 CIP 数据核字（2021）第 126202 号

版权所有·侵权必究

书　　名：	新发展阶段税收治理
作　　者：	王伟域　主编
责任编辑：	范竹青
责任校对：	姚浩晴
技术设计：	刘冬珂
出版发行：	中国税务出版社
	北京市丰台区广安路9号国投财富广场1号楼11层
	邮政编码：100055
	http://www.taxation.cn
	E-mail：swcb@taxation.cn
	发行中心电话：（010）83362083/85/86
	传真：（010）83362047/48/49
印　　刷：	北京天宇星印刷厂
规　　格：	787毫米×1092毫米 1/16
印　　张：	25
字　　数：	422000字
版　　次：	2021年7月第1版　2022年7月第3次印刷
书　　号：	978-7-5678-1110-2
定　　价：	89.00元

如有印装错误　本社负责调换

编写说明

党的十九届五中全会是在我国"两个一百年"奋斗目标的历史交汇点上召开的一次承前启后、继往开来的重要会议。会议审议通过的《中共中央关于制定国民经济和社会发展第十四个五年规划和二〇三五年远景目标的建议》（以下简称《建议》），是全面贯彻习近平新时代中国特色社会主义思想的纲领性文献；是乘势而上开启全面建设社会主义现代化国家新征程、向第二个百年奋斗目标进军的伟大宣言；是统揽"两个大局"、构建新发展格局、推动高质量发展的行动指南。

党的十九届五中全会作出的决策部署和《建议》安排的目标任务，对税收职能作用的发挥提出了新要求，更加凸显了税收在国家治理中的基础性、支柱性、保障性作用，需要我们深刻领会、深入贯彻、深化落实。为了帮助全国税务系统认真学习领会和结合税收实际贯彻落实，本书从党的十九届五中全会公报和《建议》中梳理出五大类23个税收工作相关主题。其中，税收治理与改革发展类，包括推进"十四五"时期税收治理现代化、完善宏观经济治理与建立现代税收体制、新发展格局下税收如何更好地服务经济社会发展、加快智慧税务建设、防范和化解经济领域涉税风险挑战等；税收法治与征管类，包括全面深化税收改革、推进税收法治、构建现代税收征管制度，以及落实落细税费优惠政策助力构建新发展格局等；税收制度与政策类，包括税收促进科技创新、税收促进实体经济发展、税收促进社会就业、税收促进文化产业发展、税收服务供给侧结构性改革、税收服务乡村振兴、税收服务绿色发展等；国际税收治理类，包括运用好税收协定服务高水平对外开放、加强"一带一路"税收征管合作、加强出口退税管理工作等；党的领导与队伍建设类，包括加强党对税收工作的全面领导，完善"带好队伍、干好税务"机制体系、打造忠诚干净担当的税务干部队伍等。

根据上述分类主题，编者邀请邓力平、马海涛等财税理论界知名专家、学者，中青年税收科研骨干以及税务领军人才等进行重点研究和系统阐述，试图从理论和实践角度集中回答税收工作如何在新发展阶段更好地贯彻新发展理念、服务于新发展格局构建等一系列重大问题。这对于全国税务系统党员干部深入学习贯彻党的十九届五中全会精神，具有重要帮助。同时，对于财经院校师生、广大纳税人以及社会各界关心财税工作的人士了解、学习和掌握《建议》中相关涉税主题也具有重要的参考价值。

编者

2021 年 2 月

目　录

高质量推进税收治理现代化新征程（代序） ……………… 邓力平　1

税收治理与改革发展

"十四五"时期中国税收治理现代化的
　　新形势新要求新使命 …………………………………… 王伟域　19
完善宏观经济治理　建立现代税收体制 ………… 马海涛　陈　宇　29
挖掘税收数据价值　促进智慧税务建设 ………………… 冯海旗　44
提高税收汲取能力　助力经济社会高质量发展 ………… 武靖国　59
有效防范和化解经济领域涉税风险 ……………… 贺照耀　姜　琳　67

税收法治与征管

中国税收法治的实现路径
　　——基于法治国家、法治政府与法治社会一体
　　建设的思考 ……………………………………………… 熊　伟　77
扎实推进新时代税收法治建设 …………………………… 刘运毛　87
现代税收制度的法治意蕴及具体构建 …………………… 黎江虹　98
构建现代税收征管制度 …………………………… 丁　芸　崔若琳　106
落实落细税费优惠　促进国内市场
　　发展 …………………………… 方红生　胡稳权　许铭雪　115

落实落细税费优惠政策　构建新时代新发展格局 …………… 冯守东　134

创新财税分享机制　推动长三角一体化发展 ………………… 吕　明　142

税收制度与政策

发挥税收作用　促进科技创新
　　——我国税收促进科技创新的"十三五"
　　回顾及"十四五"展望 …………………………………… 刘晓东　153

更好发挥税收职能作用　支持企业创新驱动发展 …………… 傅　彤　165

促进实体经济发展的税收政策研究 …………………… 白彦锋　沈　畅　175

税收支持实体经济发展的思考 ………………… 谭　伟　胡晓辉　胡力伟　191

发挥税收激励　稳定社会就业 ………………………… 薛　钢　付梦媛　201

完善现代税收制度　支持就业优先政策 ……………………… 王智烜　211

新发展格局下税收促进就业的探讨 …………………………… 王明世　219

支持文化产业发展的税收政策 ………………………… 许　评　陈　清　228

税收支持文化事业和产业发展的对策 ………… 郝晓薇　叶大港　周泳江　244

发挥税收作用　助力乡村振兴 ………………………………… 陈平路　258

关于税收助推乡村振兴的若干思考 …………………………… 詹鹏宇　268

完善绿色税制　推动绿色发展 ………………… 王　娟　张玉梅　袁琳竺　278

围绕推动绿色发展　完善绿色税制体系 ……………… 韩万里　李晓广　287

税收促进新发展格局构建的作用机理
　　及政策取向 ………………………………………………… 王伟域　299

国际税收治理

发挥税收职能作用　服务高水平对外开放 …………………… 姜跃生　313

积极运用税收协定　服务于高水平对外开放大局 …………… 朱炎生　325

加强"一带一路"税收征管合作　积极推进
　　高水平对外开放 …………………………………………… 盘海源　338

加强出口退税管理　服务高水平对外开放 …………………… 戚玉龙　351

党的领导与队伍建设

加强党的领导　完善"带好队伍、干好税务"机制体系 …… 傅晓东　367

全面加强党的建设　着力打造一支忠诚干净担当的

  税务干部队伍 ………………………………… 任国保　陆力成　380

后记 ………………………………………………………………… 390

高质量推进税收治理现代化新征程
（代序）

邓力平[*]

随着中国特色社会主义进入新时代，我国的税收现代化进程也进入了快车道。在党的十八届三中全会提出"完善和发展中国特色社会主义制度，推进国家治理体系和治理能力现代化"改革总目标后，我国税务战线随即明确了全面推进税收现代化的奋斗目标，把税收现代化同国家治理体系和治理能力现代化的战略目标结合起来，将税收在经济社会发展中的地位提到了新高度。随后，在党的十九届四中全会提出"坚持和完善中国特色社会主义制度、推进国家治理体系和治理能力现代化"总体目标后，国家税务总局又根据新时代、新要求加以调整，在六年来税收现代化实践基础上，对标对表，持续提炼，赋予了"税收治理现代化"时代内涵，为持续实现中国特色税收现代化作了再部署、再要求和再提升。在这一过程中，我国税收始终有力地支持着社会主义现代化事业的发展，与时俱进地展现服务政治经济社会大局的职能作用，为国家治理现代化夯实了税收治理基础。

当前，我国在全面建成小康社会基础上开启了全面建设社会主义现代化国家的新征程。在新的起点上，我们必须既要重新审视中国特色税收治理现代化的奋进之路，又要提炼总结已有成绩、领会把握税收之治规律，在"十四五"时期更好地发挥税收在国家治理中的基础性、支柱性、保障性作用。笔者将从税收治理现代化的内涵入手，锚定"十四五"规划和二〇三五年远景目标，站在统筹内外两个大局的高度来把握中国特色税收治理现代化的时代要求，力争为基本实现国家治理体系和治理能力现代化提供更有力的支撑。

---

[*] 邓力平，厦门大学闽江学者特聘教授、博士生导师，厦门国家会计学院教授，第十三届全国人民代表大会常务委员会委员。

一、回顾奋进之路，明确税收治理新特征

回顾从"税收现代化"到"税收治理现代化"的前行之路，我们看到的是中国特色社会主义制度对税收现代化建设的举旗定向作用，看到的是新时代税收治理现代化体系从首次提出到基本形成的过程，看到的是体现着一以贯之、与时俱进的前后两个阶段。

（一）第一阶段"税收现代化"的提法始于"十二五"中期的 2013 年

在党的十八届三中全会提出"完善和发展中国特色社会主义制度，推进国家治理体系和治理能力现代化"总目标后，税务总局相应提出到"2020 年全面建成'六大体系'、基本实现税收现代化"的目标，即建立"完备规范的税法体系、成熟定型的税制体系、优质便捷的服务体系、科学严密的征管体系、稳固强大的信息体系、高效清廉的组织体系"。"六大体系"的提出已经把"税收现代化"与"国家治理现代化"结合起来，初步具有"税收治理现代化"的基本内涵和时代要求，税收在国家经济社会发展中的地位提到了新高度。

（二）第二阶段"税收治理现代化"的提法始于"十三五"后期的 2019 年

在党的十九届四中全会提出"坚持和完善中国特色社会主义制度，推进国家治理体系和治理能力现代化"总体目标后，税务总局立即完善正在推进的税收现代化体系建设，按照党的十九届四中全会精神对税收现代化进行全面思考，提出了以"新六大体系"和"六大能力"为标志的税收治理现代化新要求，即"坚强有力的党的领导制度体系、成熟完备的税收法治体系、优质便捷的税费服务体系、严密规范的税费征管体系、合作共赢的国际税收体系、高效清廉的队伍组织体系"之"新六大体系"和"政治引领能力、谋划创新能力、科技驱动能力、制度执行能力、协同共治能力、风险防范能力"之"六大能力"，从而形成直接对应国家治理现代化的税收治理现代化体系。

应该认识到，税收治理现代化体系目标的提出，表明当前和今后较长一段时间内税收现代化任务中最为重要的就是在坚持和完善中国特色社会主义制度下实现税收治理现代化。而为了在"十四五"期间更好推进实现这一目标，就要认真思考原来"六大体系"中哪些是与"完善和发展"相对应，必须继续保留与深化的；哪些是体现"坚持和巩固"重要要求，必须始终把握与铭记的。对比看，税收治理现代化"新六大体系"将原来的"税法体系"

和"税制体系"合并为"税收法治体系",实质性地保留了原来的"服务体系""征管体系"和"组织体系",在更广的视野上增加了"国际税收体系",而将原来的"信息体系"纳入"六大能力"的"科技驱动能力"之中。其中最为突出的就是,将"坚强有力的党的领导制度体系"列为中国特色税收治理现代化体系的首要内涵和中国税务人一路加以坚持、并在新时代得到最充分体现的"党对税收工作的全面领导"纳入税收治理现代化体系之中。这体现了中国特色社会主义税收的本质属性和国体、政体对税收现代化的制约要求。总体上看,以"新六大体系"和"六大能力"构成的税收治理现代化体系是原"六大体系"的延伸与拓展,进一步"坚持和完善"了中国特色社会主义税收现代化体系,站位很高,把握准确,是"十四五"时期推进税收治理现代化必须牢牢"坚持和巩固"的体系要求。从"新六大体系"出发,税收治理现代化就要不断将这些体系制度化和规范化,并结合阶段发展新特征和新要求与时俱进地调整,使之符合国家治理体系和治理能力现代化的要求。

二、明确具体要求,把握税收治理新内涵

既然税收治理现代化是较长一段时期内我国社会主义税收事业必须坚持、完善和巩固的重要目标,那么把握税收治理"新六大体系"的具体内涵和相互关系就显得十分必要。笔者在这里提两点体会。

(一)认真把握好税收治理现代化"新六大体系"中"坚强有力的党的领导制度体系、成熟完备的税收法治体系、优质便捷的税费服务体系、严密规范的税费征管体系、高效清廉的队伍组织体系"之国内侧面与"合作共赢的国际税收体系"之国际侧面的关系

"新六大体系"中的每一部分都是推进国家治理现代化的重要组成内容,缺一不可。党的领导,坚持的是社会主义税收道路最显著的制度优势;税收法治,体现的是坚持税收法定原则和依法完成法定任务的统一;税费服务,展现的是税收助力政府"放管服"改革、优化营商环境、服务国家大局的作用;税费征管,强调的是实现税收政策目标的财力保障;队伍组织,释放的是提升税收治理的内生动力。以上五个方面主要从国内角度为税收治理现代化指明正确方向、提升法治思维、服务国家大局、保障治理效能、激发治理活力。而国际侧面的国际税收体系则是强调在更大范围、更宽领域、更深层次的全面开放中,围绕构建合作共赢的新型国际税收关系,推动完善国际税收合作与协调机制。可以认为,"新六大体系"在不同侧面为税收治理提供支撑,每一环节都是实现税收治理现代化必须持续完善、认真做到的,并在统一指挥、相互配合中服务于税收治理体系和治理能力现代化。

"新六大体系"之国内侧面的每一方面都要求我国国际税收工作有所呼应。党对税收工作的全面领导自然决定了我国参与全球税收合作、服务开放发展的实践要跟着党的部署决策前进;而现代法治进程的推进、税费服务的优化、税费征管的改革、队伍组织的构建也都需要在立足国内基本国情、对标国际先进经验中有效落实。

"新六大体系"之国际侧面是为国内侧面的税收治理现代化服务的,这是构建合作共赢的国际税收体系的根本目的,即:以参与促合作、以合作得共赢、以共赢推发展,最终面向国家治理体系和治理能力的现代化。我们对于这一根本目标和国内外任务的高度一致性,必须有清醒的认识。

(二) 深刻认识中国特色税收治理现代化体系与全球税收治理体系的关系

中国特色税收治理现代化体系是在坚持和完善中国特色社会主义制度下,首要服务于我国政治经济社会大局、服务于全面建设社会主义现代化国家的。而与此同时,我国税收治理现代化体系中的国际侧面,即合作共赢的国际税收体系,是我国统筹内外谋全局将"大国税收"理念付诸实践的重要要求,体现的是我国既要实现国内税收体制的现代化,也要为国际税收征管的现代化贡献力量。全球税收治理体系是世界各国在通力合作解决税收逃避、税基侵蚀、协定滥用、重复征税、争端等国际涉税事项所形成的国际税收治理规则与秩序。可以认为,各个国家的税收治理都在一定程度上推动了全球税收治理。中国作为负责任的大国,自然也要在自身税收治理现代化进程中为全球税收治理体系的完善贡献力量。尤其是,要在当前强调并持续完善的合作共赢的国际税收体系中突出治理外溢性作用。一方面,促使我国在参与、引领国际税收规则制定和治理合作中贡献卓有成效的中国方案;另一方面,又在国际税收交往过程中彰显我国税收治理现代化道路的成功,为其他国家提供道路选择。

从"国内整体,服务治理""国际外溢,提供助力"这两层关系的把握来认识中国特色税收治理现代化体系的内涵定位十分必要。这既是统筹内外、全面推进我国国家治理体系和治理能力现代化的重要内容,也是放眼世界、深度参与全球税收治理的关键一环,是提高中国国家治理效能必须一以贯之坚持的基本定位。无论是顺应中华民族伟大复兴战略全局和世界百年未有之大变局的国情世情,还是应对当前百年变局与疫情冲击叠加的动荡变革,或是面临未来国际环境不稳定不确定,都要站在统筹内外的高度来认真理解和把握税收治理现代化"新六大体系"中的每个体系建设,并以此为支撑来推动基本实现国家治理体系和治理能力现代化。

三、开启全新征程,领悟税收治理新方向

多年来,笔者始终秉持"财税不分家、财税有分工"的基本判断来一体把握、协同推进财政和税收研究。事实上,财政就是一收一支,财政收入和财政支出是在相互联动、相互配合中发挥财政职能作用的,单独考虑收入或支出都会削弱财政政策的效力。而税收作为财政收入的主要方面,在理解和研究税收问题时就不可避免地需要同时考虑财政这一更为宏观的视角。应该认识到,若仅就税收谈税收,不考虑与税收相互补充的其他政府收入,不考虑当前整个经济体制下的财政体系,也不考虑现行预算体制改革的可行性,则相对应的税制改革和税收治理现代化就难以全面地推进。所以,在新征程中推动实现税收治理现代化,必须同时兼顾现代财政制度的整体构建,系统性地将财税治理各方面配套改革统筹考虑。党的十九届五中全会审议通过的《中共中央关于制定国民经济和社会发展第十四个五年规划和二〇三五年远景目标的建议》(以下简称《建议》)第 22 条对"建立现代财税体制"的要求有六句话,即"加强财政资源统筹,加强中期财政规划管理,增强国家重大战略任务财力保障。深化预算管理制度改革,强化对预算编制的宏观指导。推进财政支出标准化,强化预算约束和绩效管理。明确中央和地方政府事权与支出责任,健全省以下财政体制,增强基层公共服务保障能力。完善现代税收制度,健全地方税、直接税体系,优化税制结构,适当提高直接税比重,深化税收征管制度改革。健全政府债务管理制度"。这六句话从总体要求和首要任务出发,围绕着预算制度、央地关系、税收制度、债务管理展开,既一以贯之,又与时俱进。我们要以"财税不分家、财税有分工"为基本立场,以依法治国为制度保障,充分发挥《建议》的指路领航作用,全面把握我国税收治理现代化的发展方向。

(一) 从财税一体的角度考察预算制度、央地关系、债务管理等方面与税收治理现代化的相互作用,系统推进中国特色税收治理现代化

把握深化财税体制改革的总体要求,增强国家重大战略任务财力保障,更好发挥财政和税收在国家治理中的重要作用。这里的"加强财政资源统筹"

和"加强中期财政规划管理"两方面要求，实际上就包含了加强税收资源统筹、促进财政收入和财政支出联动管理的内涵，强调了在促进财政收支等各方面资源统筹使用和调配中发挥财税治理效能，最终为塑造创新优势、发展现代产业、构建新发展格局、全面深化改革、推进乡村振兴、协调区域发展等国家重大战略任务的完成提供财力保障。就"加强财政资源统筹"而言，要跳出预算收支的资金框架来统筹协调财政资源，意味着要在现有财政资金统筹使用机制的基础上进一步促进其成熟定型，真正做到"预算一个盘子、收入一个笼子、支出一个口子"；也意味着财政资金的统筹不仅要着力于一般公共预算，还要实现该主体预算与政府性基金预算、国有资本经营预算和社会保险基金预算之间的协调统筹；还意味着财政统筹的范围要从预算资金统筹扩大到数据统筹、人才统筹、征管机构统筹等方方面面，充分发挥集中力量办大事的制度优势，为形成循环畅通的强大国内市场、构建新发展格局服好务。就"加强中期财政规划管理"而言，要通过科学合理的测算对三年期的财政收支实行逐年更新滚动管理，强化对规划期内财税重大改革、重大政策和重大收支项目的统筹安排和规划管理，增强预算收支与财政政策、经济周期之间的关联性，进而提高财税治理的前瞻性、有效性和可持续性。

稳步推进预算管理制度改革，在财政收支的协调配合中助推税收治理现代化。近年来，我国预算收支管理改革持续深化，在建立跨年度预算平衡机制、全面推进预算绩效管理、扩大细化预算公开范围、持续推进部门预算管理等方面取得重大进展，但依然存在一些不符合现代预算制度和现代财税治理的问题。因此，要依据新发展阶段的要求，深化拓展和稳步推进预算收入和支出管理制度改革。从整体上看，就是要注意在预算编制上加强宏观指导，坚持党对预算收支编制的全面领导，结合年度经济社会发展目标、国家宏观调控要求和跨年度预算平衡等要求进行预算编制。而从财政支出角度看，就是要在规范支出的基础上为现代税收制度改革提供一个宽松合意的环境。首先是全面加快推进财政支出标准化和预算管理一体化建设，既要健全完善科学合理的基本支出和项目支出定额标准体系、标准应用机制，又要在预算管理一体化规范下推动政府预算支出、部门预算支出、单位预算支出以及支出管理环节的有效衔接和统筹管理。其次是适应财政紧平衡要求，强化预算约束，坚持"收支联动、重点拓展"，在加强对政府预算收入编制审查的同时，更加注重向支出预算和政策拓展。最后是强化绩效管理，推动构建全方位、全过程、全覆盖的预算绩效管理体系，大幅提升预算管理水平和政策实施效果。

把握中央和地方财政关系改革,在理顺中央和地方财政收入、财政支出与事权划分的基础上推动建立现代税收制度,以适应我国高质量发展需要和国家治理现代化要求。这里需要重点把握两个层面要求:第一层面是持续扩大财政领域事权和支出责任划分改革范围,既要根据制度要求、治理需要和国情制约,适当减少并规范中央和地方共同财政事权,厘清各级政府应当承担的主体职责,又要深刻理解中国特色"共同事权转移支付"这一特殊财政范畴的存在,推动中央政府承担共同财政事权的支出责任,保障地方政府有财力、有质效地落实相关领域方针政策。第二层面是理解"健全省以下财政体制"的单列提出是稳定地方预期、调动地方政府积极性、保障基层公共服务水平的现实需要。一方面,强化省级政府责任能够激励省级政府维护本地经济社会协调发展、防范和化解地方债务风险,从而提高区域经济发展质效;另一方面,基层政府稳定的收入来源有助于发挥其在信息管理方面的优势,增强基层对国家政策的执行力,有助于兜牢民生底线。

健全政府债务管理制度,通过规范债务管理、控制举债融资风险为税收治理腾挪空间。债务与税收是政府发挥职能作用、保障民生的重要资金来源,在控制地方政府债务风险的基础上保持适度健康的债务规模,一定程度上也能为税收治理现代化提供宽松环境。具体而言,首先,要努力促进政府债券发行管理机制的市场化和规范化,持续推动我国债券市场健康发展、控制举债融资风险。其次,要强化对政府债务资金使用的监督和考评,坚守财政可持续的底线,坚持"举债问效、无效问责",充分做好事前、事中、事后债务管理与监督,建立全方位、全过程、全覆盖的地方政府债务预算绩效管理体系,统筹协调财政紧平衡与经济高质量发展。最后,加强对中国特色新财政平衡观下债务管理理论的研究,既要对实际部门正在做和拟定要做的债务运用和管理方式从制度设计上给予观点支撑,又要对中国特色社会主义财政发展中的债务较长期运用提出理论依据,确保财税治理现代化行稳致远。

(二)着眼于税收制度具体改革要求,在破立并举中推进税收治理现代化,发挥税收在国家治理中的基础性、支柱性、保障性作用

"完善现代税收制度"提法是对党的十八届三中全会以来深化税制改革成效的肯定,也是对新发展阶段更准确地建立现代税收制度的要求。"完善"一词的使用是点睛之笔、恰到好处的。一直以来,笔者始终关注中国特色现代税制的深化改革与逐步成型之路。简要地说,我们既要按照现代市场经济要求设置并使用了现代税制，又要按照"以人民为中心"的社会主义市场经济要求不断在现代税制中增添中国特色，特别是近年来在大规模减税降费中形成了中国特色的减税降费观，以及不断同步推进税制改革与税收立法"车之两轮"的进程。因此，在新发展阶段中，"完善"是基本任务，"改革"是前进动力，速度仍必须加快。

全面理解"健全地方税、直接税体系"的提法。首先可以从"健全地方税体系"和"健全直接税体系"两个维度来把握，并按照已经运作或确定运作的方向与方案稳中求进地贯彻实施。在健全地方税体系方面，既要完善培育地方稳定税种，扩大地方财源，又要建立健全地方税税制，理顺税费关系。有关部门拟定的后移消费税征收环节并稳步划归地方、加快扩大水资源税改革试点等壮大地方财力的方法，都可以付诸实施。在健全直接税体系方面，既要完善地方专属直接税种，又要提高直接税的地方分成比例，有关部门提出了一些改革方案经过论证后都应该加以实施。个人所得税和企业所得税作为直接税的重要组成部分，适时提高地方分享中央地方共享税收入这个"大蛋糕"的比例也是扩大地方财源的思路之一。在此前提下，笔者更关注的是"健全地方税、直接税体系"这种"顿号隔开、税系并列"的提法。在《建议》中关于税制改革的完整一句话中，分两处提及直接税内容，侧重点有所不同，其中将地方税和直接税一并加以提及的要求必须认真领会。可以看出这种提法中是关联乃至重合部分必须要考虑的，即既要有利于健全地方税体系，又要有利于完善国家的直接税体系。通过对一些直接税税种的改革设置并将其作为地方税体系的组成部分，就有望达到一石二鸟之效果。这种地方税、直接税并提的地方税体系改革导向必然要求加快破解一些还有待于解决的理论问题，推进相关税种的改革前行。例如，按照党中央的部署安排，有关部门多次在直接税改革的范围内谈及房地产税问题，提出按照"立法先行、充分授权、分步推进"原则积极稳妥推进房地产税立法和改革。理论界也普遍认同将房地产税作为地方重要税种来健全地方税体系。因此，理论界应按照这次地方税和直接税并提的要求，对房地产税的定位把握、税类属性、设计导向与立法进程等加强研究。笔者坚信，在党中央的领导下，政府财政部门和人大相关部门在这方面一定能拿出符合新发展阶段要求的统筹方案，坚持顶层设计与问计于民、倾听基层相结合，兼顾各方，稳步推进健全地方税、直接税体系的进程。

"优化税制结构，适当提高直接税比重"强调的是税制结构安排要以现代化为目标导向，在间接税与直接税并存的双主体税制结构中适当提高直接税比重。在前述地方税体系和直接税体系并提的提法中，涉及的是直接税税制自身优化，这里强调的则是税类结构优化，对应的是适当提高直接税比重的要求。这一提法已有多年，在新发展阶段再次重申，需要注意两个方面：一方面，继续坚持"立足国情、合理借鉴、市场导向、渐进次优"的税制改革优化思路。既要看到以间接税为主的现实是从国体政体、发展阶段和发展目标出发作出的重要安排，又要看到提高直接税比重在发挥调节收入分配、缩小贫富差距中的重要作用；既要不断追求现代税收制度的"理想最优"，又要认识现阶段条件下税收制度的"现实次优"。这个观点在全面建成小康社会时期的税制改革被始终坚持了，在全面建设社会主义现代化新阶段的税制优化中也要继续倡导，要体现在中国特色财税治理现代化的进程中。另一方面，深刻把握"适当提高直接税比重"的内涵。这句话有三层含义：第一，比重偏低是现实；第二，提高比重是要求；第三，适度约束是关键。税制结构在相当一段时期内，事实上依然是间接税所占比重较大，提高直接税比重不仅要考虑经济因素影响，还要考虑社会接受程度和国体政体约束。因此，从推动高质量发展并解决发展不平衡不充分问题等现实出发，就是既要不断完善间接税税制，推动增值税简并降低税率改革；又要进一步完善各类直接税税制，稳步有序地提高直接税比重。

"深化税收征管制度改革"强调的是从征管角度为深化"放管服"改革、优化税收营商环境、提升税收治理能力提供有力保障。在"十四五"期间，我们要在巩固国税地税征管体制改革成果的基础上，进一步推动税收征管制度改革，探索税收征管的新机制与新方式。笔者赞同从"严格征管、简政放权、智慧税务"三个方面来把握。首先是严格征管，应收尽收，既要不折不扣落实减税降费任务，又要坚决堵塞偷逃税行为，尽快将依法征管和税收任务的统一在税收征管法中显性地加以确立，建立起规范公正透明、符合税收治理现代化要求的税收征管基本程序。其次是简政放权，释放活力，简化办事流程、加快审核程序、改进备案方式，助力深化"放管服"改革，激发市场主体活力和发展内生动力。最后是智慧税务，提升效能，依托信息技术走科技兴税之路，加快推动涉税信息共享平台和智能化电子税务局建设，以智慧税务提升税收征管效能，全力服务构建新发展格局，推进高质量发展。

（三）坚持依法治税理念，以法治为重要抓手加快推进税收治理现代化

党的十八大以后，我国驶入了全面推进依法治国的快车道。从党的十八届四中全会作出全面推进依法治国决定，到党的十九大明确到 2035 年基本建成法治国家、法治政府、法治社会；从提出组建中央全面依法治国委员会统筹协调全面依法治国工作，到 2020 年 11 月中央全面依法治国工作会议将习近平法治思想明确为全面依法治国的指导思想，我国全面依法治国实践取得了重大进展。当前，从深刻理解"要坚持在法治轨道上推进国家治理体系和治理能力现代化"的要求出发，我们就要把视野放得更宽，要在税收治理现代化进程中加快推进税收法治化建设，推动成熟完备的税收法治体系形成，促进科学立法、严格执法、公正司法、全民守法。同时，还要做好人大对财税的审查监督工作，合力推进税收法治化建设，共同服务国家治理现代化目标。这里结合笔者自己在人大财经系统工作的实际谈三点体会。

坚持党对税收法治的全面领导，全面落实税收法定原则。党的十八大以来，我国在深入推进税收法治化建设方面已经取得了较大进展，相继修订了税收征管法、税收征管法实施细则、个人所得税法、企业所得税法、车船税法，还实现了环境保护税、烟叶税、船舶吨税、耕地占用税、车辆购置税、资源税、城市维护建设税、契税这八个税种的立法。但总体而言，我国税收法定进程与全面推进依法治国要求、与实现高质量发展目标相比还存在一定差距，加快推动税收法治化建设成为必然要求。我们既要及时将实践证明行之有效的税收体制改革经验和举措以税收法律法规或规章的方式加以确立，又要抓紧研究建立基本法律制度，逐步建立健全成熟完备的现代税收法律制度体系。具体地，可以在税制改革的基础上，适时推进增值税、消费税、土地增值税等税收立法工作，稳妥有序地开展关税、城镇土地使用税和房地产税的立法研究，税收征管法及其实施细则在必要时也应修订。在这些基础上，将来还可以考虑制定税收基本法。此外，在推进税收法定进程中，也要同时注意与既有的预算法、预算法实施条例及将来可能会实现立法的其他财政法律之间的相互协调与配合，从财税一体的角度推进社会主义法治化建设。

在科学立法的前提下，协调推进严格执法、公正司法、全民守法。首先，是在严格执法的要求中继续完善现代税收征管制度，做到税收立法与税收执法的有效分工与合理衔接。这里既包含笔者一贯坚持的妥善处理"严格依法治税与完成预算确定的税收任务"关系和"严格依法治税与优化税收服务"关系，还应特别探讨税收征管现代化的新表现形式，结合新时代下国家战略、社会治理、经济结构、税源结构、信息技术等变化趋势来主动调整和持续优化税收征管体系，有效地发挥国家税收职能。其次，是正确认识税收司法在税收法治中的地位作用，强化税收司法是公正司法组成部分的意识。既然税收是存在于国家主体与纳税人之间的分配关系，在市场经济与法治社会框架内，出现税务纠纷以及依法处理就是一种常态。因此，税务公职律师应从依法治国、依法治税的角度完成国家赋予的任务，妥善应对税务诉讼，既要坚定维护国家税收利益，又要协助和促进司法部门在处理涉税案件中体现公平正义。最后，是在推进全民守法的进程中构建符合国体政体与人民利益的征纳关系。要坚持对中国特色社会主义的道路、理论、制度与文化自信，坚持我国国体政体对税收征纳关系的基本要求，坚持人民的根本利益与纳税人利益既有联系又有区别的观点，努力塑造征税人为国征税、纳税人守法纳税、共同服务于实现中华民族伟大复兴中国梦的良好氛围。

加强我国根本政治制度对税收治理现代化进程的重要作用，共同推动中国特色国家治理现代化。我国人民代表大会制度是坚持党的领导、人民当家作主和依法治国统一的根本制度安排。宪法和预算法赋予了全国人大及其常委会审查批准预算、监督预算执行等重要职权。长期以来，特别是党的十八大以来，在党中央的坚强领导下，全国人大及其常委会与政府财税部门的各司其职与相互配合已经凸显了中国特色社会主义的制度优势。笔者有幸在不同层级参与了相关工作，对此深有体会，也提出了一些体现"中国特色、时代特征"的人大对预算审查监督、人大和政府配合做好落实税收法定原则等理论观点。今天，我们在迈向"基本实现国家治理体系和治理能力现代化"的新征程中，更应该结合中国特色国家治理现代化的新要求来把握人民代表大会制度和税收治理现代化的关系，既要在国家治理法治实践中完善"党管人大""党管监督"和"党管财税"原则的落实形式，又要能在理论构建中体现新时代"人民税收"由"人民监督"的制度导向，体现人大与政府财税部门协调运作是中国特色国家治理现代化内在组成部分的原则和要求。

四、统筹内外大局，展现税收治理新作为

在波谲云诡的国际形势、复杂敏感的周边环境、艰巨繁重的改革发展稳定任务交织作用的今天，把握国内发展大局和世界发展大势，探究当前时代特征对我国税收治理现代化的影响与要求，思考如何在危、机并存中转危为机，是与时俱进更好发挥税收治理效能需要努力的重要方面，也是顺应"十四五"规划建议要求增强国家重大战略任务财力保障的重要体现。由此，面对中华民族伟大复兴之战略全局和世界百年未有之大变局的长期趋势，推进税收治理现代化必然要站在统筹内外两个大局的高度上发挥税收在国家政治经济社会发展中的职能作用，站在服务党和国家事业长治久安的高度上发挥税收在国家治理中的基础性、支柱性、保障性作用。

（一）立足国内，在破立并举中提升税收治理效能

从国内环境看，我国仍处在转变发展方式、优化经济结构、转换增长动力的攻关期，结构性、体制性、周期性问题的相互交织将带来更多考验与挑战。"十四五"规划建议将发展的核心要义概括为三个"新"，即"新发展阶段、新发展理念、新发展格局"，这是未来较长一段时期推进我国税收治理现代化必须认真把握的重要要求。我们要在全面建设社会主义现代化国家的新征程中，继续发挥税收治理已经培育的优势和条件，并在税收体制改革中补齐短板和弱项，从"新发展阶段、新发展理念、新发展格局"要求出发，为解决"实现什么样的发展、如何实现发展"这个重大问题贡献税收力量，以税收治理现代化促进政治经济社会高质量发展。

把握新发展阶段，在坚持和完善中国特色社会主义制度下推进税收治理现代化。新发展阶段是在全面建成小康社会任务完成后开启全面建设社会主义现代化国家征程的新阶段。我们要深刻理解"中国式现代化""中国特色社会主义现代化"的深刻含义，即这是前所未有的十四亿人口在党的领导下即将同步进入的现代化，是以人民为中心、全体人民共同富裕的现代化，是物质文明和精神文明协调推进的现代化，是人和自然和谐共生的现代化，对我国税收治理现代化提出了更重任务。旗帜鲜明地坚持和完善中国特色社会主义制度，牢牢把握中国特色社会主义根本制度、基本制度和重要制度对现代税收制度的要求，将一路走来的中国特色社会主义税收制度优势和治理效能充分发挥。具体地，就是要从坚强有力的党的领导制度体系、成熟完备的税收法治体系、优质便捷的税费服务体系、严密规范的税费征管体系、合作共赢的国际税收体系、高效清廉的队伍组织体系这六个方面发力，以税收体制改革为动力，破解发展难点难题，补齐治理短板弱项，提升政治引领能力、谋划创新能力、科技驱动能力、制度执行能力、协同共治能力和风险防范能力，为完成新发展阶段的社会主义现代化建设任务贡献税收力量，为中华民族伟大复兴的大跨越提供税收支撑。

贯彻新发展理念，实现高质量推进税收治理现代化。创新、协调、绿色、开放、共享的新发展理念，强调的是以创新发展输送改革发展动力、以协调发展解决发展不平衡问题、以绿色发展促进人与自然和谐共生、以开放发展增强改革发展活力、以共享发展提升社会公平正义,在统筹协调、内外联动中实现更高质量、更有效率、更加公平、更可持续、更为安全的发展之路。这是新发展阶段解决人民对美好生活的向往与不平衡不充分发展、发展仍然处于战略机遇期与国家治理现代化任务紧迫、发展短板不足依然存在与进入高质量发展阶段等矛盾问题的重要抓手。税收作为国家财政的主要来源和国家治理的重要手段,就应该在税收治理现代化进程中不断对标新发展理念和高质量发展要求,推动质量变革、效率变革、动力变革,为我国经济社会的稳定发展提供重要支撑。从这一要求出发,除了继续推动税收治理现代化"新六大体系"的构建以外,还要实实在在地在税制设计和政策运用中激发创新活力、优化营商环境、协调区域发展、强化绿色税制、侧重民生问题,将五大发展理念内嵌于税收治理现代化体系中,结合阶段性发展要求不断丰富税收治理现代化体系的内涵和外延,为实现经济高质量发展、推动国家治理现代化提供助力。

构建新发展格局,在内外畅通循环中推进税收治理现代化。以国内大循环为主体、国内国际双循环相互促进的新发展格局,是我们党深刻认识发展阶段特征、正确把握经济发展客观规律作出的重要战略决策。这不是被动应对国内外环境变化的一时之举,而是主动研判发展大势的长期战略;不是各个领域各自为政的内部小循环,而是相互联动的国内大循环;不是封闭自守的国内循环,而是开放合作的国内国际双循环。因此,在税收治理现代化进程中处理好短期政策调整与长期制度安排、释放内需潜力与供给侧结构性改革、畅通国内循环与扩大对外开放之间的关系至关重要。这就要求我们既要在不断的税制改革调整中完善税收治理体系,又要及时将税收政策制定和改革优化的经验上升到制度层面以推动实现税收治理现代化;既要牢牢把握扩大内需这一战略基点,以税收治理现代化释放经济增长的内需潜力,又要始终坚持供给侧结构性改革这一主攻方向,展现税收推进结构调整、助力解放和发展社会生产力的职能作用,最终形成"需求牵引供给、供给创造需求的更高水平动态平衡";既要立足国内,集中税收力量从生产、分配、流通、消费各环节推动国内市场的良性循环,又要统筹内外,更好利用国内国际两个市场、两种资源来促进国内国际双循环,实现更加强劲可持续的发展。应该认识到,中国特色税收治理现代化只有在以上三个方面找到准确定位,才能既推动税收治理现代化进程,又助力我国经济行稳致远、社会安定和谐、国家长治久安。

（二）放眼世界，在兼收并蓄中完善全球税收治理

围绕全球局势，习近平总书记在 2020 年 8 月的经济社会领域专家座谈会上进行了精准研判并指出："当今世界正经历百年未有之大变局，新冠肺炎疫情全球大流行使这个大变局加速变化，保护主义、单边主义上升，世界经济低迷，全球产业链供应链因非经济因素而面临冲击，国际经济、科技、文化、安全、政治等格局都在发生深刻调整，世界进入动荡变革期。"同时，习近平主席又在第七十五届联合国大会一般性辩论上指明，"新冠肺炎疫情全球大流行和世界百年未有之大变局相互影响，但和平与发展的时代主题没有变，各国人民和平发展合作共赢的期待更加强烈""要树立你中有我、我中有你的命运共同体意识，跳出小圈子和零和博弈思维，树立大家庭和合作共赢理念，摒弃意识形态争论，跨越文明冲突陷阱，相互尊重各国自主选择的发展道路和模式"。可以看到，当前国际环境中各种因素的相互交织触动了世界局势的动荡变革和深刻调整，对国际税收关系产生了深远影响，同时也更加凸显新阶段加强国际税收合作的重要性。在我国推进税收治理现代化进程中，要充分考虑全球局势的影响，以国际环境带来的新挑战新要求为发展契机，在"新六大体系"相互配合中展现中国税收在全球税收治理中的重要作用，更全面推进中国特色税收治理现代化。

"百年未有之大变局"仍然是国际税收发展所面临的常态环境。这意味着"世界多极化站排头、经济全球化紧随后、文化多样化促交流、社会信息化增动能"依旧是世界格局的基本特征，意味着"新旧动能转换、力量对比变化、体系深刻重塑"依旧是"大变局"下较长时期的国际走势。基于这些因素考虑我国的税收治理现代化进程，就要加快构建合作共赢的国际税收体系，就要结合世界多极化趋势与国际力量对比变化，多从国际政治视角看待国际税收关系，推动不同税收现代化道路的并存与合作；就要坚持经济全球化主流，深化不同文化下税收的交流合作；就要紧随数字经济变革，加强应对新动能、新技术、新业态的国际税收合作，和各国一起探寻数字经济下的税收规则重塑，提升现有国际税收治理体系的合理性、完整性和有效性。需要强调的是，面对动荡变革的国际环境，在不同发展道路、不同价值体系、不同发展阶段、不同市场经济体制国家共同参与国际税收交往的过程中，国际税收合作会不可避免地伴随着利益碰撞导致的国家税收竞争。所以，在参与国际税收交往、推动我国税收治理现代化进程中，必须始终坚持"共存合作竞争"的辩证理念，以"合作"作为行为准则，并牢记"合作"对应的客观事实与前提是

"共存",我们期待"共存"朝着"合作"的方向前行,但也要看到这种"共存"也时常乃至必然存在"竞争"。这启示我们,一方面要坚持道路自信和求同存异,在社会主义税收发展道路与资本主义税收发展道路并存竞争的过程中增进国际税收合作,在建立国际税收新秩序中特别兼顾新兴经济体和发展中国家利益诉求;另一方面要坚持底线思维和风险防范,在推进国际税收合作中时刻谨防国际上一系列孤立主义事件带来的冲击,以制度优势和中国特色税收治理效能理性防范、有效应对有害国际税收竞争,推动我国税收治理现代化建设沿着正确方向前进。

"和平与发展"仍然是时代主题。这意味着求同存异与合作共赢依旧是世界各国的主流意愿,意味着即使在"动荡变革期"各国人民和平发展合作共赢的期待依然强烈,我国在税收治理现代化体系中强调构建合作共赢的国际税收体系是大势所趋。由此,在动荡变革之国际环境下,我们要坚定不移地以和平发展合作共赢的基本立场参与国际交往,发挥中国特色税收治理的外溢效应和国际税收合作的正向效应,按照习近平主席提出的"世界命运应该由各国共同掌握,国际规则应该由各国共同书写,全球事务应该由各国共同治理,发展成果应该由各国共同分享"要求来凝聚共识,统一行动,在引领和促进多边国际税收合作、促进各方互利共赢中提高发展中国家的税收治理水平,为人类命运共同体下的国际税收秩序形成贡献税收力量,推动全球税收治理体系朝着更加公正合理、开放包容的方向发展。此外,还要注意在合作共赢的国际税收交往中对标世界一流技术和治理经验,以博采众长、互惠互利的国际税收治理合作补齐我国税收现代化治理的短板不足,在更高水平、更高层次的开放型经济中培育中国特色税收治理新优势。

国际环境展现新变化,不稳定性不确定性明显增强。百年变局与新冠肺炎疫情叠加下的世界动荡变革期意味着我国的税收治理现代化体系,尤其是合作共赢的国际税收体系将面临新挑战新要求。世界动荡变革期需要重点关注的关键性因素是疫情全球大流行及与之相伴的保护主义、单边主义思潮盛行;要重点关注的是中国与西方国家在抗击疫情中体现的不同制度力量给西方势力带来的震动,意识形态之争将愈发不可避免;要重点关注的是面对新兴经济体和发展中国家的群体性崛起,西方发达国家的不甘衰退与对传统秩序的维护。总之,这些因素交织影响触动了世界局势的深刻调整,当然增加了构建中国特色税收治理现代化体系的外部风险挑战,从而要求我们在保护国家核心利益不受侵犯的前提下以合作共赢的国际税收体系为抓手,与他国共享我国税收政策在支持疫情防控和经济社会发展中的成功经验,在互联互通、合作共赢中减少动荡对各国经济的负面影响。

总体而言,我国税务部门在构建中国特色税收治理现代化体系方面已经取得了许多进展,为国家治理体系和治理能力现代化注入了强劲动力,展现了新时代的税务担当。立足当下,审视中华民族伟大复兴关键时期和世界动荡变革时期的相互交织;展望未来,统筹中华民族伟大复兴之战略全局和世界百年未有之大变局的长期趋势,我们既要继续运用好税收治理现代化实践中已经形成的优势和条件,又要结合"十四五"规划建议对完善现代税收制度的具体要求补齐税收治理短板和弱项;既要从"把握新发展阶段、贯彻新发展理念、构建新发展格局"要求出发思考中国特色税收治理现代化体系的发展方向,又要结合"百年变局是长期趋势、和平与发展是时代主题、国际环境展现新变化"特征做好抵御风险挑战的准备,增强中国特色税收治理现代化体系的稳定性。总结为三句话:一是要有推动国家治理现代化和促进全球税收治理改革的全局理念;二是要有抵御外部风险挑战和应对各种竞争挑战的底线思维;三是要有坚持中国特色税收治理现代化道路的高度自信。保持着这样的高度自信和战略定力,我们就能在中华民族伟大复兴之战略全局和世界百年未有之大变局的交织中走稳走好中国特色税收治理现代化之路。无论遇到多大的艰难险阻,都不能影响我国税收治理现代化建设的坚定步伐,这就是大国税收的自信和担当。

税收治理与改革发展

SHUI SHOU ZHI LI YU GAI GE FA ZHAN

"十四五"时期中国税收治理现代化的新形势新要求新使命

王伟域[*]

"十四五"时期是我国由全面建成小康社会向基本实现社会主义现代化迈进的关键时期、"两个一百年"奋斗目标的历史交汇期，同时也是新一轮科技革命和治理变革的发力期，国际环境不确定性影响的进一步凸显期。在这一重要节点上，税务部门应认真学习习近平总书记一系列重要讲话、重大观点、重要论述，深刻把握实现中华民族伟大复兴战略全局和百年未有之大变局，进一步创新思维，超前把握税收发展趋势，找准深化税收改革发力点，谱写在大变局中谋新局的税务篇章。

一、准确把握"十四五"时期我国税收治理现代化面临的新形势

党的十九届五中全会通过的《中共中央关于制定国民经济和社会发展第十四个五年规划和二〇三五年远景目标的建议》（以下简称《建议》），提出了新发展阶段、新发展理念、新发展格局的"三新"发展逻辑。这一逻辑，对于"十四五"时期乃至今后一段时期的我国经济社会发展具有重要指导意义。税务部门应根据这一逻辑，站在战略高度，立足长远发展，把准时代脉搏，认清推进税收治理现代化面临的新形势。

未来五年和今后一段时期，我国仍将处于重要战略机遇期，但机遇和挑战都有新的变化。这对税务部门而言，既是一个大有可为的机遇，也是一个担当作为的考验。总体来看，主要有四大机遇。

一是提升政治站位的机遇。税收因国家存在而产生，自始就是重要的政

---

[*] 王伟域，国家税务总局税务干部学院科研所研究员、管理学博士，中国财政学会理事。

治问题。党的十八大以来，以习近平同志为核心的党中央坚持把党的政治建设摆在首位，推动党的政治建设取得重大历史性成就。这促进了我国税收的政治属性和政治地位不断凸显，为更好地发挥税收在国家治理中的基础性、支柱性、保障性作用奠定了良好的政治根基。"十四五"时期，全党既要统筹中华民族伟大复兴战略全局和世界百年未有之大变局，又要着眼于加快推进我国经济社会高质量发展，充分体现出中国特色社会主义的制度优势。税收治理不仅渗透于国民经济运行的生产、分配、流通和消费各个领域，对于经济社会发展有着重要的影响，而且直接关系到全球化背景下的国家话语权和主权利益。特别是，民生是最大的政治，税收关联并影响就业、社保、住房、教育、养老等社会生活资源配置，事关民生福祉和人民群众的获得感，其深厚的人民性特质将会使其成为人民关注的热点。

二是服务宏观调控的机遇。全球经济衰退、中美贸易摩擦和新冠肺炎疫情冲击对我国经济造成一定影响，但随着复工复产有序开展和抗疫取得阶段性胜利，我国经济增长的信心正在稳步树立，我国经济发展的长期趋势并没有改变。据资料显示，2020年我国国民经济运行稳定恢复，全年国内生产总值按可比价计算，比上年增长2.3%。经济运行保持在合理区间内且好于预期。[1]"十四五"规划建议提出，"健全以国家发展规划为战略导向，以财政政策和货币政策为主要手段，就业、产业、投资、消费、环保、区域等政策紧密配合，目标优化、分工合理、高效协同的宏观经济治理体系。"税收作为财政政策的重要手段和宏观经济调节的重要工具，契合"完善国家宏观经济政策制定和执行机制"的要求。尤其是，税收政策直接作用于市场主体，方向性准、针对性强、见效快，有利于发挥以"稳增长"为目标的逆周期调节作用和推进供给侧结构性改革、激发市场主体活力、促进经济结构优化，可以更好地服务"六稳""六保"。

三是服务国家治理的机遇。"十四五"时期，我国经济社会发展"六个新"[2]的战略目标都关系到税收，其中"国家治理效能得到新提升"，既对税收治理现代化建设提出了总目标，也对新时代新阶段税收工作提出了新的更

---

[1] 2020年国民经济稳定恢复 主要目标完成好于预期 [EB/OL]. (2021-01-18) [2020-01-18]. http://www.stats.gov.cn/tjsj/zxfb/202101/t20210118_1812423.html.

[2] "六个新"是指：经济发展取得新成效、改革开放迈出新步伐、社会文明程度得到新提高、生态文明建设实现新进步、民生福祉达到新水平、国家治理效能得到新提升。详见：中华人民共和国国民经济和社会发展第十四个五年规划和2035年远景目标纲要 [N]. 人民日报, 2021-03-13 (1).

高要求。作为国家治理的重要组成部分，税收治理必须紧跟国家发展战略，以服务于国家治理为动力。这就意味着，税务系统上下要积极承接好服务国家治理有关要求，尽快研究出台既有战略思维又务实管用的治理举措，并着重从加强党的领导、发挥税收职能、构建现代税收征管体系、优化税收法治环境、提升纳税服务质效、激发队伍创造活力等方面持续发力，全面提升税收治理能力，高质量地推进税收改革发展，为实现国家治理效能的全面提升打基础、固根本、强支撑。

四是科技推动变革的机遇。"十四五"时期，以大数据、人工智能、区块链、5G等新科技为代表的现代信息技术将会加速发展，世界主要国家在争夺新技术制高点上的竞争也愈演愈烈，数字经济与传统经济深度融合大幅加深。有资料显示，2020年，我国数字经济在疫情冲击和全球经济下行叠加影响下依然保持强劲发展态势，规模高达39.2万亿元，占国内生产总值（GDP）的比重达38.6%，同比提升2.4个百分点，数字经济地位进一步凸显。① 与此同时，新科技对于税收治理乃至国家治理的赋能作用十分明显，并将逐步颠覆建立在传统经济业态基础上的税收治理体系，倒逼税收治理数字化，加快推进数字治税改革步伐。具体而言，一方面，数字经济发展对现行税制带来的深刻影响，为我们加快实现适应数字经济时代的税收制度转型，并为进一步争取国际税收规则的话语权提供了重大机遇；另一方面，新科技推动变革的大趋势，为我们对税务系统现行业务流程、组织架构、职能设置、数据治理、信息保障等方面进行根本性、革命性重构，提供了重要机遇和现实条件。

当然，"十四五"时期税收治理也面临着严峻挑战。

一是组织税费收入与落实减税降费的挑战。"十四五"时期，我国经济增长将继续保持在由高速向中高速转变的区位上，并且会因不确定性不稳定性因素使"稳增长"的压力加大。由于我国现行税制结构以间接税为主体，在经济减速时税收的自动稳定作用相对较差，从而带来税收减收趋势更加明显。尤其是，全球减税浪潮因为疫情的影响不会减退，势必需要我国保持必要的减税降费力度；同时，减税降费也是新阶段改善民生福祉、增强人民群众获得感的现实需要。可以预见，"十四五"时期完成税费收入任务与兑现减税降费政策的艰巨性和复杂性。

二是实现税收治理现代化的目标与全面推进税收改革的挑战。税收治理

---

① 中国信息通信研究院. 中国数字经济发展白皮书［R］. 北京：中国信息通信研究院，2021：1.

现代化程度是以税收的财政作用及其在国家治理中的地位来衡量的。国际上，对税收的财政作用考察，一般是以政府收入税收率（广义的税收收入/政府收入）来体现的。目前，在国际货币基金组织（IMF）35个发达经济体中，50%以上的发达经济体的政府收入税收率>90%，75%以上的发达经济体>85%，90%以上的发达经济体>80%，而我国2018年和2019年政府收入税收率分别为72.74%和70.93%。[①] 这意味着我们需要以更大力度、加快推进税收改革来实现税收治理现代化目标。但从改革上看，无论是税收征管改革还是税制改革，均牵一发而动全身，其复杂程度和社会敏感度十分强烈。要使好的顶层设计在基层得到有效承接和落实，使社会各界特别是纳税人有充分的获得感和认同感，改革的难度显而易见。

三是持续优化税收营商环境与加强税务干部队伍建设的挑战。良好的税收营商环境不仅是企业发展的需要，更是国家核心竞争力的重要组成部分。"十四五"时期，我国将持续优化营商环境。近年来，我国税务部门牢固树立以人民为中心的发展思想，积极解决纳税人、缴费人最急最忧最盼的问题，促进税收营商环境不断优化。据世界银行发布的2019年营商环境报告，我国总体得分73.64分，在190个经济体中位列46名，较上年前进了32名[②]，但还存在着诸多问题。比如，税收规范性文件繁多，增加了纳税人的税收遵从成本；税收政策"落地难"，导致纳税人不能及时享受优惠政策的情况仍然存在；税收事后管理不到位，导致纳税人"纳税过错成本过高"；联合惩戒机制不够成熟，对失信、恶意违法震慑力度还不够；等等。这些问题的存在，将直接影响到税收与经济发展的质量和速度，关系到税收营商便利度和投资吸引力，需要全社会思考并从多方面共同努力。就税务部门自身而言，解决这些问题的根本出路在人，关键在人的素质。国税地税机构合并后，要真正做到"四合"（事合、人合、力合、心合）还有一个过程。特别是，税务高端人才短缺与信息社会发展不匹配；税务人员的老龄化与新机制对人员素质要求之间存在着明显的矛盾。这些均会不同程度地造成工作上的被动，影响征管水平，降低工作效率，无形之中增加纳税人的办税成本。

---

① 根据2020年10月31日上午东北财经大学马国强教授在国家税务总局税务干部学院举办的"首届税收改革与发展论坛"上所作的"世界历史视域的税收现代化"演讲报告。
② 世界银行2019年营商环境报告：中国较去年提升30多位［EB/OL］.（2018-11-02）［2021-01-18］. http://www.cankaoxiaoxi.com/finance/20181102/2347486.shtml.

二、明确"十四五"时期我国税收治理现代化的新要求

"十四五"时期的"三新"发展逻辑是基于国际国内大背景下我国迈向全面建设社会主义现代化国家而提出的,是我国经济社会发展的理论逻辑和实践逻辑、历史逻辑和现实逻辑的统一。税务系统应遵循"三新"逻辑,把握这一逻辑的实质内涵,明确"十四五"时期我国税收治理现代化的新要求,切实地为实现"十四五"时期的发展目标开好头、起好步。

(一)坚持党的全面领导与税收业务工作有机结合,是推进税收治理现代化的根本保证

党的十九届五中全会把坚持党的全面领导作为"十四五"时期经济社会发展必须遵循的第一位原则和根本政治保证,强调要坚持和完善党领导经济社会发展的体制机制。税务系统贯彻这项原则的首位要求,就是要坚持政治统领,始终站在讲政治的高度,不断增强"四个意识"、坚定"四个自信"、做到"两个维护",确保党中央决策部署落实到位。贯彻这项原则的落脚点是:要以服务税收中心工作为目标,以"全盘统筹、条块发力、协同推进"工作思路为指导,以"纵合横通强党建"机制体系为要求,将党的领导与税收业务工作紧密地结合起来,实现二者之间有机统一、相互促进、共同提升,从而全面引领和推动新时代税收治理现代化建设。

(二)坚持推动经济高质量发展与全面深化税收改革有机结合,是推进税收治理现代化的时代主题

党的十九届五中全会指出,"十四五"时期经济社会发展要以推动高质量发展为主题。税收工作是经济工作的一部分,必须围绕这一主题并以此为目标开展工作,而推动税收工作的抓手依赖于全面深化税收改革。因此,应当看到两者之间既是目标与手段的关系,又是作用力与反作用力的关系,必须紧密结合、互动共促,对标推进。具体而言,要以推动经济高质量发展的目标为导向,始终坚持新发展理念,通过税收改革的动力促进完善税收治理,不断提升税收服务经济高质量发展水平。例如,以实施发票电子化改革为抓手,充分发挥增值税发票等税收大数据优势,深化税收经济分析,打造权威性、可信度高的税收经济指数,进一步提高数据服务大局的能力。要以夯实服务经济高质量发展的财力保障为基础,始终突出税收基本职能,通过发挥税收改革的激励作用不断增强税收治理机制的动力,进一步促进经济社会平稳健康发展。要以增强服务经济高质量发展的大局意识为引领,始终坚持统

筹税收改革与发展思路，紧跟国家重大战略部署和安排，通过扎实做好税收改革的各项重点工作，积极融入经济社会发展大局，更好地服务于国家治理现代化。

（三）坚持依法依规征税收费与落实落细税收服务有机结合，是推进税收治理现代化的实践路径

按照税收治理现代化的目标，税务系统坚持系统观念，统筹做好依法依规征税收费与落实落细税收服务工作，推动税费收入质优量增。既要坚持组织收入原则底线，努力做到应收尽收；又要坚决守住不收"过头税费"的底线，为服务经济社会发展大局提供财力保障。同时，要以提升纳税人服务水平作为提升税收治理能力的出发点，继续落实深化"放管服"改革和优化税收营商环境五年方案，持续开展"便民办税春风行动"，深化办税缴费便利化改革，推进税费服务智能化升级，创新税费服务个性化措施，全方位提高更好服务纳税人的能力，更大程度地激发市场主体活力和发展内生动力。特别是，要深入融合地推进精确执法、精细服务、精准监管、精诚共治，确保《关于进一步深化税收征管改革的意见》全面落实，大幅度地提高税法遵从度和社会满意度，并要进一步强化国际税收合作，持续推动全球税收治理体系建设，助推加快形成以国内大循环为主体、国内国际双循环相互促进的新发展格局。

（四）坚持科技引领创新与激发人才创新有机结合，是推进税收治理现代化的发展动力

《建议》明确提出，坚持创新驱动发展，全面塑造发展新优势。科技与人才是推动税收改革与发展的"两翼"，两者的创新与结合能够形成推动税收治理现代化的新动能。"十四五"时期，随着我国社会全面迈向信息时代，信息科技的应用将大幅加快，这将为税收治理注入更多的科技力量，助力税收与经济社会和国家治理更加协调发展，并进一步创造更多的新发展优势。当然，信息技术的掌控还需要人，需要具有与时俱进和开拓创新思维的高素质税务人才。因此，税务系统必须更加重视科技引领创新与激发人才创新的有机结合，既要依托科技进步大力培养适应创新发展要求的税务干部队伍，更要激发税务干部队伍创新活力，努力增强运用和推动科技创新的素质和能力。重点是，要坚持更高标准、更高要求，着力建设德才兼备的高素质税务执行队伍，加大税务领军人才和各层次骨干人才培养力度。同时，要高质量建设和应用学习兴税平台，促进学习日常化、工作学习化。

特别是，要尽快调整适应并积极应对新发展格局，以忠诚党的税收事业为宗旨，深入弘扬中国税务精神，大力选树和培养使用先进典型，厚植向善向上的税务文化，进一步振奋干事创业的精气神，加快推动税收治理现代化的大变革、大发展。

三、扛牢"十四五"时期推进我国税收治理现代化的新使命

"十四五"蓝图已经绘就。立足于"十四五"新时代发展的新形势和新要求，推进我国税收治理现代化的新使命应重点体现在以下几个方面。

（一）围绕新发展理念和总体国家安全观来推进税收治理现代化

党的十九届五中全会提出"坚持新发展理念""统筹发展和安全，建设更高水平的平安中国"。这意味着新发展理念和总体国家安全观的有机统一。对于税务系统而言，在"十四五"时期乃至今后更长一个时期内，推进税收治理现代化必须以新发展理念为指导，坚持创新发展、协调发展、绿色发展、开放发展、共享发展，使税收治理现代化的过程成为践行新发展理念的过程。同时，要切实把安全发展贯穿于推进税收治理现代化的各环节和全过程。具体来看，就是要强化底线思维，严格坚持组织收入原则，坚决不收"过头税费"，不折不扣落实减税降费相关政策，深入开展"双随机、一公开"税务监管，精准有效打击"假企业""假出口""假申报"等涉税违法行为，维护良好经济税收秩序。要坚持系统观念，加强税收治理安全风险预警、防控机制和能力建设，科学统筹提供财力保障与落实税收政策、优化税收制度与促进经济发展、优化税务执法与规范税费服务、严密税费征管与信息科技支撑等各项工作，确保税收安全发展各项工作的有效落实。重点是，要完善税收大数据安全治理体系和管理制度，加强完全态势感知平台建设，常态化开展数据安全风险评估和检查，健全监测预警和应急处置机制，确保数据全生命周期安全。要增强风险防范意识，进一步强化税收执法，严格公正执法，切实防范税收执法风险。要进一步防范廉政风险，筑牢廉政防线，着力防范"微腐败"。对于税务机关和税务人员违反有关法律法规规定、因疏于监管造成重大损失的，要依法严肃追究责任。

（二）围绕国家发展战略和经济社会发展目标推进税收治理现代化

"十四五"时期，税务部门要紧紧围绕国家发展战略和经济社会发展目标，有效地发挥税收逆周期调节、补经济短板、保市场主体、稳产业链供应链、稳外资稳外贸等作用，推动税收治理在新发展格局下不断增强动力、厚

植优势,朝着更高质量、更有效率、更加公平、更可持续、更为安全的方向发展。要紧扣国家发展战略,将是否有利于构建新发展格局、保障高质量发展作为首位要求,围绕重大战略任务抓方向、对标新发展格局抓突破,聚焦"六稳""六保"抓落实,通过严格执行好支持科技创新、扩大内需、调节分配的政策措施,培育后续经济税源,厚植税收增长优势。要主动融入经济社会发展大局,在助力实体经济、激发市场活力的同时,统筹做好减税降费和税费征收工作,切实做优做好做实税收服务与管理,以巩固拓展减税降费成效促进完善现代税收制度,助力高质量发展。要突出抓好以数据为关键生产要素的数字经济新经济、新业态、新模式发展特征,遵循税收法定原则,科学确定税收与新兴业态的稳定连结点,积极创造新的税收增长点,实现税收收入质优量稳,为经济社会发展集聚财力。

(三) 围绕新发展格局推进税收治理现代化

以国内大循环为主体、国内国际双循环相互促进的新发展格局,是依靠改革、依赖开放、创新驱动型发展的格局。在构建新发展格局中,税务部门要从税收与经济、税收与新发展格局的辩证关系出发,从推动改革、服务开放、促进创新等方面着力,更好地充分发挥税收职能作用。在推动改革方面,重点是强化以国内大循环为主体的税收调节作用,提升税收服务国内大循环效能。形成以国内大循环为主体的新发展格局,基础在于扩大市场需求,前提是保障居民就业和可支配收入提升,难点在于调整优化收入分配格局。为此,税收要在保障就业和增加居民收入、提升消费能力、扩大消费需求方面精准发力。要降低流转税负担,推动劳动力成本降低以获得更大的就业激励、提供更多的就业机会;要稳定企业所得税优惠,助力小微企业摆脱困境,提高民间资本的投资意愿;要进一步降低个人所得税负担,提升居民消费能力。同时,要弥补民生领域短板。例如,扩大住房贷款利息、税延型养老保险或税优型健康险养老支出等项目税前扣除额度,增加居民的可支配收入并提升其获得感,促进消费增长和消费升级。在服务开放方面,重点是提升税收服务开放型经济的效能,向高水平开放要动力,以开放促发展,以开放提升世界经济的稳定性和确定性,进而推动国内大循环和国内国际双循环相互促进。一方面,要助力国内各区域间相互开放力度,以相对统一的自贸区(港)税收优惠政策体系和更加便捷的税收营商环境支持扩大区域间开放,进一步发挥自贸区(港)在带动其他区域参与"外循环"中的作用,加快形成于我国有利的国际经济大循环格局。另一方面,要助力扩大多边合作关系,通过积极参与国际税收合作，加快构建包容性国际税收协调框架、"一带一路"税收合作框架等，增强我国的话语权。在促进创新方面，重点是要健全现代税制体系，提升服务经济高质量发展效能。抓住提升自主创新能力和核心技术突破这一关键，推动形成以国内大循环为主体的格局，同时强化国际科技交流合作，推动国内国际双循环相互促进。应通过加快推进税制结构调整，健全现代化税制，以解决好国内国际经济双循环可持续发展问题。此外，要加快推进区域税收服务改革、国际税制改革和数据治税改革，主动顺应新时代发展的必然要求。

（四）围绕提升税收治理效能推进税收治理现代化

"十四五"是我国向全面实现社会主义现代化迈进的关键时期，也是推动税收治理现代化提质增效的黄金时期。税务部门高质量地推进以"六大体系""六大能力"为主要内容的新时代税收治理现代化建设，既是助力推进国家治理体系和治理能力现代化的重要内容，也是服务全面建设社会主义现代化国家的具体体现。面向新的时期，必须全面贯彻落实党的十九届五中全会精神，准确地把握新时期经济社会发展的新形势新要求，深刻地认识到错综复杂环境的新矛盾新挑战，紧紧围绕提升税收治理效能，为我国全面实现社会主义现代化国家贡献税务力量。一是把坚持党管税收强政治作为提升税收治理效能的根本保证。按照"税务机关首先是政治机关"的要求，坚持党对税收工作的领导是税收工作攻坚克难、开拓进取的政治保障，认真贯彻新时代党的建设各项工作任务，推动党建工作与税收治理深度融合。二是把坚持数据治税促创新作为提升税收治理效能的动力源泉。抢抓信息技术发展新机遇，对标国际先进的税收治理经验，努力打造数字经济时代智慧税务生态体系，完善和创新信息技术支撑下的税收治理体制机制，促进税收治理制度优势转为税收治理效能。三是把坚持税收共治优服务作为提升税收治理效能的社会保障。大力推进税收社会化共治，既是以人民为中心的治理思想的核心要义，更是新时代优化税收营商环境的重要举措。要结合加快转变政府职能、深化"放管服"改革、推进办税缴费便利化改革等一系列改革要求，建立起民本化、智慧化、社会化、便利化的税费服务体系，迭代升级以"便民办税春风行动"为主题的各类"办税服务提效"工程，不断提升全社会的税收满意度和税法遵从度。四是把坚持"严管善待活基层"作为提升税收治理效能的坚实基础。发挥税收服务全面建设社会主义现代化国家的作用，必须完善"带好队伍、干好税务"机制体系。一方面，要进一步规范税务机构设置、职能职责等，完善和严格落实好数字人事、绩效管理等考核方式方法，深入推行"好差评"制度，适时开展监督检查和评估，着力构建高效清廉的税务组织队伍管理体系；另一方面，要关心关爱干部职工，重视干部职工的税务职业成长，突出抓好干部专业能力培养，不断完善"选、育、管、用"的税务人才培养机制，拓展税务干部成长成才渠道，增强税务干部队伍的活力和战斗力。同时，要深入学习贯彻习近平新时代中国特色社会主义思想，持久地开展精神文明创建和税务文化建设，弘扬中国税务精神，提升税务干部队伍凝聚力和税务部门社会形象。

完善宏观经济治理 建立现代税收体制

马海涛 陈 宇[*]

"十四五"时期是我国全面建成小康社会、实现第一个百年奋斗目标之后，乘势而上开启全面建设社会主义现代化国家新征程、向第二个百年奋斗目标进军的第一个五年。站在新征程的起点上，党中央召开十九届五中全会，为下一阶段的发展谋篇布局，提出要"加快建设现代化经济体系，加快构建以国内大循环为主体、国内国际双循环相互促进的新发展格局，推进国家治理体系和治理能力现代化，实现经济行稳致远、社会安定和谐，为全面建设社会主义现代化国家开好局、起好步。"而这一系列战略也对未来的税制改革提出了更高的要求。"十四五"时期，我国需要继续完善宏观经济治理，建立现代税收体制。

一、建立现代税收体制的重要意义

（一）加快构建以国内大循环为主体、国内国际双循环相互促进的新发展格局的必然要求

党的十九届五中全会通过的《中共中央关于制定国民经济和社会发展第十四个五年规划和二〇三五年远景目标的建议》（以下简称《建议》）提出，要加快构建以国内大循环为主体、国内国际双循环相互促进的新发展格局。这奠定了"十四五"和未来更长时期我国的经济发展战略。这一战略是为应对我国经济发展阶段变化以及错综复杂的国际环境变化所作出的主动选择。一方面，近些年来我国生产体系内部循环不畅和供求脱节现象显现，"卡脖子"问题突出，结构转换复杂性上升；另一方面，随着美国贸易保护主义的

---

[*] 马海涛，中央财经大学副校长、教授、博士生导师；陈宇，中央财经大学财税学院副教授，经济学博士。

抬头，加之新冠肺炎疫情在全球持续蔓延，全球的产业链、供应链面临重大冲击，经济全球化遭遇逆流①。由此，畅通国内大循环并打通国际循环，增强经济发展的可持续性和韧性，成为下一阶段我国经济平稳健康发展的重要路径。

在这一战略实施过程中，建立健全现代税收体制成为必然要求。从国内的角度看，现代税收体制将为我国实施创新驱动发展战略、实现发展动能转换、加快建设创新型国家提供良好的政策环境；也将为我国扩大内需，使生产、分配、流通、消费更多依托国内市场，实现国民经济良性循环提供有利的税收支持；更将为促进我国产业的协调和产业链的稳定发展提供优良的税收营商环境。从国际的角度看，在数字经济蓬勃发展的背景下，原有的国际税收秩序受到冲击，与此同时各国的经济联系也更为紧密。现代税收体制有利于增强国际合作，不断提高我国"走出去"的竞争力和"引进来"的吸引力，支持高水平对外开放；也将立足于国内和国际税收制度的协调以及税收利益的重新分配，进一步增强国际间经济发展的联动性。

（二）推进国家治理体系和治理能力现代化的重要抓手

党的十八届三中全会首次提出"推进国家治理体系和治理能力现代化"这一重大命题，并把"完善和发展中国特色社会主义制度、推进国家治理体系和治理能力现代化"确定为全面深化改革的总目标。这一总目标要求加快建立现代税收体制，进一步增强税收在国家治理中的基础性、支柱性、保障性作用。

税收制度现代化是国家治理体系和治理能力现代化的重要组成部分，也是其基础和前提。国家治理涉及多元利益主体关系的协调，包括政府和市场、政府和社会以及中央和地方三方面的关系。实现国家治理体系和治理能力的现代化：首先，要构建强化市场型政府，通过制度界定政府与市场的边界，明确政府职能定位。这要求政府的税收制度体现出公平的政策选择，并划清界限，选择以政策引导而非干预市场的行为。其次，通过制度加强政府内部系统的行为控制，实现中央与地方及地方各级政府之间的权力分配。这要求税收制度发挥改善中央和地方财政关系的作用，并完善地方税体系，促进地方财权与事权相匹配。通过公开、社会参与和监督机制，打造责任政府；培

---

① 刘鹤. 加快构建以国内大循环为主体、国内国际双循环相互促进的新发展格局 [EB/OL]. (2020-12-02) [2020-11-25]. http://www.gov.cn/guowuyuan/2020-11/25/content_5563986.htm.

育公民意识和提升公民能力，提升公民参与公共事务的能力；培育公共理性，增强政府与社会的良性互动，构建合作型社会。这其中，通过税收征管制度的完善，进一步增强政府和公民的互动，形成良性的税收征纳关系也是重要的一部分。

（三）全面建设社会主义现代化国家的有力保障

早在2013年，习近平总书记就指出，到2049年新中国成立100年时建成富强民主文明和谐的社会主义现代化国家。"十四五"时期是在全面建成小康社会之后开启的全面建设社会主义现代化国家新征程，对于中华民族伟大复兴具有重要意义。

加快建立现代税收制度是实现党中央关于深化财税体制改革重大部署善作善成的重要保障，是全面深化改革的应有之义，是全面建设社会主义现代化国家的必然要求。新时代的现代税收体制建设，要求高质量推进"六大体系""六大能力"的完善和提升，从而更大程度地发挥税收的职能作用，服务全面建设社会主义现代化国家。首先，现代税收体制保障税源的充足稳定，为财政收入提供主要来源，在促进实现经济行稳致远、社会安定和谐中发挥着重要作用。其次，现代税收体制发挥税收政策的调节作用，作为宏观经济政策的重要组成部分，有利于提高调控的科学性，促进高质量发展。另外，在现代税收体制中，税务部门紧跟国家重大战略，更加积极主动地融入经济社会发展大局，落实落细支持措施，为国家战略提供忠实服务①。

二、"十四五"税制改革方向：从"税收优惠"向"税制优势"转变

"十三五"时期以全面营改增为起点，我国深化税制改革迈开了大步伐。在世界各国减税浪潮以及我国转变经济发展方式的大背景之下，这一时期的税制改革很大程度上呈现出"税收优惠"的特征，致力于为纳税人减轻各项负担以及优化营商环境。在"十四五"时期，我国应探索构建具有中国特色、适应长期发展需求、更加完善稳定的现代税收制度，打造"税制优势"，从而与长远的经济发展和社会建设相适应。

（一）以税制优势促进现代化财税制度的建设

党的十九届五中全会通过的《建议》明确指出，"十四五"时期，将

---

① 王军. 充分发挥税收职能作用积极服务全面建设社会主义现代化国家 [EB/OL]. （2020-12-02）[2021-11-11]. http://www.chinatax.gov.cn/chinatax/n810219/n810724/c5158459/content.html.

"完善现代税收制度，健全地方税、直接税体系，优化税制结构，适当提高直接税比重，深化税收征管制度改革。健全政府债务管理制度……"这对我国目前的税制完善提出了更高的要求，不仅要提供税收优惠，更要构建税制优势，除了减税降费、降低经济主体负担外，还要从协调中央地方税收分配以及增进财政可持续性等各方面发力，实现财税制度现代化。

1. 税制改革助力中央地方总体财力格局稳定

《建议》中明确提出"健全地方税体系"。地方税收入是地方财政收入的重要组成部分，只有拥有充足的税收收入，地方政府才能够根据实际情况提供当地所需的公共产品。地方主体税种应满足：在税收总收入中占据较大的比重；税基不宜具有流动性；便于地方政府的征管，即保障征收的效率；对于地区的经济也应该具有一定的调节作用。

此外，"十四五"时期税制改革的主要任务之一是要明确中央和地方政府事权与支出责任，健全省以下财政体制，增强基层公共服务保障能力。具体包括三个方面的要求：第一，明确各级地方政府间的事权范围和责任范围，由上级承担的事权应逐步上移，重要的事权和中央主管的事情由中央负责，其他的事情进行事权下放，由地方政府承担其相应的支出；第二，明确地方政府的财权范围，通过中央下放适当比例的财权给地方或者创造适合地方征收的主体税种，有效地解决地方政府承担基层事务较多而财政支撑不足的现状；第三，建立上下反馈机制，并最大化地发挥市场机制的调节作用。政府应该转变过去的行政方式，有效地利用市场优势，以发挥好政府与市场间的协同作用。

2. 税制改革助力直接税体系的完善

自党的十八届三中全会以来，我国的全面深化财税改革持续进行中。回顾这几年的改革成果，主要集中在间接税上，尤其是营改增成果丰硕，不但改革了税制，而且在减税降费方面发挥了重要作用。相比而言，直接税的改革力度则没有间接税那么大，由此，完善直接税体系成为"十四五"时期进一步深化税制改革的主要内容之一。

完善直接税体系主要有两个方面的含义。一是提高直接税的比重。通过提高比重提升直接税在整个税制体系中的作用，可以采取"减法"和"加法"并举的方式。"减法"是指通过降低间接税税额来使直接税的相对比重得到提高。近些年的减税降费改革就为提升直接税比重腾出了空间。增值税等间接税收入大幅下降将降低企业负担，企业负担减轻后，可考虑提高员工工资,增加股东分红,个人所得将随之增加,个人所得税同样会有所增加。"加法"则是指完善直接税税种,增加直接税税额。这方面则需要稳妥推进房地产税立法。房地产税在全国范围内开征将增加直接税收入,从而提高直接税的比重,进而改写直接税和间接税的版图。二是完善直接税征管体系,尤其是个人所得税的税收征管体系。个人所得税年度汇算,对于完善自然人税收征管具有重要意义。下一步,有必要进一步完善个人所得税的反避税措施,加强自然人税收征管,保障个人所得税的应收尽收。

3. 税制改革助力现代财政的可持续性

财政可持续性是指国家财政的存续状态或能力。不受管控的支出扩张既不现实,也会给长远发展留下隐患。以收定支,是财政部门安排收支的基本原则,也是科学理财的重要方法。从这一角度看,需通过建立更加具有优势的税制,将财政收支规模限制在合理范围内。

"十四五"时期的财税改革任务艰巨,现代财政制度呼唤更多的可支配财力注入。深化税制改革对于提高经济增长的包容性与可持续性至关重要,如果设计得当,税制改革将有助于提高资源效率、推进绿色增长,也可从一定程度上缓解所得税和社保缴费所造成的累退效应,并为政府带来更多财政收入,以应对日益增加的社会性支出需求,从而使地方政府的收支更加平衡。

在当前财政收支矛盾突出的情况下,应通过完善税收制度来更好地践行量入为出、以收定支原则,更加注重优化支出结构。"十四五"时期税收收入仍难以恢复高速增长,要探索运用零基预算理念,根据实际需要科学核定预算,完善能增能减、有保有压的分配机制,打破支出固化格局。各项支出都要明确标准,不敞开"口子"花钱。压减出来的资金,用于加大对教育、"三农"、疫情防控等重点领域的保障力度。预算执行中要加大存量资金和资产盘活力度,对不具备实施条件、项目进展缓慢以及预计难以支出的项目,按规定收回资金,统筹用于重点支出。

(二)以税制优势促进深化供给侧结构性改革

供给侧结构性改革最初的原则是减轻企业负担、激发企业活力。从市场的供给需求理论看,商品的供给取决于成本,但商品成本是增加了增值税、消费税和企业所得税之后的成本。不同的财税体制通过对供求的影响,来影响产品的均衡价格。作用于供给侧的税收政策的重点是对有效供给、急迫供给、高端供给提供减税支持。这也是"十三五"时期我国大规模减税降费改革的理论依据之一。而"十四五"时期的深化供给侧结构性改革不仅仅要求降低企业负担，更进一步追求实现企业产业链条的完善和供给质量的优化。

以结构性税制调整推动深化供给侧结构性改革，就是要通过调整税负水平、税收分配、征管政策等多方面来从整体上实现协同作用，共同影响供给端生产经营活动和需求端消费活动，从而实现税收对于整个经济社会调控作用，在疫情等紧急性冲击下保障经济的稳定发展。在这之中，发挥税种的相互协调作用尤为关键。

1. 进一步落实各税种的减税降费改革

尽管减税降费取得了巨大的成效，但是其中也存在着一些改革尚未完全落实。比如，世界各国纷纷降低企业所得税法定税率，而我国的企业所得税税率仍然保持在25%的水平，国际竞争力可能有所减弱。而且降低企业所得税税率能够进一步地减轻企业负担。另外，社保费的下调还需要进一步的举措。此前国家已经决定划转国有资本给社保基金，但是进度不快，继续降低社保缴费就缺乏资金支持，因此，下一步需要仔细研究降低社保费的举措，并制定详细的规划和时间表，从而更快地落实。

2. 进一步完善流转税税制

增值税、消费税等流转税直接影响商品价格，从而影响企业的供给链条，因此，下一步改革需要有针对性地进行流转税税收制度的优化，从而在流转税所影响的消费层面上平衡收入水平、改善经济环境，为供给侧结构性改革打下坚实的基础。

3. 提高税收征管建设水平

供给侧结构性改革对于税收征管提出了较高的要求，如完善创新型税收管理体系，包括规范征管、简化流程，降低纳税人的纳税遵从成本；引入新时代信息技术，通过"互联网+"的思想带动税收征管信息化体系的建立；实现多部门税收信息互通及横向资源共享，全面提升税源监控能力；加强税务人员工作能力，合理安排人员分工与调配，保障税务办事效率。

（三）以税制优势促进社会经济高质量发展

"十四五"时期，税收政策既要继续发挥"宏观调控跨周期设计和调节"的作用，更要发挥激发市场活力、促进经济结构优化的作用。"十四五"时期税制改革应以"竞争中性"为重要原则，进一步落实"放管服"各项要求，优化营商环境，为各类所有制和各行业企业的公平竞争奠定更好的税制基础，保障经济高质量发展。

1. 税制改革促进社会经济结构优化

经济结构优化既要求各产业之间具有合理的数量比例关系，产业间协调发展，做到产业之间有密切的经济技术联系，相互依存、共同发展，又要求产业结构的升级，坚持走自主创新的道路，把增强自主创新能力作为经济结构优化的重中之重，明确企业是社会主义市场经济中进行自主创新的主体。党的十九届五中全会提出"发挥企业家在技术创新中的重要作用，鼓励企业加大研发投入，对企业投入基础研究实行税收优惠"，这体现出"十四五"时期的税制改革应抓住企业这一主体以及研发创新这一对象，通过制度的完善引领市场经济的完善以及经济结构的优化。

2. 以产业特殊税收政策引导产业结构调整

产业结构调整是指通过调整三种类型产业在国民经济中的比重，优化生产要素在产业间的配置，不断提高产业结构效率，从而实现产业结构合理化、高级化的过程。"十四五"时期，税制改革应当通过针对不同产业的不同税收政策彰显政府的政策导向，引导企业的生产经营活动和方向，支持各类企业发展或转型，使产业结构不断优化升级。

税制改革重点应当在于降低第三产业税负，解除税负较高对于第三产业生产效率和投资收益率的抑制作用；通过提高直接税比重降低下游服务业企业的生产成本，减轻税负转嫁效应，从而消除服务业企业的进入壁垒，激发服务业企业活力。同时，进行结构性减税，通过对现代服务业给予更多的税收优惠，促进现代服务业的发展，满足居民需求；对经济不太发达的中西部地区的服务业实施更多的税收扶持政策，保证区域服务业的协调发展；以税收优惠政策鼓励服务业企业进行自主创新，以科技促进第三产业行业生产效率的提升，并对服务类型产品进行不断优化，政策特别要向高新技术服务业进行倾斜，加快第三产业升级。企业不断创新，不断研发出具有更高技术含量的产品、提升产品附加值，不断研发新产品、催生新产业的过程就是产业结构合理化、高级化的过程。

3. 税制改革推动完善公平竞争制度

高质量发展阶段要求加快完善社会主义市场经济体制，完善公平竞争制度。"十四五"时期，税制改革将通过更加优化的税制促进居民收入分配公平和企业在市场竞争中的公平。

（1）以税收制度调节收入分配公平。通过税收制度和政策设计加强对收入分配调节，减弱公众在市场竞争起点上的不公平和机会不均等，保障人的生存权和发展权，提升社会福利水平，促进社会公平。"十四五"时期，税制改革将坚持"逐步提高直接税比重"的税制结构优化方向，在"综合与分类相结合"税制框架下进一步完善个人所得税制，逐步提高税制整体的累进性。收入分配状态的改善既有利于提升居民幸福感，同时也有利于提升居民消费需求，寻求更高质量的产品和服务，从而促进经济结构优化和高质量发展。

（2）以税收政策促进企业公平竞争。通过科学的财税政策设计，减弱市场不公平竞争。既要通过税收政策解决环境污染等企业成本外部化问题，又要通过税收政策弥补中小微企业在市场竞争中的劣势，增强企业竞争能力。一方面，以税收政策解决环境污染负外部性导致的企业不公平竞争。环境资源具有公共物品的特性，企业倾向于最大限度去消耗这些资源从而实现利益最大化。某些企业通过一些污染环境的经营手段获得了额外利益，给社会和他人带来了成本；而治理环境污染的企业却要付出额外的成本去消除污染企业的外部性，损失了自身利益，这种互动使双方处于不平等的竞争地位上。因此，"十四五"时期税制应当继续完善环保税法，逐步解决这些问题，使环境污染者都将为其污染行为付出成本，无法再通过非可持续发展的路径降低自己的成本、获得更多利润；治理环境污染者无须再为其他企业的污染行为付费，从而使企业能够在对等的地位上进行竞争。另一方面，以税收政策提高中小微企业的市场竞争力。中小微企业是我国企业的主体，具有产业规模小、数量众多、分布面广、经营灵活、形式多样等特点，对于我国经济增长和居民就业具有重要作用。但中小微企业掌握资源有限、技术水平和产品科技含量低、创造价值能力低、抗风险能力弱，在市场上易遭受歧视和不公平待遇，限制了其进一步发展和转型升级。"十四五"时期，税制改革将通过给予中小微企业更多的政策倾斜，减轻中小微企业税收负担，为中小微企业发展营造良好的税收环境，使中小微企业能有更多的资源去提升企业价值，有能力与大企业进行竞争，从而促进中小微企业的可持续发展。

（四）以税制优势推动国家治理体系和治理能力现代化

国家治理体系和治理能力现代化是治国理政的核心概念之一。财政作为国家治理的基础和重要支柱，是全面深化改革的重要支撑，在推进国家治理现代化的进程中发挥着关键作用。1994年的分税制改革使政府和市场、政府和企业的关系走上正轨，并使中央和地方关系的规范化，奠定了如今国家治理体系和治理能力现代化的制度基础。

"十四五"时期的税制改革，更应注重发挥税收制度的基础性作用，协调国家治理多元主体的利益。第一，通过税制改革，推动政府和社会关系改善，强化政府公平政策选择，促进实现社会公平，满足人民对公平正义的追求。第二，通过税制改革，协调政府和市场，政府保持适当的宏观调控能力，减少税收对价格的扭曲，发挥市场在资源配置中的基础性作用。第三，通过税收制度的完善，改善中央和地方财政关系，通过直接税改革完善地方税体系，使地方有充足的财政收入，实现中央和地方财力协调，财权和事权相匹配，调动中央和地方两方面的积极性。同时，加快税收相关实体法和程序法的完善，严格依法征税，强化税收司法，推动税收法治化，落实税收法定原则，这也是国家治理体系与治理能力现代化的重要体现。

三、"十四五"实现"税收优惠"向"税制优势"转变的路径

（一）完善地方税体系，构建激励相容的政府间财政关系

在"十四五"时期构建起我国的税制优势，建立完善的地方税体系是重要的一部分。通过完善地方税体系，解决地方政府财权和事权不匹配的问题，实现中央和地方财力格局的总体稳定，进而满足现代财政的可持续性要求，达到财政收入和支出的相对协调和平衡。

具体而言，在地方税体系构建上，可以有以下几点措施。

1. 优化地方税体系相关税种

适当扩大资源税征税范围，逐步推行从价计征的比例税率；因地制宜扩大环境保护税的征税范围，以经济手段控制环境污染的同时更好地保障地方税收收入；酌情考虑遗产税等新税种的设立等。

2. 健全各税种间的关联安排

这其中包括将房产税与城镇土地使用税合并为房地产税、将耕地占用税并入资源税、将契税并入印花税等税种合并的措施。

3. 改善地方税收结构，逐步将房地产税培育为地方主体税种

房地产税作为地方税体系的重要组成，新时代下必然会成为深化财税体制改革、健全地方税体系和提升国家治理能力的主要着力点。

（1）探索整个房地产税制体系的深化改革。房地产税制体系是指与房地产有关的税种集合，我国现行房地产税制体系主要包括保有环节的房产税和城镇土地使用税，流转（或交易）环节的土地增值税、耕地占用税和契税。"重流转、轻保有"是我国房地产税制体系的现实写照。改革房地产保有环节税种，开征新的房地产税仅仅是解决问题的一个方面，更重要的是房地产

制体系其他税种的深化改革，对整个房地产税制体系实行"一揽子"综合改革，才能从整体上推进保有环节房地产税改革的顺利实施。

（2）配套房地产市场长效调控机制的建立。房地产税改革的顺利推进，需要有健康稳定的房地产市场做坚强后盾。只有密切联系我国实际，深化住房市场和土地市场的供给侧结构性改革，建立房地产市场健康发展的长效调控机制，才能正本清源，有效解决目前房地产市场存在的供需失衡等一系列问题，为房地产税改革奠定坚实的基础。

（二）加快税种结构的调整和完善

深化供给侧结构性改革，建设现代化经济体系，离不开完善税收的调节功能与构筑税收的公平正义，只有充分发挥不同税种的职能，做到各个税种各司其职，共同协作，才能有效促进经济稳定增长，实现宏观税负稳定。

1. 构建绿色税收体系

党的十九届五中全会提出："深入实施可持续发展战略，完善生态文明领域统筹协调机制，构建生态文明体系，促进经济社会发展全面绿色转型。"这意味我国的供给侧结构性改革要更多朝着绿色供给的方向转变，也就离不开绿色税收体系的完善，具体而言有三个方面。

（1）加快完善环境保护税、资源税改革步伐。一方面，2018年1月1日起施行的《环境保护税法》存在着税率设计偏低的问题。因此，国家应适时提高环境保护税的税率，并考虑采用累进税率以提高其税制的调节灵活性。与此同时，要做好相关部门的协调工作和监督工作，尤其是环保部门和税务部门的协调与合作。另一方面，要加快资源税改革与扩围试点，引导企业有效配置资源，减少环境污染和资源浪费，更好地践行绿色税收理念。

（2）加大企业所得税和增值税的绿色税收力度。我国现行税收收入结构中，增值税和企业所得税的税收收入位居前两位，纵观这两个税种环保相关的税收优惠，不难发现，除了对资源综合利用的税收减免外，其余税收优惠力度较小，尤其是增值税政策中基本没有环境保护方面的税收优惠。因此，应根据新的环境保护形势，修改当前与绿色税收相关的税收政策，以增强税收优惠政策的导向作用。

（3）加大消费税的绿色税收力度。消费税是对特定消费品征收的一种税，具有选择性，能够起到调节居民消费行为的作用。现行消费税政策中与环境保护、资源节约相关的税目还比较少，征税范围过窄。因此，应考虑将一些高污染、高耗能产品纳入征税范围,更好地贯彻绿色税收理念。

2. 继续完善增值税改革

新时代深化增值税制度的改革必须从根本上调整增值税的结构,将与增值税税收中性原则不符、征收不便利的成分予以分离,使增值税目标明确,便于法定化,并同步推行商品税(销售税)的改革,从而达到稳收入、明税基的目标。针对深化增值税制度改革主要有六个方向。

(1) 通过深化改革使增值税成为中央政府的主要财政收入来源。

(2) 通过深化改革使增值税真正成为"中性"的税种,真正实现消费型增值税管理,清理各类减免税。

(3) 通过深化改革使增值税成为我国税务部门掌握税源的基本依据,继续完善我国的金税工程系统。

(4) 通过深化改革使增值税成为我国政府进行国际税收竞争的重要工具,合理完善出口退税率和进口环节增值税税率的调整。

(5) 通过深化改革使增值税的设置符合法定化的要求,真正实现增值税税种设置清晰、税收要素明确、税率区间相对稳定、管理链条完整、税收优惠分类明确和结构清晰的目标。

(6) 通过深化改革使增值税的征管实现刚性,将金税工程已经形成的征管基础与区块链、大数据等新技术深度结合。

3. 加快推进企业所得税改革

完善企业所得税制度体系,在"十三五"时期推进的企业所得税相关改革,已经使得原有的全国各地企业所得税优惠过多、实际税率远低于名义税率的情况得到一定程度的改善。在此基础上,应当进一步通过税制改革,实现企业所得税的因地制宜,减少地方不合规优惠,增加普惠性的政策;通过税收优惠等方式全面促进科技创新发展、绿色可持续发展、服务贸易发展、中小企业发展,同时对一些半公共品行业,如养老教育给予一些优惠政策。在经济全球化的时代背景下,做好国际反避税工作,逐步完善跨地区信息互通交流,通过签订税收协定等方式从源头防止税源流失现象的发生。同时,随着信息技术及数字平台的快速发展,我国应加快研究并采取措施防止境外数字服务企业在境内获得收益时逃避税收,防范数字服务企业采取激进的税收筹划从而影响我国税收收入的行为。

4. 加快推进消费税改革

从1994年至今,消费税进行了多次持续的改革和调整,目前的消费税税制已经取得了较为明显的进步。2019 年 9 月，国务院发布《关于印发实施更大规模减税降费后调整中央与地方收入划分改革推进方案的通知》（国发〔2019〕21 号，以下简称《通知》），明确了消费税改革的基本内容，为"十四五"时期的消费税改革指明了方向，消费税改革将进入加速推进阶段，开启中央地方共享的新模式。

（1）加快消费税立法。党的十八届三中全会明确将"落实税收法定"作为财税改革的目标之一。在我国现行 18 个税种中，立法税种已达 11 个，且多个税种已经进入征求意见稿阶段。消费税作为调节特定消费等政策指向性较强的一项税种，在我国税收体系中有着十分重要的地位，因此，应当尽快推进消费税立法，使其在推动财税体制整体改革中成为一股重要的指向性力量。

（2）扩大消费税征税范围和纳税环节。随着我国经济发展的多样化，居民消费结构发生了重大变化，消费税 15 个税目的设定已经不能适应经济发展的需要。《通知》提出，要在征管可控的前提下，将部分在生产（进口）环节征收的现行消费税品目逐步后移至批发或零售环节征收。为了确保改革的稳步推进，"十四五"时期消费税改革需要充分论证具体的调整税目，先对高档手表、贵重首饰和珠宝玉石等条件成熟的税目实施改革，再结合消费税立法对其他具备条件的税目实施改革试点。此外，在"十四五"时期消费税改革中，也可考虑将消费税的征收范围从商品扩大到服务，将高档服务纳入其中；重新定义奢侈品的概念，将一些生活必需品从税目中剔除，增加现行经济状况下的高档产品，如私人飞机、私人帆船、高档服饰等。

（3）由中央税向共享税转变。我国的消费税全部归属于中央财政收入，地方不参与税收收入的分配，由中央按照一定的标准向地方政府进行分配，用于公共产品和服务等地方事业的发展。这样的中央税模式在很大程度上削弱了地方的相关权限，抑制了地方生产积极性。因此，在"十四五"时期，应当贯彻消费税"稳步下划地方"的原则，改革调整的存量部分核定基数，由地方上解中央，增量部分原则上归属地方，确保中央与地方既有财力格局稳定，同时又能够拓展地方收入来源，改善地方财政收入不足的问题，引导地方改善消费环境，促进产业升级和地方经济发展。

（三）完善直接税和间接税协同发挥作用的双主体税制模式

总体上看，面对新时代发展的需要、国际竞争和新常态下缩小收入差距、提振消费的挑战，优化和完善税制是必行之举。党的十八届三中全会提出

"逐步提高直接税比重"的改革部署，使我国长期以来形成的直接税与间接税税制结构失衡问题浮出水面。党的十九届四中全会再次提出"完善直接税制度并逐步提高其比重"，进一步强调了直接税改革的重要性和迫切性。党的十九届五中全会进一步提出"优化税制结构，适当提高直接税比重，深化税收征管制度改革"。尽管从发展趋势上看，我国间接税比重在逐渐降低，直接税比重在逐渐提高，但从间接税主要税种收入和直接税主要税种收入对比关系看，仍需要继续提高直接税，尤其是个人所得税收入占比，同时适度降低增值税收入占比。在未来推进双主体税制模式的构建中，重点在于提高个人所得税收入占比、稳步推进房地产税立法，健全以税收、社会保障、转移支付等为主要手段的再分配调节机制，充分发挥其筹集收入和调节收入分配的作用，完善直接税制度并逐步提高其比重。

1. 健全直接税体系

在后续的税收制度及体系改革中，应通过增加财产税税种、提高房地产税在直接税中的贡献，完善直接税税种结构，提高直接税收入比重；平衡企业和个人直接税税负，通过制定并落实以创新为导向的企业所得税优惠政策、适当降低社保费率减轻企业的直接税税负，逐步提高自然人直接税税负；加强税收征管体制改革，提高税收征管水平与力度，提高现代税收文明水平，构建结构合理、系统完善、运行有效的直接税制度体系，充分发挥直接税征管现代化和直接税文明现代化对国家全面深化改革目标实现的促进作用。

2. 继续推进个人所得税、房地产税等直接税相关税种改革

我国直接税改革要以各直接税税种制度优化为基础，而个人所得税和房地产税是直接税的重要税种，也是我国直接税改革的重点，因此，要加快个人所得税和房地产税改革，促进形成符合我国新时代发展要求的特色直接税税制。

应继续加快完善综合与分类相结合的个人所得税改革，扩宽税基，扩大征收范围，逐步将个人所有收入纳入征收范围；扩大综合征收范围，争取将更多所得尤其是非劳动所得纳入综合征收范围。同时，科学设定预扣税率，进一步确定个人所得税的中央和地方分享比例，提高地方税收收入水平，弥补地方的财政收支缺口。

加快实施房地产税改革，统筹兼顾筹资职能和调节收入分配职能，充分

发挥其有效提升地方政府治理能力的"溢价回收"作用①，辅以调节收入差距，抑制房地产投机，促进房地产资源合理配置和房地产市场健康发展。

3. 加强直接税的税收征管

继续推进直接税立法，加快房地产税、城镇土地使用税等直接税的立法改革，实现直接税法律的全覆盖，加快直接税实体法的制定、修订和实施，提高直接税的法律层次；落实直接税征管程序法定，严格规定纳税评估、税务稽查，实现直接税征管有法可依；完善税收争议处理机制，倡导非诉讼程序解决税收问题，保障税收执法的客观和公正。税务机关要树立正确的争议解决态度，不回避争端，既维护税务机关的尊严，又保障纳税人的合法权益，通过建立专门的咨询机构，加强税务机关与纳税人之间的沟通。

（1）继续提高直接税征管技术，建立健全信息共享机制，建立严密的纳税人信息库系统，对纳税人的纳税行为、财产收入情况实现全面监督，建立完善收入信息动态监督机制，加强对纳税人应税所得的监测与核查，加强直接税的税源监管。

（2）加强纳税申报和税务登记管理，建立健全纳税申报制度，设计规范的纳税申报流程，充分应用互联网技术开发网上纳税申报系统，为纳税人提供纳税申报便利。

（3）支持专业涉税服务机构的建立。一方面，税务机关要为纳税人提供纳税申报和税务登记、税务咨询服务；另一方面，税务机关可以委托专业涉税服务机构，对纳税人的纳税情况进行审查，保障国家税款的依法充足征收，提高纳税人税法遵从度。

（四）进一步推进税收治理现代化

税收征管现代化是税收治理现代化的重要实现路径。应以推进征管手段现代化作为税制结构优化的有力保障。当前，税收征管存在补短板、强弱项、调结构等现实需要，亟待加快税收征管制度改革。"十四五"时期，我们要推进包括税收征管体制、征管制度、征管机制等一系列改革，加强税收征管能力建设。

---

① "溢价回收"通俗地讲就是"涨价归公"，即地方政府通过征收房地产税可以参与房地产价值的分配，从而形成地方政府对公共产品投资增加、房地产价值增值和房地产税收入增加的良性循环机制，进而激励地方政府提高公共财政效率，完善公共服务质量，提升地方治理能力。

1. 持续深化税收征管体制改革

依托现代信息技术,转变税收征管方式,优化税收征管资源,进一步巩固国税地税征管体制改革成果。同时,随着企业跨区域经营活动的迅猛发展以及京津冀协同发展、长江经济带发展等一系列跨行政区划的区域发展战略的实施,税务部门在推进跨区域税收信息共享、国税地税合并后征管模式创新以及全国统一的征管流程和执法标准确立等方面面临着巨大的挑战。

2. 推进税收征管制度改革

顺应经济社会发展的新形势新变化,抓紧修订税收征管法,明晰征纳双方的权利义务,全面建立起符合现代税收治理内在要求的税收征管基本程序。

3. 深入推进税收征管机制改革

切实转变政府职能,通过创新监管方式、优化纳税服务,统筹推进税务系统"放管服"改革,在简政放权上做好"减法",在后续管理上做好"加法",着力转变税收征管方式,提升税收征管效能。

4. 优化税收执法方式,增强税收执法公信力和透明度

建立促进诚信纳税的税收征管机制,税务部门不仅要在税收征管中对不同信用等级的纳税人适用不同的税收征管规则,同时还应将纳税信用与其他社会信用通过跨部门信用信息共享机制实现联动管理,推动建立全方位、全覆盖的社会信用体系。

5. 加强大数据、区块链等新技术的应用,加快税收数字化管理步伐

掌握全面、及时、准确的数据是国家治理能力现代化的技术基础。税务机关的征管数据涉及经济主体的大量交易活动,而随着直接税改革的推进还将进一步覆盖大部分自然人的收支和财产信息。对税收大数据的有效利用,不仅对优化征管流程、提高征收率、降低遵从成本具有重要意义,而且由于这些动态微观数据能够及时、全面、深刻地反映经济运行状态,税收大数据在增强国家治理能力方面也将发挥重要作用。

6. 深度参与国际税收合作,主动服务对外开放战略

随着我国经济实力和国际影响力的提升,税务部门应以更积极的姿态参与国际税收规则制定,进一步强化国际税收合作,提升我国在国际税收领域的话语权。各级税务机关要为"走出去"企业提供更优质的纳税服务,为推动"一带一路"沿线企业深度合作发挥应有的作用。

挖掘税收数据价值　促进智慧税务建设

冯海旗[*]

党的十九届五中全会通过的《中共中央关于制定国民经济和社会发展第十四个五年规划和二〇三五年远景目标的建议》（以下简称《建议》），明确提出要"建立现代财税体制""加快数字化发展"的目标要求。

《建议》对"完善现代税收制度，深化税收征管制度改革""完善宏观经济治理""推进国家治理体系和治理能力现代化""加强数字社会、数字政府建设，提升公共服务、社会治理等数字化智能化水平""提升大数据等现代技术手段辅助治理能力"等任务的系列部署，是党中央站在全局高度对实现第二个百年奋斗目标作出的战略安排。《建议》描绘了我国进入新发展阶段的发展蓝图，为夺取全面建设社会主义现代化国家新胜利指明了前进方向、提供了根本遵循。

税收是国家治理体系的重要组成部分，在国家治理中起着基础性、支柱性、保障性作用。"十四五"时期，我国现代产业体系的发展、现代治理体系和治理能力建设、税收征管制度的深化改革，以及2035年基本实现社会主义现代化远景目标等，对新时代税收治理能力的提升、全面推进税收治理现代化提出了更高要求。

为深入学习领会《建议》精神和要求，更好地谋划税收新发展，本文循着信息化、数字化的发展脉络，介绍如何更好地发挥已形成的信息化优势，借助数字科技力量，提升税收征管与服务能力和水平，防范化解税收征管风险，发挥税收在国家治理中的基础性、支柱性、保障性作用，服务于国家治理体系和治理能力现代化建设，为构建新发展格局和高质量发展作出新的更

---

[*] 冯海旗，中央财经大学信息学院教授、管理学博士，中国优选法统筹法与经济数学研究会理事，中国企业联合会智慧企业推进委员会委员，中国健康医疗大数据促进委员会委员。

大贡献。

一、数据、大数据与人工智能

如今,大数据、云计算、人工智能、机器学习等新概念新术语层出不穷,令人眼花缭乱,应接不暇。为便于读者对以下内容的理解,在此对相关术语作简要介绍。

(一)数据

数据是什么?数据不限于数字,广义的数据还包括文本、图片、音视频等。互联网背景下,社交媒体上的聊天记录、网页内容、论坛评论、网上购物记录、社会交往关系、行程轨迹等都是数据。

通俗地讲,数据是对客观事物的属性、状态及其相互关系的抽象表示、记录并可以鉴别的符号。数据可以用某种方式进行保存、传递和加工处理。

(二)信息

关于信息,一种通俗的解释是:信息是人们关心的事物的情况。不难理解,同一件事物的情况,对于不同的个人或群体具有不同的意义。某个事物的情况只有对了解情况者的行为或思维活动产生影响时,才称为信息。信息从发生地(信源)通过传播媒介(载体)传送到信息的接收者(信宿)。传播载体上表示信息内容的符号被称为数据。可以理解为,数据是信息的物理表现形式,信息是数据的内容,两者形影不离。数据与信息两个概念,经常被不加区分地使用。

信息具有时效性。失去时效性,信息是不完整的,甚至是毫无意义的。同样一条信息,可以用不同的数据(符号)形式来表达。同样形式的数据,对不同的使用者而言,可能蕴含不同的信息。由此带来了数据处理、信息管理的复杂性。

从信息管理的角度来看,我们采集、保存、管理和分析数据,就是要获得数据所蕴含的信息,以增进对相关事物的规律的了解,进一步解决实际问题。随着电子技术的发展,基于电子技术的信息采集、存储、传递方式等发生了质的变化,开启了信息化时代。

(三)信息化

20世纪中叶,以电子计算机为代表的信息技术(Information Technologies,IT)出现后,为处理数据和传递信息提供了高效的方法,使人类获取数据、管理和处理数据的能力实现了质的飞跃。

《2006—2020年国家信息化发展战略》将信息化（Informatization）定义为："充分利用信息技术，开发利用信息资源，促进信息交流和知识共享，提高经济增长质量，推动经济社会发展转型的历史进程。"

信息化是由信息技术应用驱动的经济社会变革，其本质是有效利用信息技术，充分发挥人的潜能，促进经济增长和社会发展模式的根本改变。中共中央办公厅、国务院办公厅2016年印发的《国家信息化发展战略纲要》，指出，"没有信息化就没有现代化。适应和引领经济发展新常态，增强发展新动力，需要将信息化贯穿我国现代化进程始终，加快释放信息化发展的巨大潜能。以信息化驱动现代化，建设网络强国，是落实'四个全面'战略布局的重要举措，是实现'两个一百年'奋斗目标和中华民族伟大复兴中国梦的必然选择。"

简言之，信息化是指现代信息技术（包括计算技术、网络技术、软件技术、存储技术等）在经济社会各领域的创新应用不断深入的过程。近几十年来，信息化浪潮席卷全球，现代信息技术与多学科深度交叉融合，已经成为引领创新、驱动转型、塑造优势的先导力量和推动人类生产生活方式变革的重要力量。

2018年4月，习近平总书记在全国网络安全和信息化工作会议上强调："信息化为中华民族带来了千载难逢的机遇""我们必须敏锐抓住信息化发展的历史机遇"。

（四）大数据

从文明之初的"结绳记事"，到文字发明后的"文以载道"，再到当代的"数据要素资源"，数据一直伴随着人类社会的发展变迁，承载了人类基于数据和信息认识世界的努力和取得的巨大进步。

伴随信息技术与经济社会的交汇融合发展，引发数据量迅猛增长，数据类型更加丰富且复杂，出现了数据难理解、难处理和难组织等难题。在计算领域，将使用现有软件工具或应用系统处理很难处理的大型而复杂的数据集，形象地称为"大数据"。通常，用数据规模大、变化速度快、类型多样等特征来描述"大数据"。"大数据"术语被广泛采用，并逐渐延伸到科学研究和商业领域。

数据已成为一种基础性战略资源。世界主要国家和地区都认识到数据对提升经济社会发展和国家实力的重要意义，纷纷出台数据战略，促进数据资源开放和数据技术开发。例如，美国的《联邦数据战略与2020年行动计划》、欧盟委员会发布《欧洲数据战略》、英国的《国家数据战略》等。

在我国实现中华民族伟大复兴的新征程起始，党中央决定实施国家大数据战略，吹响了加快发展数字经济、建设数字中国的号角。2015年，党的十八届五中全会提出了"国家大数据战略"，国务院印发了《促进大数据发展行动纲要》；2017年，《大数据产业发展规划（2016—2020年）》开始实施。开发大数据产业，进一步推动经济发展、完善社会治理、提升政府服务和监管能力。党的十八大以来，党中央审时度势，精心谋划，超前布局的大数据产业已取得了突破性发展。

2017年12月8日，习近平总书记在主持中共中央政治局就实施国家大数据战略进行第二次集体学习时指出，"大数据是信息化发展的新阶段"，并做出了"推动大数据技术产业创新发展，构建以数据为关键要素的数字经济，运用大数据提升国家治理现代化水平、促进保障和改善民生、切实保障国家数据安全"的战略部署。

（五）人工智能

20世纪60年代至70年代初期，人工智能研究蓬勃发展，到20世纪70年代后期，则进入了一段低迷期。制约人工智能发展的因素很多，但主要原因归结于缺乏数据支撑和计算机的计算性能弱。20世纪80年代初期，专家系统的出现再次引起人们对人工智能研究的兴趣，到20世纪80年代后期，因通用计算机的性能普遍超越专家系统，至此专家系统的风光不再。

实际上，人们对让计算机拥有智能的研究一直没有停滞。近年来，人工智能热潮的高涨，主要有三个关键因素：一是大数据，为智能算法提供海量的训练数据支撑；二是高性能计算，强大的计算能力使得以前无法完成或者无法在短时间内完成的计算成为可能；三是机器学习新算法的出现。机器学习是实现人工智能的一种方法，即，使用算法来解析数据、从中学习获得知识，然后对真实世界中的事件做出决策和预测。与传统的为解决特定任务而设计的软件不同，机器学习用大量的数据来训练，通过各种算法从数据中学习如何完成任务的知识。

机器学习是人工智能的核心，也是使计算机具有智能的根本途径。例如，2016年战胜围棋冠军的AlphaGo，2020年破解了出现50年之久的蛋白质分子折叠问题的AlphaFold，均是基于深度学习算法产生的。

人工智能的系列成就，进一步激发了对人工智能研究的热情。2017年，国务院印发并实施《新一代人工智能发展规划》，其中，对金融行业提出要求："要在智能金融方面，建立金融大数据系统，提升金融多媒体数据处理与理解能力；创新智能金融产品和服务，发展金融新业态；鼓励金融行业应用智能客服、智能监控等技术和装备；建立金融风险智能预警与防控系统。"2019年，中央全面深化改革委员会审议通过了《关于促进人工智能和实体经济深度融合的指导意见》，进一步布局和推动我国人工智能研究与应用。

习近平总书记在中共中央政治局第九次集体学习时发表讲话，强调"人工智能是引领这一轮科技革命和产业变革的战略性技术，具有溢出带动性很强的'头雁'效应。在移动互联网、大数据、超级计算、传感网、脑科学等新理论新技术的驱动下，人工智能加速发展，呈现出深度学习、跨界融合、人机协同、群智开放、自主操控等新特征，正在对经济发展、社会进步、国际政治经济格局等方面产生重大而深远的影响。加快发展新一代人工智能是我们赢得全球科技竞争主动权的重要战略抓手，是推动我国科技跨越发展、产业优化升级、生产力整体跃升的重要战略资源"。

二、税务信息化及发展趋势

（一）信息化支撑税务改革发展

自20世纪90年代以来，信息化进程推动数据（信息）成为人类社会重要的生产要素和国家基础性战略资源。信息技术和人类生产生活交汇融合，成为推动经济社会变革的重要力量。

税务信息化在我国是起步最早、最为重要的领域之一，经历了萌芽、稳步发展和快速提升几个阶段。税务系统以金税工程（三期）为核心，在"一个平台、两级处理、三个覆盖、四个系统"的总目标导引下，不断融合税收征管变革和技术创新成果，逐步构建了覆盖党建、政务办公、税收征收、公共服务、决策支持等税务信息化应用体系，实现了全国税收数据大集中，并初步构建了数据开放与服务体系。

党的十八大以来，税务系统更是将信息化作为推动税收改革发展的先导性、战略性和基础性工程进行建设，探索总结出一条中国特色税务信息化之路。税收信息化建设成就，一方面，对促进征管服务模式创新、提高征管效率、进一步规范税收执法、优化纳税服务、降低征纳成本和执法风险，提高纳税人遵从度和满意度等提供了有力支持。另一方面，税收征管模式、服务方式的变革，也引导纳税人税收观念和企业税收筹划行为的转变。

税收信息化伴随税收征管改革发展，并有力支撑了征管体制改革、税制改革、"放管服"改革、减税降费等重大措施的贯彻落实，为高质量推进新时代税收现代化提供了坚实基础。

（二）数字中国战略下的税收信息化趋势

当前，以大数据、人工智能、云计算等为代表的新一代信息技术，正加速与经济社会各领域渗透融合，汇聚成一股颠覆性力量，在经济、社会、生活各个领域不断触发日新月异的变革。

在数字中国战略下，税务信息化跨入新的发展阶段，将实现税收信息化向税收数字化、智能化转型，并被赋予了新的内涵和更高的期待。

一是以数字中国战略为指引，立足国家治理体系和治理能力现代化建设，强化税务部门服务国家治理的职能，更好地发挥税收在国家治理中的基础性、支柱性和保障性作用。

二是支撑税收改革，适应网络经济、数字经济下税收理念、税收征管模式、税收服务方式的持续变革，助力新阶段税收征管服务体系建设。

三是积极拥抱大数据、人工智能等新一代信息技术，探索新的应用场景，重构征管与服务流程，推动管理创新，实现服务高效化、治理精准化、决策科学化。

四是实施税收数字化战略，推进税收数字化、智能化进程，挖掘税收大数据蕴含的价值，全面推进税收治理体系和治理能力现代化。

五是着力改善数据联接与数据安全，以大数据应用为核心驱动力，提升基于大数据的税管洞察力。

三、大变局下的税收征管面临的挑战及应对

（一）税收征管面临的新挑战

我国税收管理信息化成效斐然，信息化围绕业务、流程、技术和管理等方面不断创新，从管理体制机制改革、税制改革、税收征管、税管服务、防范化解风险、科学精准施策、改善沟通协作等方面，全方位有效支撑了我国税收事业的发展。但也应意识到，在新的发展阶段，税收工作被赋予新的要求，也将面临新的挑战。

一是我国跨入新的发展阶段，世界处于百年未有之大变局中，两者同步交织、相互激荡。大变局下同时蕴含机遇与挑战，世界格局的动态变化对国

际税收关系产生影响，国际税收规则面临重塑。同时，我国将更加深度参与国际税收治理体系建设，贡献中国智慧。

二是税收职能作用从经济层面拓展到政治、社会、文化、生态、外交等领域，将更加深刻地介入国家治理的各个方面，成为国家治理的重要基础，从更深层次、更广范围服务于国家发展。

三是国家治理体系和治理能力现代化建设，迫使税收治理现代化走在前列，要求征收工作规范化、透明化，不断提升税收法治化水平。

四是我国的经济发展进入新常态。经济结构调整、产业转型升级，发展速度放缓，税收收入增速在一定时期内可能会持续下滑，对税收带来压力。新形势下，要求有针对性地创新税收管理，科学有效实施税收调控，实现新突破，形成经济促进税收、税收服务经济的良性互动。

五是"放管服"改革深化、现代税收制度完善、税收征管制度改革深化，倒逼征收流程重构优化和管理服务方式改革。

六是商业模式的不断创新，彻底变革了产品和服务的生产方式和价值创造模式。企业经营管理信息化、网络化增加了征纳双方之间的信息不对称。技术的持续进步成为创新与经济增长的基石的同时，也破坏和威胁了传统税收规则和原则的有效性。

七是平台经济、共享经济模式，对传统税收体系形成重大挑战。如存在课税对象界限模糊、纳税主体不易分辨、税率的确定难等诸多问题。网络环境下的流动性、虚拟性、隐匿性强等特点，增加了监管难度。

八是虚拟资产（如无形资产、碳排放权、虚拟货币等）交易、多级市场等条件下的税收征管同样面临难题。

九是数字税体系尚未建立。习近平总书记在《国家中长期经济社会发展战略若干重大问题》一文中指出"乘势而上，加快数字经济、数字社会、数字政府建设，推动各领域数字化优化升级，积极参与数字货币、数字税等国际规则制定，塑造新的竞争优势"。数字税体系的构建是当下需要研究的重要课题。数字经济增加了收入定性的难度，加剧了对现有国际规则应用的难度。数字化的核心特征是移动性、数据依赖性、网络效应、商业模式多层面扩散。经济数字化带来的税收挑战使税收问题与贸易问题相互交织，突破了传统的国际税收边界，国际税收与国内税收高度关联。虽然通过开展税基侵蚀与利润转移（BEPS）项目，在防范 BEPS 方面取得了较好的成效，但数字化带来的那些根本性税收挑战依然严峻。

（二）以大数据洞察应对新挑战

拥有大数据是时代特征，解读大数据则是时代任务，应用大数据是时代机遇。税收信息化经历了近30年的发展历程，积累了十分丰富的数据资源。例如，国家税务总局大数据中心已经汇聚了约5PB的数据。伴随税收信息化的深入发展、移动互联的不断延伸，税务部门获取数据的能力、速度极大提升，数据规模将以更快的速度增长，数据的复杂性将更高。

税收大数据是税收征管过程与相关管理决策片断的真实记录，具有历史内涵，蕴含着碎片化信息。随着分析技术与计算技术的突破，解读这些碎片化信息成为可能。理解大数据，不应局限于数据量大一个维度，而应从动态的，多维度、多层次的视角，用新思维理解大数据。在大数据的处理方法方面，不局限于传统的综合统计分析。大数据的特性决定了其价值的发现需要运用全新的处理思维、方法和技术来实现。

从人工智能的发展历程不难发现，计算机算力的大幅提升与可计算数据的大规模增加是其两个基础要素。大数据和人工智能可看作是一体两面，没有大数据的支撑，人工智能将是无源之水；而没有人工智能，大数据的价值就无法充分得到体现。充分运用人的智慧、经验，结合人工智能等先进技术方法，以大数据洞察机会与挑战，以数据驱动智慧税务建设。

四、健全大数据治理体系保障数据质量与安全

数据从资源到生产要素的变化，反映出数据蕴含价值的观念已深入人心。随着税收信息化的进一步发展，新型应用系统不断涌现，采集数据方式的多样化，推动数据量呈指数级增长。我们应从资产的角度来理解和管理税收大数据，让税收数据在管理决策中发挥更大作用、创造更大价值。

然而，大数据背景下，数据质量问题更加突出。特别是在跨业务过程、跨层级、跨系统以及跨组织的应用中，不可避免地会遇到各式各样的数据质量问题，数据安全问题突出，数据价值释放过程面临更多困难与挑战，维持数据处于良好的质量水平需要付出更艰巨的努力。

（一）数据质量是数据应用的基础和关键

从信息技术角度看，主要从完整性、准确性、一致性、时效性、规范性等维度来衡量数据的质量。从管理和使用的角度，还包括数据的安全性、可获得性等。大数据的质量属性还包括，可信性、可靠性、可解释性等属性。

数据应用的前提是高质量的数据，无论是对传统数据还是当下热门的大数据，对数据质量的需求都不会改变。托尼·费舍尔在其著作"The Data Asset: How Smart Companies Govern Their Data for Business Success"所述："如果基本数据不可靠，大多数企业的大数据计划要么失败，要么效果低于预期。糟糕的数据质量常常意味着糟糕的业务决策。"

大数据时代，数据规模增大、数据来源增多、数据维度增高、数据结构复杂，极容易出现不一致、冲突甚至错误。首先，无质量保障的数据会误导决策。因此，必须尽可能避免决策和分析是基于质量差的数据。其次，智能化自主学习的数据分析方法对数据质量提出了更高要求。

质量是数据价值的生命线。数据质量是数据管理的核心目标，是一切基于数据应用的前提和保障。影响数据质量的因素贯穿数据（采集、传输、存储、处理等）全生命周期。因此，数据质量管理贯穿于整个数据生命周期，需要对每个阶段的数据质量进行有针对性的跟踪、监测和控制。

（二）数据治理是保障数据质量的有效途径

关于数据治理尚未有统一的定义。不同的定义因视角不同而有不同的侧重点。其中，国际数据管理协会、国际信息系统审计和控制协会、国际数据治理研究所、IBM数据治理委员会和Gartner等提出的定义都具有一定的代表性，并被不同类型的用户所采纳。

国际数据管理协会对数据治理的定义是指对数据资产管理行使权力和控制的活动集合（计划、监督和执行）。数据治理的目标是：保障在管理数据资产的过程中，数据的相关决策始终是正确、及时和有前瞻性的；数据管理活动始终处于规范、有序和可控的状态；数据资产得到正确有效的管理，并最终实现数据资产价值的最大化。

在我国国家标准《信息技术 大数据 术语》（GB/T 35295—2017）中，对数据治理的定义为：对数据进行处置、格式化和规范化的过程。数据治理是数据和数据系统管理的基本要素；数据治理涉及对数据全生命周期的管理，无论数据处于静态、动态、未完成状态还是交易状态。国际标准（ISO 38500—2008）的目标是促进组织高效、合理地利用信息技术，其治理框架被认为同样适用于数据治理。

大数据时代，数据治理成为一种必然趋势，且数据治理的内容还将进一步涉及数据资产确权、相应的管理体制和机制、共享和开放的原则与机制、安全与隐私保护政策等新主题。

综合对数据治理不同概念的阐述可知，数据治理的最终目标是将数据作为核心资产进行管理和应用。通过数据治理，提升数据质量，促进数据共享、建立权益关系、规避规制风险、保障数据安全、释放数据价值。

（三）完善数据治理体系，保障数据质量与安全

税务信息化走过了近 30 年的历程，不同阶段建设的各类应用系统，往往基于不同的规范标准，甚至早期的应用还缺少相应系统的规划。金税三期工程遵循了"统筹规划、统一标准；突出重点、分步实施；整合资源、讲究实效；加强管理、保证安全"的原则，极大地改善了税收系统的数据质量，但跨部门、跨层级、跨应用系统、跨业务流程之间仍存在不同程度的数据壁垒，制约着数据集成和共享水平，影响税收数据的可用性。

单一数据的价值十分有限。在国家大数据战略、现代税收治理体系和治理能力现代化背景下，需要充分发挥数据作为关键生产要素的价值。对大数据的深入分析，有助于发现其蕴含的规律，与实践相结合有助于提质增效，真正释放数据作为生产要素的价值。而大数据的特性及其在管理与应用中面临的挑战，使大数据治理成为必然要求。

就数据本身而言，业务发展加快了数据增长的速度，不同数据来源增加了数据不一致的机会，组织变革对数据管理与利用提出挑战。此外，税收数据涵盖了诸如税基、税源、税种、税率等不同属性的数据，这些数据中，不乏涉及商业秘密、个人隐私，以及影响经济社会稳定和国家安全的信息，不受约束的数据利用有潜在风险。越来越严格、规范的监管要求，使保障数据安全与恰当使用变得越来越重要。

税收大数据治理是税收信息化新阶段不可或缺的任务，日益复杂的内外因决定了对数据治理的高标准要求。通过数据治理，要实现：健全税收大数据管理工作机制，厘清并建立覆盖数据全生命周期，涵盖基础平台、数据采集、数据质量等方面的规范性管理制度；建立与业务发展相适应、效率与安全相容的税务数据标准与应用标准体系；全面梳理税收数据资源，建立健全税收数据管理体系，完善数据管理制度、机制，建立数据资产管理机制，建立数据质量长效保障机制；提高涉税征管基础数据的完备性、真实性，助力税收数据在跨部门、跨层级、跨业务领域，甚至税务系统内外部的融合；树立起数据的价值意识、风险意识和安全管理意识，建立数据安全管理体系，规范数据流程，实现数据有序流转、可控共享，防止数据泄露和滥用；促进税收大数据开发利用，提高基于大数据的创新能力。

数据治理是实现税收征管数字化战略的基础，是一个系统化的管理体系，包括组织、制度、流程、工具。同时，数据治理也是一项战略性、长期性、艰巨性、系统性、持续性的工作。因此，数据治理必然是一个漫长而持续的过程，没有一针顶破天的诀窍，也没有立竿见影的途径，唯有持续不断、持之以恒不懈努力，才能达到预期目标。

（四）税收大数据治理框架

在实践中，有多个数据治理参考框架模型。其中，国际数据管理协会发布的数据管理知识体系（DMBOK），被广泛采纳。DMBOK 将数据治理归纳为以下十个主题，即数据架构（Data Architecture）、数据建模与设计（Data Modeling Design）、数据存储与处理（Data Storage and Operations）、数据安全（Data Security）、数据集成与互操作性（Data Integration and Interoperability）、文档与内容（Documents and Content）、主数据与参考数据（Reference and Master Data）、数据仓库和商业智能（Data Warehouse and BI）、元数据（Meta-data）和数据质量（Data Quality）。这些数据管理原则、方法及最佳实践，对于企业级数据治理体系的建设具有指导性。

此外，（ISO 38500—2008）的信息技术治理标准、国际数据治理研究所数据治理框架、IBM 数据治理委员会的数据治理要素模型、COBIT 5 数据治理基本原则等都是可供参考的模型。但是，针对不同的数据治理模型，描述的层次（战略、战术和操作）、维度（组织、业务、技术、工具）都不尽相同，侧重点也各异，并各有其最佳适用情景。不同的行业、不同性质的企业、不同信息化程度、不同企业文化，应根据自身特点制定数据治理方案。

税收数据治理体系的构建，应遵循全覆盖原则、匹配性原则、有效性原则和持续性原则。数据治理应当覆盖整个税务系统，覆盖管理职能和业务过程，覆盖内部数据和外部数据，覆盖数据的全生命周期；数据治理应当与管理体制、运行机制、管理模式、业务特点相适应，并根据政策环境、法律法规要求、组织环境、技术发展，以及风险状况等情况进行动态更新；数据治理要在推动数据管理水平和能力提升，保障数据质量符合税收征管业务和管理需要，维护数据安全，促进数据的共享与应用方面取得实效；数据治理是一项系统工程，需建立长效机制，不断巩固前期建设成果，持续发挥税收数据治理体系的价值。

综合数据治理理论与实践，税收数据治理体系的完善，紧密围绕税收数据的管理与应用，围绕以数据强化治税的目标展开，治理体系应关注以下几个方面：

一是环境因素：包括法律政策的规制要求、国际合作的要求等，以及智慧税务愿景、战略实施路径、决策与运行机制、信息化基础等因素。

二是组织：包括项目、分局、总局三个层次，总体规划与具体实施的组织保障。

三是数据：包括传统数据（主数据、业务数据、衍生数据）和大数据（社交媒体数据、流数据、机器产生的数据等）。

四是范畴：数据质量、数据安全、数据架构、元数据、数据存储与基础设施、数据生命周期管理、数据交换与共享。

五是机制：包括决策机制、角色与职责、政策、过程、标准规范、成效评估、过程监督过程，以及沟通、协调协作机制。

大数据蕴含巨大价值，但也面临管理难题。数据治理体系的构建过程实质上是数据资产的规划过程，为税收数据资产描绘出一幅全景图以引领数据资产的管理和开发利用，并在最小化风险和成本、最大化价值约束下寻找一条最优途径。

五、创新数据应用，释放数据价值

（一）用好大数据是时代要求

习近平总书记指出："善于获取数据、分析数据、运用数据，是领导干部做好工作的基本功。各级领导干部要加强学习，懂得大数据，用好大数据，增强利用数据推进各项工作的本领，不断提高对大数据发展规律的把握能力，使大数据在各项工作中发挥更大作用。"

2020年4月9日，中共中央、国务院印发《关于构建更加完善的要素市场化配置体制机制的意见》，将数据作为一种新型生产要素，明确提出要推进政府数据开放共享、提升社会数据资源价值、加强数据资源整合和安全保护，其目的是要通过加快数据要素市场培育，充分发挥数据要素对其他要素效率的倍增作用，使大数据成为推动经济高质量发展的新动能。

（二）以数治税是必然趋势

税收数据是对纳税人纳税义务、征税人征税依据及征纳成果的数量描述，是征纳双方在相应时期内的涉税活动的记录，是税收法律制度、税收执法主体以及纳税人之间联系的纽带。对税收数据的深入分析，能够揭示其蕴含的涉税活动发展变化规律。对涵盖税务系统外部的数据、社交媒体数据、机器间交互产生的数据,以及征管数据的大数据的深入分析,将有效降低征纳双方、部门机构之间的信息不对称程度,极大提高税收科学化、精细化水平。

在已实现全国税收数据大集中的情况下,深化税收数据的分析与利用,有利于更好地把握宏观经济运行态势,更科学全面地落实党中央、国务院关于税收的决策部署。通过税收大数据分析,揭示地区、产业、行业的发展差异,精准施策、科学施策,培育壮大发展新动能。

运用大数据,评估税收政策效益,以完善税收制度和税收法律法规,优化税制设计。预测税收收入,提高税收工作的前瞻性和敏感性,为科学决策提供重要参考。分析税源与税收质量,动态研判涉税风险,促进社会公平,实现税收征管提质增效。

发挥大数据的优势,共享政府其他部门、金融机构、互联网的数据,实现税务部门单一管税的模式向基于全社会数据综合治税模式转变,构建科学严密的征管体系,有效识别和精准应对税收风险。

运用大数据创新征管与服务方式,准确了解企业生产经营状况,实现"征纳互动、协调工作",为纳税人及时提供精准的涉税服务,让纳税人有效地运用国家各项惠企利民的税收政策,有效防范化解税收风险。优化税收服务策略和流程,为市场主体增活力添后劲,助力经济发展。

(三) 税收大数据开发应用逻辑框架

税收大数据开发应用的逻辑框架如图1所示。这里屏蔽了复杂多样化的技术细节,以直观展示税收大数据的应用逻辑。

运用人工智能等技术,深入挖掘税收大数据的价值,释放大数据蕴含的大智慧,将税收数据优势转化为治税能力优势,应对数字经济以及国际经贸新态势下税收征管面临的新挑战,推动税收治理体系和治理能力现代化,在"产业数据化、数据产业化"进程中,锻造税收数据价值链,充分发挥税收在国家治理中的作用。

(四) 转变思想观念,用好税收大数据

大数据的形成与利用尚处于初级阶段,理解大数据、用好大数据,还需要转变观念,解放思想,直面挑战,循序渐进挖掘和发挥大数据的价值。

一是大数据蕴含价值的观念已形成,但对数据价值的认识、开发与利用重视不足,以至于在实践中更重视基础设施建设和数据积累,难以将大数据与业务情景相结合提出基于大数据的应用需求。因此,客观、科学地认识大

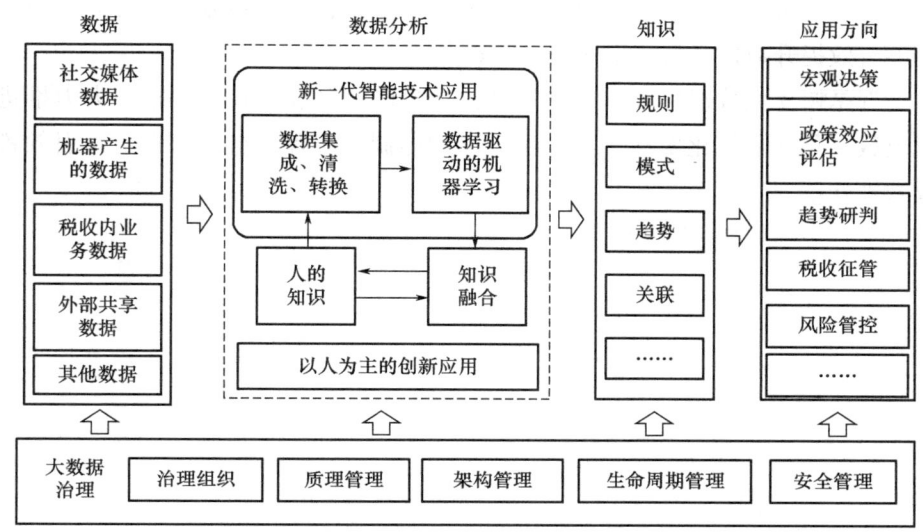

图 1 税收大数据开发应用的逻辑框架

数据,理解大数据在税收征管中的价值,并采用恰当的方式方法管理和分析数据,才能更好地发挥大数据在税收征管中的作用,以大数据认知和挖掘新基础税源。

二是解决数据集成难题。金税三期工程实现了税收数据的大集中,但不同应用系统、不同业务部门、不同层级、不同地区间,以及税务系统内外部的数据间的集成与共享仍面临挑战,制约大数据应用价值的发挥。大数据的有效开发利用不仅需要物理集中,更需要解决数据的逻辑集中难题。

三是着力解决数据安全难题。大数据的特性及其相关技术要求,使大数据管理与利用面临更复杂更严峻的安全挑战,但不应因安全而踌躇止步。随着管理制度的不断完善和对信息保护要求的不断提升,大数据应用需要在有效地保护公民隐私、企业商业秘密,保障数据安全与数据开发、开放之间找到平衡之策。数据治理体系的健全完善,是维护数据质量、保障数据安全的有效途径。现阶段,可以充分发挥组织优势,遵循法律法规和标准规范,通过数据脱敏技术、建立"数据专区"、提高用户信息安全意识、培养用户信息安全行为习惯等方式,在保障数据安全可控的前提下,最大程度地实现数据的开发利用。

四是凝聚多方力量,促进税收大数据开发利用。大数据开发应用涉及数据管理、数据处理与分析结果的解读等多方面的知识和智能化分析、建模计算、数理分析等技能。发挥"政研校企"的作用，凝聚各方力量协同努力才能够有效提升数据开发利用的工作质效。

五是树立大数据思维，适应信息化新阶段对税收治理的要求，大力推进税收数字化、智慧化发展，促进税收治理体制、流程、组织的再造，引领税收管理变革。

提高税收汲取能力　助力经济社会高质量发展

武靖国[*]

党的十九届五中全会通过的《中共中央关于制定国民经济和社会发展第十四个五年规划和二〇三五年远景目标的建议》（以下简称《建议》），是未来一段时期我国经济和社会发展的指导性纲领。《建议》指出，在"十四五"时期，要"加快建设现代化经济体系""推进国家治理体系和治理能力现代化""实现经济行稳致远、社会安定和谐""到二〇三五年，基本实现社会主义现代化"。实现上述目标，无疑对我国的财政汲取能力特别是税收汲取能力提出了巨大挑战。因此，面对新阶段、新形势和新要求，我国必须不断深化财税体制改革，为全面建设社会主义现代化国家提供坚强支撑。

一、完善现代税收制度，充分发挥税收职能作用

20世纪80年代"利改税"后，税收就开始成为我国财政收入的主要来源。近年来，税收占财政收入的比重一般保持在80%以上，而且税收在我国宏观经济调控方面发挥着重要作用。构建一个与我国社会主义市场经济体系相适应的税制体系，是国家治理体系和治理能力现代化的必然要求和基本保证。"十三五"时期，我国税制改革迈入快车道，基本建立了顺应发展趋势、具有中国特色的现代增值税制度，综合与分类相结合的个人所得税制度成功落地，初步形成了绿色税收体系。可以说，我国的现代税收制度已经初步确立。"十四五"时期，我国进入高质量发展的新阶段，要进一步深化相关税种改革，优化税制结构，使税收更好发挥财力保障、调控经济等职能作用。

---

[*] 武靖国，国家税务总局税务干部学院科研所副研究员、管理学博士。

(一) 适当提高直接税比重

长期以来,我国以间接税为主,直接税比重较低。一般认为,以企业纳税为主的间接税存在税负转嫁可能,在税收调节收入差距、调控市场主体经营行为等方面的作用不如直接税。无论是从保障财政收入、促进社会公平正义方面来看,还是从增强政府宏观调控能力方面看,适当提高直接税比重都势在必行。具体而言,一是要进一步完善个人所得税税制。要优化个人所得税专项附加扣除制度,切实减轻家庭在生育、养老、医疗、住房等方面的税收负担。要突出量能课税原则,以家庭作为纳税单位,按照家庭收入、人口数量和抚养赡养比等因素科学合理确定费用扣除项目、标准和税率,拓展税基,降低最高边际税率。在税制设计时要合理考虑资本与劳动所得的税负比重,适当减轻劳动所得的税负,适当提升资本所得税负。同时,加强对高收入群体的监管力度,更好发挥个人所得税调节收入分配的作用。二是尽快推动房地产税立法。当前,房产是我国居民重要的财产。房产价值的增值,与城市公共服务水平密切相关,将其价值增值的一部分转化为税收符合情理。但由于房地产税被赋予了过多的期望,成为社会矛盾的一个集中点,导致其长期"议而不决"。房地产税关系到地方税体系的完善以及公共产品供给,要统筹照顾各方利益诉求,对税制进行合理设计,尽快出台实施。

(二) 持续优化流转税制度

增值税长期以来是我国的主体税种,在征收方面也积累了丰富的经验。增值税的优点是其"环环抵扣"的中性特征,其劣势是制度设计较复杂,征管难度相对较大。经过营改增,我国增值税的消费型特征已经具备,增值税制度与管理手段都日臻成熟。但现行税制仍然存在一些有待改进之处,例如:多档税率使得部分行业间税负不均,容易诱导资源"脱实向虚";小规模纳税人计税方法导致的重复征税问题尚未完全消除;等等。为此,应进一步完善增值税制度。"十四五"时期,可考虑进一步简化税率设计,将三档税率合并为两档,以消除行业企业间税率差异,消减多档税率对资源配置的扭曲。同时,实施更彻底的留抵退税制度,减轻企业负担。消费税是我国另一个重要的流转税种,在相当长时期内曾与增值税并称为"两税"。消费税除了具备较强的财政收入筹集职能外,还承担着引导居民消费行为、保护生态环境等特定职能。为了构建与"美丽中国"建设相适应的"环境友好型税收制度",加快形成绿色生产和生活方式,有必要进一步优化消费税税率和税目设计,将更多的高能耗、高污染以及奢侈消费品纳入征税范围。

(三) 完善税收优惠政策体系

"十三五"时期,党中央、国务院立足经济社会发展全局,出台系列减税降费政策,新增减税降费累计将达到 7.6 万亿元左右,① 在应对经济下行压力、扩大消费、提升发展质量等方面发挥了积极作用。"十四五"时期,应继续完善税收优惠政策体系,加强税收促进宏观经济稳定运行、深化市场化改革、创新驱动发展、区域协调发展,以及支持乡村振兴、调节收入分配、助力高水平对外开放等方面的政策设计,更好服务构建新发展格局。特别是《建议》提出,"十四五"时期,要"以改革创新为根本动力""把科技自立自强作为国家发展的战略支撑"。因此,应通过减税降费进一步激励科技创新。企业是创新的重要主体,人才是创新的重要动力。未来的减税降费应充分考虑企业的研发创新投入,特别是要让科技型中小企业、初创企业等真正受益。同时,针对各类人才,进一步完善技术成果转化股权激励、技术投资入股等相关税收优惠和递延政策,切实激励研发创新和科技成果转化。小微企业是市场主体的主力军。为了继续释放市场活力,减税政策应继续关照小微市场主体,在条件允许的情况下,进一步下调增值税小规模纳税人的征收率,提高增值税免征额。

(四) 加快税收法治化进程

由于历史原因,长期以来我国很多重要税种依据"暂行条例"征收和管理,客观上不利于税收法律权威性和税收执法严肃性的形成。"十三五"时期,我国加快了税收立法进程,18 个税种中已有 11 个完成立法,整体上提升了我国税收的稳定性和权威性。但"税收法定"绝不仅仅等同于以法律替代暂行条例,推动税收法定更重要的意义在于规范政府部门的征税行为、保护纳税人权利、凝聚社会共识、促进税法遵从。为此,在未来的税收法治化建设中,除继续推进税种立法外,还要重点加强对政府征税权的监督制约。应根据形势发展需要和社会诉求,适时修订完善《税收征收管理法》;进一步深化"放管服"改革并将有效的改革成果以法律法规形式固定化。同时,在法律法规出台修订过程中,更加广泛地征求社会各阶层意见,广泛形成共识,为达成税收共识打下坚实基础。

---

① 减税降费促发展 利企惠民添功能 "十三五"时期我国减税降费取得积极成效 [N/OL]. http://www.chinatax.gov.cn/chinatax/n81029/n810780/c5157719/content_html.

二、深化税收征管制度改革，提升税收治理水平

近年来，历经全面深化国税、地税合作和省以下国税、地税机构合并改革，我国初步构建起高效统一的税收征管体系。这一体系有力保证了各年度财政预算确定的税收收入任务的完成。但数字经济的迅猛发展，市场主体与自然人纳税人的海量增加，都对税收征管体系构成了巨大挑战。为此，需要进一步深化税收征管制度改革，优化税务执法方式，改进税费服务，大幅提高社会满意度和税法遵从度，显著降低征纳成本，打造市场化、法治化、国际化营商环境，持续提升税收治理体系和治理能力现代化水平。

（一）强化精确执法，增强税务执法的规范性、统一性

优化税收执法行为，增强税务执法的规范性、统一性，是持续深化"放管服"改革，进一步激发市场主体活力和税务机关内生动力的重要举措，也是推动税收治理体系和治理能力现代化的需要。要加强税收规范性文件制定的意见征求、合法性审查、合规性评估、备案备查等工作，为精确执法提供依据。健全重大行政决策机制，提升依法行政决策能力，形成高水平的执法决策体系。探索实施税费政策全链条管理，形成政策宣传解读、跟踪问效、问题传递、建议反馈不断完善的长效机制。加强对执法过程的监督。规范税务执法程序，全面落实行政执法公示、执法全过程记录、重大执法决定法制审核等制度，加强税务行政处罚裁量权监督。在税务检查中，要坚持风险管理导向，推进以"双随机、一公开"为基本方式的新型稽查监管模式；坚持无批准不进户，规范进户执法行为。严格税务执法监督和制约，强化内控机制建设；编制发布各级税务机关权力清单和责任清单，增强对征税权的有效约束。

（二）推行精细服务，提升便利化、智能化、个性化水平

纳税人是社会财富的创造者，其在纳税过程中理应享受优质高效的服务。为此，应继续落实深化"放管服"改革和优化税收营商环境方案，深化办税缴费便利化改革，推进税费服务智能化升级，创新税费服务个性化措施，更大程度上激发市场主体活力和发展内生动力。推广网络办税、"非接触式"办税缴费等措施，大力推进电子税务局、自助办税终端、社会化办税平台等多种渠道建设。进一步优化办税流程，精简办税资料，推行税务执法文书电子送达、简易处罚网上办理、跨区域涉税业务一网通办等举措，提高办税缴费便利度。同时，要切实维护纳税人和缴费人的合法权益，依法加强对纳税人

和缴费人商业秘密和个人隐私的保护，落实纳税人和缴费人诉求快速响应机制。

（三）科学实施精准监管，提高针对性和有效性

进一步做好对市场主体干扰最小化、监管效能最大化、为基层减负最实化等工作。深入推进以大数据应用为基础的税收风险分析，强化以"风险+信用"为导向的差异化税收管理，完善税收风险防控体系。鼓励和引导纳税人主动纠正纳税失信行为，充分发挥纳税信用在社会信用体系中的基础性作用。规范纳税评估行为。合理确定纳税评估对象，建立健全纳税评估与税务稽查的工作衔接机制。深入实施"数字管税"工程，实现大数据平台精准决策支持，加强涉税数据共享管理，打破信息孤岛，全面加强税务执法信息大数据的智能应用、移动应用、集成应用。稳妥实施发票电子化改革，推进信息化建设迈出实质性步伐。建成并上线全国统一的电子发票服务平台，逐步稳妥扩大改革试点范围。充分发挥增值税发票等税收大数据优势，深化税收经济分析，打造权威性、可信度高的税收经济指数，进一步提高数据服务大局的能力。

（四）深入推进精诚共治，在更高层次、更广范围推动形成多方协同治税格局

要更好发挥税收的基础性、支柱性、保障性作用，就必须建立协同共治体系。多年来，各地税务机关在构建社会综合治税机制方面积累了丰富的经验。但总体上看，协同治税还停留在政府部门联合方面，税务机关与社会力量的协作联合相对落后。即使在政府部门联合方面，亦是以办会议、下文件式的协作为主，更高层次的融合相对短缺。在未来的税收共治体制建设中，关键是开拓思路、创新举措，利用好社会力量，使税法意识、税收制度和征管事务更多更好地嵌入到社会组织之中。这无疑是提升税收汲取能力的一条有效路径。

三、健全地方税体系，助推国家治理现代化

在近年来中央全局性的文件中，"完善现代税收制度，健全地方税体系"一直是重要内容。一个完善的地方税体系，是我国现代税收制度的有机组成部分，对于提升公共服务的受益性与供给效率、实现国家治理现代化具有重大意义。当前我国地方税体系存在一些问题，特别是营改增后，地方缺少主体税种，一些"面散量小"的税种对地方财政难以起到支撑作用，使得很多

地方政府不得不过度依赖土地转让收入，财政可持续性较差，长期陷入"吃饭财政"的困局。

健全地方税体系是央地财权与事权法治化、规范化的核心，也是央地关系法治化、规范化的重要内容与前提要件。党的十九大报告指出，要"建立权责清晰、财力协调、区域均衡的中央和地方财政关系"。党的十九届四中全会通过的《中共中央关于坚持和完善中国特色社会主义制度推进国家治理体系和治理能力现代化若干重大问题的决定》进一步提出，要"形成稳定的各级政府事权、支出责任和财力相适应的制度"。事实上，早在2018年1月国务院就印发了《基本公共服务领域中央与地方共同财政事权和支出责任划分改革方案》，对中央与地方的各类共同财政事权事项及其基础标准、支出责任、分担方式进行了详细规定，可以说迈出了财权事权法治化、规范化的重要一步。现在的问题主要集中到了一点上，即如何为地方政府找到一个稳定的、可持续的财政收入来源。

在我国中央集权的体制下，上述问题其实就是如何优化调整政府间税收分配关系的问题。主要手段有两个：一是优化共享税分成比例和模式。二是培育地方主体税种。根据2019年10月国务院印发的《实施更大规模减税降费后调整中央与地方收入划分改革推进方案》，中央与地方增值税"五五分享"的比例保持稳定，同时调整完善了增值税留抵退税分担机制，后移消费税征收环节并稳步下划地方。可见，中央考虑到了一些地方财力不足的问题，并积极为地方拓宽财政来源创造条件。但是，我国中央政府承担着较为沉重的全国公共服务均等化、消弥经济发展的东西部差距、城乡差距的重任，中央政府的财政收入必须保证一定的规模。要解决地方政府财力不足的困局，关键还在于各地政府要创新思维，敢于担当，深化改革，不断推动本区域的经济社会高质量发展，通过改革和发展来化解这一矛盾。因此，中央政府要继续完善财税体制改革，为地方政府打造一套更有支撑力和可持续发展的地方税制体系，同时发挥地方政府的积极性和主动性，促进地方政府经济发展与财政充裕的良性循环。地方政府也要主动作为，因地制宜发展优势产业，在经济发展中培育和拓展税源，增强地方财政"造血"功能，营造竞相发展、实干兴业的环境。

四、加快配套改革步伐，提升税收对财政收入的保障能力

税收在财政收入中占据绝对优势的状况，对于我国走向长治久安具有划

时代意义。在古代中国，财政收入主要来自与农业经济相关的田赋以及少量的国家垄断工商业收入，这些都不是严格意义上的税收。在半殖民地半封建时期，田赋收入逐渐下降，来自工商业的厘金和统税所占比重上升，但从来没有占据过绝对优势。只有在改革开放后，来自工商业的、真正意义上的税收开始成为财政收入的主要来源。当前，我国税收占财政收入的比重与发达国家相比仍然偏低，即使与一些发展中国家相比也没有优势。特别是在地方政府的财政收入中，非税收入（主要是土地出让金）占比过大，不利于地方财政可持续发展。

对于我国而言，增加税收占财政收入的比重本身并不是目标，更应该是深化改革的一个自然结果。在当今的任何一个国家，税收都不是唯一的财政收入来源，公共事业或国有经济往往是除税收之外的重要财政收入渠道。税收是政府参与国民收入分配最主要、最规范的方式，是政府介入市场最基本、最直接的手段。税收占财政收入比重过低本身不是问题，问题在于这折射出我国政府在汲取资源、干预市场方面的行为不够规范和成熟。因此，只要坚持市场导向的改革，不断完善政府行为，合理调整政府与市场边界，加强市场体系的培育，税收占财政收入的比重自然会提升并保持在一个合理的水平上。

在市场导向的改革中，国有资本、国有企业改革是个重头戏。国有资本是全民资产，对于维护国家利益和全民福利具有重要意义。国有企业是我国公有制经济的主要实现形式，具有重要的公共作用和特定职能。国有资本要保值增值，国有企业要追求社会效益与经济效益，税收都是不可或缺的有效途径。在社会主义市场经济体制下，国有企业与民营企业都是市场主体，要形成公平竞争。从这个角度看，政府与国有企业的关系也是政府与市场主体的关系。但同时，国有企业又是承担着特定职能的市场主体，有时履行的甚至是政府职能。从这个角度看，政府与国有企业、国有资本的关系不仅仅是税收关系。也就是说，在我国现行生产关系条件下，基于国有资本所有权的财政收入仍然是财政收入的一个重要来源。但市场经济条件下国有企业需要融入、适应市场体系，通过税收形式履行社会责任与财政义务，这是国有资本、国有企业改革应遵循的一个基本逻辑。

另一项与财政汲取能力有关的改革是金融体系和制度的改革。财政政策与货币政策是宏观经济治理的两个主要手段。从历史经验教训看，货币政策手段具有重要的财政汲取意义，特别是"铸币税"或"通货膨胀税"对国家治理和兴衰都产生了严重影响。《建议》中对金融制度改革提出了一系列导向性论述，如"建设现代中央银行制度，完善货币供应调控机制，稳妥推进数字货币研发，健全市场化利率形成和传导机制""完善现代金融监管体系，提高金融监管透明度和法治化水平，完善存款保险制度，健全金融风险预防、预警、处置、问责制度体系"等。货币金融安全是国家安全的重要保障，也是国家财政安全的重要保障，上述论述表明了中央对金融制度改革坚定而清醒的态度，也说明深化金融体系改革的深远意义。

最后，应继续深化清费立税的改革。清费立税改革是厘清政府与市场、政府与社会的边界，规范政府汲取收入、介入市场的行为，促进政府转职能、优服务的重要措施。"十三五"时期，我国环境保护领域的费改税迈出重大步伐，社会保障、公共事业、公共资源收费也大量转向税务机关。但这些改革"仍然在路上"。以社会保险费为例，当前我国地区间社保体系尚处于相对割裂状态，征收标准不一，服务范围也有差别，这不利于劳动力自由流动、人口城市化和全国统一市场建设。在"十四五"时期，应加快实现社保资金全国统筹，破除现行社保体系造成的标准不一、负担不公、地区分割的现象，加快实现由费向税的转变。

有效防范和化解经济领域涉税风险

贺照耀 姜 琳*

党的十八大以来，习近平总书记多次提及坚持底线思维，防范化解重大风险。在2019年省部级主要领导干部坚持底线思维着力防范化解重大风险专题研讨班上，习近平总书记发表重要讲话，对防范化解政治、经济、科技等领域的重大风险提出了明确要求。党的十九届五中全会再次提出"注重防范化解重大风险挑战，实现发展质量、结构、规模、速度、效应、安全相统一"。对税务部门而言，主要着力点是防范和化解经济领域涉税风险挑战，本文从加强税收风险管理角度破题探讨。

一、深刻领悟和精准把握应对经济领域风险挑战的着力点

对经济领域，习近平总书记强调，既要保持战略定力，推动我国经济发展沿着正确方向前进；又要增强忧患意识，未雨绸缪，精准研判、妥善应对经济领域可能出现的重大风险，梳理概括为以下"七个要"。

（一）要平衡好稳增长和防风险的关系，把握好节奏和力度

2020年以来，受国内外多种因素叠加影响，尤其是新冠肺炎影响，我国金融风险出现一些新的演进特点，风险防控的优先顺序也发生变化。为此，必须强化底线思维，加快建立更加科学有序的金融监管体系，在稳妥有序处置重点领域风险的基础上持续推动结构性去杠杆。同时，进一步把握好政策力度和节奏，平稳处置化解各类风险，压紧压实经济领域风险防控的主体责任。

（二）要稳妥实施房地产市场平稳健康发展长效机制方案

我国房地产领域的最大风险就是房价大起大落。为此，就需要充分实施

---

* 贺照耀，国家税务总局山东省税务局税收经济分析处处长，经济学硕士；姜琳，国家税务总局山东省税务局税收科学研究所科长，经济学硕士。

包括土地、金融、财税、监管等诸多内容在内的房地产市场健康平稳发展的长效机制，秉持以人为本理念，落实"一城一策"，强化财税金融政策，限制投机炒房，发展租赁市场，让住房回归居住功能。长效机制不是凭空而出的，而是从过往调控政策的经验和教训中不断提炼出来的，它既是对历史的延续，也是对未来新蓝图的规划，特别是"房住不炒"大方向下的新的机制和体制创新。

（三）要加强市场心理分析，做好政策出台对金融市场影响的评估，善于引导预期

金融市场的变化在一定程度上反映了参与者的主观心理变化和各种各样宏微观的客观经济形势。合理、有效、及时的政策制定不仅要考虑经济形势的变化以及政策推出的目标，还要考虑这些政策实施后对投资者心理造成的影响，这就需要相关部门在制定政策时要深入市场，做好市场主体心理分析，把投资者的主观心理引导到对经济客观的理性认识上，从而实现客观和主观的心理衔接。

（四）要加强市场监测，加强监管协调，及时消除隐患

做好风险防控的一个基本前提就是能够有效地监测到风险。在对市场进行监测时要加强对监测的情况进行统一的、精准的判断。加强监管协调，就是要加强监管体制的协调，从央行到监管部门、经济部门之间的协调，还要统筹协调持牌金融机构的经营和监管，坚决取缔非法金融活动，补齐监管技术短板。及时消除隐患就是预防为主，由事后解决向事前预测转变，防患于未然，把矛盾提前了解清楚，由被动走向主动。这就要求采用新的技术和手段将信息接收、反映、分析、评估以及处置手段前移。

（五）要切实解决中小微企业融资难融资贵问题，加大援企稳岗力度，落实好就业优先政策

就业是社会稳定的一项重要指标。在经济下行压力加大的情况下，把稳就业作为"六稳"之首不仅说明稳就业是防风险的重要工作，也显示决策者始终把社会民生当作经济发展、国家繁荣的基石和关键。降低社会保险费率、增值税税率等减税降费政策切实减轻了企业负担，加大了援企稳岗力度。针对融资贵、融资难、成本高等企业在实际经营过程中遇到的困难，政府相关部门要不断优化营商环境、降低融资成本，释放企业活力和空间，达到企业稳则就业稳，就业稳则社会稳的目标。

（六）要加大力度妥善处理"僵尸企业"处置中启动难、实施难、人员安置难等问题，加快推动市场出清，释放大量沉淀资源

出清"僵尸企业"是防风险、优存量的重要举措。在加快"僵尸企业"市场出清时，坚持市场化、法治化，发挥好政府引导作用，有助于稳增长防风险和优存量育增量。处置"僵尸企业"重点要解决的两大问题包括"钱从哪儿来"和"人到哪儿去"。对于"钱从哪儿来"，国家发展改革委等部门《关于进一步做好"僵尸企业"及去产能企业债务处置工作的通知》（发改财金〔2018〕1756号）明确提到，支持资产处置盘活存量资产，积极利用产权交易所、租赁、资产证券化等多种方式，充分盘活"僵尸企业"及去产能企业有效资产，用于清偿债务；鼓励有条件的地方探索建立破产经费多渠道筹措机制，用于破产财产不足以支付破产费用案件的管理人报酬和其他破产费用的支付。对于"人到哪儿去"，大部分企业在通过内部挖潜、转岗就业创业、内部退养、公益性岗位托底等多种渠道进行分流安置的同时，有关部门要做好社会保障、生活救助等托底工作。

（七）要采取有效措施，做好"六稳"工作，保持经济运行在合理区间

"六稳"工作是稳住经济基本盘的关键举措。随着疫情防控形势持续向好，我国生产生活秩序加快恢复，更加要求我们必须坚持新发展理念，坚持推动高质量发展，坚持以供给侧结构性改革为主线，实施稳健货币政策，加强市场预期引导，继续打好防范化解重大风险攻坚战，深化金融改革开放。进一步稳就业、稳金融、稳外贸、稳外资、稳投资、稳预期，统筹推进稳增长、促改革、调结构、惠民生、防风险工作，促进经济金融持续健康发展。

税务部门作为重要的经济职能部门，以上述领域作为发挥税务作用的实践平台，必须紧扣迈入新发展阶段、贯彻新发展理念、构建新发展格局，聚焦税收现代化新"六大体系"建设任务，以改革创新为动力，坚持制度驱动，探索建立更加积极有为的税收风险防控体系，进一步发挥税收在国家治理中的基础性、支柱性、保障性作用。

二、牢牢坚持防范和化解风险挑战的基本原则

（一）既要高度警惕"黑天鹅"事件，也要防范"灰犀牛"事件

要切实增强忧患意识，做到未雨绸缪，防患于未然。一是针对"黑天鹅"事件，扎紧防范风险的牢笼。针对"黑天鹅"事件难以预测的特点，要始终围绕风险防控做文章。例如，通过优化税收风险扎口管理的职责、任务、工

作流程、协作分工以及风险分析等主要管理机制，逐步实现"无差别管理向风险管理""经验管理向大数据管理"转变。通过将税收大数据与风险管理结合，提升风险防范的效能。总之，要常观大势、常思大局，科学预判发展形势和隐藏其中的风险挑战，善于从纷繁复杂的矛盾中把握规律。二是围绕"灰犀牛"事件，不断强化责任担当。"灰犀牛"事件不神秘，却很危险。要透过复杂现象把握本质，善于从征兆和苗头中发现蕴含的重大风险，善于从习以为常的小事件中总结分析预测，抓住要害、找准原因、果断决策，予以有效处理。例如，增值税发票虚开具有区域性突出、行业集中度较高、虚开技术手段明显提升等特点，抓住这些特点，进行总结分析，再结合实际情况，可以实现"对症下药"，尤其是对重点地区、重点行业、重点企业真正做到"有的放矢"，切实将发票虚开风险消灭在萌芽状态。三是将法治思维融入税收治理的各领域和各环节。机构改革后，税务部门执法范围更宽、对象更广、任务更重、难度也更大，特别是随着个人所得税改革、社会保险费和非税收入征管职责划转、"放管服"改革的推进，税收执法行为越来越多地面向自然人、越来越多地转移到事中事后监管，这极大地增加了税务部门面对"黑天鹅""灰犀牛"事件的概率，对税收管理和服务也提出了新的更高要求。为适应新形势新要求，需要将法治思维和法治方式自觉融入税收治理的领域，严格规范税收秩序、妥善缓解税收矛盾，为市场主体营造一个公平、高效、法治的税收营商环境，为经济社会的高质量发展提供坚强有力的税收法治保障。

（二）既要有防范风险的"先手"，也要有应对和化解风险挑战的"高招"

对于税务部门而言，健全完善风险应对的"先手"和"高招"，关键在于制度建设。一是制度建设是税收风险管理的基础。制度建设可以有效增强税务部门风险应对能力。风险发生初期，固化下来的制度规范，可以确保税务人员有条不紊地按照规范化步骤应对风险，夯实事前风险防范的基础。在应对风险过程中，完备的制度利于统一协调人力、物力等资源，既压实各方的责任，又能够充分发挥税务人员的主观能动性。例如，近年来，税务部门探索建立的税收数据管理制度体系，就全面规范了数据管理工作。二是制度建设是提升风险防范能力的抓手。当前，增值税专用发票、福利企业、高新技术企业、出口退税、二手房交易、地炼行业、废旧物资收购行业等领域的涉税风险频发。同时，随着改革的深入推进，一些多年积累的矛盾逐步显现，风险隐患的叠加效应、联动效应、放大效应都不同程度的存在。究其根源，便在于风险防范的能力不够强、制度建设不够完善。因此，必须继续深化制度建设,进一步发挥制度优势,才能有效应对各种可以预见和难以预见的风险挑战。三是制度建设是推动税收治理的举措。能否有效预见和防范风险,是制度建设是否具有优越性的表现,更是税收治理成效的重要体现。要在制度建设的基础上强化制度执行,着力推动税收治理能力。例如,针对犯罪分子利用非法软件、高技术手段实施虚开的新特点、新动向,不断完善制度建设,创新分析手段和方法,努力实现对虚开行为的精准打击,推动税收治理效能的提升。

(三)既要打好防范和抵御风险的"有准备之战",也要打好化险为夷、转危为机的"战略主动战"

"有准备之战"在于发挥涉税大数据优势,对房地产、金融、成品油、农产品、废旧物资等重点行业、重点事项、重点税源开展税收风险专项分析,抓好千户集团风险分析评估,强化非居民税源分析监控,推动反避税防控体系转型升级;还在于牢固树立税收法治意识,习惯在法治环境下工作生活,严格依法履行税收职能,规范执法行为,最大限度降低税务干部执法风险、保障系统安全稳定。"战略主动战"在于做好税收风险管理扎口统筹。进一步明确职责,厘清业务边界。深入落实税收风险管理扎口统筹工作规程,加强扎口统筹和协同运作。同时,增强对各类风险任务监控、统计、管理、评价功能,强化扎口统筹手段。还在于完善税收风险管理系统,配合税务总局做好金税三期工程税收风险管理系统并库上线工作,同时利用税收风险管理系统,强化对风险管理全业务、全流程和跨部门协作机制的有效规范和支撑;与相关部门配合,建立完善税收风险识别特征库,丰富税收风险指标和模型;做好税收风险管理系统与原有数据综合利用分析平台的有机衔接,打通与电子税务局、稽查双随机、纳税信用等级评定等各系统之间的交互。

三、深入研析涉税风险挑战的具体表现

(一)税收风险管理体系还不够健全

1. 认知不够全面

在漫长的税收发展史中,税收风险是一个相对比较年轻的概念,随着信息技术的不断发展,税收风险正在加速滋生,无论是对税务人还是纳税人,税收风险管理都成为一个不能回避的重要课题。特别是随着"放管服""一次办好"等政府职能转变改革的加速推进,服务意识强、监管意识弱的观念差、简政放权先、核实管理后的时间差、岗位职权大、内控力度小的权责差,对税收风险管理提出了更大挑战。当前，对税收风险管理的认识并不全面，大多还是流于形式，停留在表面应对。

2. 考核不够完善

绩效管理具有"指挥棒"作用，旗帜鲜明、公正合理的绩效考评制度对完善税收风险管理具有很好的促进作用。目前关于税收风险防控的绩效考评体系仍然存在一些局限性。税收风险管理的环节众多，包括风险规划、分析识别、排序、应对管理、跟踪管理等，但是纳入考核的往往只有风险应对环节，考核不能涉及全流程、各环节，导致风险管理实践的真正成效无法全面真实反映。在税收风险管理全流程中，主要是应对上级推送的风险任务，发挥基层直面纳税人的优势来主动防范、发现和应对风险相对较少。

（二）风险分析识别体系还不够完善

1. 缺乏统一规范标准

目前的风险分析、风险应对以自上而下为主，多由上级税务机关通过数据提取、建模分析梳理出大致的风险特征。但是不同地区、不同行业，甚至不同微观个体的差异性较大，不同税务机关的管理方式、管理能力也存在一些差别，导致基层在实际管理上没有统一规范的标准。

2. 分析方法简单粗放

在税收风险分析的方式方法上，存在单一的"就数字论数字"现象，对内在的规律不能很好揭示，各种分析的方式方法不能有机结合，缺乏深层次判断和分析，这就导致税收分析停留在表面，存在较大局限性。

（三）信息技术运用不足

1. 信息技术水平不高

业务部门特别是基层分局干部几乎没有接受过系统性的信息技术基础培训，信息技术素养普遍不高，对信息中心过度依赖。信息中心人员构成中，早期参加工作的干部居多，受年龄、学历、专业限制，所掌握信息技术知识主要来源于岗位实践和在职培训，难以胜任现代信息技术需求。近年新进干部实践经验尚不足，又缺少税收业务岗位经历，双重短板制约了信息技术与税收业务的有效结合，不利于运用信息技术手段管理税收风险。

2. 基础数据质量不高

随着市场经济的深入发展，征纳双方信息不对称的问题也日渐突出，税务部门信息采集与利用的深度和广度明显不足，平时掌握的纳税人基本信息难以满足提高税收征管质量的需要。同时，外部信息的采集渠道不畅，获取第三方信息困难重重。

（四）职能界定不明确、税收法律不健全

1. 部门配合不顺畅

税收风险的有效防范与应对，需要风险管理、征收管理、税种管理、税源管理、纳税服务等不同业务部门之间合理有序的分工配合，才能全面、准确地揭示风险变化的各种原因。但在实际工作中，风险管理部门的一线意识和其他业务部门的整体意识不够，各个环节都是单兵作战，风险管理部门往往把更多精力放在分析，而缺少对其他业务部门的指导，其他业务部门则片面认为只需要把风险管理部门下发给自己的任务完成即可。

2. 相关法律不完善

从风险管理的实践看，《税收征管法》没有明确纳税评估的法律地位，包括纳税评估的程序、专业化评估机构的执法主体资格等。

（五）征管资源配置还不够合理，专业化人才匮乏

1. 人少事多矛盾突出

机构改革后，基层工作量加大，一线人员主观能动性受挫。特别是现有风险管理人员大多为一人多岗，在负责风险管理工作的同时，还承担着各类涉税管理事项，时间和精力无法集中到风险管理工作上。

2. 工作内生动力不足

近年来，纪检、检察等部门对税收工作的监督力度明显加大，纳税人法治意识明显提高，税收执法风险相对加大，"多干多出事、不干不出事"的错误观点在税务部门有所抬头，个别干部主观上产生明哲保身思想，面对税收风险片面强调难作为而不作为。

四、积极探索防范和化解涉税风险的路径方案

（一）突出信息化支撑，打造大数据下的税收创新思维体系

从税收电子化到信息化再到大数据时代，为适应大数据时代的发展，应创新思维，以税收信息化建设为依托，引领税收风险管理突破传统观念和模式的束缚，打破利益因素的羁绊，注重专业化与信息化管理手段的有机结合。要通过信息技术实现先进管理理念的创新，要与征管改革、业务重组、机构建设相配套，全面提升税收风险管理水平。

（二）健全互联式机制，完善大数据下的税收征管制度体系

从制度层面看，完备的法律法规是大数据技术应用的制度保障。目前，应完善《税收征管法》，赋予税务机关充分的涉税信息采集和获取的权力，明确其数据采集和使用的范围。同时，完善税收协同共治的顶层设计，从国家层面构建多部门互联机制，畅通涉税信息获取渠道，为税务部门获取第三方信息提供法律机制保障，以便税务部门充分掌握纳税人生产经营情况，消除信息不对称，加强数据分析，强化税收管理。

（三）拓宽共享化平台，构建大数据下的税收数据管理体系

税务部门扩大数据采集范围，尽可能获取更多的涉税数据信息，整合住建、公安、人社等多部门涉税数据，建立大数据税收分析平台和信息处理平台。运用大数据技术建立集中统一的数据存储处理中心，对数据进行批量导入、集中存储、自动关联和分类应用，实现第三方涉税信息与税收风险管理系统有机融合。通过构建该平台，为做好组织税收收入、税款缴纳入库、税收分析预测、重点税源监控、税收会统核算和税收数据管理应用工作提供支撑。

（四）推行智能化管理，构筑大数据下的税收决策执行体系

税务部门以大数据共享平台的海量数据为依托，充分发挥人工智能自动采集功能和精准分析技术优势，借助数据挖掘和机器学习技术，概括和整合纳税人的多维度特征，进而刻画出纳税人基本情况和涉税行为的全信息画像，强化对纳税人的监管。建立大数据思维和云上大数据管理平台，构建全链条风险管理体系，精准研判发票虚开潜在风险，将风险管理关口前移，运用大数据分析精准打击发票虚开行为。探索完善税务咨询智能问答系统，利用人工智能领域的自然语言处理、信息检索、机器学习及知识图谱，不断提高咨询效率，优化咨询体验。

（五）完善匹配式考评，优化大数据下的税务管理组织体系

税务部门要在风险应对的数量、结果、评价以及风险识别差异等多个方面进行研究，建立一套科学的绩效考评体系。首先，将绩效考核的标准从目标考核为主转变为以量化考评为主的"量化考评+目标考核"；其次，将过程考评方式由事后评估考核转变为以过程监控为主的"过程监控+事后评估"；最后，将考评手段由人工考核转变为以机内考核为主的"机内考核+人工考核"，科学衡量和评估各职能部门、各岗位的风险应对情况。

税收法治与征管

怨江出版社三首

中国税收法治的实现路径

——基于法治国家、法治政府与法治社会一体建设的思考

熊　伟*

党的十九届五中全会通过的《中共中央关于制定国民经济和社会发展第十四个五年规划和二〇三五年远景目标的建议》（以下简称《建议》），明确提出建立现代财税体制。其中包括完善现代税收制度，健全地方税、直接税体系，优化税制结构，适当提高直接税比重，深化税收征管制度改革。现代财税体制是全面建设社会主义现代化国家的重要保障，同时也是推进国家治理体系和治理能力现代化的应有之义。因此，在全面建设社会主义现代化国家的新征程上，立足于法治的现代税收体系不应缺席。

在建立现代财税体制和实现税收法治的道路上，应当始终坚持党的全面领导地位。2013年，党的十八届三中全会提出"落实税收法定原则"，税收法定的进程明显加快；2014年，党的十八届四中全会提出"全面推进依法治国"，法治国家的吁求不断提升。随后，在"落实税收法定原则"和"全民推进依法治国"的指导下，2015年《中华人民共和国立法法》修订，将"税种的设立、税率的确定和税收征收管理等税收基本制度"纳入法律保留的事项。"十三五"时期，现行18个税种已有11个税种完成税收立法任务，其余税种的立法也相继进入公开征求意见和审查阶段。可以说，我国的税收法治建设在"十三五"时期步入快车道，取得了举世瞩目的成就。①

全面推进依法治国是一项庞大的系统工程，坚持法治国家、法治政府、法治社会一体化推进是全面依法治国的必然要求。税收领域，同样如此。"三

---

* 熊伟，武汉大学财税与法律研究中心主任、教授、博士生导师，中国法学会财税法学研究会常务副会长，教育部青年长江学者。

① 刘剑文，刘静．"十三五"时期税收法治建设的成就、问题与展望［J］．国际税收，2020(12)：11-18．

位一体"的建设思路可以为税收法治提供体系化的实现路径。立足于税收法定原则的法治国家建设，聚焦依法治税的法治政府建设以及关照纳税人法治意识和权利意识的法治社会建设，可以从多元视角为税收法治提供有力支撑。

一、以税收法定原则夯实法治国家建设

（一）税收法定原则的基本逻辑

在法治国家的建设中，税收法治是不可或缺的一环。税收法治的实现，落实税收法定原则首当其冲。自2013年党的十八届三中全会明确提出"落实税收法定原则"后，2015年党中央审议通过的《贯彻落实税收法定原则的实施意见》进一步明确"税收法定原则是税收立法和税收法律制度的一项基本原则，也是我国宪法所确立的一项重要原则，税收应由代表人民行使国家权力的立法机关以法律的形式予以规范。"在此背景之下，我国税收立法速度和质量都得到了较大程度的提升，税收法治迈上了一个新的台阶。

2015年，《立法法》的修改成为表达税收法定原则的重要舞台。《立法法》第八条确定了税收的法律保留，要求税种、税率、税收征管法定。近年来，全国人大加速税收立法工作，朝向税收法定道路展开各税种立法和征收管理法的修订。虽然《立法法》第八条被视为"落实税收法定原则"的重要依据，但是《立法法》第九条规定，如果尚未制定法律的，仍然可以由全国人大授权国务院先制定行政法规，规定的除外情形包括排除政治性、人身性和诉讼权利的事项，并不涵盖税收。与此同时，国务院和财税主管机关有权就税收法律的执行性问题制定实施细则和规范性文件。因此，中国语境下税收法定原则的内涵与实现路径为何，如何化解中国现实与税收法定原则之间的冲突，成为落实税收法定原则无法回避的问题。

在落实税收法定原则的背景之下，仅仅将税收暂行条例升格为法律是远远不够的。税收法定原则在立法层面和执行层面均有其原则性要求。在立法层面，税收法定原则强调税收的法律保留，要求税收的构成要件由法律明确规定，以保障税法的稳定性。在执行层面，税收法定原则要求税务机关严格依法征收，"法无授权不可为，法定职责必须为"。因此，在法定原则的框架之下，以规则之治和正义之治构建税收领域的良法善治，方才是税收法治的内在意蕴。

在落实税收法定原则的基本逻辑之下，《建议》明确提出建立现代财税体制的目标。从法治国家的层面而言，如何协调中央与地方的税收立法权，如

何规范税收优惠政策则成为影响税收法定原则落实的关键问题,也成为税收法治中无法回避的重要议题。

(二) 法定原则下的地方税收立法权

在税收领域,中央对于法治国家的实现发挥着核心作用,但是税收法治离不开地方的参与。《建议》提出要"完善现代税收制度",健全地方税体系不可或缺。在落实税收法定原则的背景之下,健全地方税体系之外,合理配置中央和地方的税收立法权同样是税收法治的关键性问题,亦事关事权与支出责任相适应的推进。

从法律层面而言,《立法法》第九条规定:"本法第八条规定的事项尚未制定法律的,全国人民代表大会及其常务委员会有权做出决定,授权国务院可以根据实际需要,对其中的部分事项先制定行政法规,但是有关犯罪和刑罚、对公民政治权利的剥夺和限制人身自由的强制措施和处罚、司法制度等事项除外。"税收显然不属于绝对法律保留的事项,只要符合授权的目的、条件和程序,即便是创立新税,最高立法机关都可授权国务院立法,但并不排斥地方参与中央的税收立法。2011年制定的车船税法和2016年制定的环境保护税法都将部分税制要素授予地方去解决。

从现实层面而言,我国幅员辽阔,地方发展差异性明显,地方税源的差异性太大,经济发展不平衡使得各地的财政需求也大相径庭,难以适用统一的标准或规则。相比中央,地方人大和地方政府更了解地方所需,其课征的税收会更具针对性。地方税与地方的自然资源、环境状况、财产结构、收入水平息息相关,地方不同,情况也不尽相同。地方税的设置,必然需要考虑地方性因素,包括税源的不可流动性、征管难易程度和地方特殊的财政需要等。况且一个税种之所以成为地方税,本身就已经考虑地方性因素,尤其是税源的不可流动性,也包括地方特殊的财政需要。流动性税源如果缴纳地方税,即便由中央行使立法权,受财政利益的刺激,地方之间的竞争也会妨碍全国统一市场的形成。

因此,从尊重地方财政自主、照顾地方实际需求的角度看,为缓和狭义税收法定原则所带来的中央与地方的冲突,采取"法定+授权"的模式对地方税立法,确是一种较为妥善的方式。

(三) 法定原则下的税收优惠

税收优惠作为税收领域的特别措施,其制定目的多是为促进特定的政策目标。因而，税收优惠天然地具有灵活性。① 这一点与税收法定原则所秉持的构成要件法定和构成要件明确相抵牾。与此同时，虽然税收优惠表面上只与相关优惠主体产生了权利关系，并且是有利于纳税人，但是实际上，任何针对个体的优惠，都可能会引发横向不公平，破坏税收中性，只宜由立法机关综合权衡，而不应允许行政机关擅自决定。事实却恰恰相反，在税收优惠领域，税收行政立法非常普遍。同时，税收优惠的形式多样且覆盖面广泛。从形式而言，除传统的减免税之外，还包括缓缴税款、出口退税、税收抵免等诸多形式。② 从覆盖面而言，税收优惠遍布全部税种。因此，税收法治更要强调执行层面的税收法定主义，突出税收优惠的合法性要素，防止地方政府或税务机关执法不严，变相减免税而造成严重的负面性。

面对税收优惠引发的诸多问题，党的十八届三中全会提出"加强对税收优惠特别是区域税收优惠政策的规范管理。税收优惠政策统一由专门税收法律法规规定，清理规范税收优惠政策。"继而，国务院颁布《关于清理规范税收等优惠政策的通知》（国发〔2014〕62号），强调"坚持税收法定原则，除依据税收法律法规和《民族区域自治法》规定的税政管理权限外，各地区一律不得自行制定税收优惠政策。与此同时，全面清理已有的各类税收等优惠政策。"立足于税收法治的视角，如何稳步推进税收优惠的法治化成为核心问题。在坚持税收法定原则之外，量能课税原则和比例原则同样不可或缺。

首先，秉持量能课税原则审视税收优惠政策。量能课税原则作为税法建制原则，肩负实质正义追求之价值目标。这一原则不仅是宪法平等原则的体现，也是税收公平理念的要求。凡是偏离量能课税原则的措施，都必须找到足够的成立依据。在清理规范税收优惠政策时，必须时刻牢记量能课税原则，将其作为衡量税收优惠的准则。虽然税收优惠也有存在的合理性，但是，其只能在特定的范围内存在，不能成为一个普遍现象并僭越作为基本原则的量能课税。一旦偏离量能课税，不管是照顾性税收优惠还是政策性税收优惠，要想取得其正当性，必须通过比例原则审查；要想获得合法性，则要遵守税收法定主义。③

其次，运用比例原则检视税收优惠的正当性，保障税收优惠政策的有效

---

① 侯卓. 税收优惠的正当性基础——以公益捐赠税前扣除为例 [J]. 广东社会科学，2020 (1)：243-253.

②③ 熊伟. 法治视野下清理规范税收优惠政策研究 [J]. 中国法学，2014 (6)：154-168.

运作。比例原则源于行政法领域,主要针对国家公权力行使的正当性问题,以防止政府肆意侵犯公民的合法权益及自由。比例原则由适当性原则、必要性原则和均衡性原则组成。① 只有当税收优惠的目的合理、正当,同时采取恰当有效的手段时,税收优惠突破量能课税原则形成的差别待遇才具有正当性。当税收优惠与量能课税相左时,要想获得其正当性,必须论证该项优惠政策既有正当的政策目的,又有实现目的的合适手段,还有良好的实施效果。② 因此,比例原则成为检视税收优惠正当性的有效工具。

最后,强调税收优惠制定过程中的法定因素,赋予税收优惠合法性,防止税收优惠在制定和执行过程中的异化。通过保证税收优惠政策在法律制度的框架下实施,可以解决在税收优惠层面可能存在的随意性和横向不公以及破坏税收中性的行为,同时促进合法合理的税收优惠法律制度的出台。

二、以依法治税理念促进法治政府建设

(一)依法治税的基本目标

2015年,中共中央、国务院印发了《法治政府建设实施纲要(2015—2020年)》,明确2020年基本建成职能科学、权责法定、执法严明、公开公正、廉洁高效、守法诚信的法治政府。《法治政府建设实施纲要(2015—2020年)》提出将政府工作全面纳入法治轨道,坚持依宪施政、依法行政、简政放权,成为全面推进依法治国在行政领域的权威表达。

全面推进依法治税是全面推进依法治国基本方略在税收领域的集中体现。在税收领域,全面推进依法治税代表着税务行政力量需要进入法治的轨道之中。依法治税理念的贯彻可以为税收改革和发展提供稳定的法治保障,并在法治轨道上有序推进税收现代化。依法治税强调的是税收行政权力在法律的框架内行使,做到"法无授权不可为,法定职责必须为,不得法外设定权力,没有法律法规依据不得作出减损纳税人合法权益或者增加其义务的决定"。立足于税收领域,税务机关在规范层面通过税务规范性文件影响着税务行政相对人的权利义务,在执行层面通过征收管理机制完成税收的征纳工作。因此,如何将依法治税理念融入上述二者之中,如何有效约束税收行政权,如何将

---

① 适当性原则要求所采取的手段必须是有助于目的达成;必要性原则要求在同等有效的手段中,采用利益损害最小或效益最大的手段来实现目标;均衡性原则要求在符合宪法的前提下,先考察手段的有效性,再选择对公民利益最温和的手段来实现目标,最后还必须进行利益上的总体衡量。
② 熊伟. 法治视野下清理规范税收优惠政策研究 [J]. 中国法学, 2014 (6): 154-168.

规范性文件的制定权与税收征管权纳入法治轨道，成为依法治税理念贯彻无法回避的问题。

（二）依法治税下的税务规范性文件制定

税务规范性文件作为税务机关依法制定的影响税务行政相对人权利义务的文件，在我国税收体系中占据着重要的地位。依据《立法法》，税务规范性文件并非法律，不具有法律效力。同时，依据《中华人民共和国行政诉讼法》第六十三条规定，法院在审理行政案件时，以法律和行政法规、地方性法规为依据，同时可以参照规章，并未提及其他规范性文件。因而，在税务案件审理的裁判过程中，税务规范性文件也不能成为法院裁判的依据。从这个角度看，税务规范性文件应当是税务机关对税收法律、法规进行的行政解释性文件，依法治税的实现离不开税务规范性文件，但是，税务规范性文件是否契合税收法定原则的基本要求，是否符合依法治税的基本理念，仍然值得进一步检视。

如何在国家税收利益、税务机关权力与纳税人权利之间寻求平衡，如何在依法治税理念的指导下制定和审查税务规范性文件，是税务机关依法治税中的关键议题。

因此，在依法治税理念的指导下，税务规范性文件应当朝着法治化方向做出一定程度的调整。第一，税务规范性文件的制定应当将更多的目光转向执行性领域。第二，在税务规范性文件的制定过程中，尤其是涉及税法拟制性规范等可能对纳税人实际权利造成影响的规范性文件制定时，应当更加严格保障纳税人的参与，使其演化为一种实质的纳税人意见整合，并由税务机关进行理性反馈。第三，建立税务规范性文件清理长效机制。根据经济社会发展和改革的需要，参照上位法的制定、修改以及废止情况，及时清理相关的税务规范性文件。

（三）依法治税下的税收征收管理

依法制定税务规范性文件，是从规则制定的层面落实依法治税。在规则执行的层面，税务机关严格依法进行征收管理同样关键。依据《中华人民共和国税收征收管理法》规定："税收的开征、停征以及减税、免税、退税、补税，依照法律的规定执行"。国家税务总局颁布的《关于全面推进依法治税的指导意见》（国税发〔2015〕32号）规定，依法征管包括"法无授权不可为，法定职责必须为，不得法外设定权力，没有法律法规依据不得作出减损纳税人合法权益或者增加其义务的决定"，税务机关应当严格依据法律法规划定的框架进行征收管理活动。由于税收法治观念的缺乏以及监督机制的不足，税收征管领域仍然存在着规范化程度不高、执法不严、随意执法、选择性执法等问题。因此，依法治税语境下的税收征管，依法征管首当其冲。在考虑征管行为合法性之外，其行为的正当性同样应当纳入考虑范围之内。除此之外，依法治税要求规范行政权力运行，完善税收征管领域的权力制约和监督机制亦不可或缺。

首先，在法律的轨道上行使税收征收管理权。坚持法无授权不可为，法定职责必须为，不得法外设定权力，没有法律法规依据不得作出减损纳税人合法权益或者增加其义务的决定。除此之外，建立和执行重大执法决定法制审核制度，未经法制审核或者审核未通过的，不得作出决定。

其次，以比例原则检视税收征收管理的正当性。比例原则不仅可以适用于税收优惠领域，其在税收征管领域同样可以发挥效用。以适当性原则、必要性原则和均衡性原则为工具，对征管权力行使的正当性进行细致的检视，可以有效避免税收征管过程中随意性和权力扩张倾向，进一步提升依法治税水平。

最后，完善税收征管领域的权力制约和监督机制。从税务机关内部监督的层面看，加强税务行政程序制度的建设，针对税务行政行为的主体、权限、方式、步骤和时限进行细致规范，坚持加强监督与责任追究相结合，做到有权必有责、用权受监督，切实把权力关进制度的笼子里。从外部监督的层面看，税务机关应当进一步拓宽纳税人的监督检举渠道，保障纳税人依法行使监督权。与此同时，自觉接受党内监督、人大监督、民主监督以及司法监督，积极应对涉税行政公益诉讼。

三、以纳税人权利保护为核心推动法治社会建设

（一）纳税人法治主体地位的保障

2020年12月，中共中央印发《法治社会建设实施纲要（2020—2025年）》，明确"法治社会是构筑法治国家的基础，法治社会建设是实现国家治理体系和治理能力现代化的重要组成部分"。与此同时，"法治观念深入人心，社会领域制度规范更加健全，社会主义核心价值观要求融入法治建设和社会治理成效显著，公民、法人和其他组织合法权益得到切实保障，社会治理法治化水平显著提高"成为法治社会建设的基本目标。

在税收领域，纳税人成为法治社会建设中不可忽视的重要群体之一。"人

的一生只有死亡与税收不可避免",① 纳税人群体的广泛性决定其在法治社会建设中的重要性。税收法治观念的普及,纳税人合法权利得到切实保障,正契合法治社会建设的目标,同样是税收法治实现的重要路径。

(二) 纳税人税收法治观念的弘扬

法治观念深入人心是法治社会建设的关键之一。在法治社会建设的过程之中,纳税人税收法治观念的强弱,对于税收法治建设具有重要影响。税收法治观念较弱的纳税人群体不仅会缺乏依法纳税的意识,税收遵从度较低;同样会缺少依法维护纳税人合法权利的自主意识,促使天平向税务机关倾斜,纳税人权利可能被进一步削弱。因此,弘扬税收法治观念,离不开依法治税的税务机关,也离不开依法纳税、依法行使权利的纳税人。

公民税收法治观念拥有两层含义,不仅仅局限于依法纳税的义务,而是税收法定原则在纳税人权利中的体现。《宪法》第五十六条规定:"公民有依照法律纳税的义务。"第一层面,公民有依据法律纳税的义务,即纳税人肩负着纳税义务;第二层面,公民只依据法律的明确规定缴纳税款,换言之,设定公民纳税义务的只有法律,这也是税收法定原则的表达。进一步延伸,当税务机关的征税行为于法无据或者非法减损纳税人权利之时,纳税人有权依法维护其合法权利。因而,当公民税收法治观念进一步弘扬,不仅是对纳税人权利的有效维护,同样也是对税务机关公权力的有效约束。

除此之外,税收法治观念的弘扬,有助于提高税法的遵从度。税收法治与纳税遵从本就是一体两面。完善税收法治有助于形成一个稳定、良法善治的税收体系,容易获得广大纳税人的认同与信任。同时,具备税收法治观念的纳税人群体知晓依法纳税的义务,同时积极维护其自身合法权利,可以进一步增强纳税人对税收制度的认同与信任。

(三) 纳税人权利保护的实现

纳税人权利实际上是国家与公民之间关系的一种缩影。正确划定征税机关与纳税人之间的边界,重视纳税人权利保护已经成为税收法治不可或缺的一环。② 税收法治不仅是保障国家征税权的规范行使,更是要维护纳税人的合法权利。税收征收管理法赋予纳税人知情权、保密权、监督权等诸多法律权利。同时,早在2009年国家税务总局就已经颁布《国家税务总局关于纳税人

---

① 出自美国政治家本杰明·富兰克林名言。
② 黎江虹. 中国纳税人权利研究 [M]. 北京:中国检察出版社,2014:3.

权利与义务的公告》（国家税务总局公告 2009 年第 1 号），向纳税人宣告其权利义务。纳税人的权利保护围绕着三个方面展开，即培育纳税人的权利意识、维护纳税人的权利行使以及保障纳税人的权利救济。

1. 培育纳税人的权利意识是纳税人权利实现的关键环节

纳税人之所以容忍国家征税行为对私人财产的合法"剥夺"，是因为对其国家征税权行使的信任，同时相信税收能够为自身带来收益。通过培育纳税人的权利意识，纳税人知晓其享有与纳税义务对等的纳税人权利。税收并非一味地督促纳税人履行义务，在履行义务的同时，纳税人同样享有各项法律赋予的权利。除此之外，伴随着纳税人权利意识的增强，纳税人对于税务机关的监督能力也会随之提高，有助于保持国家与纳税人之间权力（利）义务的平衡，更好地实现税收法治和法治社会的目标。

2. 维护纳税人的权利行使对于纳税人权利实现至关重要

纳税人权利并不能停留在纸面的文本之上，而应当受到保护、落到实处。纳税人权利贯穿于税收立法、税收执法与税收司法等诸多环节，纳税人权利行使的保障机制也必然是一项系统性工程。税收立法领域的参与权、税收征管领域的退税权以及税收争议解决领域的救济权，都需要纳入税收法治的框架之中，以保障纳税人权利的行使，推动税收执法权和行政管理权在阳光下运行，从而共同形成税收法治的坚实基础。

3. 保障纳税人的权利救济是纳税人权利实现的最后"屏障"

尽管税收征收管理法赋予纳税人救济权利，但是这一权利的实现却并不理想。依据《税收征管法》第八十八条第一款，纳税人发生纳税争议时，需要先缴纳税款或提供担保，才能够依法申请行政复议，对行政复议不服可以向人民法院起诉，即"双重前置"。因此，保障纳税人的权利救济势必需要改革纳税争议解决的前置制度，创新税务行政复议机制，改革税务行政诉讼机制，健全多元化纠纷解决机制。2020 年 11 月，财政部已在其《关于"优化税收征管支持经济发展"建议的答复》中建议取消"先缴税后复议"的规定，保障纳税人的申诉权利。

税收法治的实现与否关乎国民利益、国家利益，关乎国家治理能力和治理体系现代化。① 税收法治立足于税收法定原则，通过税收立法、税收执法、

---

① 刘剑文，刘静. "十三五"时期税收法治建设的成就、问题与展望 [J]，国际税收，2020 (12)：11-18.

税收司法等一系列税收法律制度的创建，使征税主体与纳税主体的税收行为进入现代法治的轨道之中，从而实现依法征税和依法纳税的良性社会秩序状态。"十三五"时期，在落实税收法定原则的顶层设计之下，税收法治在立法、执法以及纳税人保护领域均取得显著成就。未来，围绕着法治国家、法治政府以及法治社会一体建设的基本路径，税收法治的进程将会朝着体系化的道路持续迈进，为推进国家治理体系和治理能力现代化贡献税收力量。

扎实推进新时代税收法治建设

刘运毛[*]

党的十九届五中全会通过的《中共中央关于制定国民经济和社会发展第十四个五年规划和二〇三五年远景目标的建议》(以下简称《建议》),对我国全面建成小康社会、实现第一个百年奋斗目标之后,乘势而上开启全面建设社会主义现代化国家新征程、向第二个百年奋斗目标进军作出战略部署,提出到二〇三五年基本建成法治国家、法治政府、法治社会的远景目标。《建议》还要求努力实现国家治理效能得到新提升,建设职责明确、依法行政的政府治理体系,实现政府治理同社会调节、居民自治良性互动,建设人人有责、人人尽责、人人享有的社会治理共同体,有效发挥法治固根本、稳预期、利长远的保障作用,推进法治中国建设。

一、坚持党的领导,确保税收法治建设政治方向正确

党的领导是社会主义法治最根本的保证,同时也是税收法治建设的最大优势。中央全面依法治国工作会议,明确了习近平法治思想在全面依法治国工作中的指导地位,强调坚定不移走中国特色社会主义法治道路,为全面建设社会主义现代化国家提供有力法治保障。税收法治建设是全面依法治国的重要内容,必须深入贯彻习近平法治思想和党的十九届五中全会精神,认真落实全面依法治国总目标和法治中国建设总体目标,把税收各项工作纳入法治化轨道,筑法治之基、行法治之力、积法治之势,更好地发挥税收在国家治理体系中的基础性、支柱性、保障性作用,高质量推进新时代税收现代化。

---

[*] 刘运毛,公职律师,第五批全国税务领军人才。

扎实推进税收法治建设，税务系统必须坚持以习近平法治思想为行动指南和根本遵循，把习近平法治思想贯彻落实到全面依法治税各方面和全过程，用习近平法治思想武装头脑、指导实践、推动工作。紧紧围绕基本建成法治国家、法治政府、法治社会，深入学习领会"11个坚持"，为高质量推进税收现代化建设提供根本保证。旗帜鲜明讲政治，以国家政治安全为大、以人民为重、以坚持和发展中国特色社会主义为本，对"国之大者"了然于胸，着眼全局和长远，自觉把税收现代化同国家治理体系和治理能力现代化的战略目标结合起来，明确税收工作职责定位，确保税收治理政治属性、经济属性和社会属性相统一。

扎实推进税收法治建设，必须充分发挥税务系统各级党委推进依法治税的领导核心作用，全力做好统筹协调和组织推动工作，把依法行政工作领导小组建设成为税务系统各级党委对全面推进依法治税实施统一领导、统一部署、统筹协调的核心平台。健全依法决策机制，把重要法治事项纳入党委议事内容，确保重大税收改革、重大税收决策、重大税收决定在党委领导下科学决策并依法实施。

扎实推进税收法治建设，必须抓住领导干部这个"关键少数"，建立领导干部应知应会法律法规清单制度，推动领导干部做尊法学法守法用法的模范。把法治素养和依法履职情况纳入考核评价干部的重要内容。切实提高党员干部运用法治思维和法治方式深化改革、推动发展、化解矛盾、维护稳定、应对风险的能力。认真贯彻落实《党政主要负责人履行推进法治建设第一责任人职责规定》，推动党政主要负责人切实履行依法治国重要组织者、推动者和实践者的职责，集体研究依法治税工作重大问题，审议依法治税工作规划，作出推进依法治税重大决策部署，总揽和监督本机关依法治税工作。党政主要负责人要将履行推进法治建设第一责任人职责情况列入年终述职内容。

二、坚持依法治税，在法治轨道上推进税收治理现代化

依法治税是国家治理现代化的重要内容，税法是否科学完善、能否得到有效实施，直接反映国家治理现代化水平。税收现代化和公权力运行法治化是实现国家治理现代化的重要基石。"财赋者，邦国之本"。税收是国家治理的基础和重要支柱，在国家治理中发挥着基础性、支柱性、保障性作用。"法者，治之端也"。法治是治国理政的基本方式，法治是国家治理体系和治理能

力的重要依托。在全面建设社会主义现代化国家的新征程上,法治的作用更加凸显,税收的地位更加突出。要把深入学习贯彻习近平法治思想和习近平总书记关于税收工作的重要论述结合起来,坚持在法治轨道上推进税收治理现代化,善于运用法治思维和法治方式推进改革,切实发挥法治的引领、规范和保障作用,高质量推进税收现代化和公权力运行法治化。

坚持以法治方式推进税收现代化建设。税收是财政收入的主要来源,是调控经济、调节收入的重要手段。国家税务总局局长王军强调,税务部门要准确把握党的十九届五中全会对税收工作提出的新要求,做国家财力的坚定保障者、宏观调控的高效执行者、国家战略的忠实服务者,在全面建设社会主义现代化国家新征程上,高质量地推进新时代税收现代化建设,不断健全坚强有力的党的领导制度体系、科学完备的税收法治体系、优质便捷的税费服务体系、严密规范的税费征管体系、合作共赢的国际税收体系、高效清廉的队伍组织体系,显著提升政治引领能力、谋划创新能力、科技驱动能力、制度执行能力、协同共治能力和风险防范能力。从健全"六大体系"到提升"六大能力",税收现代化内涵不断丰富完善。从"完备规范的税法体系""成熟定型的税制体系"[①]到"成熟完备的税收法治体系",[②]法治建设成为高质量推进新时代税收现代化的重要特征,税收法治建设始终都是税收现代化的重要内容并持续不断为其提供法治保障。

推进公权力运行法治化,是法治政府建设的关键。用法治规范和约束公权力,确保人民赋予的权力用来为人民谋利益,是国家治理领域的重中之重。"法无授权不可为、法定职责必须为"。要用法治给行政权力定规矩、划界限,规范行政决策程序,加快转变政府职能。通过科学确权、规范用权、阳光晒权,进一步细化完善权责清单,确保权责事项完整、准确、规范、公开。"清单之内必须履职尽责,清单之外禁止擅自设权扩权"。以程序正义保障实体公正。着力推进行政执法透明、规范、合法、公正,不断健全执法制度、规范

[①] 2013年12月,全国税务工作会议上提出中国特色"税收现代化"之"六大体系",即建立完备规范的税法体系、成熟定型的税制体系、优质便捷的服务体系、科学严密的征管体系、稳固强大的信息体系、高效清廉的组织体系。

[②] 2020年1月召开的全国税务工作会议,就新时代税收现代化提出了"新六大体系",即坚强有力的党的领导制度体系、成熟完备的税收法治体系、优质便捷的税费服务体系、严密规范的税费征管体系、合作共赢的国际税收体系、高效清廉的队伍组织体系。

执法程序、创新执法方式，全面提高执法效能，推动形成权责统一、权威高效的行政执法体系。全面推行行政执法"三项制度"①，有效提升税务执法规范化水平，充分发挥行政执法"三项制度"对促进严格规范公正文明执法的基础性、整体性、突破性作用，通过聚焦税务行政执法的源头、过程和结果，将"阳光税务""规范税务""法治税务"理念融入税务执法程序全过程。强化权力监督制约、提高政务公开效率。坚持依法治权，用宪法和法律法规设定权力、规范权力、制约权力、监督权力，把权力关进法律和制度的笼子里。做到有权必有责、用权受监督，违法必追究，坚决纠正有法不依、执法不严、违法不究行为。坚持底线思维，增强风险意识。紧紧围绕税收执法权和行政管理权加强"两权"监督，全面开展内控监督、跟进开展督查考评、深入开展执法督察。按照"以公开为常态、不公开为例外"的原则，进一步健全和完善政务信息公开工作体制机制，依法向社会全面公开政务信息，推进决策公开、执行公开、结果公开，让权力在阳光下运行，杜绝"暗箱操作"。

三、坚持系统观念，推动税收法治建设实现高质量发展

系统观念是具有基础性的思想和工作方法，坚持系统观念是做好"十四五"时期各项工作必须坚持的重要原则。《建议》将坚持系统观念明确为"十四五"时期经济社会发展必须遵循的原则，要求加强前瞻性思考、全局性谋划、战略性布局和整体性推进。全面推进依法治国是一个系统工程，是国家治理领域的一场广泛而深刻的变革，更加注重系统性、整体性和协同性，必须统筹兼顾、把握重点、整体谋划，在共同推进上着力，在一体建设上用劲。依法治税作为依法治国的重要组成部分，同样需要注重工作集成，做到制度化、规范化、信息化一体建设，风险防控、分类监管、信息共享协同推进，全面提升税收治理效能。

通过制度集成创新，提升税收治理效能。制度集成创新作为一种改革方法论，旨在把已有的各种制度有机组合起来，使蕴含其中的创新要素交叉融合，实现协同高效，激荡出更大的制度活力。"十四五"时期，税收改革发展

---

① 行政执法"三项制度"，即行政执法公示制度、执法全过程记录制度、重大执法决定法制审核制度。参见《国家税务总局关于印发〈优化税务执法方式全面推行"三项制度"实施方案〉的通知》（税总发〔2019〕31号）。

应通过推动税收工作理念、方式、手段创新，统筹联动推进税收各领域各方面工作，整体性集成式提升税收治理效能。坚持系统观念，既要立足当前，运用法治思维和法治方式解决经济社会发展面临的深层次问题，又要着眼长远，筑法治之基、行法治之力、积法治之势，促进各方面制度更加成熟更加定型，提高制度执行能力。把握好深化税制改革与完善税收立法的关系，处理好法律规范稳定性与税收制度动态性、法律调整复杂性与税收调节灵活性、法治建设统一性与政策需求多样性等矛盾；在坚持税制改革要素集成的同时，注重税制改革与征管改革及信息化建设联动实施。增强政策制定的精准性、科学性和政策实施的针对性、有效性，善于从个案中发现共性问题和制度短板，及时提出政策建议，完善相关税收制度。

  法律是治国之重器，良法是善治之前提。国家治理体系和治理能力是一个国家制度和制度执行能力的集中体现。习近平总书记强调"不论处在什么发展水平上，制度都是社会公平正义的重要保证"。把制度优势转化为治理效能，基础在制度，关键在制度执行力。所以，制度的供给和实施均应强调"高质量发展"。法治是制度之治最基本最稳定最可靠的保障。要善于运用法治力量凝聚改革共识，通过立法巩固税制改革成果，将成熟的改革措施及时上升为法律，使法律准确反映经济社会发展要求，更好协调利益关系，发挥立法的引领和推动作用。《法治中国建设规划（2020—2025年）》提出建设法治中国的总体目标是，应当实现法律规范科学完备统一，执法司法公正高效权威，权力运行受到有效制约监督，人民合法权益得到充分尊重保障，法治信仰普遍确立，法治国家、法治政府、法治社会全面建成。

  推动税收法治建设实现高质量发展，必须不断加深对税收规律和法治理念的认识，找准税收和法治的结合点，全面落实税收法定原则，加快推进税收立法，完善适应构建新发展格局、推动高质量发展、实现高效能治理的现代税收制度，着力在税务执法规范性、税费服务便捷性、税务监管精确性取得重要进展，持续深化拓展税收共治格局，以税收的精诚共治促进全社会税收法治意识的明显提升，让法治观念直达人心，税法遵从形成风尚。

四、坚持目标导向，引领税收法治建设迈向良法善治

  全面推进依法治国，总目标是建设中国特色社会主义法治体系，建设社

会主义法治国家。法治国家是法治建设的目标,法治政府是法治国家的主体,法治社会是构筑法治国家的基础。要认真落实好全面依法治国"新十六字方针"①,在共同推进上着力,在一体建设上用劲。坚持科学立法,促进良法善治;坚持严格执法,加快法治政府建设;坚持公正司法,维护社会公平正义;坚持全民守法,深化法治社会建设。服务是政府的本质要求,效能是行政的生命,便利是社会满意度的重要指标。面对更高要求和更好机遇,围绕基本建成法治国家、法治政府和法治社会目标,为推动进一步大幅提高税法遵从度和社会满意度,必须落实税收法定原则,完善税收制度体系,优化税务执法方式,健全税务监管体系,以良法促进发展、保障善治,打好良法善治"组合拳",尽力实现税收善治、税收精治与税收共治。

(一) 以发挥职能、为民便民为宗旨,推进税收善治

坚持目标导向,按照"依法征税聚财力、改革兴税促发展、便民办税优服务、科技强税提质效、多方协税谋共治"的要求,通过准确把握新发展阶段,深入贯彻新发展理念,服务构建新发展格局,完善现代税收制度,深化税收征管制度改革,自觉把税收法治建设置于税收治理现代化和经济社会发展大局中,做到"对国之大者要心中有数",依法全面履行税务部门职能,主动服务国家发展大局。坚持以人民为中心,以纳税人、缴费人的合理需求为导向,以纳税人、缴费人满意度为主要评价标准,通过健全优质便捷的税费服务体系和严密规范的税费征管体系,为纳税人、缴费人提供高效便利服务,全面提升税费服务精细化、智能化、个性化水平,努力打造负担更轻、办税更快、服务更好、环境更优的税收营商环境,不断增强纳税人、缴费人的获得感、满意度、幸福感。

(二) 以规范执法、提升效能为重点,推进税收精治

行政执法规范化是衡量法治政府建设的最重要标准之一。国家治理效能得到新提升成为"十四五"时期经济社会发展主要目标之一。坚持问题导向,着力解决税务执法统一性、规范性、精确度不够等问题,通过稳步推进税收现代化建设"六大体系"和显著提升"六大能力",不断把税收制度优势转化为治理效能。一是增强税收执法的统一性和规范性。认真编制实施权责清

---

① 党的十一届三中全会确立了社会主义法制建设的十六字方针——"有法可依、有法必依、执法必严、违法必究"。在新的历史起点上全面推进法治中国建设,党的十八大提出"科学立法、严格执法、公正司法、全民守法",相较于前述社会主义法制建设的十六字方针,此即新时期依法治国的"新十六字方针"。

单,全面推行行政执法"三项制度",健全重大案件审理制度,完善复议应诉机制。坚持严格规范公正文明执法,确保"服务一个标准、征管一个流程、执法一把尺子"。通过加强税务执法区域协同,推进区域间税务执法标准统一,实现执法信息互通、执法结果互认。升级税费服务、税费征管、税务稽查等工作规范,建立税务执法质量控制体系,推进税收政策执行标准规范统一。二是提高征管效能和监管能力,深入推进智慧税务建设。深化税收征管制度改革,优化税务执法职责和力量,创新税务执法方式,加强税务执法能力建设,明显降低征纳成本,不断提升税费征收率。

(三) 以均衡权责、信息共享为路径,推进税收共治

为构建职责明确、依法行政的政府治理体系,在完善现代税收制度的基础上,进一步推进征纳共治、税务机关内外部共治、央地共治和国际国内共治,提升税收治理效能。均衡征纳双方权责。坚持征纳双方法律地位平等,厘清征纳双方权利义务,还权还责于纳税人,着力构建和完善基于诚信推定和合作治理的新型征纳关系。建立由纳税申报、税额确认、税款追征、违法调查、争议处理等环节构成的现代税收征管基本程序。在更新理念和重构制度的同时,让税收回归公共属性,从"一家自治"走向"多方共治",使税收治理从单一作战向社会共治转变。构建税收共治格局。健全党政领导、税务主责、部门合作、社会协同、公众参与的税收共治格局,积极推动各省(区、市)制定税收保障条例和相关办法。加强部门协作,通过情报交换、信息共享和执法联动,推进跨部门协同监管;加强社会协同,发挥行业协会和社会中介组织作用。加快推进社会信用体系建设,提高全社会诚信意识和信用水平。强化税收司法保障。完善涉税司法解释,明晰司法裁判标准,加强涉税案件审判队伍专业化建设,确保税法得到严格实施。进一步畅通行政执法与刑事执法衔接工作机制,通过警税协作,开展联合办案,严厉打击涉税违法犯罪行为。发挥检察监督职能,通过提出检察建议和公益诉讼,促进行政机关全面依法履职尽责。强化国际税收合作。深度参与数字经济等领域的国际税收规则和标准制定,持续推动全球税收治理体系建设。落实税基侵蚀和利润转移行动计划,严厉打击国际逃避税,确保国家税收安全。不断完善"一带一路"税收征管合作机制,扩大和完善税收协定网络,签署《区域全面经济伙伴关系协定》(RCEP)和完成中欧投资协定谈判,为高质量"引进来"和高水平"走出去"提供支撑。

五、突出税务特色，找准税收法治建设的着力点

"十三五"时期，全面依法治税取得显著成就。全面加强了党对税收工作的领导，依法治税理念日趋牢固，税收法治体系基本成型，税收法治保障更加有力，权力监督制约不断增强，纳税人权益得到全面保障，税收共治格局逐渐形成，税收治理效能明显提升。"十四五"时期，为突出税务特色，提升治理效能，税务部门应继续落实税收法定完善税收制度，规范税务执法释放治理效能，强化执法监督防控税收风险，打击涉税违法规范经济秩序，深化普法宣传营造诚信氛围。

（一）深化"放管服"改革，持续优化税收营商环境

"放管服"改革推动政府职能发生深刻转变，放出了活力、管出了公平、服出了便利，政府治理能力和治理水平得到显著提升。"十四五"规划建议要求加快转变政府职能，建设职责明确、依法行政的政府治理体系。深化简政放权、放管结合、优化服务改革，全面实行政府权责清单制度，持续优化法治化营商环境。一是推进办税缴费便利化。办税缴费便利改革持续深入，审批制度改革不断深化、办税流程资料全面精简、税务登记制度持续优化；全面改进办税缴费方式，进一步扩大非接触式服务范围，积极推行智能型个性化服务。通过全程网上办、备案改备查、"信用+风险"新型监管等措施，深化信息共享，进一步优化提升营商环境。持续推进"便民办税春风行动"，着力减轻办税缴费负担；持续开展"减证便民"行动，针对直接面向纳税人的依申请税务事项，全面推行税务证明事项告知承诺制。二是持续优化营商环境。《优化营商环境条例》就税务机关落实减税降费、改进纳税服务等提出明确要求，如严格落实国家各项减税降费政策，及时研究解决政策落实中的具体问题，确保减税降费政策全面、及时惠及市场主体；精简办税资料和流程，简并申报缴税次数，公开涉税事项办理时限，压减办税时间，加大推广使用电子发票的力度，逐步实现全程网上办税，持续优化纳税服务等。2018年，税务部门出台《全国税务系统进一步优化税收营商环境行动方案（2018年—2022年）》。2020年，国家税务总局联合十二个部委出台《关于推进纳税缴费便利化改革优化税收营商环境若干措施的通知》（税总发〔2020〕48号），要求落实落细减税降费政策，持续优化办税缴费服务，切实维护市场主体权益，持续提升监管执法水平。

（二）优化税务执法方式，健全税务监管体系

围绕高质量推进新发展阶段税收现代化，税务部门聚焦税务执法规范性、税费服务便捷性和税务监管精准性，充分发挥税收职能作用，积极服务经济社会发展大局。处理好规范执法与精确执法的关系。执法是行政机关履行政府职能、管理经济社会事务的主要方式。要坚决防止粗放式、选择性、一刀切的随意执法，让执法既有力度又有温度，做到宽严相济、法理相融。不断提高执法的规范性和精确性。持续规范权力运行，加强行政执法规范化水平，促进严格规范公正文明执法。提高税务监管的精准性，实现从"以票管税"向"以数治税"分类精准监管转变，实现对市场主体干扰最小化、监管效能最大化，维护公平竞争的税收秩序。处理好严格执法与审慎监管的关系。既以最严格的标准防范逃避税，又避免影响企业正常生产经营；既要严格规范执法行为，加大公开公示力度，又对轻微违法违规行为免除行政处罚。准确把握一般涉税违法与涉税犯罪的界限，做到依法处置，罚当其责。行政执法中应当推广运用说服教育、劝导示范、行政指导等非强制手段，依法慎重实施行政强制。采用非强制性手段能够达到行政管理目的的，不得实施行政强制。坚持包容审慎原则，支持新产业新业态新模式健康发展，科学实施有效监管，做到促进发展与规范管理相统一，促进依法纳税和公平竞争。加强对新生事物发展规律研究，创新监管标准和模式，研究探索更加适应新业态发展和管理需要的征管方式。处理好统筹配置行政执法资源与加强和创新事中事后监管的关系。统筹配置行政执法职能和执法资源，最大限度减少不必要的行政执法事项。健全事前事中事后监管有效衔接、信息互联互通共享、协同配合工作机制。完善行政执法权限协调机制，健全行政执法和刑事司法衔接机制。要把更多行政资源从事前审批转到加强事中事后监管上来，精准实施税务监管。推进"双随机、一公开"跨部门联合监管，强化重点领域重点监管，探索信用监管、大数据监管等新型监管方式，努力形成全覆盖、零容忍、更透明、重实效、保安全的事中事后监管体系。健全守信激励和失信惩戒，推进社会诚信建设，充分发挥纳税信用在社会信用体系中的基础性作用，实现对虚开骗税等违法犯罪行为惩处从事后打击向事前事中精准防范转变。

六、坚持以人民为中心，维护和促进社会公平正义

坚持法治建设为了人民、依靠人民，促进人的全面发展，努力让人民群众在每一项法律制度、每一个执法决定、每一宗司法案件中都感受到公平

正义。

（一）坚持以纳税人、缴费人为中心，加强权利保护力度

畅通和规范群众诉求表达、利益协调、权益保障渠道，促进矛盾纠纷多渠道化解，引导社会成员在法治轨道上主张权利、解决纷争。一是提升维权服务水平。没有法律、法规、规章的规定，税收规范性文件不得作出损害税务行政管理相对人权利或者增加其义务的规定。全面加强纳税服务投诉管理，建立和完善纳税人、缴费人涉税涉费诉求多渠道接受、快速转办、限时响应、结果回访、跟踪监督、绩效考评机制。探索推动纳税服务从程序性服务向权益性服务转变，积极响应和满足纳税人、缴费人合理诉求，切实保障其合法权益。健全纳税人、缴费人个人信息保护制度，严格保护纳税人、缴费人及扣缴义务人的商业秘密、个人隐私等。二是完善纳税人、缴费人权利救济和税费争议解决机制。党的十八届四中全会决定要求完善调解、仲裁、行政裁决、行政复议、诉讼等有机衔接、相互协调的多元化纠纷解决机制。要充分发挥行政复议公正高效、便民为民的制度优势和化解行政争议的主渠道作用。加强和改进行政复议工作，强化行政复议监督功能，加大对违法和不当行政行为的纠错力度。健全行政复议案件审理机制，加强行政复议规范化、专业化、信息化建设，规范和加强行政应诉工作。

（二）坚持共建共治共享，增强全民法治观念

全面依法治国需要全社会共同参与，必须大力弘扬社会主义法治精神，建设社会主义法治文化，引导全体人民做社会主义法治的忠实崇尚者、自觉遵守者、坚定捍卫者。法治的真谛，在于全体人民的真诚信仰和忠实践行。越来越多的纳税人已经不满足于过去的被动遵从，而是希望得到守法尊重。《法治社会建设实施纲要（2020—2025年）》明确提出建设信仰法治、公平正义、保障权利、守法诚信、充满活力、和谐有序的社会主义法治社会，是增强人民群众获得感、幸福感、安全感的重要举措。坚持社会治理共建共治共享，引领和推动社会力量参与社会治理，建设人人有责、人人尽责、人人享有的社会治理共同体，确保社会治理过程人民参与、成效人民评判、成果人民共享。治理应该是政府机构、社会组织、私人部门等公共管理主体的"大合唱"，而非单一主体的"独角戏"。总之，推进依法治税是税收治理领域一场广泛而深刻的革命，是一项浩繁而艰巨的工程。税收法治建设不仅需要税务部门全力投入，而且需要纳税人积极参与和方方面面共同努力。

（三） 推进税收普法宣传，突出法治文化建设

认真落实"谁执法谁普法"普法责任制，广泛开展普法宣传教育，将税法纳入国民教育体系，建立青少年学生税收法治宣传教育长效机制。"以创建促提升，以示范带发展"，在全国税务系统县（市、区）税务局深入开展法治基地创建活动，开展全国税收普法教育示范基地创建活动。坚持以案释法，弘扬法治精神，培育社会成员办事依法、遇事找法、解决问题靠法的良好环境。完善弘扬社会主义核心价值观的法律政策体系，把社会主义核心价值观要求融入法治建设和社会治理，通过增强税收法治文化软实力，充分体现"忠诚担当、崇法守纪、兴税强国"的中国税务精神。抓住"关键少数"，建立健全领导干部学法用法工作机制，落实宪法宣誓和学习宪法制度。培养公民树立依法纳税意识，在全社会引导形成崇尚税法、遵守税法、捍卫税法的良好氛围。

现代税收制度的法治意蕴及具体构建

黎江虹*

2020年11月3日，党的十九届五中全会发布了《中共中央关于制定国民经济和社会发展第十四个五年规划和二〇三五年远景目标的建议》（以下简称《建议》），吹响了下一个百年进军号角。梳理《建议》内容，可以发现，虽然直接涉及税收制度的建议不多，主要集中于第8条建议、第22条建议和第42条建议，但财税制度深嵌于整个《建议》中。事实上，财税是联结政府与市场、中央与地方、政府与公民分配关系的交汇点。《建议》的有效落实涉及人、财、物等资源的配置，离不开财政税收的支持和保障。现代税收制度的建立和完善，是彰显中国特色社会主义市场经济与治理体系优势的重大任务。《建议》第22条提出要"完善现代税收制度，健全地方税、直接税体系，优化税制结构，适当提高直接税比重，深化税收征管制度改革"。何谓现代税收制度？在集合着税收法律、行政法规、税收地方性法规、部门规章、税收规范性文件以及国际条约的税收规则集群中，如何体现法治意蕴？2020年12月，又恰逢中共中央印发了《法治社会建设实施纲要（2020—2025年）》，故厘清上述问题，对于落实上述两个重要文件颇具现实必要性。

一、现代税收制度内涵阐释

从语义上看，现代税收制度中"现代"一词看似仅表述时间概念，但究其实质，却极具丰富内涵。

（一）现代税收制度是先进性的税收制度

现代税收制度一定是吸纳了各国、各个历史阶段税收制度发展先进成果、

---

* 黎江虹，中南财经政法大学法学院经济法研究所所长、教授、博士生导师。

是迄今为止被证明与时俱进而不是腐朽落后、是经过实践检验而不仅限于理论空谈的税收制度。因此，现代税收制度的核心理念就是要体现先进性，杜绝开历史的倒车。在人类社会历史发展的经验和教训中，最璀璨的结晶便是构建以人民为中心的权利保护体系。《建议》提出了"十四五"时期经济社会发展必须遵循的原则之一："坚持以人民为中心。坚持人民主体地位，坚持共同富裕方向，始终做到发展为了人民、发展依靠人民、发展成果由人民共享，维护人民根本利益，激发全体人民积极性、主动性、创造性，促进社会公平，增进民生福祉，不断实现人民对美好生活的向往"。具体到现代税收制度就是构建完善的纳税人权利保护体系。税收征纳双方的关系在现代民主社会以前一直处于失衡状态，因严苛税收而引起的革命此起彼伏。只有坚持以纳税人权利为中心，构建良性的征纳关系，税收制度才能得到纳税人的遵从，这是现代税收制度先进性的逻辑原点。只有坚持这一基本理念，税收制度的构建才能有明确的方向。

（二）现代税收制度是回应性的税收制度

人类社会进入 21 世纪以后，第四次技术革命浪潮兴起，尤其是数字经济引发的技术创新在重塑着人类社会的组织结构、交往方式和财富分配结果。在数字经济背景下，绝大多数国家的市场规制法和宏观调控法面临着重构的挑战，以税法为例，避税行为尤其是跨国避税行为层出不穷。数字经济诱发的税基侵蚀和利润转移避税问题，在很大程度上肇因于各国现行有关实体税种制度的规定难以适用于数字经济交易方式和数字经济企业的经营和管理模式，如基本概念、课税原则、税收征管方式以及反避税制度规则等。因此，现代税收制度必须予以回应，若固守旧的税收征管理念和方式，税收征管工作必会顾此失彼、捉襟见肘。在《建议》提出："加快数字化发展。发展数字经济，推进数字产业化和产业数字化，推动数字经济和实体经济深度融合，打造具有国际竞争力的数字产业集群。加强数字社会、数字政府建设，提升公共服务、社会治理等数字化智能化水平。建立数据资源产权、交易流通、跨境传输和安全保护等基础制度和标准规范，推动数据资源开发利用。扩大基础公共信息数据有序开放，建设国家数据统一共享开放平台。保障国家数据安全，加强个人信息保护。提升全民数字技能，实现信息服务全覆盖。积极参与数字领域国际规则和标准制定。"《建议》里所提到的提升数字社会治理水平、参与国际规则和标准的制定，其实也是现代税收制度回应性的题中之义。

（三）现代税收制度是开放性的税收制度

首先，基于技术的进步，生产要素在全球范围内的流动和配置日益加速，全球化被国际社会所公认为当下时代的基本特征（虽然有些国家有单边主义的苗头，但改变不了当下时代的基本底色）。全球化带来了文化、生活方式、价值观念、意识形态、法律制度等方面的交流、碰撞、冲突和融合。税收制度因关涉一国的经济主权，其冲突和融合的频次和力度尤甚。我国在走向经济大国的路途上，从来没有放弃对其他国家先进经验的借鉴，但始终坚持"中国问题、国际视野、中国方案"这一立法思想，保持开放、植根本土。例如，增值税税收制度的借鉴、国际税收情报合作制度就是税收制度开放性的范例。

其次，就国内而言，税收制度保持开放性最重要的路径就是公众参与立法，这也是税收制度法治意蕴的应有之义。"十三五"期间，个人所得税法、增值税法等多部税收法律广泛征求意见。在众多被吸纳的公众意见中，最明显的就是2019年施行的《中华人民共和国个人所得税法》采用了专项附加扣除制度，不仅体现了民意，保护了纳税人生存权，同时也达致了公平再分配的立法目标。正如《建议》所要求："完善再分配机制，加大税收、社保、转移支付等调节力度和精准性，合理调节过高收入，取缔非法收入。发挥第三次分配作用，发展慈善事业，改善收入和财富分配格局。"

最后，在税收征管中强化征纳双方沟通机制，对于制度供给不足的创新事项，税收制度应保持开放性和谦抑性。例如《中华人民共和国税收征收管理法修订草案（征求意见稿）》提出："税务机关应当建立纳税人适用税法的预约裁定制度。纳税人对其预期发生、有重要经济利益关系的特定复杂事项，难以直接适用税法制度进行核算和计税时，可以申请预约裁定。省以上税务机关可以在法定权限内对纳税人适用税法问题作出书面预约裁定。纳税人遵从预约裁定而出现未缴或少缴税款的，免除缴纳责任。"现代税收制度的开放性就是给予新生事物充分的生长空间。

（四）现代税收制度是以税收法定原则为核心的规则集合体

"税收法定主义原则"因其民主性、法治性、控权性色彩，成为税收领域最为重要的原则，有着不可替代的地位。虽然关于税收法定主义，有很多争议，但各方争议点从来不是要放弃税收法定原则，而是如何把握税收法定原则的"度"：是完全排斥授权立法，还是在一定的条件下接受？是完全拒绝不确定概念，还是允许其在一定范围内存在？是完全否认税务执法的自由裁量权，还是肯定其存在的合理性？诸如此类才是问题的实质。① 因此，所有非法律的税收规则必须统领在税收法定主义原则之下，一切税收征管活动不得超越法定的授权范围、不得违背法定的程序、不得进行扩张、缩小、类推等行政性解释。

二、现代税收制度的法治意蕴

自党的十八届三中全会正式提出"推进法治中国建设"重大实践命题，直至 2020 年 12 月 1 中共中央印发《法治社会建设实施纲要（2020—2025 年）》，全国上下对"法治中国"倾注了极大的期盼和努力。我国改革开放多年，经济飞速发展的同时也带来各类利益主体的冲突。为平衡利益冲突、维护法治秩序，理论界达成了基本的共识：通过法律框架，尤其是设计财产权体系以明确产权，确保有序流转；设计财税体系以遏制政府开支滥用，保证充足公共服务；设计社会保障体系以落实底线安全，防止秩序失控。实现这三大治理体系的法治化，才能实现对利益的有效平衡，对各种冲突进行理性的管理和调控，确保改革顺利进行。② 由此可见，财税制度是构建"法治中国"秩序的基石性制度，现代税收制度的法治意蕴毋容置疑。而在具体的税收实践中，税收法定原则和税收政策之间的冲突备受关注，因此处理好税收政策和税收法定原则的关系，是彰显现代税收制度法治意蕴的关键一环。

（一）税收法定原则对于税收政策的规范

1. 对税收政策制定主体的制约

通过《中华人民共和国立法法》及税收法律的授权，明确税收政策制定的权力来源以及税收政策的调整范围。

2. 对税收政策制定过程的规范

提高税收政策制定的透明度，实现税收政策制定中的程序正义价值：过程的民主性和参与性。因为税收制度（包括税收政策）是关乎到每个公民切身利益的重要制度，公众有权利通过立法渠道来表达自己的合理要求。

3. 对税收政策的事后监督

税收政策的制定主体主要是行政机关，而司法审查是对行政机关进行权力制约的基本环节。正如海扎尔在其实质法治的国家观中所述："在财政领域

---

① 刘剑文，熊伟. 税法基础理论 [M]. 北京：北京大学出版社，2004：104-105.
② 王旭. "法治中国"命题的理论逻辑及其展开 [J]. 中国法学，2016（1）：87-104.

中存在着大量的行政委托和自由裁量不受任何限制的现象……需要通过宪法规范租税立法者的行为,并设置司法审查制度"①。

综上所述,构建现代税收制度的核心就是要处理好税收政策和税收法定原则的关系,防止公意被地方化、部门化、权贵化从而最终空心化。在《法治社会建设实施纲要(2020—2025年)》第四部分第12条提出:"健全公众参与重大公共决策机制。制定与人民生产生活和现实利益密切相关的经济社会政策和出台重大改革措施,要充分体现公平正义和社会责任,畅通公众参与重大公共决策的渠道,采取多种形式广泛听取群众意见,切实保障公民、法人和其他组织合法权益。没有法律和行政法规依据,不得设定减损公民、法人和其他组织权利或者增加其义务的规范。"这正是建立现代税收制度的基本理念和方向。

(二) 税收政策的合理性

税收政策是国家为了实现税收的职能以及相关的经济、社会目标而制定和实施的各类策略和措施。税收政策为税法的制定提供了重要的前提和基础,而税法则是重要的、稳定的税收政策。② 税收政策的存在具有合理性:首先,由于税收及税法本身的复杂性、专业性和技术性,一般民众很难掌握,属于专业阶层的专有知识;其次,灵活多变的经济形势要求国家不定期运用税收等经济杠杆和税法等法律手段及时加以调整,以节约时间成本;最后,为兼顾各个地方的特殊性,充分调动和发挥地方的积极主动性,须先以税收政策进行倾斜调整。因税收政策能照顾到专业性、及时性和细节性的问题,具有一定的优越性。同时,税收政策的灵活性与税收法定原则所要求的稳定性也并不必然构成冲突。问题的关键在于如何将税收政策纳入税收法定原则的调整范围。③

三、建立现代税收制度的具体内容

(一) 建立现代税收制度,其先进性体现在对现行制度的反思和超越之上

改革开放以来,我国税收制度的构建成果显著,在再分配领域发挥了应有的作用。但制度存在的问题也是明显的,主要体现在以下方面:

---

① [日]北野弘久. 税法学原论 [M]. 陈刚,译. 北京:中国检察出版社,2001:5.
② 张守文. 税法原理(第三版)[M]. 北京:北京大学出版社,2004:23,26.
③ 黎江虹. 中国纳税人权利研究 [M]. 北京:中国检察出版社,2014.

1. 间接税比重过高

《建议》提出要"完善再分配机制,加大税收、社保、转移支付等调节力度和精准性,合理调节过高收入,取缔非法收入"。在调节收入分配上,直接税作用于再分配环节,效果明显优于间接税,而在我国现行税制中,直接税的精准调节作用远远没有发挥出来,间接税还是我们国家最主要的收入来源。由于间接税的可转嫁性,低收入阶层实际承担的间接税税负压力比高收入阶层大,导致各阶层收入差距较大。

2. 直接税改革有待加快

我国现行税制中,能够调控居民收入的税种仅有个人所得税和车船税等少数几个,遗产与赠与税等直接税仍处于缺位状态,极大地削弱了税收对再分配的调节作用。

3. 地方税体系还有待健全

我国在迈向国家治理体系现代化的过程中,必须要处理好两大基本关系:一是政府和市场的关系;二是中央和地方的关系。中央和地方财政关系失衡已经极大影响地方治理能力的提高。因此,要尽快健全地方税体系,保证地方税源的充足,更好地满足不同地区居民对公共产品和公共服务的需求偏好。

4. 税收征管制度对社会发展回应性较弱

现代社会的发展呼唤平等、高效、开放的税收征管制度。现行税收征收管理法自1993年1月1日试行以来,最近的一次修订距今也有6年之久(2015年修订),而这6年恰是新旧经济形态交替最为猛烈的6年,商品交易方式和市场分配结果都有别于往日。因此税收征收管理法急需"大修",同时,税务机关的征管理念也要不断更新,征税规则如何与商业模式接轨将是未来税收征管制度改革的核心内容。

(二) 建立现代税收制度,其回应性和开放性体现在对制度系统改革和完善之上

基于我国税制存在的上述问题,《建议》提出要"完善现代税收制度,健全地方税、直接税体系,优化税制结构,适当提高直接税比重,深化税收征管制度改革。"明确了现代税收制度改革的近期目标。

1. 深入推进增值税、消费税制度的改革

因间接税是国家税收收入的主要来源,又恰逢经济下行,故间接税改革面临的阻力较大。一般而言,越是改革推进艰难,越说明改变利益分配固化的必要性。

增值税改革。增值税改革应主要聚焦税率档次减并，在现行三档税率基础上改为两档，最终改革目标是变为一档；严控增值税减免税，保持其减免税的最终对象为消费者；扩大一般纳税人的规模，缩小简易征税办法适用范围，真正体现增值税"税不重征"的中性品格。

消费税改革。消费税改革应关注消费税的征税范围改革，把生活必需品移出征税范围，实行征税范围动态调控机制；调高高能耗、高污染、资源利用率低的产品、非生产性消费品以及卷烟等危害身体健康和环境的消费品的税率；加强对新兴奢侈消费行为的规制。

2. 完善个人所得税税收制度

个人所得税是最重要的直接税税种，是能够精准进行收入再分配调节的关键税种。2019年的个人所得税法采取综合与分类征收相结合的税制模式，并规定了专项附加扣除，保障了纳税人的基本权利，取得了改革的良好效果。未来个人所得税的改革方向应是：第一，扩大综合所得征收范围。现在纳入综合所得征收范围的收入基本是劳务性收入，最高适用45%的税率；资本性收入还是采用分项征税，大部分所得适用20%的税率。这不仅对劳务性收入占比较大的专家、科研工作者不公平，也与我国倡导教育兴国、科研兴国的治国方略不符，应予修正。第二，淡化基本减除费用标准考量，着重对纳税人纳税能力的考察，建立家庭赡养抚养指数、物价上涨指数与基本减除费用标准的联动机制。第三，建立国家间情报交换机制，杜绝自然人跨国避税情形发生。

3. 健全地方税体系

后营改增时代，地方税制的完善迫在眉睫。一是要加快房地产税立法。按照国外税收制度经验，房地产税作为对财产保有环节征收的税种，其税收收入恒定而又长久，是地方税主体税种的绝佳选择。首先，对房产征税有其正当性，按照亚当·斯密的受益理论，每个房产所有者都享受了国家提供的公共产品，理应以税收的方式补偿；其次，要下调房产所用土地的税负和费负，要减并与房地产交易有关的税费，不能多个税种并存，重复征税；最后，要区分历史存量下不同类别的房产，以其享有公共产品和服务的不同区别对待。例如：小产权房、商品房、福利房、廉租房应承担不同的税收负担。二是合理调整央地对税收收入的分配关系。可以适当提高地方政府增值税收入分成比例，比如改"五五分成"为5.5∶4.5；消费税中某些税目收入可以划归为地方税收入。

4. 深化税收征管制度改革

税收征管制度改革是提升国家治理能力现代化的重要组成部分。首先是税收征管的法治化。加快税收征收管理法的修订，征纳合作、明确授权、划定权利义务界限、吸纳先进技术是税收征收管理法的先进面向。其次是税收征管服务化。打造服务型税收征管体系，提高纳税人遵从，构建良性的征纳关系。最后是税收征管技术的科技化。利用新型技术提升征管效率，减少人为因素，公平税收负担。

"十四五"将是我国伟大复兴的关键时期，税收制度改革作为法治意蕴最为深厚的领域，不仅是践行法治政府建设的重要举措，也是助推国家治理能力现代化的关键支撑。

构建现代税收征管制度

丁 芸 崔若琳[*]

改革开放以来,我国财税制度改革始终紧跟形势,贴合实时,努力适应经济发展要求,为国家经济有条不紊地运行助力。其中,税收征管制度是国家税收收入的有力保障。税收征管简而言之就是通过某种手段把潜在的税源集合起来,完成收税过程,取得财政收入。改革开放以来,我国的税收征管体系不断完善,税收征管力度不断加强,不但使税法执行得到了保障,也使税收收入以较快的速度稳定增长。但是,传统的税收征管体系已经不能满足当前多样化、个性化的涉税需求。因此,结合我国税收征管实际情况,扬长避短,推动税收征管现代化,将有利于提高我国的税收治理能力,确实促进税收营商环境的不断完善。

一、改革开放以来税收征管的变化与成就

(一)税收征管制度的发展进程

1986年国务院以暂行条例的形式出台了税收征管行政法规,对征管行为作了一般性规范。1993年,我国第一部税收程序法,即《中华人民共和国税收征收管理法》(以下简称《税收征管法》)颁布,标志着我国税收征管进入法治时代。此后,1995年,《税收征管法》第一次修正,对部分内容进行了完善和改进;2001年第一次修订,推进了纳税人权利的法定化;2013年第二次修正,税收登记时限从30天缩短到了当日办结;2015年第三次修正,简化了纳税人的减免税申请流程。迄今为止,税收征管法已经经过三次修正和

---

[*] 丁芸,首都经济贸易大学教授,中国税务学会常务理事、学术委员;崔若琳,首都经济贸易大学硕士研究生。

一次修订,就是为了实现该法在经济管理中更强的适应性。《税收征管法》实施后,有关省份也出台了一些保障本地区税收征管的地方性法规,使税收征管制度的体系更加完善。

(二) 税收征管体制逐步适应管理需求

税收征管权限包括税收立法权、收入归属权和征收管理权。为了保证税款足额入库,税收征管权限在中央和地方政府之间进行了分配,各级政府、税务部门以及海关部门分工明确,又互相合作,有效保证了税收征管秩序,共同构成了现代化的税收征管体系。税收征管体制的制定受到各部门事权的影响,也影响着各级税务、海关的运行。

1994年以前,我国主要是实行分级分税财政体制,分级包干、分灶吃饭,造成当时更多的税收收益留在地方,中央财政捉襟见肘。1994年我国实施的分税制改革,将财政收入在中央和地方政府之间进行重新分配,提高中央所占比例。分税制体系下,按照税种划分中央和地方财政收入,中央税、中央与地方共享税收入归属中央的部分归中央管理,地方税、中央与地方共享税收入归属地方的部分归地方管理。同时,省级及省级以下税务局分立为国家税务局和地方税务局。国税地税分设在一定程度上缓解了税收征管体制与国家结构以及中央和地方关系不适配的问题,有效保障了中央财政收入。

然而,现代税收征管要求国税地税合作越来越密切,征管效率的提高也推动了国税地税进一步合作办公。近年来,随着事权的扩大,增加地方财政收入的呼声越来越高,相应地,国税地税合并也越来越必要。2018年3月,党的十九届三中全会通过《深化党和国家机构改革方案》明确要求:"将省级和省级以下国税地税机构合并,具体承担所辖区域内各项税收、非税收入征管等职责"。国税地税合并适应时代发展需要,推动了税收现代化进程。

(三) 税收征管模式进一步完善

在以前传统的税收征管模式下,由于机构设置不够完善、职责不清晰、制度不健全,造成基层税务机关额外的工作负担,并且办税程序复杂、填报资料重复、办理时间过长、相关法规准则难以理解等问题造成纳税人不必要的办税负担。通过设立试点,并从试点向全国推广,我国改变了传统税收征管模式,实现"双减负",重在推进办税制度改革。

新中国成立初期,我国税收征管采取分税管理。计划经济时期,我国税制单一,实行"一员到厂,征管查一人负责",这种征管模式分工不明确,征管效率低，容易产生腐败贪污等问题，存在较大的征管漏洞。改革开放以来，随着市场经济发展，税制结构多样化，原有单一的税收征管模式不再适应时代发展。

20 世纪 80 年代末 90 年代初，我国逐步建立"税款征收、纳税管理、纳税检查相分离"的专业化税收征管模式。① 自 2013 年国家税务总局提出到 2020 年全面建成"六大体系"（完备规范的税法体系、成熟定型的税制体系、优质便捷的服务体系、科学严密的征管体系、稳固强大的信息体系、高效清廉的组织体系）以来，全国税务系统以转变税收征管方式为主线，深化改革，注重集成，将征管体制改革、制度完善、业务创新、数据治理和信息化保障等工作一体化全面推进。如今，我国正大力推进以数据为支撑、以内控为基础、以风险为导向的分级分类征管模式。

税收征管模式的逐步完善，使税收的征管向着科学便利的方向不断前进，使征管部门对税源的控制力度不断加强，提高税收征管效率的同时也逐步进行着从"管查"到"服务"的转变。

二、数据时代推进税收征管改革创新的必要性和紧迫性

（一）大数据时代的来临应对

在信息化数据化的时代浪潮中，"大数据"在推动经济发展转型、提升政府治理能力、优化政府服务机制等方面提供了数据基础，做出了突出贡献。在大数据的背景下，"互联网+"已参与到了社会的各个方面，推动更前端的创新发展。顺应大数据时代，税务工作逐渐变得信息化、规范化，整体工作效率亦有所提高，在相应的人员、制度、技术方面都有了一定进步，为税收工作的顺利开展带来了帮助。"互联网+税务"的模式对于办税服务创新和发展的重要性已毋庸置疑，但在大数据时代，办税服务、税收征管等环节如何能够更加有效地利用互联网思维和大数据手段至关重要。

（二）当前推进税收征管改革创新的紧迫性

进入 21 世纪以来，互联网经济的快速发展，传统税收征管模式已经不能适应时代发展需要，改革迫在眉睫。互联网交易的无形化、无纸化和无址化特征，以及互联网交易具有的"3E"（Everywhere、Everybody、Everytime）特性使传统的税收征管模式无所适从。

---

① 具体内容参见 1989 年国家税务总局印发的《关于全国税收征管改革的意见》。

1. 经济交易方式的发展亟待税收征管适时而变

2019年我国电子商务交易规模达到34.81万亿元，同比上升6.7%。① 截至2020年6月，我国网络购物用户规模达到4.79亿人，同比上升1.1亿人；网民购物用户占网民总数量的比例也达到79.7%，同比上升4.9%。② 线上购物规模和使用率以及手机网上支付比例也较2019年有所上升。但是与此相反的是，根据测算，对于采取不开具发票或者税负转嫁方式开具发票的商户，尤其是淘宝商户，存在较高的税收流失比例。

以上数据表明，尽管互联网经济、电子商务已经逐渐成为新的经济形势，但是传统税收征管制度已经不能顺应不断发展的经济形势，我们急需转变税收征管制度，利用"互联网+税务"，让纳税人多跑"网路"、少走马路，提高征纳效率。

2. 互联网的冲击亟待解决税收征管的"技术问题"

从政策上讲，我国的互联网交易并不处于"真空地带"，而我国税收征管体制跟不上互联网发展速度，是产生我国互联网交易的税收征管漏洞的根本原因，即导致了"技术层面"的征管问题。

随着互联网经济高速发展，互联网上虚拟企业和个人数量庞大，税源管理难度增大，主管税务机关界定困难，管理对象分散性和流动性强。传统的税收征管体制无法解决这些矛盾，亟待税收征管改革。

具体而言，互联网交易对我国税收征管体系带来的冲击主要表现在：部分互联网交易的纳税人散布在网络中，而且具有很高的流动性，所以，主管税务机关界定困难，纳税人管理难度大，需要灵活性和机动性管理；互联网交易税基具有的流动性、销售与消费地的分离使得税收征管权难以准确划分，税务机关对税源与具体交易状况难以全面、准确的掌握，涉税数据获取渠道不畅；传统税收征管体制是根据常设机构和收入来源地来划分税收管辖权，但是一部分跨境电商不存在实体常设机构，而且由于电商交易的便捷性和数量巨大，很难界定收入来源地，所以传统的国际税收征管面临较大的管理难度。虽然互联网交易领域存在的税收问题也有税制不完善的因素，但是根本原因则是落后的税收征管体系难以适应互联网交易的税收征管的要求，滞后

---

① 具体内容参见2020年商务部电子商务司发布的《2019—2020中国电子商务报告》。
② 具体内容参见中国互联网络信息中心发布的2020年第46次《中国互联网络发展状况统计报告》。

的税收征管体系与先进的互联网交易形式之间的根本矛盾才是问题的根源。

3. 筹集财政收入的本质要求亟待提升税收征管能力

税收作为财政收入的主要来源，税收制度的构建应当以有利于国家的财政收入为前提。增值税是我国税收收入的重要来源，电商交易主要涉及增值税。越来越多的企业利用对网上交易的税收征管漏洞，进行"税收筹划"来规避税收，造成税款流失的情况加重。中央财经大学税收筹划与法律研究中心出具的电商税收研究报告显示，C2C电商少缴税数额呈现上升趋势。而且新兴的互联网经济业态、互联网交易市场与互联网交易模式也不断的出现，并迅速聚集起大量的用户规模和交易量，如果税务机关不与时俱进地提高税收征管能力，通过网络销售商品或提供劳务将成为逃避税收的重要途径，这将导致大量税款流失，给财政收入带来不利影响。

三、构建现代化税收征管制度应把握的方向

（一）强化"税收法定"

依法治国是党领导人民治理国家的基本方略，税务部门更应按照法律规定"依法治税"，这体现了税收法定原则。税收征管的改革必然要建立在税收法定原则的基础上进行。依法治税，是现代化税收征管制度的必要组成部分。税收法定是指课税要素法定、课税要素明确、征管权限和程序法定以及"纳税人同意"等内容。

就课税要素而言，在税收领域，"互联网+"经济的O2O商业模式并未产生新的税种，不涉及新的税率、税目，但产生了新的纳税主体——网络运营中间平台，包括电商平台、支付平台、直播平台等各类第三方交易平台。它们具有双重属性，既是纳税人也是网络经营管理者，在负有纳税义务的同时也掌握着海量的数据信息。强化"互联网+"领域的税收征管，应当并注重加强对这一新的税收法律关系主体的管理，对于各类网络运营中间平台的权利、义务做好制度安排。做好对各类网络平台的管理，有助于强化税源监控，保障纳税人权益，监督纳税义务。

就征管权限、程序而言，由于越来越多的自然人参与到"互联网+"经济活动中，"微商"等数量越来越多，我们需要将这部分自然人纳入税收征管范围。对于税务机关在行使税务管理、税务稽查及其他管理职责时获取交易数据的权限、内容、程序、方式等内容应当予以明确，做好纳税服务，降低个人纳税成本，为参与互联网交易个人提供便利服务。同时，应当注意税收征

管不宜管控过严，对于"互联网+"的新业态应当更侧重于鼓励、支持，优化营商环境，做到"管好"而不"管死"。

就"纳税人同意"而言，重点是要完善"互联网+"交易各方的数据信息保护机制，防止信息泄露、过度收集、不当使用等情形。同时要保障纳税人权益，让参与"互联网+"经济的纳税人也参与到税收法律法规制定、修改中来，广泛征求意见，推动税收法律体系完善。在纳税申报上，应当在充分获取大数据信息的基础上，通过完善电子申报操作系统，使纳税人更加便捷地完成涉税申报。

在大数据联网以及改革创新的大背景下，把握好"税收法定"方向尤为重要。通过立法明确征纳双方的权利和义务，堵塞税收征管漏洞，为纳税人和税务部门提供便利，为税法平稳有效运行提供保障。

（二）促进"税收共治"

在大数据时代，"互联网+"应用到了生产、生活各个方面，为经济发展提供了强有力的技术支撑。"互联网+税务"需要税务部门和市场监管、海关、公安、社保等部门通力合作，实现共赢。类似于法院构建的"执行联动机制"，税收征管也应加快构建"党政领导、税务主责、部门合作、公众参与"的税收共治大格局。

涉税信息的交流传递是税收共治的重要组成部分。应当加快建立涉税数据共享共赢机制，构建健全、高效的第三方数据交换机制，完善数据采集、存储、运用的技术保障。在这方面，税收征管法除对网络运营中间平台的信息提供和披露义务加以规定外，也可考虑适当赋予其一定的管理权限，从而达到权责统一。

在构建税收法律体系方面，企业所得税法、资源税法、烟叶税法等具体税法是实体法，税收征管法是程序法，是规范税收征收和缴纳行为，保障国家税收收入、保护纳税人合法权益的法律。在大数据时代，税收征管法还有很多需要改进的地方。因此，不仅是税收征管法，其他相关法律同样需要做相应的修订，通过加强税收法律体系的系统性完善更好适应经济发展形势。

"互联网+"领域税收征管的优化不仅要求法制健全，还要求税务部门积极作为，改革创新，不断深化"互联网+税务"思维的应用，建立行业数据模型算法，建立税源监控、收入预测、风险预警等管理模型，在自己的职责范围内最大化地提供满足纳税人需求的服务，将纳税服务的全过程与新时代的信息技术相结合，树立信息管税的现代纳税服务理念。

继续加强税务部门与海关、市场监管、质检、环保、银行等部门合作，加快构建"大征信"格局，最大限度地实施信息资源共享，为优质企业提供快捷方便的服务，对破坏税收营商环境的失信企业实施联合惩戒。正确把握"税收共治"的大方向，引导政府部门、社会团体、人民群众等共同参与到"税收共治"也将成为构建现代税收征管制度的一大关键。

（三）优化"税收服务"

如今，政府职能逐渐由"管理"向"服务"转化，税务部门也不例外。新时代要实现税收现代化，优化"税收服务"不可忽视。国家应当将信息化技术与税收征管相结合，利用智能技术，简化办税流程，提供更加人性化的征管方式，这种方式提升了纳税人的纳税体验，也为税务局打造了更为顺畅的征税平台。同时完善征管服务流程，尽力为纳税人提供多元服务，使纳税人可以通过多种渠道履行纳税义务。在实际征管工作中也应当以纳税人为核心，尽力实现"一站式"服务，提高办税效率。

税收部门工作人员也应提升服务意识，注重纳税人权益的保护，搭建全方位的权益保障平台，建立合理有效的复议机制，保证纳税人权益不受损失，逐步提高纳税人税收遵从度。提高纳税人税收遵从度是我国税收现代化工作的一项重要内容。

（四）管控"税收风险"

税收风险的管控是税收现代化的要求，也有利于与国际接轨，可以提高我国的征管质量，降低税收风险，提高征纳效率。我国应当建立健全税收风险管理体制，分级分类管理，完善风险管理程序，多环节多角度进行管控，成本最优化地降低税收风险。

利用信息技术管控税收风险，形成纳税办税、税收征管服务链条，将税收风险从源头处化解掉。与其他部门实现信息共享，降低信息成本，提高信息的全面化和有效性，构建信用管理模式，降低税收征管风险。

四、当前条件下实现税收征管现代化的突破口

（一）完善金税系统，优化数据管理和信息披露

金税三期工程是国家电子政务的重要一环，打破了空间限制，实现了不同部门的税务管理合作，为不同地区不同部门提供了一个税务共享平台，是税收征管的重要管理系统，是我国构建现代化税收体制的进程中一个里程碑式的进步。

金税三期系统需要不断的优化，在互联网及大数据背景下，进一步整合资源，发挥其数据收集、处理和征管的功能。在短期内由于技术的局限性和改革的复杂性，只能循序渐进地优化金税三期系统的数据，建议组织多部门对数据进行清查、整理和校对，将数据导入时误删或错误导入的数据重新填补和核查，尤其是对企业所属行业、资产总额、发票使用情况的核对和分类，应更加精确。在整合税务系统中各处数据的同时，还应组建大数据信息管理团队，拓展一些数据的平台，如政府统一开放的查询平台以及专业的数据信息公司和一些第三方涉税专业机构开发的平台，并加强对这些信息平台的利用，积极沟通、加强合作，及时准确地获得信息。在新的征管模式下，金税三期系统的操作系统也应做出变革，继续完善其数据导入、综合查询、数据导出和填补功能，加快软硬件的更新，及时修补系统漏洞。软件开发商可对税务干部进行培训，增强税务干部对金税系统的理解，更好地帮助纳税人解决实际问题，这也有利于打造信息化专业人才团队。

在信息披露方面，以大数据为先导，一方面，要强化银行等金融机构、各类网络运营中间平台的信息披露和报送义务，根据互联网交易额度、交易类型的不同，划分为强制性披露义务和税务机关依职权获取等不同类型；另一方面，要完善责任追究体系，明确不及时、不准确全面提供涉税信息的法律责任，使税务机关在行使税款征收、风险管理、税务稽查等职权时更加有法可依。

（二）利用新技术条件整合税收征管与服务

构建现代税收征管制度，还应当重视提升税收服务水平。在"互联网+税务"模式下，提升征管效率，增强纳税服务，切实完善税收营商环境。

第一，应完善电子税务局，建设全国通用的涉税事项办理系统，更加方便纳税人办税。完善自主申报制度，简化自主申报环节，开通多个申报渠道。同时，加强监管和处罚力度，大力宣传自主申报，培养纳税人自主申报的意识。增加对纳税人"点对点"的服务，推出面向个人的涉税专业服务，智能化地把握纳税人的需求，提供个性化服务。

第二，要加大奖惩力度，将纳税人信用评级与社会信用评价相结合。对纳税信用良好者进行鼓励，对逃税者采用罚款、社会曝光等措施。将偷逃税的行为与其信用挂钩，一旦出现偷逃税的行为将导致其信用水平降低，会影响纳税人在其他方面的权利。同时对于常年按时纳税，积极自主申报的纳税人实行奖励机制，鼓励其继续保持良好的纳税行为。

第三，提高纳税服务水平。在信息化时代，纳税人的纳税透明度增加，征税环节也需要提高公开度和公正性。同时提高纳税服务水平，加强税务人员的业务能力培养，以便提供优质高效的纳税服务。

第四，保障纳税人网络涉税信息的安全性。加强税务人员保密教育，增强对第三方系统服务商的信息安全监督，构建泄露信息追责机制，提高纳税人涉税信息的安全性。

(三) 加强自然人数据的采集和分析

以人为本，构建健全的个人所得税征管制度体系，有助于消除贫富差距，进一步实现全体人民的共同富裕。构建现代税收征管制度，不能忽视自然人数据的采集，同时，配合个人所得税改革，税务机关的信息化水平也应该得到提高。

利用大数据进行税务登记、税务申报、风险管理、纳税服务信息的统计汇总，进行结构化数据和非结构化数据的处理。美国等发达国家实施的纳税人识别号制度，为我国税收数据化提供了经验借鉴。即实现五证合一，纳税人有唯一对应的纳税人识别号，便于税务机关查询纳税人信息，监管税源，从而实现对高收入者和从两处以上取得收入的纳税人的纳税状况有效监管。根据我国的实际情况，可以为纳税人建立个人税务信息档案，实现征管的有效性和数据统计的精准性，为构建现代化税收征管制度打好基础。

落实落细税费优惠　促进国内市场发展

方红生　胡稳权　许铭雪*

近年来,我国国内市场发展迅猛,消费和投资成为拉动国民经济增长的主要力量。2019 年,我国最终消费支出对国内生产总值增长的贡献率为 57.8%,资本形成总额的贡献率为 31.2%,两者相加高达 89.0%,远大于货物和服务净出口的 11.0%①;2020 年,受新冠肺炎疫情影响,最终消费支出对国内生产总值增长的贡献率仅为 -21.74%,但资本形成总额的贡献率为 95.65%,两者之和仍高达 73.91%。②可见,消费和投资对于我国经济具有重要支撑作用。因此,进一步完善扩大内需的政策支撑体系促进消费和投资,对我国构建经济发展新格局有重要意义。本文将对促进消费和投资税费优惠政策的影响与问题进行分析,并为落实落细税费优惠政策、形成强大国内市场提出相应建议。

一、促进消费税费优惠政策的影响与问题分析

为提升居民消费能力、促进国内市场发展,我国进行了个人所得税改革,并分别对一般汽车消费、新能源汽车消费以及二手车消费出台一系列税收减

---

* 方红生,浙江大学经济学院副院长、教授、教育部青年长江学者、中国财政学会理事;胡稳权,浙江大学经济学院博士研究生;许铭雪,浙江大学经济学院博士研究生。

① 数据来源:国家统计局. 中华人民共和国 2019 年国民经济和社会发展统计公报 [EB/OL]. (2020-02-28) [2021-01-09]. https://baijiahao.baidu.com/s? id = 1659777728072080205&wfr = spider&for = pc.

② 数据来源:2020 年的贡献率数据由作者自行测算。测算依据为《中国统计年鉴 (2020)》中提供的相应测算说明"拉动指国内生产总值增长速度与三大需求贡献率的乘积"。数据根据《经济日报》2020 年 1 月 19 日的报道《经济持续稳定恢复　综合国力不断增强》,2020 年我国 GDP 增速为 2.3%,最终消费支出对 GDP 向下拉动 0.5 个百分点,资本形成总额对 GDP 拉动 2.2 个百分点。

免政策（见表1）。

表1　提升居民消费能力、促进国内市场发展的税收政策

优惠政策	政策出台时间	政策依据
个人所得税改革	2018年6月9日	《中华人民共和国个人所得税法修正案（2018修订）》
汽车市场税收减免	2018年12月29日	《中华人民共和国车辆购置税法》
	2020年4月8日	《财政部　税务总局关于二手车经销有关增值税政策的公告》（财政部　税务总局公告2020年第17号）
	2020年4月16日	《财政部　税务总局　工业和信息化部关于新能源汽车免征车辆购置税有关政策的公告》（财政部公告2020年第21号）

（一）个人所得税改革的分析

现代主流消费理论普遍认为，可支配收入是影响居民消费的重要因素，而个人所得税的征收会直接影响居民当期可支配收入。2018年个人所得税改革将基本费用减除标准调高至5000元，直接减轻居民的税收负担、提高了居民的可支配收入水平。新增的子女教育、继续教育、大病医疗、住房贷款利息和住房租金、赡养老人六项专项附加扣除也是本次改革的重点之一，与直接提高基本费用减除标准相比，专项附加扣除政策考虑了居民个人负担的差异性，缓解了生活负担较重的群体所承担的个人所得税负担。[①] 此外，在保持30%、35%、45%三档高税率级距的基础上，扩大了3%、10%和20%三档低税率的级距，缩小了25%税率的级距，有利于减轻中低收入者的税负、缩小收入分配差距。税率级距的调整有利于释放中低收入群体的消费潜力。

然而，此次个人所得税改革后的收入再分配效应依然较弱，[②][③] 这主要是由两方面原因造成的：一是目前我国个人所得税仅对工资薪金、劳务报酬、特许权使用费和稿酬这四类综合所得实行累进税率，而对财产转让所得、财

[①] 甘犁. 个税法第七次大修，别只看起征点［J］. 中国经济周刊，2018（25）：78-79.
[②] 岳希明，张玄. 强化我国税制的收入分配功能：途径、效果与对策［J］. 税务研究，2020（3）：13-21.
[③] 张玄，岳希明，邵桂根. 个人所得税收入再分配效应的国际比较［J］. 国际税收，2020（7）：18-24.

产租赁所得、股息红利所得等资本利得项目适用比例税率。资本利得收入是高收入群体的重要收入来源，但此次改革并未涉及资本利得收入。二是本次改革引入的六项专项附加扣除，均是在应纳税收入减除基本费用标准后的减负，会削弱每月 5000 元基本扣除的收入再分配效应。具体而言，专项附加扣除制度未惠及年劳动收入低于 6 万元的群体，只减轻了年劳动收入高于 6 万元群体的个人所得税负担，且收入越高享受到专项附加扣除的减税效应越强。①

（二）实施《车辆购置税法》的分析

2018 年，在原《中华人民共和国车辆购置税暂行条例》的基础上出台了《中华人民共和国车辆购置税法》。与原条例相比，《车辆购置税法》中纳税人购买自用应税车辆的计税价格为纳税人实际支付给销售者的不含增值税全部价款，价外费用不再进入车辆购置税的计税依据，减少了购车时消费者需要支付的车辆购置税，直接降低了消费者的购车成本。而且，《车辆购置税法》取消了对不同类型应税车辆最低计税价格的规定，当车辆的不含增值税价格低于最低计税价格时，消费者无须再按照规定的最低计税价格计算应缴车辆购置税，为企业降价促销提供空间，间接降低了消费者的购车成本。

2015 年车辆购置税减半政策实施当月，全国共销售车辆 91.9 万辆，同比增长 7.7%，环比增长 11%，显著拉动汽车消费。② 但本次车辆购置税调整并未对汽车消费产生显著的拉动作用，这可能是多种原因共同作用的结果。首先，与 2015 年减半征收政策相比，本次车辆购置税调整幅度较小；其次，当前各地限购限行等政策依然严格，一定程度上抑制了汽车消费增长；最后，目前我国汽车消费主要涉及的税收中，车辆购置税和消费税均为中央税，企业所得税与增值税是中央和地方共享税，仅有车船税为地方税。地方政府在汽车销售中获益较少，却承担着汽车保有量快速膨胀后的交通拥堵成本和道路、停车场等基础设施投入等成本，③ 导致其促进汽车消费的积极性、主动性较差。

---

① 刘蓉，寇璇. 个人所得税专项附加扣除对劳动收入的再分配效应测算［J］. 财贸经济，2019，40（5）：39-51.
② 任明杰. 四季度车市复苏在望［N］. 中国证券报，2015-11-09（A09）.
③ 崔小粟. 全国人大代表、吉利控股集团董事长李书福：建议将车辆购置税改为中央地方共享税［N］. 中国证券报，2020-05-20（A03）.

(三) 二手车市场减征增值税的分析

为刺激二手车市场，《财政部 税务总局关于二手车经销有关增值税政策的公告》（财政部 税务总局公告2020年第17号）明确，从2020年5月1日到2023年底对二手车经销企业销售旧车减按0.5%征收增值税。原二手车经销企业要按照2%的征收率缴纳增值税，极大挤占企业的盈利空间。同时，二手车经销企业为了避税常常仅作为交易中介收取佣金，只需就佣金缴纳增值税。① 该交易模式下，经销企业不提供销售发票、不签署销售合同、不提供售后服务，造成二手车行业诚信缺失、市场发展滞后。② 此次税率下调，不仅减轻了二手车经销企业资金占压负担，而且有利于鼓励二手车企业从收取佣金的经纪模式转向二手车经销模式，引导二手车市场规范化发展。

2020年5月下调二手车增值税征收率后，二手车市场交易量屡创新高，月度环比增长率均高于往年同期水平，2020年12月更是达到170.79万辆。③ 但是，在许多汽车限购的城市中，个人或单位购车前需取得购车指标，二手车经销企业也得先有购车指标才能收购二手车，否则便无法开展这一业务。④ 当前购车指标的匮乏，一定程度上阻碍了这些企业享受税收优惠。

(四) 继续免征新能源汽车车辆购置税的分析

为了支持新能源汽车行业的发展，2014年我国就开始了对新能源汽车免征车辆购置税政策。2014年，财政部、国家税务总局、工业和信息化部联合发布《关于免征新能源汽车车辆购置税的公告》（财政部 国家税务总局 工业和信息化部公告2014年第53号），对2014年9月1日至2017年12月31日内购买的新能源汽车免征车辆购置税，之后《财政部 税务总局 工业和信息化部 科技部关于免征新能源汽车车辆购置税的公告》（财政部公告2017年第172号）将这一优惠政策的有效期间延长至2020年12月31日。2020年，《财政部 税务总局 工业和信息化部关于新能源汽车免征车辆购置税有关政策的公告》（财政部公告2020年第21号）再次将新能源汽车免征车辆购置税的优惠继续延续到了2022年底。对新能源汽车免征车辆购置税可以

---

① 张啸天. 二手车交易市场有序发展研究 [J]. 中国市场, 2020 (18): 40-41.
② 和发达国家相比，我国二手车交易量占保有量比重相对偏低，占新车销量比重仅相当于发达国家的1/3左右，参见 http://www.gov.cn/xinwen/gwylflkjt86/index.htm.
③ 数据来源：中国汽车流通协会.
④ 中国汽车流通协会有形市场商会. 二手车交易减税，有形市场的机遇与挑战 [EB/OL]. (2020-04-29) [2021-02-09]. https://www.sohu.com/a/392033916_390500.

极大地降低新能源汽车的购车成本,凸显其价格优势,有利于促进新能源汽车的推广与消费。

近十年,我国新能源汽车的市场份额逐年上升,其中新能源汽车免征车辆购置税政策在提高新能源汽车的市场份额中起到了积极作用。[①] 但电池的质量、稳定性及后续的充电问题依然是目前制约我国新能源汽车市场消费的主要原因,与购买环节的优惠政策相比,充电政策、路权政策等使用环节保障政策对居民的新能源汽车消费意愿的影响更大。[②] 因此,有必要对优化新能源汽车使用体验的建设予以税收优惠,完善使用保障,减少消费者的后顾之忧,鼓励新能源汽车消费,进而让新能源汽车免征车辆购置税政策真正落到实处。

二、投资税费优惠政策的影响与问题分析

(一) 所得税优惠政策

促进投资的所得税优惠政策如表 2 所示。

表 2　　　　　　　　促进投资的所得税优惠政策

所得税优惠政策	政策出台时间	政策依据
固定资产加速折旧政策	2014 年 10 月 20 日	《财政部　国家税务总局关于完善固定资产加速折旧企业所得税政策的通知》(财税〔2014〕75 号)
	2015 年 9 月 17 日	《财政部　国家税务总局关于进一步完善固定资产加速折旧企业所得税政策的通知》(财税〔2015〕106 号)
	2019 年 4 月 23 日	《财政部　税务总局关于扩大固定资产加速折旧优惠政策适用范围的公告》(财政部　税务总局公告 2019 年第 66 号)
研究开发费用税前加计扣除政策	2015 年 11 月 2 日	《财政部　国家税务总局　科技部关于完善研究开发费用税前加计扣除政策的通知》(财税〔2015〕119 号)
	2015 年 12 月 29 日	《国家税务总局关于企业研究开发费用税前加计扣除政策有关问题的公告》(国家税务总局公告 2015 年第 97 号)

---

① 李晓敏,刘毅然,杨娇娇. 中国新能源汽车推广政策效果的地域差异研究 [J]. 中国人口·资源与环境, 2020, 30 (8): 51-61.

② 李创,叶露露,王丽萍. 新能源汽车消费促进政策对潜在消费者购买意愿的影响 [J]. 中国管理科学, 2021.

续表

所得税优惠政策	政策出台时间	政策依据
研究开发费用税前加计扣除政策	2017年5月2日	《财政部 税务总局 科技部关于提高科技型中小企业研究开发费用税前加计扣除比例的通知》（财税〔2017〕34号）
	2017年11月8日	《国家税务总局关于研发费用税前加计扣除归集范围有关问题的公告》（国家税务总局公告2017年第40号）
	2018年6月25日	《财政部 税务总局 科技部关于企业委托境外研究开发费用税前加计扣除有关政策问题的通知》（财税〔2018〕64号）
	2018年9月20日	《财政部 税务总局 科技部关于提高研究开发费用税前加计扣除比例的通知》（财税〔2018〕99号）
小微企业普惠性税收减免政策	2019年1月17日	《财政部 税务总局关于实施小微企业普惠性税收减免政策的通知》（财税〔2019〕13号）
集成电路设计和软件产业企业税收优惠政策	2019年5月17日	《财政部 税务总局关于集成电路设计和软件产业企业所得税政策的公告》（财政部 税务总局公告2019年第68号）
创投企业和天使投资个人税收优惠政策	2018年5月14日	《财政部 税务总局关于创业投资企业和天使投资个人有关税收政策的通知》（财税〔2018〕55号）

1. 固定资产加速折旧政策分析

固定资产加速折旧政策允许企业对新购进固定资产缩短折旧年限或采取加速折旧。《财政部 税务总局关于扩大固定资产加速折旧优惠政策适用范围的公告》（财政部 税务总局公告2019年第66号）将行业范围扩大至全部制造业，相当于对制造业实行普惠性减税。Jorgenson（1963）的资本成本模型指出，企业资本成本将随着企业所得税税率的上升而升高。[①] 因此，当企业的实际所得税税率因固定资产加速折旧政策而降低时，企业的资本使用成本也

---

① Jorgenson D W. Capital Theory and Investment Behavior [J]. The American Economic Review, 1963 (53): 247-259.

随之下降，有利于企业扩大生产规模，更新机器设备，从而增加固定资产投资。①② 此外，资本使用成本降低还将提升企业现金流量，从而增强企业增加固定资产投资的冲动。樊勇等（2020）利用2014年固定资产加速折旧政策进行经验研究，发现该政策将通过改善企业现金流对企业增加固定资产投资产生促进作用，验证了"资本使用成本降低——现金流增加——固定资产投资增加"这一作用渠道。③

虽然固定资产加速折旧政策能够通过降低资本使用成本和提高现金流两方面促进企业固定资产投资，但在具体落实过程中也可能存在以下三个问题：一是税收优惠政策之间可能存在抵消。加速折旧政策能够让企业增加前期的成本费用，将税负递延到固定资产使用后期，起到类似"无息贷款"的作用。④ 但对本就处于税收减免期（如"两免三减半"）的企业而言，加速折旧政策反而部分抵消了原本可从税收减免期中获得的税收优惠。此时，加速折旧政策不仅未实现税收递延的作用，还可能加重企业税收减免后期的税负压力。二是未考虑不同行业与企业间的差异。不同行业在行业特征、经营周期等方面都有显著差异，这就导致了"一刀切"政策在实施效果上可能不尽如人意。三是仍有许多企业对政策的税收实务操作了解甚少。当前，仍有许多企业认为加速折旧政策必须将会计处理和税务处理保持一致，即需要将固定资产的成本费用前移体现在财务指标中，引起成本费用上升、盈利下降的现象，形成企业经营不佳的局面。因此，有必要加强对政策内容及税收实务操作细则的解读，让企业少一些后顾之忧。

2. 研究开发费用税前加计扣除政策分析

研发费用加计扣除政策对企业研发活动中的费用投入实行税前加计扣除，是企业所得税的一种税基式优惠，针对性较强，且具有普适性。近几年来，我国在研发费用加计扣除的费用归集范围和口径上不断完善，财税〔2015〕119号文件采用负面清单扩大受益行业范围，放宽企业研发活动及研发费用的

---

① Fan Z Y, Liu Y. Tax Compliance and Investment Incentives: Firm Responses to Accelerated Depreciation in China [J]. Journal of Economic Behavior and Organization, 2020 (176): 1–17.
② 刘行，叶康涛，陆正飞. 加速折旧政策与企业投资——基于"准自然实验"的经验证据 [J]. 经济学（季刊），2019, 18 (1): 213–234.
③ 樊勇，管淳. 加速折旧税收优惠政策对企业投资的激励效应 [J]. 中央财经大学学报，2020 (8): 3–13.
④ 刘啟仁，赵灿，黄建忠. 税收优惠、供给侧改革与企业投资 [J]. 管理世界，2019, 35 (1): 78–96, 114.

范围，降低了税收优惠的门槛。财税〔2018〕99号文件则进一步提高了企业研究开发费用的税前加计扣除比例。

研发费用加计扣除政策无疑是给了企业一剂定心丸，使企业进行同等研发活动时所需要缴纳的所得税下降，减少研发成本，提高研发收益，[①]相当于以减少企业所得税的方式来弥补其研发活动外部性产生的社会外部收益，鼓励了企业的研发活动。此外，加计扣除政策的存在，相当于政府为企业分担了部分研发风险。原本研发活动失败的风险需要企业独自承担，而现在企业实际发生的研发费用无论是否形成无形资产，都可享受到加计扣除。这降低了企业需要承担的风险，提高了预期收益，鼓励企业开展研发活动。当前，已有经验研究表明加计扣除政策显著增加了企业的研发投入。[②③④]

当前，研发费用加计扣除政策在实施过程中仍存在两个问题：一是研发成本收集较复杂，可能加大企业涉税风险。一方面，研发成本收集对工作人员专业素养要求较高，既要了解研发活动流程，还需要熟悉相关政策要求。当财务管理人员无法对研发活动合理定位时，就可能出现成本收集失误，将可加计扣除项目纳入生产成本范畴中，或将不包含加计扣除范畴内的项目纳入其中，影响政策落实效果。[⑤]另一方面，为了享受政策优惠，企业会尽可能加大研发费用扣除，这就可能将不相关的费用人为纳入研发费用中，增加研发费用的归类操控。二是政策宣传推广力度有待提升。当前，由于宣传和推广加计扣除政策的力度较小，政策的覆盖面较小。[⑥]很多企业缺乏对政策内容和操作方式的了解，未能意识到该政策对企业研发创新的推动作用，申报研发费用加计扣除的积极性较低。

3. 针对特定企业的所得税优惠政策分析

财税〔2019〕13号文件规定，对小型微利企业年应纳税所得额不超过100万元的部分，减按25%计入应纳税所得额，按20%的税率缴纳企业所得

---

①② 崔也光，王京. 基于我国三大经济区的所得税研发费用加计扣除政策实施效果研究 [J]. 税务研究，2020（2）：92-98.

③ 甘小武，曹国庆. 研发费用加计扣除政策对高新技术企业研发投入的影响分析 [J]. 税务研究，2020（10）：100-106.

④ 王玺，刘萌. 研发费用加计扣除政策对企业绩效的影响研究——基于我国上市公司的实证分析 [J]. 财政研究，2020（11）：101-114.

⑤ 黄亚影. 企业研发费加计扣除政策实施常见问题及对策研究 [J]. 财会学习，2018（28）：94，96.

⑥ 王伟. 企业研发费加计扣除政策实施问题及对策研究 [J]. 纳税，2019，13（25）：74-75.

税；对年应纳税所得额超过100万元但不超过300万元的部分，减按50%计入应纳税所得额，按20%的税率缴纳企业所得税。我国现行的企业所得税税率为25%，上述政策直接降低小微企业的税收负担，能够从盈利能力、现金流、投资水平等多方面助力小微企业发展。李旭红等（2020）基于该政策的经验研究，发现上述政策对降低小微企业税收负担、提高盈利能力、促进投资和技术进步等方面均有显著的正向作用。[1]

财政部、税务总局公告2019年第68号规定，依法成立且符合条件的集成电路设计企业和软件企业，在2018年12月31日前自获利年度起计算优惠期，第1年至第2年免征企业所得税，第3年至第5年按照25%的法定税率减半征收企业所得税，并享受至期满为止。这一税收优惠政策即为"两免三减半"，对集成电路设计企业和软件企业在获利初期给予扶植，减免的税收也能够通过降低成本、提高利润率、提升投资水平等多种渠道提升企业竞争力，促进相关产业的发展。

财税〔2018〕55号文件规定，公司制创业投资企业采取股权投资方式直接投资于种子期、初创期科技型企业满2年（24个月，下同）的，可以按照投资额的70%在股权持有满2年的当年抵扣该公司制创业投资企业的应纳税所得额；当年不足抵扣的，可以在以后纳税年度结转抵扣。而对于有限合伙制创业投资企业的创投企业合伙人或天使投资个人投资所得的优惠政策规定如下：采取股权投资方式直接投资于初创科技型企业满2年的，按照投资额的70%抵扣转让该初创科技型企业股权取得的应纳税所得额；当期不足抵扣的，可以在以后取得转让该初创科技型企业股权的应纳税所得额时结转抵扣。上述政策不仅涵盖企业所得税，对创投企业给予支持，还纳入了个人所得税，对有限合伙制创投企业的合伙人和天使投资个人的所得税给予优惠，激发了投资者的热情。

针对特定企业的所得税优惠政策能够实现精准减税，助力相关产业或企业发展，但这些政策实施过程中也存在着因征收难度大、符合条件的企业未能及时申请而造成落实不到位问题。我国小微企业数量多、分散广、流动性强，生产经营规模难以掌握，征税难度本就较大。此次小微企业普惠性税收减免政策引入超额累进计算方法，进一步加大了征税难度。就集成电路设计

---

[1] 李旭红，杨武，陈晶晶. 小微企业普惠性减税政策效应分析[J]. 国际税收，2020（7）：52-61.

和软件产业企业的"两免三减半"政策看,《财政部 国家税务总局 发展改革委 工业和信息化部关于软件和集成电路产业企业所得税优惠政策有关问题的通知》(财税〔2016〕49号)规定,如果企业在获利当年并未获得集成电路设计和软件产业企业相应资格的认定,那么仅可在获得认定后享受剩余年份的优惠。如企业在获利后第3年才获得资格认定,那么就错过了2年的减免期,只剩下3年的减半优惠期。因此,部分企业可能未及时申请并获得资格认定,以致错失最佳优惠期。

(二)增值税优惠政策

增值税优惠政策如表3所示。

表3　　　　　　　　　　　　　增值税优惠政策

增值税优惠政策	政策出台时间	政策依据
增值税税率简并政策	2017年4月28日	《财政部 税务总局关于简并增值税税率有关政策的通知》(财税〔2017〕37号)
	2018年4月4日	《财政部 税务总局关于调整增值税税率的通知》(财税〔2018〕32号)
	2019年3月20日	《财政部 税务总局 海关总署关于深化增值税改革有关政策的公告》(财政部 税务总局 海关总署公告2019年第39号)
增值税期末留抵退税政策	2018年6月27日	《财政部 税务总局关于2018年退还部分行业增值税留抵税额有关税收政策的通知》(财税〔2018〕70号)
	2019年3月20日	《财政部 税务总局 海关总署关于深化增值税改革有关政策的公告》(财政部 税务总局 海关总署公告2019年第39号)
生产、生活性服务业进项税额加计抵减政策	2019年3月20日	《财政部 税务总局 海关总署关于深化增值税改革有关政策的公告》(财政部 税务总局 海关总署公告2019年第39号)
小规模纳税人增值税及相关税费优惠政策	2019年1月17日	《财政部 税务总局关于实施小微企业普惠性税收减免政策的通知》(财税〔2019〕13号)

1. 增值税税率简并政策分析

营改增以来，我国不断深化增值税改革，近年来最主要的便是增值税税率简并。财税〔2017〕37号文件明确规定"自2017年7月1日起，将增值税税率由四档减至17%、11%和6%三档，取消13%这一档税率；将农产品、天然气等增值税税率从13%降至11%"。财税〔2018〕32号文件将17%和11%税率的分别调整为16%和10%。财政部、税务总局、海关总署公告2019年第39号则将16%和10%税率进一步调整为13%和9%，从而使增值税税率变为13%、9%和6%三档。

增值税税率简并能够通过提升利润率和现金流量来影响企业投资。在理想情况下，企业增值税税额是由企业的下游客户承担，并不会对企业造成影响。[1] 但是，现实中产品需求价格弹性平均而言并非处于极端情形，当价格上升时，为了缓解消费者下降的消费意愿，企业会主动选择削减价格，以确保有利可图，即企业仅能将部分增值税转嫁给消费者承担。[2][3] 因此，增值税税率降低带来的税负降低也将使企业获益，提升利润率和现金流量。一方面，预期收益和利润率的提高使企业更有动机扩大生产；另一方面，充足的现金流为企业投资提供保障，从而使得企业增加投资。

增值税税率简并政策目的是对所有企业实施普遍减税，但简并过程中也存在着受益较小的行业。当行业自身增值税税率下降幅度较小，而其上游行业增值税税率下降幅度较大时，便可能出现进项税率下降过多致使增值税降幅较低甚至不降反升的情况，这一情况更易发生在税率始终为6%的生产、生活性服务业中。历次简并政策中也出台过相应配套措施来避免这种情况的出现，如允许生产和生活性服务业纳税人按照当期可抵扣进项税额加计10%抵减应纳税额。为了使各行业均能切实享受到政策红利，务必落实落细这些配套措施，确保税负只降不升。

2. 增值税期末留抵退税政策分析

增值税期末留抵退税政策也是近年来重要的增值税改革政策。根据财税

---

[1] 刘行，叶康涛. 增值税税率对企业价值的影响：来自股票市场反应的证据 [J]. 管理世界，2018，34（11）：12-24，35，195.

[2] Poterba J M. Retail Price Reactions to Changes in State and Local Sales Taxes [J]. *National Tax Journal*, 1996, 49 (2): 165-176.

[3] Jacob M, R. Michaely, & M. A Müller. Consumption Taxes and Corporate Investment [J]. *The Review of Financial Studies*, 2019, 32 (8): 3144-3182.

〔2018〕70号文件，2018年10月起对部分行业实施增值税留抵退税政策，对增值税期末留抵税额予以退还。2019年4月1日起，财政部、税务总局、海关总署公告2019年第39号将政策覆盖范围放宽至符合条件的各行业企业，但要求企业自2019年4月税款所属期起，连续6个月（按季纳税的，连续两个季度）增量留抵税额（是指2019年3月底相比新增加的期末留抵税额）均大于零，且第6个月增量留抵税额不低于50万元。这是为了筛选出短期内难以靠自身生产经营消化掉留抵税额的企业，对该类企业的增量留抵税额予以退还，能够有效盘活企业资金、降低企业财务费用、缓解企业资金周转压力，有利于企业改善经营现状，从而鼓励企业扩大再生产，创造投资需求。

但同时，也存在留抵退税政策的限制条件较多、在实际操作过程中政策门槛过高的问题。首先，政策要求纳税人"自2019年4月税款所属期起连续六个月（按季纳税的，连续两个季度）增量留抵税额均大于零，且第六个月增量留抵税额不低于50万元"，这对企业的统筹经营有着较高要求。对于一些经营统筹能力较弱、经营环节存在滞后或是规模较小的企业而言，一旦某个月份的增量留抵税额未大于零，便需要重新计算连续6个月的窗口期。其次，政策要求"纳税信用等级为A级或者B级"，当年新办企业为主体的M级纳税人无法享受该优惠。因新办企业普遍存在设备投入多、资金周转压力大等困难，① 这项政策可能不利于部分新办企业投资热情的提高。

3. 小规模纳税人增值税及相关税费优惠政策分析

部分针对小规模纳税人的增值税优惠政策，如财税〔2019〕13号文件"对月销售额10万元以下（含本数）的增值税小规模纳税人，免征增值税"，直接将小规模纳税人的增值税征税标准从月销售额3万元提高到10万元，从根本上减轻了小规模纳税人的税负。② 此外，财税〔2019〕13号文件还规定各地政府可根据宏观调控需要，对增值税小规模纳税人可以在50%的税额幅度内减征资源税、城市维护建设税、房产税、城镇土地使用税、印花税（不含证券交易印花税）、耕地占用税和教育费附加、地方教育附加，进一步降低小规模纳税人的税负，助力企业经营发展。

但是这一政策也存在着同小微企业普惠性税收减免政策类似的问题。尤

---

① 张峰. 增值税留抵退税政策执行中的问题与建议［J］. 湖南税务高等专科学校学报，2020，33（1）：56-59.

② 岳绪亭. 关于对小微企业普惠性税收减免政策的浅析［J］. 财会学习，2019（17）：10-11.

其是各地政府可根据宏观调控需要对增值税小规模纳税人相关税费实行减免，使征税过程更为复杂，加大了征税难度。因此，需加强对增值税小规模纳税人的税收征管。

（三）社会保险费费率优惠政策

2019年4月1日颁布的《国务院办公厅关于印发降低社会保险费率综合方案的通知》（国办发〔2019〕13号），降低了养老保险单位缴费比例和失业保险、工伤保险费费率，调整了社保缴费基数。根据人力资源社会保障部的测算，2019年可减轻养老保险缴费负担约1900多亿元，同时减轻企业失业保险、工伤保险缴费负担约1100多亿元，三个险种合计全年可减轻社保缴费负担3000多亿元。就直接作用而言，社会保险费费率降低可以直接减少企业的用人成本，能够提升企业劳动力需求、扩大生产规模；就间接作用看，社保费费率降低可以减少企业支出，提升企业利润率和现金流，促使企业将投资冲动转换为投资行动。① 孙婷婷等（2019）基于三部门RBC模型的分析发现，社保费费率下调能有效增加企业投资。② 唐珏等（2020）则发现，社保缴费率较低时，企业生产效率提升效应大于企业存量减少效应，能够促进经济增长。③

但是，社会保险费费率优惠政策实施过程中存在以下问题：一是部门间工作协调机制仍需完善。国办发〔2019〕13号文件明确要求机关事业单位社保费和城乡居民社保费征管职责如期划转，这意味着机关事业单位社保费和城乡居民社保费的征管职责将划至税务部门征收，提高了社保和税务部门间的协作要求。二是部分地区养老保险基金收支矛盾可能更为突出。我国不同地区之间的养老保险单位缴费比例存在差异，在社保费费率调整时，原缴费比例较高的地区，可能会面临较突出的收支矛盾。

（四）支持疫情防控和经济社会发展的税费优惠政策

支持疫情防控和经济社会发展的税费优惠政策如表4所示。

---

① Zwick E, Mahon J. Tax Policy and Heterogeneous Investment Behavior [J]. American Economic Review, 2017, 107 (1): 217-248.
② 孙婷婷, 章进. 社保费费率下调对国民经济的影响——基于三部门RBC模型的实证分析 [J]. 海南金融, 2019 (8): 10-18.
③ 唐珏, 封进. 社保缴费负担、企业退出进入与地区经济增长——基于社保征收体制改革的证据 [J]. 经济学动态, 2020 (6): 47-60.

表 4　　支持疫情防控和经济社会发展的税费优惠政策

税费优惠政策	主要内容	政策依据
对疫情防控重点保障物资生产企业全额退还增值税增量留抵税额	自 2020 年 1 月 1 日至 2020 年 12 月 31 日,疫情防控重点保障物资生产企业可以按月向主管税务机关申请全额退还增值税增量留抵税额。增量留抵税额,是指与 2019 年 12 月底相比新增加的期末留抵税额	(1)《财政部　税务总局关于支持新型冠状病毒感染的肺炎疫情防控有关税收政策的公告》(财政部　税务总局公告 2020 年第 8 号) (2)《国家税务总局关于支持新型冠状病毒感染的肺炎疫情防控有关税收征收管理事项的公告》(国家税务总局公告 2020 年第 4 号) (3)《财政部　税务总局关于支持疫情防控保供等税费政策实施期限的公告》(财政部　税务总局公告 2020 年第 28 号)
对疫情防控重点保障物资生产企业扩大产能购置设备允许企业所得税税前一次性扣除	自 2020 年 1 月 1 日至 2020 年 12 月 31 日,对疫情防控重点保障物资生产企业为扩大产能新购置的相关设备,允许一次性计入当期成本费用在企业所得税税前扣除	
阶段性减免增值税小规模纳税人增值税	自 2020 年 3 月 1 日至 2020 年 12 月 31 日,对湖北省增值税小规模纳税人,适用 3% 征收率的应税销售收入,免征增值税;适用 3% 预征率的预缴增值税项目,暂停预缴增值税。 自 2020 年 3 月 1 日至 2020 年 12 月 31 日,除湖北省外,其他省、自治区、直辖市的增值税小规模纳税人,适用 3% 征收率的应税销售收入,减按 1% 征收率征收增值税,按以下公式计算销售额:销售额 = 含税销售额 ÷ (1+1%);适用 3% 预征率的预缴增值税项目,减按 1% 预征率预缴增值税	(1)《财政部　税务总局关于支持个体工商户复工复业增值税政策的公告》(财政部　税务总局公告 2020 年第 13 号) (2)《国家税务总局关于支持个体工商户复工复业等税费征收管理事项的公告》(国家税务总局公告 2020 年第 5 号) (3)《财政部　税务总局关于延长小规模纳税人减免增值税政策执行期限的公告》(财政部　税务总局公告 2020 年第 24 号)
延续实施支持小微企业、个体工商户和农户普惠金融有关税收优惠政策	《财政部　税务总局关于延续支持农村金融发展有关税收政策的通知》(财税〔2017〕44 号)、《财政部　税务总局关于小额贷款公司有关税收政策的通知》(财税〔2017〕48 号)、《财政部　税务总局关于支持小微企业融资有关税收政策的通知》(财税〔2017〕77 号)、《财政部　税务总局关于租入固定资产进项税额抵扣等增值税政策的通知》(财税〔2017〕90 号)中规定于 2019 年 12 月 31 日执行到期的税收优惠政策,实施期限延长至 2023 年 12 月 31 日	《财政部　税务总局关于延续实施普惠金融有关税收优惠政策的公告》(财政部　税务总局公告 2020 年第 22 号)

续表

税费优惠政策	主要内容	政策依据
阶段性减免企业养老、失业、工伤保险单位缴费	自2020年2月1日至2020年12月31日，各省、自治区、直辖市及新疆生产建设兵团（以下统称省）免征中小微企业三项社会保险单位缴费部分；自2020年2月1日至2020年6月30日，各省（除湖北省外）对大型企业等其他参保单位（不含机关事业单位）三项社会保险单位缴费部分减半征收；自2020年2月1日至2020年6月30日，湖北省免征大型企业等其他参保单位（不含机关事业单位）三项社会保险单位缴费部分。 受疫情影响生产经营出现严重困难的企业，可申请缓缴社会保险费至2020年12月底，缓缴期间免收滞纳金	（1）《人力资源社会保障部　财政部　税务总局关于阶段性减免企业社会保险费的通知》（人社部发〔2020〕11号） （2）《国家税务总局关于贯彻落实阶段性减免企业社会保险费政策的通知》（税总函〔2020〕33号） （3）《人力资源社会保障部　财政部　税务总局关于延长阶段性减免企业社会保险费政策实施期限等问题的通知》（人社部发〔2020〕49号）
阶段性减免以单位方式参保的有雇工的个体工商户职工养老、失业、工伤保险	自2020年2月1日至2020年12月31日，免征以单位方式参保的有雇工的个体工商户三项社会保险单位缴费部分	（1）《人力资源社会保障部　财政部　税务总局关于阶段性减免企业社会保险费的通知》（人社部发〔2020〕11号） （2）《市场监管总局　发展改革委　财政部　人力资源社会保障部　商务部　人民银行关于应对疫情影响加大对个体工商户扶持力度的指导意见》（国市监注〔2020〕38号） （3）《人力资源社会保障部　财政部　税务总局关于延长阶段性减免企业社会保险费政策实施期限等问题的通知》（人社部发〔2020〕49号）
阶段性减征职工基本医疗保险单位缴费	自2020年2月起，各省、自治区、直辖市及新疆生产建设兵团（以下统称省）可指导统筹地区根据基金运行情况和实际工作需要，在确保基金收支中长期平衡的前提下，对职工医保单位缴费部分实行减半征收，减征期限不超过5个月	（1）《国家医保局　财政部　税务总局关于阶段性减征职工基本医疗保险费的指导意见》（医保发〔2020〕6号） （2）《国家税务总局关于贯彻落实阶段性减免企业社会保险费政策的通知》（税总函〔2020〕33号）

续表

税费优惠政策	主要内容	政策依据
物流企业大宗商品仓储设施用地减半征收城镇土地使用税	自 2020 年 1 月 1 日至 2022 年 12 月 31 日，对物流企业自有（包括自用和出租）或承租的大宗商品仓储设施用地，减按所属土地等级适用税额标准的 50% 计征城镇土地使用税	《财政部 税务总局关于继续实施物流企业大宗商品仓储设施用地城镇土地使用税优惠政策的公告》（财政部 税务总局公告 2020 年第 16 号）
电影放映服务免征增值税	自 2020 年 1 月 1 日至 2020 年 12 月 31 日，对纳税人提供电影放映服务取得的收入免征增值税	《财政部 税务总局关于电影等行业税费支持政策的公告》（财政部 税务总局公告 2020 年第 25 号）
免征文化事业建设费	对所属期为 2020 年 1 月 1 日至 2020 年 12 月 31 日的文化事业建设费予以免征	《财政部 税务总局关于电影等行业税费支持政策的公告》（财政部 税务总局公告 2020 年第 25 号）
二手车经销企业销售旧车减征增值税	自 2020 年 5 月 1 日至 2023 年 12 月 31 日，从事二手车经销的纳税人销售其收购的二手车，由原按照简易办法依 3% 征收率减按 2% 征收增值税，改为减按 0.5% 征收增值税，并按下列公式计算销售额：销售额 = 含税销售额 ÷（1 + 0.5%）	（1）《财政部 税务总局关于二手车经销有关增值税政策的公告》（财政部 税务总局公告 2020 年第 17 号） （2）《国家税务总局关于明确二手车经销等若干增值税征管问题的公告》（国家税务总局公告 2020 年第 9 号）

从表 4 中内容可知，支持疫情防控和经济社会发展的税费优惠政策的针对性较强：在税收优惠政策上主要侧重于疫情防控重点保障物资生产企业，受疫情影响较严重的小微企业、个体工商户和农户以及电影、文化等行业，大部分政策的优惠期截止到 2020 年 12 月 31 日。延续实施支持小微企业、个体工商户和农户普惠金融的有关税收优惠政策实施期限由 2019 年 12 月 31 日延长至 2023 年 12 月 31 日，体现了对于小微企业、个体工商户和农户的政策倾斜，为这些纳税主体解决现金流问题提供了助力。此外，物流企业大宗商品仓储设施用地减半征收城镇土地使用税政策的优惠力度较大，且优惠期到 2022 年底，对物流企业的经营有着极大帮助，能够有效降低企业税负。综合看，这一系列支持疫情防控和经济社会发展的税费优惠政策起到了很好的效果，极大助力了我国复工复产与经济恢复，2020 年 GDP 同比增长 2.3%，逐渐走出疫情阴霾，为形成强大国内市场奠定了坚实基础。

三、落实落细税费优惠政策，形成强大国内市场

（一）着眼优化收入分配，有效发挥个人所得税促消费作用

合理扩大综合征税的所得范围，强化个人所得税的再分配作用。目前，工资薪金、劳务报酬、特许权使用费和稿酬这四类所得属于综合征收的范围适用累进税率，而财产转让所得、财产租赁所得、股息红利所得等资本利得项目适用比例税率，不利于缩小资本和劳动要素税后回报率的差距。需进一步完善综合征税的所得范围、平衡不同收入类型间的税负水平，强化个人所得税的再分配效应，提升中低收入群体收入水平、合理调节过高收入、改善收入和财富分配格局，从而扩大有效需求。

调整完善专项附加扣除政策，提升中低收入群体的获得感。首先，当前的专项附加扣除政策为全国统一的定额扣除，可以借鉴其他国家关于个人税收扣除方面的政策规定，将专项附加扣除标准与家庭收入结构、具体生活负担等挂钩，实行差异化、精细化的专项附加扣除标准。其次，可以考虑建立退税制度，对于未能享受到专项附加扣除政策减税效应的个人或家庭予以退税，避免专项附加扣除只能使中高收入群体获益的现象。

（二）将消费税征收环节后移，调动地方积极性

结合国务院印发的《关于新时代加快完善社会主义市场经济体制的意见》，将汽车等重点消费商品的消费税征收环节后移至零售环节并下划地方。一方面，这将调动地方政府在促进汽车消费方面的积极性；另一方面，也能缓解地方政府在城市道路建设、停车场等交通基础设施建设方面的财政支出压力，为地方政府优化城市用车环境提供条件。长期看，这一调整还将带动上下游相关产业协同增长，有利于地方和中央税收收入的稳健增长。

《国务院办公厅关于加快发展流通促进商业消费的意见》（国办发〔2019〕42号）提出，实行汽车限购的地区也要结合城市规划等方面的实际情况，探索逐步放宽或取消限购的具体措施，但目前仅贵阳一地积极响应。若能适当后移汽车消费税征税环节、下放部分汽车消费税税收收入，将有利于缓解当前地方政府在放宽汽车限购方面积极性不高的现象。

（三）转变新能源汽车税费优惠政策方向，提高居民消费意愿

新能源汽车的税费优惠政策要坚持以创新导向为原则，提高政策精度。目前国内新能源汽车生产对电池核心技术的掌握程度普遍不高，为了防止骗

补骗优惠的现象再度发生，有必要对享受优惠政策的企业提出技术、产出能力等方面的要求。提高享受优惠政策的准入门槛，切实推动相关企业加快、加强技术研发，提高新能源汽车供给质量。

配合现有关于充电站和充电桩建设的奖补政策，进一步出台税费优惠政策。对新能源汽车充电设施建设、运营和维护过程的税费实行优惠，推动新能源汽车配套设施建设，降低新能源汽车使用成本，增强消费者购买意愿，全面释放新能源汽车消费潜力。

（四）制定差异化固定资产加速折旧政策，有效发挥政策效果

固定资产加速折旧政策未考虑税收优惠政策间可能存在抵消的情形，且未考虑不同行业与企业间的差异，应考虑制定差异化的固定资产加速折旧政策。一方面，应对本就处于税收减免期的企业作特殊化处理，如允许其将设备的加速折旧起始时间后延，避免税收减免和加速折旧政策相互抵消。另一方面，应将不同行业的行业特征、产品周期、经营周期等方面的差异考虑到政策制定中。在政策落实落细上要尽可能地将以上两种情况考虑在内，制定差异化的加速折旧激励政策，以进一步提升政策效应。

（五）提高研发费用加计扣除政策的审计监督力度，加强宣传推广力度

研发费用加计扣除政策可能加大企业涉税风险，因此在实施过程中应加强审计监督力度。通过开展审计监督，扩大审计对象广度、提高审计目标深度和加强审计监督力度，能够有效抑制企业研发费用归类操控增加。[①] 杜绝虚假或违规的研发投资，确保有效投资切实享受到税收优惠，这既可以使国家税基不受侵害，又扩大了有效需求。同时，针对当前政策覆盖面较小的问题，应加大政策宣传推广力度。一方面，通过宣传推广让企业认识到研发费用加计扣除政策对企业研发创新的推动作用，扩大研发投资需求，助力我国的研发创新。另一方面，政策的宣传推广有助于加强企业对政策内容的了解，提高研发费用归类的准确性，这既可以提高加计扣除质量，也可以降低企业涉税风险。

（六）落实落细税率简并政策配套措施，降低留抵退税门槛

当前，我国已出台一些增值税税率简并政策的配套措施，如对纳税人购进用于生产销售或委托加工的农产品进项税额的扣除率进行明确规定，以及允许生产和生活性服务业纳税人按照当期可抵扣进项税额加计10%抵减应纳

---

① 吴秋生，王婉婷. 加计扣除、国家审计与创新效率 [J]. 审计研究，2020（5）：30-40.

税额。在实际征税过程中，应落实落细配套措施，确保各行业的实际税负在增值税税率简并后平稳下降。同时，有关部门需要进一步测算各行业（尤其是生产、生活性服务业）的实际税负是否都实现了下降，如果存在上升，应进一步出台更多更细的配套措施。

至于增值税期末留抵退税政策，当前的政策门槛过高，"连续六个月增量大于零"的要求可适当降低，如允许窗口期内出现一次某月增量等于零的情况。同时，可考虑将纳税信用等级为 M 级的当年新办企业也纳入到政策覆盖范围内，扩大政策覆盖面，激发新办企业投资热情。

（七）加强小微企业税收征管，既要将优惠落实到位，又要应收尽收

财税〔2019〕13 号文件对小微企业所得税和增值税小规模纳税人的增值税及相关税费实行了优惠政策。然而，这部分纳税人生产经营规模较小，许多企业账务不健全，税务部门的征税难度较大。为了达到减税目标，税收优惠政策要落实落细，但应纳税款的征缴也需要应收尽收。因此，既要落实税收优惠政策，助力相应主体的经营发展，稳固税源，又要依法将其应纳税款应收尽收。

落实落细税费优惠政策
构建新时代新发展格局

冯守东*

一、新发展格局提出的时代背景

(一) 世界迎来百年未有之大变局

2008年国际金融危机之后,东西方国家经济发展出现明显变化。西方国家经济增速下滑严重,而以我国为代表的新兴经济体发展速度虽然同样受到国际金融危机影响,但经济增速依旧较快。2009年,我国已超过日本成为第二大经济体,而且英国智库经济和商业研究中心(CEBR)于2020年12月26日发布报告称:"中国将在2028年超越美国,成为全球最大的经济体,而且在科技方面也将从'跟跑'到'并跑'再到部分技术领跑。"美国因此感到焦虑,变本加厉地打压我国,从科技上打压我国华为等高科技公司;从贸易上对我国开展301调查、加征关税;从经济上拒不承认我国的市场经济地位;从军事上采取舰炮政策到南海滋事;从国际关系上纠集所谓"五眼联盟"围堵我国,手段无所不用其极。可以说,过去几年,美国在"美国优先"思想下掀起的一股反全球化、反多边贸易和自由贸易的逆流,对世界经济产生非常不利的影响,加速了世界经济下滑趋势。2020年受新冠肺炎疫情冲击,世界经济出现深度衰退,全球价值链加快调整。

当前,全球疫情仍在蔓延,疫情长尾特征更趋明显,面对世界经济深度衰退、国际贸易和投资大幅萎缩、国际金融市场动荡、国际交往受限、经济全球化遭遇逆流、一些国家单边主义和保护主义抬头、地缘政治风险上升等

---

* 冯守东,宁德师范学院教授、经济学博士,中共国家税务总局党校兼职研究员。

不利局面，我国发展的外部环境不稳定性与不确定性明显增加，自改革开放以来逐步形成的市场和资源"两头在外"的产业链供应链受到严重影响。我们遇到的很多问题是中长期的，必须从持久战的角度加以认识。我国要在一个更加不稳定不确定的世界中谋求"十四五"时期和今后更长时期发展，就需要在危机中育先机，于变局中开新局，作出新的战略抉择。

中美关系异常和新冠肺炎疫情，将深刻影响全球供应链调整、重组。各国考虑安全因素后，全球供应链中会有一部分向国家内部集中，但不会全部集中，全球供应链会因多元化和伙伴化供应关系的建立，继续在国际上扩张。

（二）我国国内迎来新时代发展新格局

2020年5月14日，习近平总书记在中央政治局常务委员会会议上首次指出，要构建以国内大循环为主体、国内国际双循环相互促进的新发展格局。《中共中央关于制定国民经济和社会发展第十四个五年规划和二〇三五年远景目标的建议》（以下简称《建议》）是加快构建新发展格局的行动指南，具体阐释了构建新发展格局的重要任务和关键问题，为我们全面理解新发展格局的深刻内涵提供了根本指导，更为加快构建新发展格局指明了主攻方向和重要着力点，必将推动我国更好实现高质量发展。

过去几十年，我国从国际分工合作中受益，形成了相对齐全的工业生产体系和相对完整独立的产业链条，并深度融入全球价值链，占全球制造业附加值近30%，占全球进出口份额的23%。从国际大循环到"以国内大循环为主体、国内国际双循环相互促进的新发展格局"，体现了在百年未有之大变局之下我国积极的战略选择与调整。

促进国内大循环是实现我国经济高质量发展的内在要求。在新发展格局理论指导下，我国将立足国内循环，深挖内需潜力，以促进形成强大国内市场为导向，增强消费对经济增长的基础性作用，发挥投资对经济增长的关键作用，着力打通生产、分配、流通、消费各个环节，畅通国内大循环。党的十九届五中全会提出坚持扩大内需这个战略基点，加快培育完整内需体系，以创新驱动、高质量供给引领和创造新需求。与1998年、2008年不同，当前我国"扩大内需"重点将从投资领域转向消费领域，立足超大规模市场优势，围绕消费这一最终需求，统筹推进消费、投资、贸易等政策举措。在坚持扩大内需、以国内大循环为主体的新发展格局下，消费特别是居民消费将成为我国经济增长的主要驱动力。2020年前三季度，我国实物商品网上零售额同比增长15.3%，实物商品网上零售额占社会消费品零售总额的比重达到 24.3%。

新发展格局是坚持深化改革开放的国内国际双循环相互促进的统一体。扩大内需同扩大开放并不矛盾。对外开放是我国的基本国策，我国对外开放的大门不会关闭，只会越开越大。我国产业链已经深度融入全球经济体系，目前是 120 多个国家和地区的最大贸易伙伴。在新发展阶段，我国在世界经济中的地位将持续上升，同世界经济的联系会更加紧密。构建新发展格局，要求处理好扩大内需和稳定外需的关系。国内循环越顺畅，越能成为全球资源要素的引力场，形成参与国际竞争和合作的新优势。只要我们坚持立足国内大循环，发挥比较优势，协同推进强大国内市场和贸易强国建设，以国内大循环带动国际大循环，就可以在未来发展中处于主动。

二、形成强大国内市场，构建新发展格局

（一）我国具有形成强大国内市场的优势

过去，我国是寻找和利用国际市场，在"客场"环境中寻找发展机会。随着我国改革开放不断扩大，经济规模和消费规模日益壮大，我国已经从"客场"被动应战变成在"主场"主动出击。实施在"主场"展开的经济全球化战略，其基本前提是国内已经形成强大的内需或超级市场规模优势，且这个市场可以给全球的资源和要素提供更多的发展机会。未来，我们要有新的全球战略资源观，要由过去要素性价比高的比较优势，转向现在的国内强大市场优势。未来，国内强大市场甚至可能是我国的绝对优势，是国家产业安全的保障和竞争力的来源，必须在"十四五"国家战略规划中给予充分重视和利用。

超大规模的国内消费市场是我国最大的竞争力，也是我国稳定经济发展和抵御外部风险的根本依托。我国有 14 亿人口，有世界最大规模的中等收入群体，人均国内生产总值突破 1 万美元，消费总量扩大和消费结构升级的空间广阔，是全球最有潜力的超大规模消费市场。我国发展正处于新型工业化、信息化、城镇化、农业现代化快速发展阶段，投资需求潜力巨大。消费和投资需求能够形成超大规模内需市场。因此，基于国内超大规模内需市场的优势，加快培育完整内需体系、把我国经济最大潜力释放出来，打造自主可控、安全可靠的产业链供应链，形成以国内大循环为主体、国内国际双循环相互促进的新发展格局，我们拥有充分的主动权，而且是完全有条件的。

而形成国内超大规模内需市场，其意义在于：其一，有助于将我国处于分割状态的"行政区经济"聚合为开放型区域经济,把区域分散狭窄的市场聚变为国内统一强大的规模市场;其二,从利用别人市场转变为利用自己市场,从根本上转变我国经济全球化的发展模式和机制,在发挥比较优势的同时实现产业发展的自主可控要求;其三,有利于我国虹吸全球先进创新要素。如果我们可以据此塑造些吸收全球先进生产要素的平台,如全球性宜居城市来广泛吸收先进的高技术人才,将极大地推动创新经济格局形成,从而有利于实现产业链向中高端攀升和经济高质量发展。

(二)形成强大国内市场面临的挑战

就市场的量而言,我国现在内需接近100万亿人民币,其规模并不小,但是结构方面还存在着一些问题:一是内需中消费占比低、投资占比高,如2019年我国最终消费占比为55.4%,同期资本形成占43.%,与发达国家最终消费一般占70%甚至80%以上相比,差距很大;二是不仅人均GDP水平与人均可支配收入水平之间差距较大,后者水平较低,而且可支配收入分配结构严重失衡,大约有6亿人口处于人均月可支配收入在1000元左右的水平。换言之,贫富差距过大削弱了市场需求,引发消费力不足,进而影响投资、就业和市场规模。

就市场的质而言,我国还没有真正建成统一、竞争、有序、开放的市场体系,行政区块经济、市场信用度不足、对内开放不足等,是目前我国市场发展中迫切要解决的重要问题,这会给"双循环"造成很高的市场成本,因此,需要进一步坚持市场取向改革,尤其是要大力推进要素市场化改革。

就市场的功能定位而言,打通内循环的"硬钉子"就是在资源配置中真正让市场起到决定性作用,把民间生产力解放出来。如何做到尊重市场规律,避免人为干扰市场决策,在税收政策上坚持税收中性原则,需要进一步深化税制改革,加大"放管服"改革力度,优化税收营商环境。

(三)如何扩大内需,形成强大国内市场

按照《建议》提出的一系列大思路、大举措,扩大内需实现路径主要有以下几个方面:

一是充分发挥我国经济体量大、产业门类齐全、消费市场潜力足等优势,着力打通生产分配、流通、消费各个环节,加快构建以内需为主的国民经济循环,把满足国内需求作为发展的出发点和落脚点,增强消费对经济发展的基础性作用。

二是加快建设现代化经济体系,全面解决重大"卡脖子"技术和产品问题,加快推进数字经济、智能制造、生命健康、新材料等战略性新兴产业发展,形成更多新的增长点、增长极,以高质量供给引领和创造新的需求。

三是全面拓展投资空间。投资对优化供给结构具有关键作用,要通过拓展投资空间,优化投资结构,保持投资合理增长,实施和推进一批强基础、增功能、利长远的重大项目建设,加快补短板、强优势,从而形成高质量内需供给体系。

四是牢固树立安全发展理念,加快完善安全发展体制机制,保障产业链供应链安全稳定,维护粮食安全和金融安全,确保充分就业,做到"六保""六稳",增强应对外部风险的免疫力。

五是激发各类市场主体活力,繁荣社会主义市场经济。毫不动摇巩固和发展公有制经济,毫不动摇鼓励、支持、引导非公有制经济发展。加快调整国有经济布局和优化国有经济结构,发挥国有经济战略支撑作用。加快完善中国特色现代企业制度,深化国有企业混合所有制改革。健全国有资产监管体制,深化国有资本投资、运营公司改革。优化民营经济发展环境,构建亲清政商关系,促进非公有制经济健康发展和非公有制经济人士健康成长,依法平等保护民营企业产权和企业家权益,破除制约民营企业发展的各种壁垒,完善促进中小微企业和个体工商户发展的法律环境和政策体系。弘扬企业家精神,加快建设世界一流企业。

六是落实落细减税降费优惠政策。减税降费能有效降低经济运行成本,特别是微观经济主体的投资、生产成本,有助于改善供给并刺激需求。从国民收入分配格局的层面看,减税降费对政府与社会分配关系的重新梳理,成为过去二十年收入分配改革调整战略的延伸。从建立社会主义市场经济目标的角度看,减税降费是激活市场机制、优化营商环境、推进"放管服"的重要财税举措。

减税降费能缩小名义税费负担与实际税费负担间的差异,促进经济正规化,将"地下经济"纳入实际税收监管,减少因"地下经济"导致的税收流失,还可以提高宏观决策的科学性和准确度。其中,降低增值税税负会显著降低整个社会负担,减少税收转嫁的发生,从而降低消费品价格,促进消费。

三、落实落细税费优惠政策,为发展新格局提供税收动力

(一)近两年实施的减税降费主要措施

2019年实施的更大规模的减税降费主要包括四个方面:一是对小微企业

实施普惠性税收优惠,其中,包括提高增值税小规模纳税人起征点、放宽享受企业所得税优惠的小型微利企业标准、对增值税小规模纳税人"六税两费"减半征收。二是降低增值税税率,将原增值税一般纳税人适用16%的税率调整为13%,10%的税率调整为9%;将旅客运输发票纳入抵扣范围;实施生产、生活性服务业进项税加计抵减政策;试行增值税留抵退税等。三是全面实施修改后的《个人所得税法》及其实施条例,落实好专项附加扣除政策,减轻纳税人税负。四是降低社会保险费费率,进一步减轻企业的社会保险缴费负担。同时,清理规范收费,加大对乱收费的查处力度。

2020年,为应对新冠肺炎疫情对经济的巨大冲击,我国全力做好"六稳"工作,全面落实"六保"任务,及时出台一揽子扩大内需、帮扶企业、稳定就业的逆周期调节政策,如增加1万亿元财政赤字规模,发行1万亿元抗疫特别国债,新增1.6万亿元地方政府专项债券,并减租减息,推动金融系统向企业合理让利1.5万亿元,引导广义货币供应量和社会融资规模增速明显高于2019年,对稳定经济基本盘形成强大支撑。2019年和2020年实施的更大规模减税降费政策取得成效,累计减税降费约4.86万亿元(2019年2.36万亿元,2020年2.5万亿元),约占当年GDP的2.4%,有效降低了制造业和小微企业税收负担,拉动了消费、投资、就业增长。

(二)认真贯彻新发展战略,落实落细税费优惠政策

1. 转变税收治理理念,构建税收发展新格局

面对世界发展的复杂性和不确定性,构建新格局战略需要以供给侧结构性改革为主线,加快推进我国税收制度变革和结构优化,积极构建新时代税收发展新格局,提高税收制度与国家经济社会发展战略之间的适配性。这要求转变税收治理理念。一是坚持税收中性原则,更好地发挥好市场在资源配置中的决定性作用,优化要素资源配置,繁荣国内市场;二是规范执行国家的税费优惠政策,深化财税体制改革,坚决维护国内市场的统一;三是坚持宽税基、低税率、税公平理念,进一步提升税收效率和经济效率;四是通过优化税费结构,有效调节收入分配,缩小收入差距,提高社会整体消费能力,从而拉动内需;五是加大对教育、创新的税收鼓励,不断提升要素质量,推动经济社会发展的"质量变革""效率变革"和"动力变革",提高全员劳动生产率,保障国家长治久安。

2. 梳理各项税费优惠政策,充分发挥税费职能作用

构建现代化的经济体系,越来越需要明晰税收职能作用,并围绕税收职

能作用改革完善现行税制和优惠政策，形成目标明确、功能完备的税制体系。近些年来，国家陆续出台一系列减税降费措施，降低了企业税费负担，特别为中小微企业发展、科技创新等方面提供了有力的税收支持；2020年面对严重疫情，采取了特别的减税降费政策，确保"六保""六稳"目标实现。在新发展格局下构建强大的国内市场，需要按照新的税收治理理念和税费职能作用，认真梳理各项税费优惠政策，并在此基础上补充完善相关税费政策，从而形成统一规范的税费优惠政策。

在落实减税降费政策的同时，还要认真做好"放管服"，加快推进纳税便利化改革，不断提高税务的行政效率。推广实施集成化的纳税服务模式，实行"一窗式"并联办理、资料共享、并联审批；全面实施"全天候、全覆盖、全税种、全流程"网上办税，大力推进"非接触式"办税，丰富缴税办理渠道，拓展"微电子税务局"手机平台；实行主税和附加税等多税合一申报方式，简化办税流程，压缩办税时间，精简压缩办税资料，努力实现无纸化办税；大力推进税务数字化建设，运用大数据和人工智能技术为纳税人提供更好的服务。

3. 落实落细税费优惠政策，助力形成强大内循环

"十四五"时期，税务部门要学习贯彻党的十九届五中全会精神，不折不扣地落实减税降费政策，依法依规做好组织收入工作，坚决守住不收"过头税费"的底线，确保该减的减到位，该免的免到位，该缓的缓到位，该退的退到位，为形成强大国内市场提供动力。

《建议》部署的任务中，科技创新、扩大内需、调节分配这三点关系全局，为税务部门明确了服务全面建设社会主义现代化国家的重要着力点。

一是支持科技创新这一战略支撑。《建议》对科技创新作出重要部署，并将其摆在各项任务的首位，提出坚持创新在我国现代化建设全局中的核心地位。"十三五"时期，税务部门认真落实各项税收优惠政策，有效支持了科技创新。2016年至2019年，享受研发费用加计扣除优惠政策的企业累计84.3万户次，累计申报研发投入5.2万亿元，分别是"十二五"期间的4.9倍、2.5倍。

二是促进扩大内需这个战略基点。扩大内需可以使生产、分配、流通、消费更多依托国内市场，实现国民经济良性循环。税务部门要围绕《建议》要求，积极研究支持扩大内需的政策措施，积极发挥税收大数据优势支持产业链供应链稳定。与此同时，要加强国际税收合作，以不断提高"走出去"

的竞争力和"引进来"的吸引力,支持高水平对外开放。

三是落实优化收入分配这项战略任务。《建议》强调要加大税收、社保、转移支付等调节力度和精准性,提高人民收入水平。税收是调节收入分配的重要手段,自 2018 年起,我国分三步成功建立了综合与分类相结合的个人所得税制度,"调高惠低"作用进一步显现。税务部门要继续积极研究和认真落实有利于扩大中等收入群体、优化收入分配的税收政策,有效发挥税收调节作用,促进社会公平。

(三) 改革财税体制,保障税费优惠政策落实落细

现行财税体制涉及中央与地方财权、事权及支出责任划分,而财权的核心就是分税制。目前地方财力与税收政策错配,增值税出口退税和留抵退税方面征税地与退税地不一致,导致一些地方无力退税。因此,应当改革现行财税体制,真正实现地方财力与支出责任匹配,从而保证地方在执行减税降费政策时能够真正做到落实落细。

创新财税分享机制　推动长三角一体化发展①

吕　明*

2018年11月，习近平总书记在首届中国国际进口博览会开幕式上的主旨演讲中指出，将支持长江三角洲区域（以下简称长三角）一体化发展并将其上升为国家战略。2019年12月，中共中央、国务院印发《长江三角洲区域一体化发展规划纲要》（以下简称《规划纲要》），明确了长三角地区"一极三区一高地"的战略定位，并对推进长三角一体化发展作出了具体安排部署。党的十九届五中全会指出，坚持实施区域重大战略，推进京津冀协同发展、长江经济带发展、粤港澳大湾区建设、长三角一体化发展，打造创新平台和新增长极。财税制度作为国家治理的基础和重要支柱，在推进长三角一体化发展过程中，应探索建立包括政府间财税分享协商机制在内的政策制定协同机制，区域互利共赢的税收利益分享机制和征管协调机制，区域投资、税收等利益争端处理机制等，形成有利于生产要素自由流动和高效配置的良好环境，为更高质量一体化发展提供强劲内生动力。

一、长三角一体化发展财税协同中的财税失衡问题

当前，长三角地区在财税协同方面主要存在如下问题。

（一）地区间财政收支差异与一体化发展要求不匹配

《规划纲要》对长三角区域提出了"率先实现基本公共服务均等化"的发展要求。基本公共服务属于应由政府提供的纯公共物品，政府提供基本公

---

① 本文原发表于《纳税》2021年第2期，标题为《长三角一体化发展中的财税分享机制研究》，本书收录时有删节。

* 吕明，国家税务总局税务干部学院讲师、经济学硕士，第五批全国税务领军人才。

共服务主要是通过财政支出实现的,通过将常住人口人均财政支出差异控制在合理区间,可以加快推进基本公共服务均等化。然而,长三角区域存在财政收入、财政支出水平与一体化发展要求不相匹配的状况。根据上海、浙江、江苏、安徽一般公共预算支出、一般公共预算收入及常住人口数量数据计算,2019年上海市人均公共财政支出达到3.37万元,已经超出《规划纲要》"到2025年,人均公共财政支出达到2.1万元"的发展目标,而浙江、江苏、安徽三省2019年人均公共财政支出则分别为1.72万元、1.56万元、1.16万元,仅为上海市人均财政支出水平的0.51、0.46、0.34,究其原因,区域间悬殊的财政收入差距严重制约了三地政府财政支出能力。2019年上海市人均公共财政收入达到2.95万元,而浙江、江苏、安徽三省人均公共财政收入则分别为1.20万元、1.09万元、0.50万元,仅为上海市人均财政收入的0.41、0.37、0.17。

财政收支差异显著的长三角地区在提供社会保障、基础教育等基本公共服务的水平上差异明显。根据上海、浙江、江苏、安徽各类社会保险参保人数及常住人口数量计算,在社会保障方面,2018年上海市参加城镇基本养老保险、城镇职工基本医疗保险、失业保险、工伤保险、生育保险人数占常住人口的比重(参保率)均显著高于浙江、江苏、安徽三省。以城镇基本养老保险为例,2018年上海市常住人口参保率为64.9%,浙江省为50.3%,江苏省为40.1%,安徽省则仅为18.1%。在基础教育方面,普通小学生师比是衡量师资配置水平重要指标,生师比越低越有利于保证教学质量,对学生越有利。2018年,2018年上海市普通小学生师比为14.09,远低于全国普通小学生师比16.97,而2018年浙江、江苏、安徽三省普通小学生师比分别为17.14、17.73与18.32,明显高于上海乃至全国平均值。

(二)价值链高端环节聚集扩大区域间财力差异

迈克尔·波特基于单个企业如何获得竞争优势提出了价值链分析法,这一分析法与产业组织研究的结合,逐步形成全球价值链理论的基础。伴随改革开放特别是加入世贸组织以后,我国凭借在劳动力、土地等生产要素低成本的比较优势,通过承接发达国家劳动密集型产业转移成功融入了全球价值链,在提升了劳动生产率和产业技术水平的同时,形成了对廉价生产要素过度依赖的发展模式。国内产业被锁定在加工制造等全球价值链的低端环节,易陷入高污染、高能耗、低附加值、低质量的经济增长模式,由此产生了构建国内价值链从而实现产业升级、价值链环节攀升与拓展国际价值链的设想。

党的十九届五中全会指出，要推动生产性服务业向专业化和价值链高端延伸。

构建国内价值链需要对不同区域产业之间的关系进行调整，因此《规划纲要》指出，在长三角一体化发展过程中，要强化中心区产业集聚能力，中心区应重点布局总部经济、研发设计、高端制造、销售等产业链环节。落实这一部署，将推动产业链处于"微笑曲线"两端、高附加值的环节将向长三角中心区域聚集。以上海自贸试验区建设为例，该自贸区成立于2013年9月，经过7年的发展已经建成涵盖保税区、物流园区、保税港区、出口加工区、科技园区、空港保税区、金融贸易区等高端产业聚集区，2019年实现规模以上工业总产值4652.35亿元、商品销售总额43008.39亿元、服务业收入5787.3亿元、进出口总额14841.8亿元、一般公共预算收入588.6亿元。虽然这种聚集有利于中心区域产业结构升级，然而长期看，由此而导致长三角中心区域和其他区域之间经济层次的不平衡将进一步加剧地区间的财力差异。

以总部经济为例，早在2002年上海就率先出台了《鼓励外国跨国公司设立地区总部的暂行规定》（沪府发〔2002〕24号），并经2008年、2011年、2017年、2019年四次修订，已经形成促进和吸引跨国公司设立地区总部、推进上海"五个中心"建设的政策激励机制，包括资助和奖励、资金管理和贸易便利、简化出入境手续、人才引进等优惠政策。2019年，上海市又颁布了《上海市鼓励设立民营企业总部的若干意见》，并认定了193家民营企业总部。这些企业总部涵盖制造、批发零售、交通运输、信息服务、建筑、房地产、金融等行业，年业务收入超2万亿元，吸纳就业近30万人，外省市分支机构超过3000家。总部经济对其所在地区经济发展的贡献至少体现为以下五种效应，分别为：税收、GDP贡献效应，产业乘数效应，消费带动效应，劳动就业效应，社会资本效应。2019年，上海市产税亿元以上总部企业达到125户，共产税419.2亿元；截至2020年6月底，上海总部企业累计746家，近3年年均增长9.4%，上海跨国公司地区总部无论企业数量和规模均稳居国内第一。

（三）税收竞争制约区域间产业结构调整进程

党的十九届五中全会指出，要促进产业在国内有序转移，优化区域产业链布局。从税收视角出发，区域间产业结构调整带来的产业转移会引起税源的区域间迁移。虽然，《规划纲要》中明确指出长三角应建立"包括政府间财税分享协商机制在内的政策制定协同机制，以及区域互利共赢的税收利益分享机制和征管协调机制",但由于财税分享机制创新面临不少现实难题,目前长三角区域尚未确定地区间应如何分享包括税收收入在内的财税利益。在缺乏财税利益协调机制的背景下,基于地方财政收支情况的考量,各地政府难免存在通过在用地用房、金融服务甚至财政返还等方面给予政策优惠的方式开展税源竞争的情况,这对基于区域间产业结构调整目标开展产业转移的进程造成负面影响。

以长三角一体化示范区为例,该区位于环淀山湖战略协同区,处于上海、江苏、浙江交界处,主要包括上海青浦区、江苏苏州吴江区、浙江嘉善县等城市。根据三地公布的财政数据,2019年上海青浦区一般公共预算收入为580.68亿元,苏州市吴江区实现一般公共预算收入223.1亿元,浙江省嘉善县一般公共预算收入为67.79亿元。三区之间的财力相差较大,青浦区是吴江区的2.6倍、嘉善县的5.23倍。从三区的一般预算支出看,青浦区为339.91亿元、吴江区为218.17亿元、嘉善县为97.49亿元,分别是各自区级一般预算收入的1.64倍、0.98倍、1.44倍,自我实现的收入基本上不能满足财政支出的需要,但随着上级财政统筹协调力度的加大,基本上满足了财政支出的需要,但收支矛盾仍然存在。

此外,大规模减税降费政策的实施使大部分区县一般公共预算收入增速下滑,地方财政收支压力增大。通过梳理多地政府工作报告,发现2019年上海市减税降费总额超过2022亿元、江苏省超过2200亿元、浙江省2280亿元、安徽省超过800亿元,长三角地区共计减税降费超过7302亿元,占当年长三角地区一般预算收入的25.4%、一般预算收入中税收收入的30.4%。减税降费中增值税、企业所得税、个人所得税均涉及地方预算收入,尤其是地方性"六税两费"的减免较大地影响了区县级财政收入。招商引资是地方政府促进经济发展的重要手段,由于产业基础和财力不同,三地的财税支持政策存在较大差异。地区间招商政策的差异则加剧了该区域税源的同质竞争。据调研了解,青浦区最高给予企业相当于地方税收收入40%的财政支持;吴江区针对企业实际缴税总额,给予相当于地方税收收入40%~70%的财政支持;嘉善县则主要通过股改/上市奖励、工业发展基金、高新技术培育等奖励形式对企业进行支持。关于地区间税收竞争的实证研究结果表明,地区间确实存在着由财政收支矛盾引发的税收竞争策略性博弈行为;税收竞争对我国地区间产业转移具有显著的负向影响,税收仍然是影响企业区位选择的因素。

二、制约长三角地区财税协调的制度性因素

(一) 分税制与垂直财政不平衡加剧地区间横向税收竞争

我国现行中央与地方政府间财政关系的基础是由1994年的分税制改革所确立的。实施分税制以后,中央政府财政收入占全国财政收入的比重迅速由1993年的22.02%提升至1994年的55.70%;至2019年,中央政府财政收入占全国财政收入的比重仍接近一半,为46.9%。而中央政府财政支出占全国财政支出的比重却从1993年的28.27%下降至2019年的14.7%,这种中央与地方财政收入与支出的不匹配现象称为垂直财政不平衡。为了弥补地方自有财力不足,1994年实行分税制财政管理体制以来,我国逐步建立了符合社会主义市场经济体制基本要求的财政转移支付制度。理论上,转移支付制度的存在有利于中央与地方财政向垂直平衡方向发展,但事实上转移支付为地方政府提供财力支持的同时,也会对地方政府财政支出及征税等行为产生深远影响。如地方政府的转移支付收入将被固定在某项支出上,产生"粘蝇纸效应";抑或由于地方政府因可获取转移支付收入,"预算软约束"使得地方政府倾向于扩大财政支出或降低税率,从而引发更为严重的财政赤字。国内学者运用我国1994至2015年省级年度数据,发现地方政府获得的一般性转移支付和专项转移支付每增加1元,年度一般预算财政支出将分别增加1.61元和2.12元,远远超过本地财政收入增加的金额。为了解决财政能力不足问题,地方政府将有动机展开区域间财政资源或税源争夺。国内学者运用我国县级截面数据,对转移支付制度的融资及分配机制与相邻县之间财政竞争关系进行了实证研究,结果表明我国的转移支付机制从整体上强化了地方政府之间的税收竞争。

税收竞争易发生于税源迁移难度较低的领域,比如个人所得税中的限售股转让所得。我国自2010年1月1日起,对个人转让上市公司限售股取得的所得按照"财产转让所得"征收个人所得税,以开户证券机构为扣缴义务人,由证券机构所在地主管税务机关负责征收管理。因此,限售股个人所得税税源分布在个人股东开户的证券机构所在地。正常而言,个人股东在各地的分布应与当地经济水平、金融市场、上市公司等因素正相关,然而限售股个人所得税刚设立不久,浙江、江苏等省份的部分城市就出台了限售股个人所得税财政返还政策来吸引税源。如杭州市富阳区于2010年转发市财政局《关于鼓励发展个人限售股交易业务实施意见的通知》(富政办〔2010〕129号),

昆山市政府办公室于 2011 年发布《关于印发在昆减持上市公司限售股奖励办法的通知》（昆政办法〔2011〕79 号），常州市政府办公室于 2012 年发布《关于印发〈关于在常熟市减持上市公司个人限售股的奖励办法〉的通知》（常政办发〔2012〕106 号）等。

（二）营改增与"五五分成"扩大地区间财政收入差距

自 2016 年 5 月 1 日起，房地产、建筑、金融及生活服务业纳入营改增试点范围，至此增值税在全国范围内实现了对全行业的覆盖，营业税退出历史舞台。为保障地方既有财力，在过渡期内，增值税收入由中央与地方 75∶25 分成变为"五五分成"。伴随 2018 年国税地税征管体制改革，省级和省级以下国税地税机构合并，具体承担所辖区域内各项税收、非税收入征管等职责，中央与地方财政收入组织与分配形式已朝"分成制"演化。税收分成使得征税方的边际努力不等于边际收益，使得中央与地方的税收分权契约不具备充足的效率。"五五分成"并未驱动中央与地方政府、地方政府之间财力分配关系向公平方向转变。营改增是结构性减税的重要措施，实证研究结果表明，营改增后，按照"五五分成"方式计算，2016 年中央政府税收收入不降反增，而地方政府税收收入较营改增之前下降 23.01%；各地政府的减收幅度不一，经济落后地区相较于经济发达地区减收幅度更大，营改增后的过渡分成方案导致区域间税收收入差距进一步拉大（如上海增收 3.49%，浙江减收 2.16%，江苏减收 8.99%，安徽减收 20.32%）。从营改增前后长三角各地区税收收入数据看，其变动情况与上述实证研究结果相同。

（三）财税体制差异要求高层级的顶层设计

在长三角一体化示范区中，上海是直辖市，浙江省实行"省管县"财政体制，因此青浦区和嘉善县仅涉及中央、省（市）、区（县）三个财政层级，而吴江区涉及中央、省、市、区县四个财政层级。从税收分成比例看，增值税地方留成的 50% 部分，上海市与青浦区按照 17.5%∶32.5% 的比例分享，浙江省与嘉善县的分成比例为 10%∶40%；企业所得税地方留成的 40% 部分，上海市与青浦区的分成比例为 20%∶20%，浙江省与嘉善县的分成比例为 8%∶32%。吴江区由于实行四级财政体制，其地方所得在江苏省、苏州市、吴江区三者之间分成，增值税地方分享部分省级留存 10%、苏州市留存 10%，其余 30% 部分全部归属吴江区；企业所得税地方分享部分省级留存 8%、苏州市留存 10%，其余 22% 部分全部归属吴江区。因此，嘉善县的增值税、企业所得税两税留存比例最高（分别为 40% 和 32%），青浦区与吴江区比例接近。

由于三地主要税收地方留成比例不统一，如果把三地地方税收全部交由示范区管理执行机构统筹使用，这将导致三地税收贡献有高有低，对有的行政区是不公平的（如嘉善县由于地方税收留存比例较高，财力薄弱反而共享的相对较多），如果没有高层级（省级层面或者中央层面）的顶层设计，很难协调三地政府之间及其与示范区管理机构的利益。

（四）现行税制固有特点致使地区间税收与税源相背离

由于税制设计、生产经营活动复杂性与市场流动性等因素，我国存在着区域间税收与税源背离的现象，并从总体上呈现出税收收入从欠发达地区转移到发达地区的特征。以企业所得税为例，除若干特定企业以外，居民企业在中国境内跨地区（指跨省、自治区、直辖市和计划单列市）设立不具有法人资格分支机构的，该居民企业为跨地区经营汇总纳税企业，由总机构和具有主体生产经营职能的二级分支机构就地分摊缴纳企业所得税，其中50%由总机构分摊缴纳，另外50%在各分支机构间分摊。这种分摊方式并未按照总机构与分支机构对当地经济的贡献程度和公共物品的使用程度在区域间划分税收收入，使得企业集团总机构所在地可以获得更多企业所得税收入，容易产生企业所得税收入由生产机构所在地向管理机构所在地转移的情形。Strauss-Kahn 等（2009）的研究发现，中心城市凭借其优质的公共服务、高度国际化、敏捷的市场反应等优势，成为总部企业落户的最佳选择，中心城市的总部企业聚集效应是导致税源与税收背离的主要因素。作为长三角地区的超大城市，上海市具有极强的虹吸能力。截至2020年4月8日，上海市引进的跨国公司地区总部和研发中心累计达730家和466家，成为长三角地区总部经济的桥头堡，极易产生强者愈强的闭环效应。

三、建立长三角地区财税分享机制的政策建议

（一）分类建立区域间税收分享制度

党的十九届五中全会指出，应健全区域战略统筹、市场一体化发展、区域合作互助、区际利益补偿等机制。为协调区域一体化发展，《规划纲要》指出，应"探索建立跨区域产业转移、重大基础设施建设、园区合作的成本分担和利益共享机制"。在产业跨区域转移过程中，可在借鉴京津冀税收收入分享办法的基础上，根据长三角地区不同产业的经营特点、盈利模式以及对区域一体化发展目标的影响程度，分类建立迁出地与迁入地税收分享方式。对位于长三角中心区的重化工业、工程机械等传统产业，向中心区以外地区转移时会产生高额的搬迁费用，搬迁后产能及利税能力也需要较长时间恢复，因此应设立相对较长的税收分享期，比如根据《规划纲要》涵盖期间设置 2025 年乃至 2035 年的税收分享计划，以更好地调动迁出地政府积极性。而研发设计、高端制造、销售等产业链环节向长三角中心区域的汇集过程，往往伴随着高新技术产业的区域间转移。高新技术产业普遍具备创新能力强、成长性好、辐射带动其他产业转型升级能力强的特征，这一产业转移进程极易使中心区域与其他区域财力失衡局面陷入恶性循环，因此在高新技术产业转移过程中，迁入地与迁出地的税收分享比例应向迁出地倾斜，而不是简单采取"五五分成"办法，分享税种也不应局限于企业所得税、增值税等企业层面的税收，还应考虑由产业转移带来的个人所得税税源迁移，将个人所得税纳入分享范围。在园区合作模式下，参与共建园区的各方应根据投入土地、资金及技术等要素的价值确定各方的投资比例，按成本与收益相匹配的原则进行税收分享。

（二）配套建设横向转移支付机制

党的十九届五中全会指出，要完善转移支付制度，加大对欠发达地区财力支持，逐步实现基本公共服务均等化。目前，我国的财政转移支付制度主要为自上而下的纵向转移支付，如中央政府对地方政府的转移支付或上级政府对下级政府的转移支付，其主要目标在于使地方政府或下级政府获得与该级政府承担、履行事权职责需求相对应的财力，从而缓解政府间纵向财政失衡。但仅仅依靠以纵向财政转移支付为主的转移支付体系来追求横向财力平衡，必将产生财政资金使用效率的内耗，造成政策成本上升。此外，在区域一体化发展要求下，无论是税收与税源相背离现状还是区域间产业转移进程，都会产生地方政府间提供公共物品成本与所得收益不匹配的现象。因此，应按照"正外部性共享，负外部性共担"原则建立区域间横向转移支付机制，更好地均衡政府间横向财政关系，助力区域一体化发展目标的实现。比如，可建立长三角地区基本公共服务专项性对口支援，加快实现区域间基本公共服务均等化发展目标。又如，在重化工业、纺织等污染环境较重或耗能较高的产业向中心区域以外转移过程中，可建立迁出地对迁入地基于环境保护、生态补偿方面的横向转移支付制度，加强长三角地区生态空间共保，推动环境协同治理。

（三）推行区域均衡的税制改革试点

收入归属划分是财政分配关系的核心，在长三角一体化发展过程中，可依据"税收归属与税收来源相一致原则"开展税制改革试点，促进实现区域间财力均衡。比如企业所得税方面，在保持跨地区经营企业汇总缴纳企业所得税前提不变的情况下，应考虑总机构与分支机构对所在地资源或公共物品使用情况，调整总机构与分支机构所在地留缴企业所得税的比例，将更高比例的企业所得税收入在分支机构所在地之间分摊；或者对总机构与分支机构适用统一的分摊税款计算公式，并根据实际情况进一步完善分摊因素，将现行的"营业收入、职工薪酬、资产总额"三因素扩大至多因素，如考虑区域间工资水平差异而将职工人数纳入分摊因素等。如此，不仅可以减轻区域间税收与税源相背离的程度，还可以避免因区域间各地争相发展"总部经济"而引发的恶性税收竞争。

同时，鉴于长三角地区存在着包括限售股个人所得税财政返还在内的吸引税源行为，各地应对不合理的财政返还和地方自行制定的税收优惠政策进行清理（如江苏省财政厅已于 2016 年发布《关于清理限售股个人所得税先征后返政策的通知》），发挥市场在资源配置中的决定性作用，以利于市场主体公平竞争和生产要素自由流动，促进区域统一市场建设，保障区域经济平衡发展。

税收制度与政策

SHUI SHOU ZHI DU YU ZHENG CE

发挥税收作用　促进科技创新
——我国税收促进科技创新的"十三五"回顾及"十四五"展望

刘晓东*

党的十九届五中全会强调，坚持创新在我国现代化建设全局中的核心地位，把科技自立自强作为国家发展的战略支撑。这是以习近平同志为核心的党中央把握大势、立足当前、着眼长远作出的战略布局，对于我国关键核心技术实现重大突破、创新能力显著提升，进入创新型国家前列具有重大意义，也为进一步发挥税收促进科技创新、推动经济社会高质量发展的作用提供了根本遵循。

一、科技创新在新发展格局中的重要作用

党的十八大以来，党中央把科技创新摆在国家发展全局的核心位置，大力实施创新驱动发展战略，开创了新时代经济社会发展新局面。在新发展阶段，加快形成以国内大循环为主体、国内国际双循环相互促进的新发展格局，迫切需要以科技创新催生新发展动能，推动经济社会高质量发展。

（一）科技创新是全面建设社会主义现代化国家的客观需要

实施科技创新是提高社会生产力和综合国力的战略支撑，也是开启全面建设社会主义现代化国家新征程的客观需要。第一，科技创新是推动高质量发展的迫切要求。党的十九届五中全会指出，我国已转向高质量发展阶段，同时发展不平衡不充分的问题仍然突出。科技创新是引领高质量发展的核心驱动力，为高质量发展提供了新的成长空间和关键着力点。通过科技创新促进产业转型升级，提高劳动生产率，进而促进消费增长、内需扩大，对于加

---

* 刘晓东，国家税务总局武汉市税务局党委书记、局长，高级经济师。

快构建以国内大循环为主体、国内国际双循环相互促进的新发展格局具有重要的支撑和引领作用。第二，科技创新是坚持以人民为中心的发展思想的重要体现。习近平总书记强调，要把满足人民对美好生活的向往作为科技创新的落脚点，把惠民、利民、富民、改善民生作为科技创新的重要方向。当前，我国社会主要矛盾已经转化为人民日益增长的美好生活需要和不平衡不充分的发展之间的矛盾，为满足人民对美好生活的向往，必须推出更多涉及民生的科技创新成果，将以人民为中心的发展思想落到实处。第三，科技创新是构建关键核心技术攻关新型举国体制的现实需要。加快构建和完善关键核心技术攻关新型举国体制，其核心是充分发挥政府的作用，防范关键核心技术攻关活动中的市场失灵问题，通过合理的政策措施，引导和激励各类科技创新主体围绕关键核心技术，开展更加积极主动的协同创新。只有关键核心技术原始创新能力得到提高，在研发核心技术上奋起直追，才能进一步增强综合国力。

（二）科技创新是应对世界百年未有之大变局的制胜法宝

习近平总书记在中央政治局第二十四次集体学习时强调，当今世界正经历百年未有之大变局，科技创新是其中一个关键变量。百年未有之大变局蕴含国际发展格局之变和我国发展环境之变，其根源是由现代科技革命引发的国际经济政治格局的巨变。从世界发展趋势看，各国经济社会发展越来越依赖于科技创新。近代以来，三次大的技术革命推动世界相继进入"蒸汽时代""电气时代"和"信息时代"，由此带来了世界经济的飞跃性发展。当前，新一轮科技革命和产业变革加速推进，学科交叉融合趋势日益明显，重大颠覆性技术不断涌现，商业模式与技术创新深度融合，科技创新从来没有像今天这样渗透到社会生活的方方面面，影响着国家和民族的前途命运。从全球竞争环境看，主要经济体都在寻找科技创新的突破口。世界产业格局正在发生深刻调整，各大国纷纷出台新的创新战略，开展人才、专利、标准等战略性创新资源的争夺，力求抢占产业革命高地和科技创新发展先机。从经济发展理论看，发达国家充分利用其先发优势，牢牢控制经济社会发展的制高点。发展中国家虽然可以采取跟随战略，但始终处于产业链、价值链的中低端，唯有科技创新才能实施突破。改革开放以来，我国的科技事业蓬勃发展，创新能力不断增强，取得了一系列举世瞩目的科研成果，但国家的原始创新能力还不够强，关键领域核心技术受制于人的局面没有从根本上改变。只有在科技创新上实现新突破，才能跟上世界发展大势，把握发展的主动权。从国际合作角度看，科技创新是融入全球创新网络的有效路径。国际科技合作是大势所趋，只有实施更加开放包容、互惠共享的国际科技合作战略，充分利用全球创新资源，提升自身科技创新能力，在优势领域打造"长板"，不断夯实国际合作基础，才能构建具有全球影响力的科技创新高地。

（三）科技创新是增强企业创造力和竞争力的不竭源泉

《中共中央关于制定国民经济和社会发展第十四个五年规划和二〇三五年远景目标的建议》指出，提升企业技术创新能力，强化企业创新主体地位，促进各类创新要素向企业集聚。实施科技创新，是各类市场主体降低经营成本、优化产业结构、增强核心竞争力的重要举措。"微笑曲线"表明，在产业链中附加值更多体现在两端，即研发和营销。企业只有注重研发创新，才能实现价值链的升级。第一，科技创新助推企业提高生产效率。作为衡量企业可持续发展能力和长期绩效的重要指标，生产效率决定着企业的经营业绩和未来发展。企业通过科技创新改变传统模式、进行流程再造、转变资源利用方式，可以实现全要素生产率和整体效率的不断提升，从而实现利润的增加，保持长久的竞争力。第二，科技创新助推企业产业结构升级。传统产业基于创新要素集聚，实现不断升级和优化。企业产业结构通过科技创新"赋能"，使产业链本身的资源呈现有价值性、稀缺性、难以替代性、难以模仿性的特征，从而持续产生高附加值，使产业资源配置的效率和效益能达到最优。第三，科技创新助推企业提高管理水平。各种先进的科技手段应用于企业管理之中，使得企业决策的精准度越来越高，便于企业高层管理者准确定位和认知企业现状，提升管理水平和管理质量，实现企业经济效益与社会效益的双向发展。

二、税收是促进科技创新的重要支撑

新时代税收在国家治理中发挥着基础性、支柱性、保障性作用，涉及生产、流通、分配、消费各个领域，为国家、企业和个人实施科技创新提供了有力的支持，注入了强劲的动力。

（一）税收为完善国家创新体系提供重要保障

党的十九届五中全会要求完善国家创新体系，加快建设科技强国。一方面，运用税收工具筹集财政资金，可以为国家创新体系建设提供财力基础。必要的财政资金投入是国家创新体系建设的重要保证。通过财政拨款、政府补贴、设立专项技术投资基金等渠道，对重大科技项目以及科研机构、高等院校直接给予财政支持,对强化国家战略科技力量具有促进作用。另一方面,发挥税收政策导向作用,有助于促进产学研的深度融合。在新一轮科技革命和产业变革的大背景下,只有实现产学研深度融合,才能让知识创新与技术创新有效衔接,进而促进基础研究转化为原始创新能力。通过发挥税收政策在促进科技成果转化为现实生产力过程中的重要作用,可以统筹协调科研院所、高校和企业加快核心技术攻关,推进科研成果孵化转化,实现从基础研究到产业化一体化的融合创新。

(二) 税收为提升企业技术创新能力提供坚实后盾

通过确定适当的总体税负,有助于企业在各生命周期增加科技投入,加快自主创新,实现长远发展。税收优惠政策的落地,有利于企业合理分担科研成本和防范经营风险,增加科技创新投入的收益率。首先,税收在企业整个生命周期持续助力科技创新。在企业初创期,不仅可以享受普惠式的税收优惠政策,还可以享受国家对重点群体创业就业和科技企业孵化器、大学科技园等创新创业平台的税收优惠政策。在企业成长期,国家出台的研发费用加计扣除等税收优惠政策有力地帮助了企业转型升级。在企业成熟期,对高新技术企业、软件企业、集成电路企业给予税收优惠,可以助力企业抢占科技创新制高点。其次,税收从政策导向上引导企业科技创新。国家结合产业政策、科技政策和区域政策,有针对性地制定相应的税收政策,体现对某个行业或技术领域的支持,给市场和企业一个明确的政策信号,通过企业的利益机制发挥导向作用,从而对市场机制配置资源的过程产生影响,促使和引导资源投向国家重点支持的领域与方向,扶持相关企业加大科技创新投入。此外,税收助力企业降低科技创新活动风险。通过加速折旧等延期纳税方面的税收措施,可以加快技术进步投入资金的周转与回收,减少资金方面的风险;通过投资抵免等税收举措,可以增加企业的收入能力,减少企业利润方面的风险;通过费用扣除与抵免等税收措施,可以降低企业科技创新成本,减少企业技术进步活动费用与支出方面的风险。

(三) 税收为激发科技创新人才活力提供政策支持

人才是创新的第一资源。世界主要经济体都高度重视科技人才的培养、吸收和使用。通过税收优惠政策落实,有助于支持科技创新人员培养,鼓励科技人才进行自我投资,激励科技人才创新活力,营造尊重知识、尊重人才、尊重创造的良好氛围。当前,我国科技人才队伍规模在世界上首屈一指,但创新型科技人才结构不尽合理,科研人员开展原创性科技创新的积极性、主动性、创造性还没有被充分激发出来。对此，亟待利用税收杠杆促进创新型科技人才集群式发展，进一步完善相关激励机制，为科技人才创造更大发展空间，增强其敢为人先、勇于开拓的创新自信。通过制定和落实针对科研人员的税收优惠政策，可以鼓励科技人才就业创业，吸引海外高层次人才回国（来华）发展，支持企业加大职工教育培训力度。对科研机构、高等学校、高新技术企业科技人员获得的股权、现金等奖励减免税收，有助于激发科技人才善于创新、攻坚克难的内生动力和创造热情。

三、促进科技创新的税收政策及其效应分析

创新是引领发展的第一动力，是建设现代化经济体系的战略支撑。为鼓励企业开展科技创新活动，提高科技竞争力，支持加快建设创新型国家，"十三五"期间，我国从激发初创期企业成长、鼓励科技研发投入、促进高新技术企业发展、激励创新成果转化、奖励科技创新人才等多方面不断优化和调整税收优惠政策，加大对科技创新的扶持力度，形成一系列关注度高、含金量大、导向性强的税收政策体系。

（一）促进企业初创期成长的税收政策及其效应分析

企业的成长要经过初创期、成长期和成熟期。特别是一些中小科技企业，成长初期的研发投资风险大、抗风险能力较弱，亟待相关税收政策扶持。"十三五"期间，我国通过完善税收政策，把更多投资引向种子期、初创期科技型企业，为初创期企业成长提供资金支持，搭建起"创业创新+创投"协同发展的平台。

1. 鼓励多元主体创业投资，为中小企业发展提供资金支持

创业投资和天使投资是实现"大众创业、万众创新"的重要资本力量。为引导社会资金投入创业投资，《企业所得税法》及其实施条例规定，创业投资企业采用股权投资方式投资于未上市的中小高新技术企业2年以上的，可以按照其投资额的70%在股权持有满2年的当年抵扣该创业投资企业的应纳税所得额，这里创业投资企业仅限于法人创业投资企业。2017年，为培育多元化创业投资主体，我国在北京、天津、河北、上海、武汉等地，试点实行有限合伙制创业投资企业的法人合伙人、天使投资个人，符合条件的也可以享受创投企业税收优惠。2018年，财政部、国家税务总局联合发布《关于创业投资企业和天使投资个人有关税收政策的通知》（财税〔2018〕55号），将该政策推广至全国，同时投资对象由未上市的中小高新技术企业放宽至种子

期、初创期科技型企业,更加突出对企业幼稚期成长的支持。随着收益期逐渐临近,主动到税务机关备案投资额、申请享受投资抵扣应纳税所得额的投资人持续增加。

2. 支持科技园孵化器发展,为中小企业发展提供良好环境

2018年,财政部、国家税务总局、科技部、教育部联合发布《关于科技企业孵化器大学科技园和众创空间税收政策的通知》(财税〔2018〕120号),自2019年1月1日至2021年12月31日,国家级、省级科技企业孵化器、大学科技园和国家备案众创空间向在孵对象提供孵化服务取得的收入,免征增值税。同时,符合非营利组织条件的孵化器的收入、符合非营利组织条件的科技园的收入,按照相关税收政策规定享受企业所得税免税优惠。

上述税收政策的实施,平滑了投资人的投资风险,增强了投资信心,促进了孵化器、科技园发展,为进一步减少企业创业成本,促进小微企业发展提供了有力支持。

(二) 促进科技研发的税收政策及其效应分析

自主创新能力是构成企业竞争力的核心要素。企业要拥有持续的发展动力,必须持续进行产品和技术研发活动。世界上许多国家都允许企业研发费用税前加计扣除,鼓励企业开展研发活动。1996年,我国财政部、国家税务总局联合发布《关于促进企业技术进步有关财务税收问题的通知》(财工字〔1996〕41号),首次允许企业研发费用税前加计扣除,但当时优惠主体仅限于国有和集体工业企业,其后2003年、2006年相关政策不断调整。2008年《企业所得税法》实施后,研发费用加计扣除政策逐步系统化和体系化。"十三五"期间,这一税收政策得到持续发展和完善。

1. 扩大优惠享受主体,支持企业境外研发

在全球化背景下,随着我国经济的持续快速发展,一些企业生产布局和销售市场逐步走向全球,其研发活动也随之遍布全球,委托境外机构进行研发创新活动也成为企业研发创新的重要形式。2018年,财政部、国家税务总局联合发布《关于企业委托境外研究开发费用税前加计扣除有关政策问题的通知》(财税〔2018〕64号),明确委托境外进行研发活动所发生的费用,按照费用实际发生额的80%计入委托方的委托境外研发费用。同时,委托境外研发费用不超过境内符合条件的研发费用2/3的部分,可以按规定在企业所得税税前加计扣除。这一政策对于企业充分利用国内国际两种资源、两个市场开展研发活动起到了支持作用。

2. 明确加计扣除范围，增强政策可执行性

研发费同时存在会计核算、研发费用加计扣除和高新技术企业认定研发费用三个不同口径，实践中比较容易混淆。2015年，财政部、国家税务总局联合发布《关于完善研究开发费用税前加计扣除政策的通知》（财税〔2015〕119号），在进一步放宽享受优惠的企业研发费用范围的基础上，减少了研发费用加计扣除口径与高新技术企业认定研发费用归集口径之间的差异。2017年，国家税务总局出台《关于研发费用税前加计扣除归集范围有关问题的公告》（国家税务总局公告2017年第40号），明确了部分研发费用口径，为企业享受研发费用加计扣除政策提供依据，有效促进了研发费用加计扣除政策的准确执行。

3. 提高加计扣除比例，降低研发投入成本

根据《企业所得税法实施条例》，企业为开发新技术、新产品、新工艺发生的研究开发费用，未形成无形资产计入当期损益的，在按规定据实扣除的基础上，按照实际发生额的50%在税前加计扣除；形成无形资产的，按照无形资产成本的150%摊销。为进一步推动"大众创业、万众创新"，加大对科技型中小企业的精准支持力度，财政部、国家税务总局联合发布《关于提高科技型中小企业研究开发费用税前加计扣除比例的通知》（财税〔2017〕34号），2017年1月1日至2019年12月31日，科技型中小企业开展研发活动中实际发生的研发费用加计扣除比例由50%提高到75%。2018年出台的《财政部 税务总局 科技部关于提高研究开发费用税前加计扣除比例的通知》（财税〔2018〕99号）规定，在2018年1月1日至2020年12月31日，企业开展研发活动中实际发生的研发费用，未形成无形资产计入当期损益的，在按规定据实扣除的基础上，再按照实际发生额的75%在税前加计扣除；形成无形资产的，在上述期间按照无形资产成本的175%在税前摊销。2021年，《财政部 税务总局关于进一步完善研发费用税前加计扣除政策的公告》（财政部 税务总局公告2021年第13号）进一步明确：制造业企业开展研发活动中实际发生的研发费用，未形成无形资产计入当期损益的，在按规定据实扣除的基础上，自2021年1月1日起，再按照实际发生额的100%在税前扣除；形成无形资产的，自2021年1月1日起，按照无形资产成本的200%在税前摊销。

上述税收政策的实施，使政府与企业共担创新及研发过程中的风险，减少了研发活动的不确定性，有效引导企业加大研发投入和科技创新。"十三

五"期间,我国全社会研发经费支出从 1.42 万亿元增长到 2.21 万亿元,研发投入强度从 2.06% 增长到 2.23%。基础研究经费增长近一倍,2019 年达到 1336 亿元。①"十三五"期间享受研发费用加计扣除政策的企业累计达 84.3 万户次,累计申报研发投入 5.2 万亿元,共计减免企业所得税 8730 余亿元,是"十二五"期间的 4.9 倍,② 有效支持了我国科技创新发展。

(三)促进高新技术企业发展的税收政策及其效应分析

高新技术企业是以科技推动新旧动能转换的生力军。为贯彻落实创新驱动发展战略,在落实高新技术企业低税率优惠的同时,财政部、国家税务总局于 2018 年出台规定,延长高新技术企业和科技型中小企业亏损年限,进一步调动企业加大科技投入的积极性。

1. 普遍享受低税率优惠

1994 年,财政部、国家税务总局发布《关于企业所得税若干优惠政策的通知》(财税字〔1994〕1 号),对高新技术产业开发区内的高新技术企业给予税收优惠,主要为:国务院批准的高新技术产业开发区内的高新技术企业,减按 15% 的税率征收所得税;新办的高新技术企业自投产年度起免征所得税两年。《企业所得税法》实施后,取消了对位于高新产业开发区内的要求,规定全国范围内的高新技术企业都减按 15% 的税率征收企业所得税。

2. 延长亏损结转年限

为更好地支持高新技术企业和科技型中小企业发展,财政部、国家税务总局联合发布《关于延长高新技术企业和科技型中小企业亏损结转年限的通知》(财税〔2018〕76 号),自 2018 年 1 月 1 日起,当年具备高新技术企业或科技型中小企业资格的企业,在其具备资格年度之前的 5 个年度内发生的尚未弥补完的亏损,准予结转以后年度弥补的最长年限由 5 年延长至 10 年。

3. 增值税即征即退优惠

根据《财政部 国家税务总局关于软件产品增值税政策的通知》(财税〔2011〕100 号),增值税一般纳税人销售其自行开发生产的软件产品,按 17% 税率征收增值税后,对其增值税实际税负超过 3% 的部分实行即征即退政

---

① 过去 5 年,全社会研发经费支出从 1.42 万亿元增长到 2.21 万亿元——我国科技创新实现量质齐升〔N/OL〕. 经济日报,(2020-10-22)〔2021-01-09〕. http://www.gov.cn/xinwen/2020-10/22/iontent_ 5553192. htm.

② 数据来源于国家税务总局网站。

策。《财政部 国家税务总局关于延续动漫产业增值税政策的通知》（财税〔2018〕38号）明确，自2018年5月1日至2020年12月31日，对动漫企业增值税一般纳税人销售其自主开发生产的动漫软件，按照16%的税率征收增值税后，对其增值税实际税负超过3%的部分，实行即征即退政策。动漫软件出口免征增值税。

4. 增值税期末留抵退税

《财政部 国家税务总局关于退还集成电路企业采购设备增值税期末留抵税额的通知》（财税〔2011〕107号）规定，对集成电路企业采购设备形成的增值税期末留抵税额予以退还。对国家批准的集成电路重大项目企业因购进设备形成的增值税期末留抵税额准予退还。《财政部 税务总局 海关总署关于明确部分先进制造业增值税期末留抵退税政策的公告》（财政部 税务总局 海关总署公告2019年第84号）明确，自2019年6月1日起，符合条件的部分先进制造业纳税人，可以自2019年7月及以后纳税申报期向主管税务机关申请退还增量留抵税额。

上述税收政策的实施，对于促进高新技术企业和科技型中小企业发展，提升我国创新能力和创新效率起到了积极作用。"十三五"期间，高新技术企业从7.9万家增长到22.5万家。高新技术企业在抗击新冠肺炎疫情、支撑经济平稳运行工作中，发挥了中流砥柱的作用。

（四）促进科技成果转化的税收政策及其效应分析

科技成果转化是对科学研究与技术开发所产生的具有实用价值的科技成果所进行的后续开发、应用和推广的过程。科技成果只有转化为生产力，才能促进科技进步和社会发展。《企业所得税法》及其实施条例对技术转让的企业所得税优惠政策进行了明确。"十三五"期间，我国通过扩大技术转让范围、鼓励技术投资入股等政策，进一步激励和促进科技成果转化。

1. 非独占许可使用权纳入技术转让范围

《企业所得税法实施条例》规定，自2008年1月1日起，在一个纳税年度内，居民企业符合条件的技术转让所得不超过500万元的部分，免征企业所得税；超过500万元的部分，减半征收企业所得税。这时候，符合条件的技术转让，强调居民企业拥有技术的所有权或者5年以上全球独占许可使用权。2015年，财政部、国家税务总局联合发布《关于将国家自主创新示范区有关税收试点政策推广到全国范围实施的通知》（财税〔2015〕116号），自2015年10月1日起，将全国范围内的居民企业转让5年以上非独占许可使用权取得的技术转让所得，纳入享受企业所得税优惠的技术转让所得范围，进一步放宽了技术转让的限制，有效促进了技术流动。

2. 鼓励技术成果投资入股

我国企业股权激励于2005年股权分置改革后真正启动。现行对技术成果投资入股的税收优惠政策主要有两个：一是分期纳税，《财政部　国家税务总局关于非货币性资产投资企业所得税政策问题的通知》（财税〔2014〕116号）规定，企业以非货币性资产（包括技术成果）投资入股，对资产评估增值所得允许在不超过5年期限内分期缴税；二是延期纳税，《财政部　国家税务总局关于完善股权激励和技术入股有关所得税政策的通知》（财税〔2016〕101号）规定，企业以技术成果投资入股到境内居民企业，被投资企业支付的对价全部为股票（权）的，企业可选择适用递延纳税优惠政策。选择技术成果投资入股递延纳税政策的，经向主管税务机关备案，投资入股当期可暂不纳税，允许递延至转让股权时，按股权转让收入减去技术成果原值和合理税费后的差额计算缴纳所得税。

上述税收政策的实施，加快了科技成果从"实验室—技术市场—生产车间—终端市场"的转化步伐，激发了市场活力和社会创造力。"十三五"期间，我国技术市场合同成交额翻了一番，2019年超过2.2万亿元，每万人口发明专利拥有量13.3件，发明专利授权量居世界首位，全球创新指数排名从2015年的第29位跃升至2020年的第14位。

（五）促进科技人员创新的税收政策及其效应分析

《财政部　国家税务总局关于将国家自主创新示范区有关税收试点政策推广到全国范围实施的通知》（财税〔2015〕116号）规定，自2016年1月1日起，全国范围内的高新技术企业转化科技成果，给予本企业相关技术人员的股权奖励，个人一次缴纳税款有困难的，可根据实际情况自行制定分期缴税计划，在不超过5个公历年度内（含）分期缴纳，并将有关资料报主管税务机关备案。2018年，《财政部　国家税务总局关于科技人员取得职务科技成果转化现金奖励有关个人所得税政策的通知》（财税〔2018〕58号）明确，依法批准设立的非营利性研究开发机构和高等学校根据《促进科技成果转化法》规定，从职务科技成果转化收入中给予科技人员的现金奖励，可减按50%计入科技人员当月工资、薪金所得，依法缴纳个人所得税。

上述税收政策的实施，对科技人员和成果转化带来利好，科技人员的智力贡献合法地以货币形式得到计量和兑现，体现了对创新、创造者的尊重和奖励，释放了科技人员参与科研和创新的激情。"十三五"期间，我国研发人员全时当量从376万人年增长到2019年的480万人年，领军人才和创新团队不断涌现，青年科技人才逐步成为科研主力军。

四、税收促进科技创新的效果评估及前景展望

当前，我国发展面临的国内外环境发生深刻复杂变化，"十四五"时期以及更长时期的发展对加快科技创新提出了更为迫切的要求。必须充分发挥税收在国家治理中的基础性、支柱性、保障性作用，进一步完善现代税收制度，优化税收政策体系，深化税收征管改革，激发创新主体活力，全力支持创新驱动发展战略和加快建设创新型国家。

（一）厚植科技创新根基，完善与高质量发展要求相配套的现代税收制度

我国经济已由高速增长阶段转向高质量发展阶段，正处于发展方式转变、增长动力转换、经济结构转型升级的攻坚期。必须适应新形势，从国家发展战略的高度对促进科技创新政策进行顶层设计，综合利用知识产权政策、财政政策、税收政策等，形成互为支撑、相互协调的政策体系。积极推进税制结构调整，加大涉及教育、科技、基础研究等方面的税制改革，健全现代税收制度。深化相关税种改革，适当提高直接税比重，使直接税和间接税搭配更加合理，改变科技创新企业和科技创新人员总体税负过重、负担不公平不合理的局面。

（二）坚持精准施策，构建助推创新驱动发展战略的税收政策体系

新一轮科技革命和产业变革的加速演变，更加凸显了加快提高我国科技创新能力的紧迫性。必须充分发挥税收政策的引导作用，全面实施针对不同市场主体、企业各生命周期的科技创新税收政策。中小科技企业一般处于发展初期，研发资金不足，要通过投资税收抵免、纳税信贷等措施，充分发挥中小型企业适应性强、创新机制灵活等优势，使其真正成为科技创新活动的重要主体。大型企业一般产品较为成熟、风险应对能力较强，要梳理相关政策，形成政策合力，共同刺激其加大新产品、新技术的研发，增加技术创新供给。要充分发挥税收在要素投入方面的激励作用，完善集成电路、生物医药、人工智能等领域税收优惠政策，虹吸全球先进创新要素，实现产业链供应链自主可控，打造世界级产业集群。

（三）接轨国际惯例，不断完善我国高新技术企业税收优惠政策

在改革开放大背景下，我国长期坚持以市场换资金、以市场换技术的战略，在诸多关键核心技术领域并未达到预期效果。每年高新技术企业数量虽稳步增长但质量不高，其中掌握关键技术和处于产业链高端的企业少之又少，核心技术仍受制于人，关键环节、关键领域、关键产品的保障能力较弱，尚未实现自主可控、安全高效的发展。我国高新技术企业税收优惠采取"门槛法"，即一旦认定为高新技术企业，其全部所得都能享受税收优惠，与国际上通行的"关联法"优惠方式有一定差异，尽管它是最具中国特色的税收优惠方式，且不构成有害税收实践，但从长期促进科技发展和自主创新角度考虑，有必要进一步修改和完善，向国际通用的"关联法"优惠方式靠拢，甚至可以考虑以研发费用加计扣除优惠方式全面替代高新技术企业优惠方式。此外，要改变仅重视应用研究、实验发展而忽视基础研究的短期性、功利性行为，积极制定促进基础研究等税收优惠政策，打好关键核心技术攻坚战，加速科技成果向现实生产力转化。

（四）激发创新活力，推出更多鼓励科技创新人员的税费优惠政策

人才是第一资源，国家科技创新力的根本源泉在于人。面对日益激烈的国际竞争，必须突出"高精尖缺"导向，实施更开放的创新人才引进税收政策，将个人所得税的扣除标准与国际标准接轨，鼓励企业引进高端人才。对产业发展和科技创新方面做出突出贡献的人才，每年度给予不同档次的定额贡献奖励，可比照粤港澳大湾区个人所得税政策，对境外引进的短缺人才超出 15% 的个人所得税部分给予减免优惠，差额部分由地方财政补齐。拓宽针对科技创新人才的税收和社会保险费优惠政策覆盖面，对于个人获得技术进步奖金、技术成果转让收入、特许权使用费等给予个人所得税优惠。针对大多数海外人才家庭成员收入不平均的实际，参照发达国家税收政策通行做法，试行高端人才以家庭为单位的个人所得税征收体制，有效降低科技人才的实际税负。

（五）深化征管改革，持续优化科技创新的税收营商环境

进一步转变税收征管方式，优化税收执法方式，健全税务监管体系，持续深化纳税缴费便利化改革，显著降低市场主体征纳成本，大幅提高社会满意度和税法遵从度，为科技创新营造市场化、法治化、国际化的税收营商环境。通过拓展区域性税收服务，构建统一、竞争、有序和开放的市场体系，服务区域经济一体化发展。坚定不移地走科技兴税之路，积极构建"以数治税"新格局，以 5G 建设为契机，推进税收治理数字化、智能化建设，解决数字经济发展中的税收征管问题，发挥税收大数据作为生产要素的乘数效应，实现新技术向税务生产力的高效转化，更好发挥税收服务国家治理的重要作用。

更好发挥税收职能作用
支持企业创新驱动发展

傅 彤[*]

党的十九届五中全会勾画出 2035 年我国经济社会发展的蓝图，阐述了我国"十四五"建设的主要目标和发展路径。党中央高度重视创新在现代化建设全局中的作用，将"进入创新大国前列"作为主要远景目标之一，将"坚持创新驱动发展，全面塑造发展新优势"作为首要发展路径，并将"提升企业技术创新能力，强化企业创新主体地位，促进各类创新要素向企业集聚"作为目标的具体实现路径。税收是调节国民经济的基本手段之一，是联结政府和企业的重要纽带。采取更加切实有效的措施，更好发挥税收在促进企业创新驱动发展的作用，是税务部门落实《中共中央关于制定国民经济和社会发展第十四个五年规划和二〇三五年远景目标的建议》（以下简称《建议》）的必然选择，是推进创新大国建设落实的重要切入点。本文以税收与企业创新为分析对象，首先对税收促进企业创新作用进行分析；其次对我国现行税收政策促进企业创新的情况进行概括，对"十四五"规划纲要中提出的我国税收促进企业创新的新要求进行具体分析；最后就我国如何利用税收进一步促进企业创新提出具体建议。

一、税收是促进企业创新的重要手段

（一）税收是国家调控经济的重要手段

调控经济是税收的重要职能，主要体现在对资源配置的优化和对收入分配的调节，在微观上主要通过调整经济主体成本与收益来实现，在宏观上表现为调整相关要素或产品的供给和需求。国家运用税收进行宏观调控的主要

---

[*] 傅彤，国家税务总局江苏省税务局税收科学研究所副所长。

目的包括解决经济外部性、实现战略意图和调整产业结构。在市场经济条件下，税收对于供给的调整通过增加或者降低企业的成本来实现，主要表现为税收调整带来的企业成本和利润的变化，如给予企业所得税和消费税税率上的调整或实行税收优惠使企业成本增加或降低，从而使企业的利润减少或增加，达到引导企业行为的目的并最终影响行业产品供给。税收对于需求的调整主要通过对相关产品价格的影响来实现。例如，在原油价格下跌时，通过提高消费税税率，减缓汽油价格下跌速度，遏制对汽油消费需求的过快释放；又如，通过购买退税政策，降低产品的购买价格，增加消费的效用，提高个体消费者的需求，从而提高社会需求等。同时，税收对供给端和需求端的影响，在一定情况下可以相互转换。对供给和需求的调整是税收解决经济外部性的切入点。税收调整对于企业的影响的综合反应是生产要素在社会层面配置的变化。对资本、劳动等要素征税的变动，将引起整个社会各行业对资本、劳动力的供给与需求的变化，并引起资本与劳动力的替代反应以及社会层面的生产要素的行业间重置，其结果主要表现为国家经济结构的调整和战略意图的实现。同时还需要关注的是，在科技与资本和劳动力结合生成人力资本和高能资本时，税收的调控还会带来科技发展的变化。

（二）企业创新需要政策支持

从语义上看，"创新"有抛开旧的、创造新的之意，企业创新包括管理创新、技术创新、组织创新等，由两个层面的含义构成：一是产品创新，即新生成一种技术，使用这种技术可以生产或者提供原来社会中不存在的某种产品或者服务，带来新的需求，从而使市场总体扩大；二是效率创新，即新生成一种技术，使用这种技术可以在既有的资本和劳动力下，生产或提供更多的产品或者服务，使供给更有效率。

企业创新有以下特点：一是从条件上看，企业创新对人力、资本要求高。罗默等经济学家将知识技术与劳动力相结合探讨了人力和资本的作用，认为人力资本是新技术产生的重要因素。在技术内生增长的情况，较高的人力资本要求较高的工资回报，而较高的工资又会使企业的研发面临高成本的困境。二是从过程上看，企业创新过程具有风险性。古诺等从博弈论的观点认为，企业创新活动存在较大的风险，风险具体包括研发失败风险、市场接受失败风险和被模仿的风险，这些风险将使得企业创新的意愿降低。此外，企业创新还具有高投入、长周期等特点。三是从微观结果看，企业创新具有逐利特点。熊彼特等认为，无论是横向层面的企业创新还是纵向层面的企业创新，其目的皆是提高企业的利润、增强企业的竞争力，而企业利润提高和竞争力增强的同时又会带来一国科技的进步和综合国力的提升。四是从宏观影响看，企业创新具有显著的外部性。萨缪尔森等认为，企业创新的外部性主要体现在技术传播带来的非排他性，当企业通过创新产生的新知识、新技术等让市场以外的人们乃至整个社会受益，而企业获得的经济收益不足以补偿创新产生的成本时，企业创新的动力会被遏制。

企业创新的内涵和特点决定着其需要政策的支持，采用经济手段，促进企业创新条件完善，降低企业创新成本，提高企业创新收益，使创新的正外部性收益内部化是企业创新对于政策支持的需求。只有采取有针对性的政策措施，才能更好地促进企业创新发展。

（三）税收能够满足促进企业创新的需求

综合以上对税收调控经济机制和企业创新的特点可以发现，采用适当的税收调控手段能够有效地降低阻碍企业创新不利因素的影响程度，放大创新给企业带来的收益，从而促进企业创新。

一是通过税收促进创新要素流入，为企业创新创造条件。通过企业所得税的税率优惠等措施，可以促进资本要素向创新型企业流入。赋予企业创新更多的税收优惠可以达到提高创新型企业利润的目的，引导更多的资本向创新型企业流动，而这种资本的流动会促进创新型企业群体的扩大和创新型企业分工的深化，进而通过企业群体间的技术溢出和金融外部性进一步提升，从而形成企业创新的良性循环。

二是通过税收分担企业创新风险，来降低企业创新的机会成本，从而提升企业创新的风险承担能力。诸如采用研发支出费用化处理，使企业的研发机会成本由政府和企业共同承担，在企业风险承受能力既定的情况下，研发风险的分摊无疑将提升企业研发的意愿，促进企业开展高难度研发。

三是通过税收增加创新回报，提高企业创新积极性。如通过个人所得税优惠等形式提高知识劳动力的实际所得，从而提高知识劳动力的积极性，以促进企业创新的质量。同时从企业角度看，在不同知识水平劳动力存在工资差异的情况下，降低高知识劳动力的个人所得税，在高知识劳动力名义收入既定的情况下，将降低企业的高知识劳动力购买成本，从而促进创新型企业对高知识劳动力的投入，推进企业创新的进一步发展。

四是通过税收使创新的外部性向企业内化，增强企业创新动力。例如，通过所得税减半征收、增值税即征即退等税收优惠措施可以降低创新型企业的生产成本，使得技术溢出的外部性收益内部化，从而达到促进企业创新的效果。

二、"十三五"期间促进企业创新发展的税收政策综述

"十三五"期间，税务部门认真贯彻落实国家关于创新发展的各项战略部署，继续执行了一批行之有效的支持政策，出台了一批新的税收支持政策，优化纳税服务，切实鼓励企业创新发展，收到了良好效果。

（一）"十三五"期间国家出台了一系列支持创新的税收政策

我国支持创新的税收政策是逐步完善和发展的，主要集中于企业所得税、个人所得税和增值税等税种。

1. 在支持创新要素向企业流入方面

在支持创新要素向企业流入方面，一是在个人所得税方面，除继续执行科研机构、高等学校转化职务科技成果以股份或出资比例等股权形式给予科技人员个人奖励，暂不征收个人所得税的规定外，"十三五"期间，出台了高新技术企业转化科技成果，给予本企业相关技术人员的股权奖励递延缴纳个人所得税政策。通过上述优惠政策的执行，促进人力要素向企业集聚。二是出台对科创企业投资所得抵扣投资额纳税政策，对创投企业和天使投资人给予企业所得税、个人所得税税收优惠；同时，还对扶持企业成长的科技企业孵化器、大学科技园等创新创业平台、创投企业、金融机构、企业和个人等给予税收优惠，引导社会资本向科技型创投企业投入，促进资本要素向创新企业集聚。此外，还有为提高职工技术水平，给予的职工教育经费扣除优惠等。

2. 在分担企业创新风险方面

在分担企业创新风险方面，主要有研发费用加计扣除、加速折旧、延长亏损结转年限等优惠政策。"十三五"期间出台的这类税收政策主要有：企业开发新技术、新产品、新工艺发生的研究开发费用可以在计算应纳税所得额时加计扣除；技术进步企业设备类固定资产和专门用于研发活动的仪器、设备实行加速折旧或一次性扣除；科研院所、技术开发机构、学校等购买用于科学研究、科技开发和教学的设备享受进口环节增值税、消费税免税；具备高新技术企业或科技型中小企业资格的企业，其具备资格年度之前5个年度发生的尚未弥补完的亏损，准予结转以后年度弥补，最长结转年限由5年延长至10年。

3. 在增加创新回报、促进使创新的外部性向企业内部化方面

在增加创新回报、促进使创新的外部性向企业内部化方面，除继续执行高新技术企业15%所得税税率外，"十三五"期间对重点行业出台了特殊的优惠政策：软件和集成电路企业可以享受企业所得税一定期限内减免优惠，尤其是国家规划布局内的重点企业，可减按10%的税率缴纳企业所得税；对自行开发生产的计算机软件产品、集成电路重大项目企业给予增值税期末留抵税额退税的优惠；对动漫企业实施增值税超税负即征即退等。

（二）税收政策对企业创新的作用

"十三五"期间出台的支持企业创新发展的税收政策，对企业创新发展起到了一定的促进作用，也暴露了一些问题。

一是支持创新发展的税收优惠总量大。以江苏省为例（下同），2016—2019年，全省支持创新的企业所得税优惠累计2047.78亿元，其中，高新技术企业优惠达1038.94亿元，研发费用加计扣除优惠915.84亿元，平均每年约有3.7万户纳税人享受了不同形式的企业所得税优惠。此外，对技术转让、孵化服务、软件产品等增值税优惠合计达205亿元。

二是企业对支持创新的税收优惠政策反映好。根据江苏省纳税人满意度调查，2019年，90%以上的企业纳税人知晓支持创新的各项税收优惠政策。在规模以上工业企业中，研发费用加计扣除减免税政策和高新技术企业减免税政策的惠及面分别达到66.0%和56.2%，企业对这两项政策的认可度分别达到87.1%和88.9%。说明企业普遍了解国家对创新的税收扶持政策，反映也比较良好。

三是税收优惠政策执行效果不平衡。尽管国家出台了一系列支持创新的税收优惠政策，然而从执行情况看，优惠政策执行效果并不平衡，很多税收优惠政策效果有待进一步发挥。分税种看，支持创新的税收优惠主要体现在企业所得税、个人所得税和增值税，其他税种政策支持从数据上看较小。在同一税种中，各项政策执行效果也不平衡，例如，在企业所得税的支持创新各项优惠中，高新技术企业和研发费用加计扣除两项政策合计减税额占企业所得税总减税额的95%，其他各项优惠税额不大。

四是税收优惠供给与企业需求间还存在差距。虽然"十三五"期间，国家对企业创新给予了很多政策扶持，但与企业需求还存在很大差距。例如，2016—2018年期间江苏给予企业研发费用加计扣除548亿元，换算为企业研发投入2192亿元，即有2192亿元企业研发投入享受了研发费用加计扣除政

策，而同期江苏企业研发投入合计 5901 亿元①，企业研发投入优惠政策享受面仅为 37.1%。税收支持企业创新还有更广阔的发展空间。

三、建议对税收促进企业创新发展提出新要求

（一）要求税收对企业创新的支持更加普惠

《建议》提出，"强化企业创新主体地位，促进各类创新要素向企业集聚""发挥大企业引领支撑作用，支持创新型中小微企业成长为重要创新发源地"。税收要求对企业创新提供更全面、更公平的支持。主要体现在两个方面：一是在政策设计的行为目标上，要求税收支持政策更加全面。也即要求税收政策能够促进企业、科研机构、高等院校、中介机构（平台）积极参与以企业为主体的创新行为活动中，促进人才、资金、技术等创新要素向企业集聚。然而，目前税收促进企业创新的政策中，有些还不能做到全面普惠。例如，对居民企业取得技术转让所得的免税政策，仅列举专利技术、计算机软件著作权、集成电路布图设计权、植物新品种、生物医药新品种等，占技术转让主体的技术秘密转让却不能享受优惠，这缩小了可享受技术转让优惠的项目范围，没有做到对技术转让行为的普遍性优惠。又如，科技创新企业员工个人持股可以享受个人所得税递延纳税政策，通过持股平台却不能享受，这一做法也在一定程度上影响了部分企业员工对企业创新的积极性。二是在政策设计的作用对象上，要正视同一政策对不同企业的影响。这要求税务政策在设计过程中，要兼顾各种类型企业对税收政策的不同需求，不仅要支持大企业创新，还要支持中小微企业创新。然而，目前有些政策仍然不符合这一要求，如高新技术企业认定政策，这一政策的认定程序复杂、后期各项指标持续考核要求高，有的中小企业因风险预判而选择放弃申请，造成同样的政策对不同企业影响不同，偏离了政策促进企业创新的普惠性初衷。在"十四五"期间，研究出台作用对象更加全面的税收支持政策是支持企业创新发展的重要切入点。

（二）要求税收支持企业创新更加具有针对性

《建议》对"十四五"时期创新发展的重点方向、重点领域进行了全面布局：在重点方向上，提出"加强基础研究，注重原始创新""对企业投入基础研究实行税收优惠"；在重点领域上，提出"瞄准人工智能、量子信息、集

---

① 数据整理自《中国科技年鉴（2019）》。

成电路、生命健康、脑科学、生物育种、空天科技、深地深海等前沿领域，实施一批具有前瞻性、战略性的国家重大科技项目"等一系列举措。重点方向、重点领域的提出，要求税收政策需要适时调整，并凸显税收政策促进重点的针对性。然而，目前支持创新的税收政策中，有的政策未能突出对国家发展战略有重大影响的重点方向、重点领域的针对性，而统一实行无差别的政策待遇。例如，现行政策对软件企业给予了增值税超税负即征即退、所得税"两免三减半"等较大幅度的税收优惠，但没有突出对涉及人工智能、量子信息等国家鼓励的重点高精尖领域软件产品特殊税收待遇，而一些类似游戏软件等对国民经济发展意义相对不大的企业却从政策扶持中获得巨大利益，知识产权"多而不优""大而不强"不符合我国创新发展理念，偏离了政策设计初衷。再如，对于国家鼓励的集成电路生产企业或项目享受税收优惠设定的门槛过高，不利于鼓励民间闲散资本向高新技术领域集聚。税务部门贯彻《建议》关于创新的要求，就要根据创新重点方向、重点领域的特点，推出有针对性的税收支持政策，只有增强了针对性，才能使税政策更好地服务于创新发展。

（三）要求税收支持企业创新更加协调

《建议》站在全局高度，在对创新提出整体部署的同时，对创新的协调性也提出了要求。例如，在强化国家战略科技力量中提出要"提高创新链的整体效能"，强调不同领域创新的分工协作；又如，在提升企业技术创新能力中提出要"推动产业链上中下游、大中小企业融通创新"，强调创新在产业、行业经济活动中的协调性；再如，在完善科技创新体制机制中提出要"推动重点领域项目、基地、人才、资金一体化配置"，强调体制机制的协调性，等等。这对税务部门促进企业创新也提出了更高的协调性要求：一是要注重税收政策制定与"十四五"规划的协调，促进创新税收政策的内容、时效要与"十四五"规划纲要的创新部署相协调，符合国家宏观战略要求。二是要注重税收支持政策与其他相关政策的协调。只有不同政策口径协调一致，才能更好发挥政策效用。然而，目前个别税收政策落后于其他部门政策，例如，农机产品一直以来都是给予免征增值税政策，关于农机产品注释还是依据1993年农业部关于农机产品的鉴定目录制定的，但2019年农业部发布了新的农机产品的鉴定目录，将一些采用新技术的农业机械产品纳入范围，可见，现行增值税关于农机产品的范围注释已不适应现代数字化农业的发展需求。类似这样的政策间不协调，大幅影响了税收政策效果的发挥。三是要注重不同税收政策规定内涵与外延的表述协调，注意不同时期出台的同类政策在政策解释、执行口径上的一致性。目前，我国同类税收政策在政策解释、执行口径上一致性还较为不足。如关于从事技术创新人员的表述，在高新技术企业认定政策中表述为"企业从事研发和相关技术创新活动的科技人员"，而在研发费用加计扣除政策中则表述为"直接从事研发活动的人员"，两者之间口径不一致，前者认定口径较为宽泛，在实践中可能出现执行偏差。支持企业创新的税收政策的协调有利于提高税收政策执行的效率，降低企业创新享受税收优惠的风险。

（四）要求税收支持企业创新更加有效

《建议》对优化创新的分配激励机制进行了全面部署，要求"健全创新激励和保障机制，构建充分体现知识、技术等创新要素价值的收益分配机制，完善科研人员职务发明权益分享机制""完善科技评价机制，优化科技奖励项目""大幅度提高科技成果转移转化成效"。可以预见，随着这些政策逐步落实，创新成果的分配机制会发生变化，呈现新的特点。税收是调节分配的重要手段，这要求税务部门在支持创新工作中，要更加注意适应新情况，解决新问题，凸显政策目标的连贯性。应该看到，当前为促进创新驱动，税务部门出台了不少税收支持政策，然而个别政策由于不适应创新发展的新变化，并没有完全发挥其应有的效能。如现行很多税收优惠政策都是设定享受年限的临时性政策措施，政策到期后是否延续执行则需另行确定；集成电路税收优惠、研发费用加计扣除等政策，则是通过不断地"打补丁"来延续。政策制定没有体现长期激励目标，造成了企业对政策预期不明确，影响了企业创新长期计划的实现。又如，非货币性资产投资个人所得税延期5年纳税的创新支持政策往往由于投资人到期未能通过股权转让等方式取得足够现金流，未能真正减轻创新个人税收负担，影响了政策的有效性。政策是否有效是对政策设定科学与否的考量，关系着政策执行目标的实现和政策效力的社会认可，提高税收支持企业创新的有效性是税务部门落实《建议》要求的重要着陆点。

四、促进企业创新发展税收政策完善建议

完善税收促进创新发展政策应把握两项主要原则：一是政府引导和市场调节相结合的原则。推动高新技术企业发展，既要充分发挥政府的引导作用，又要注重发挥市场的作用，调动社会各方面参与的积极性、主动性，形成多

元投入、协力发展的新格局。二是完善政策和优化税制相结合的原则。尽量在现行税制框架内进行政策调整；如果需要突破现行税制框架，应在符合税制改革长期方向的前提下进行，避免出台政策的盲目性和随意性。为此，"十四五"期间促进企业创新的税收政策在设计时应做如下考虑。

（一）科学把握税收优惠政策的普惠性与针对性

普惠性和针对性是《建议》对税收促进企业创新发展的两个要求。税收政策促进企业创新的普惠性和针对性是有机结合的整体。普惠性要求创新主体能够享受到的税收优惠要广覆盖，而针对性则要求政策的作用更加突出。结合上文的分析，具体而言，一是要构建有利于激励人才创新的税制环境。一方面，将技术秘密合同纳入优惠政策范围，与技术专利享受同等的税收待遇，重视人才投入在技术秘密创新研发中的作用。另一方面，扩大股权激励和递延纳税政策范围。科创企业发展初期，为了留住核心技术型员工和在企业层面保持管理决策的灵活性和股权结构稳定，往往存在通过设立合伙企业持有本企业股权的实际情况，这需要明确员工持股平台的有关规定，把持股平台的股东纳入股权激励递延纳税政策范围。同时，建议将非货币性资产投资个人所得税延期5年纳税的政策修改为递延至个人实际转让该投资或企业进行清算时纳税，从实质上有效缓解纳税人缺乏足够资金纳税的困难，引导个人直接以科技成果等非货币性资产投资。二是研究制定对人工智能、量子信息等国家鼓励的重点高精尖领域软件产品的特殊税收待遇。例如人工智能、量子信息等前沿领域，可以比照软件、集成电路政策给予所得税优惠，以促进国家重点科技领域的创新发展。同时，为落实《建议》中关于"对企业投入基础研究实行税收优惠"的部署，根据基础性研发周期长、见效慢的特点，研究具有针对性的税收支持政策。例如：对创新成果在企业取得盈利之前，给予增值税零税率待遇，地方税种免征等措施；对从事基础研究的人员，给予适当的个人所得税减征，鼓励人员从事基础研究等，以支持基础性研发创新。

（二）准确把握税收政策的有效性和协调性

有效性和协调性是《建议》对税收促进企业创新发展的另外两个要求，税收政策促进企业创新的有效性协调性具有方向一致性。有效性即要求税收政策要能达到促进企业创新的目的，而协调性则强调税收政策促进企业创新具有过程高效率。结合上文的分析，具体而言，一是应注重税收政策过程和作用有效。一方面，根据企业创新阶段的不同，给与不同税收优惠。在初创期，创新产品属于生产阶段，虽已有较清晰的收入预期，但存在很大的市场风险，这种风险要求税收支持要更强，这时的税收优惠应体现风险共担特点；在成长期，创新成果已被市场接受并进行批量生产，这阶段需要大量的资金进行扩大生产，此时可以通过给予投资者一定的税收优惠，引导社会资金投资企业；在成熟期，创新成果规模化生产，企业流动资金重组，这阶段的税收支持力度则可适度降低。另一方面，注重税收政策效果，科学设计高新技术企业指标，使得真正有技术含量的企业创新获得更多税收红利。二是注重税收政策本身的有效性。一方面，保持税收政策的连续性，稳定企业创新预期。要对现行限期优惠的税收政策开展评估，明确哪些政策可以适时退出，哪些政策应进一步延续乃至固定化制度化，对于能够固化的政策上升到法律层面。三是注重相关配套政策协调的一致性。一方面，完善研发费用加计扣除税收优惠政策，税务、财政、科技三部门在研发费用加计扣除税收优惠政策的执行口径、评价标准、协调机制、信息交换等方面要实现互通互享、标准统一，尽量减轻企业核算的负担，方便企业高效便捷地享受税收优惠。另一方面，及时修订享受增值税免税农机产品目录，与时俱进，从制度层面统一规范管理，以鼓励高科技农机产品的发展。

（三）营造税收政策落实的良好环境

政策的落实离不开良好环境的支持。对此，一方面，对内处理好税收优惠政策制定、服务、管理与评估的关系，提高政策效果。加强对政策落实情况的督促检查，对科技创新企业进行个性化、特色化的业务辅导，简化备案申报程序，尽可能利用"互联网+税务"进行网上办税。统一政策执行口径，严格高新技术企业的资格认定等管理，规范审批环节与流程，不断创新管理手段，以信息技术为支撑，延伸管理触角，提高管理能力。另一方面，对外建立健全与工商、科技、财政、工信等多部门联合会议制度，统筹协调各项工作机制和配套政策。此外，要加强知识产权保护，激发全社会创新活力。健全大数据、人工智能、基因技术等新领域新业态知识产权保护制度，对侵权假冒重拳出击、整治到底、震慑到位，为科技创新营造良好的法治环境。

促进实体经济发展的税收政策研究

白彦锋　沈　畅*

党的十九届五中全会通过的《中共中央关于制定国民经济和社会发展第十四个五年规划和二〇三五年远景目标的建议》（以下简称《建议》）指出，要"坚持把发展经济着力点放在实体经济上，坚定不移建设制造强国、质量强国、网络强国、数字中国，推进产业基础高级化、产业链现代化，提高经济质量效益和核心竞争力。""坚持把发展经济着力点放在实体经济上"进一步明确了"十四五"时期振兴实体经济对全面建设社会主义现代化国家的重大战略意义，也对建立与高质量发展相匹配的现代税收制度提出了新的要求。

虚拟经济是市场经济高度发达的产物，其自身不创造价值，但可以通过合理的资源配置，服务于实体经济。虚拟经济活动主要包括金融业、房地产业和博彩等。而实体经济的定义则与虚拟经济相对，是指自身创造价值的经济，其经常与特定的政策目标相联系。狭义的实体经济通常仅指物质资料的生产经营活动，而广义的实体经济则包括物质生产、精神生产及其提供相关服务的经济活动[①]。制造业是实体经济的核心，其作为"立国之本、兴国之器、强国之基"，实体产业囊括居民衣食住行的方方面面。近年来，我国持续推动以制造业为代表的实体经济发展，将其作为"提升综合国力、保障国家安全、建设世界强国"的枢纽环节。[②] 目前，我国作为世界制造业大国，虽然拥有数量庞大的实体经济供给，但供给质量难以有效满足经济高质量发展以及转型升级的需要，存在供需结构性失衡的问题。因此，为维持国内经济稳

---

* 白彦锋，中央财经大学财政税务学院院长、教授、博士生导师；沈畅，中国社会科学院大学硕士研究生。

① 本文所指的实体经济是广义的实体经济。
② 摘自《中国制造2025》（国发〔2015〕28号）。

定，保障国际经济地位，在实体经济转型升级的过程中我们既要发挥有效市场的作用，也要发挥有为政府的作用。通过相对均衡的现代税收结构和税源结构夯实现代化经济体系建设，促进实体经济高质量发展。

一、我国实体经济发展现状

如今我国已经发展成为世界制造大国，拥有39个工业大类、191个中类、525个小类，是全世界唯一拥有联合国产业分类中全部工业门类的国家。制造业是促进我国经济高质量发展的主要动力，其市场化与国际化的发展程度决定了我国实体经济发展的方向。

2001年我国加入世界贸易组织后，制造业的增加值大幅上升。2010年我国制造业增加值首次超过美国，成为全球制造业第一大国。如图1所示，近年来，我国制造业增加值逐年稳步增长，从2010年130283亿元增加到2019年269175亿元。但是，值得注意的是，我国制造业增加值占国内生产总值（GDP）的比重从2011年开始呈现逐年下降的趋势，从2011年的32.06%下降到2019年的27.17%。如果无法稳固制造业占GDP的比重，任其持续下降，势必会严重动摇我国制造业基础和经济韧性，损害产业竞争力和国家经济安全。

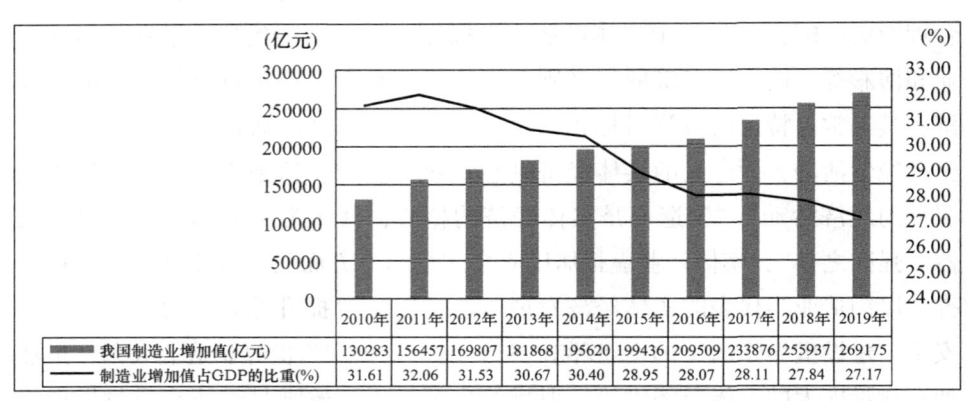

图1 我国制造业增加值占GDP的比重变化

数据来源：世界银行（The World Bank），https：//data.world bank.org.cn/indicator/NV.IND.MANF.CN?location=CN.

所以为保持制造业占比基本稳定，巩固加强实体经济根基，去探寻实体经济发展的困境并运用税收政策加以应对是十分必要的。

二、我国实体经济存在的问题

(一) 实体经济不"实"

1. 经济结构"转型"却未"升级"

随着经济水平和信息技术的快速发展,制造业服务化成为我国经济发展的重要趋势。如图2所示,我国服务业增加值占GDP的比重逐年上升,从2010年44.2%增加至2019年的53.9%。我国的经济结构表面上看已经实现了转型发展,但是本质上并未让经济效率和产业结构得到有效提升,制造业占比的快速下降和服务业占比的过快上升使得我国面临着产业结构转型却未"升级"的问题。

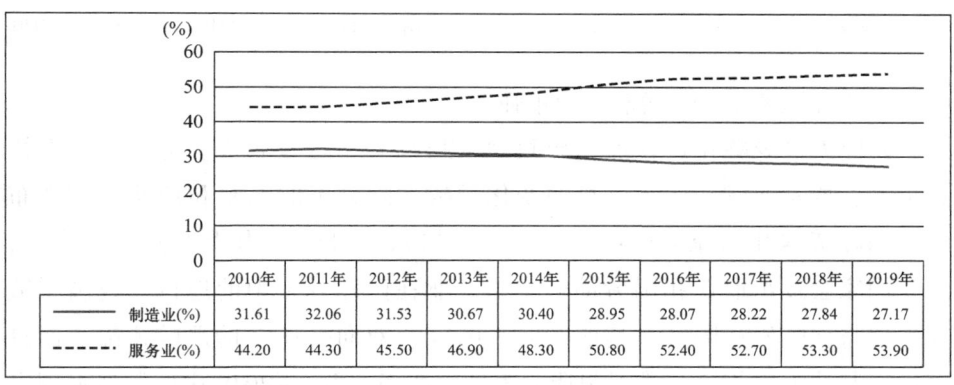

图2 我国制造业、服务业增加值占GDP的比重

数据来源:CEIC DATA 数据库,https://info.ceicdata.com/ceic-data base-demo-request-social-media-cn。

2. 高新制造业薄弱,"卡脖子"问题亟待解决

在我国制造业中,技术密集型产业占比偏低,资源密集型产业占比偏高,制造业的结构优化升级进展缓慢,使得低端供给过剩和中高端产能供给不足的现象并存。一方面,钢铁、有色金属等传统制造业存在着严重的产能过剩问题;另一方面,高附加值、高技术含量的高新技术制造业占比过低,发展水平不高。如图3所示,2017年耗能产业的主营业务收入占规模以上工业企业主营业务收入的27.49%,而电子通信等高新技术产业主营业务收入占比仅为14.06%。高新产业自主核心技术太少,会导致产业链供应链不能自主可控,"卡脖子"问题突显,严重制约了经济发展新动能的培育和成长。

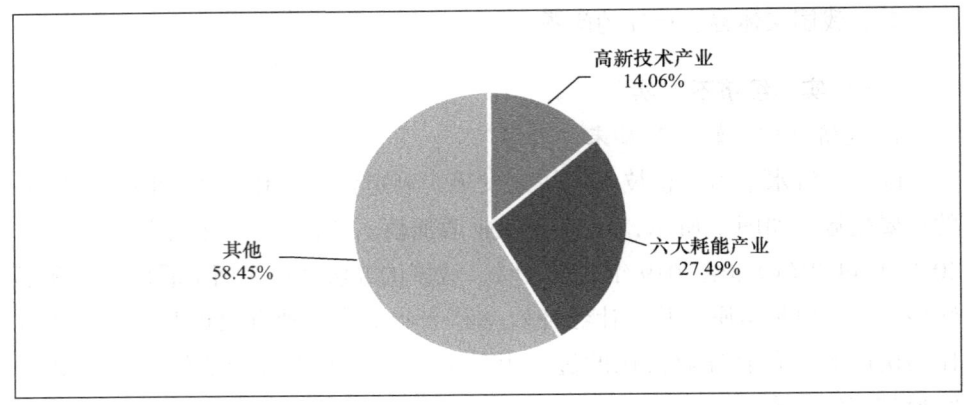

图3 高新技术产业和耗能产业占规模以上工业企业的主营业务收入比重

数据来源：国家统计局，https://data.state.gov.cn/easyquery.htm?cn=co/&zb=AOE030MAsj=2020。

3. 要素成本上升，盈利能力不强

我国人口老龄化进程加速导致"人口红利"逐步丧失，劳动力成本快速上升，要素禀赋和比较优势的变化导致国际分工的调整和产业链重新布局，国际资本开始流向印度、越南等人口众多且劳动力成本低的经济体，这些国家会逐步取代我国劳动密集型产业在国际分工中的地位，我国制造业发展将面临发达国家和其他发展中国家"双向挤压"的严峻挑战。而且与世界制造强国相比，我国制造业劳动生产率偏低。《2019中国制造强国发展指数报告》提供的数据显示，我国2019年制造业年劳动生产率仅为28974.93美元/人，只分别相当于美国、日本、德国的19.3%、30.2%、27.8%，盈利能力偏低。在去产能作用下，2016年和2017年制造业利润增速加快至12.3%和18.2%，但随着去产能效应的减弱，2018年增速回落至8.7%。2019年我国制造业实现利润总额51903.9亿元人民币，比上年更是下降5.2%。

（二）虚拟经济太"虚"

1. 资金"脱实向虚"

由于消费需求下降，投资回报率降低，大量资金从实体经济部门转自虚拟经济，造成虚拟经济部门的"资产荒"和实体经济部门的"资金荒"的矛盾现象。资金"脱实向虚"的现象可以通过广义货币供应量（M2）增长率与GDP增长率这两个指标来体现。图4展示了我国货币供应量M2增长率与

GDP 增长率的对比，长期以来，我国广义货币供应量 M2 增长率始终高于 GDP 增长率。在 2009 年，广义货币供应量 M2 增长率与 GDP 增长率差值达到最大（19.1%）。广义货币供应量增长率与 GDP 增长率的背离反映了货币在支持经济增长过程中的作用减弱，大量的货币没有进入到实体经济，资金空转现象凸显。

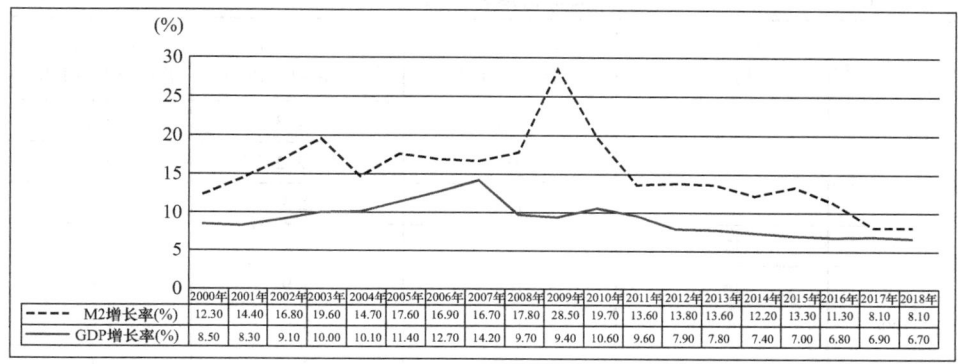

图 4　M2 和 GDP 的增长率

数据来源：国家统计局，https：//data. stats. gov. cn/easyquery. htm？cn＝co/&zb＝A0208&sj＝2019.

2. 中小企业融资难

我国一直在进行金融体制改革，形成了以间接融资为主、直接融资为辅的企业融资模式。中小企业间接融资的方式主要是从银行获得贷款，但是许多中小企业自身的经营风险比较高且缺乏符合标准的财务制度，使得银行出于风险管理的角度不愿意给部分中小企业进行贷款。直接融资方式对于解决中小企业融资困难的问题非常有限，在 A 股市场上，中小企业无论是通过 IPO 方式或是反向并购方式上市都是非常困难。中小企业通过直接融资和间接融资的方法不能满足其资金需求，只能依靠自身的资本积累。大部分中小企业依靠内源融资的方式获取资金，但是内源融资这种方式大大限制了企业的发展速度，也很难满足中小企业在快速发展阶段对于资金的需求。

3. 房产价格偏高

在其他商品价格增长缓慢甚至出现负增长的情况下，房地产销售价格快速增长。表 1 反映了 2001—2018 年我国商品房平均销售价格增长率、居民消费价格指数（CPI）、工业生产者出厂价格指数（PPI），以及固定资产投资价格指数（FPI）的数据。可以看出，2001—2018 年，我国商品房平均销售价格年均上涨 8.36%，居民消费价格指数（CPI）年均上涨 2.3%，工业生产者出厂价格指数（PPI）年均上涨仅为 1.5%，甚至连续 5 年出现负增长，固定资产投资价格指数（FPI）年均上涨 2.4%。通过比较可知房地产平均销售价格上涨幅度远远超过其他商品价格的增长幅度。

表1　　　　　　　　　各类价格指数年均增长率　　　　　　　　单位：%

年度	商品房平均销售价格增长率	居民消费价格指数（CPI）	工业生产者出厂价格指数（PPI）	固定资产投资价格指数（FPI）
2001	2.7	0.7	-1.3	0.4
2002	3.7	-0.8	-2.2	0.2
2003	4.8	1.2	2.3	2.2
2004	17.8	3.9	6.1	5.6
2005	14.0	1.8	4.9	1.6
2006	6.3	1.5	3.0	1.5
2007	14.8	4.8	3.1	3.9
2008	-1.7	5.9	6.9	9.0
2009	23.2	-0.7	-5.4	-2.4
2010	7.5	3.3	5.5	3.6
2011	6.5	5.4	6.0	6.6
2012	8.1	2.6	-1.7	1.1
2013	7.7	2.6	-1.9	0.3
2014	1.4	2.0	-1.9	0.5
2015	7.4	1.4	-5.2	-1.8
2016	10.1	2.0	-1.4	-0.6
2017	5.6	1.6	6.3	5.8
2018	10.7	2.1	3.5	5.4
年平均增长率	8.36	2.3	1.5	2.4

数据来源：国家统计局，https://data.stats.gov.cn/easyquery.htm?cn=co/&zb=A0901&sj=2019.

综上所述，当前我国经济运行中的主要问题不是总量的速度问题而是结构的均衡问题。结构问题的核心是实体经济与虚拟经济之间的严重非均衡，是"实体经济不实，虚拟经济太虚"。

其中，"实体经济不实"，主要表现在三个方面：一是制造业增加值占 GDP 比重下降太快，服务业占比过快上升，导致产业结构转型和未升级之间的问题；二是高附加值、高技术含量的先进制造业比重太低，制造业整体处于产业链低端，产业链供应链不能做到自主可控，"卡脖子"问题亟待解决；三是要素成本上升，企业盈利能力不强直接导致大量资本从实体经济部门流出，转向流入虚拟经济运行中。

而"虚拟经济太虚"，主要表现为资金大量滞留于虚拟经济部门，没有投入实体经济运作中，造成实体经济部门的"资金荒"和虚拟部门的"资产荒"并存的矛盾现象。实体经济部门"资金荒"主要体现在中小企业融资难，中小企业难以通过上市和银行贷款方式获取资金，内源融资也不能解决其资金需求，大大限制了中小企业的快速发展，不利于我国实体经济的稳定和发展。虚拟部门的"资产荒"体现在资金全部涌向金融市场和房地产市场，尤其是房地产为主体的资产价格偏高，抑制了国民的消费倾向，不利于实体经济的发展。

三、税收促进实体经济发展的作用机制

当市场不能有效地配置资源时，政府应当采取一定的措施进行调控。此时，税收可以作为政府提高微观经济效率、保持宏观经济平稳运行的一种政策手段，对实体经济的发展产生影响。税收影响实体经济发展的途径可以分为以下四个方面。

首先，税收政策可以通过影响投资和劳动要素的供给对实体经济的发展产生影响。一方面，可以通过调整企业所得税税率来改变投资收益率影响投资的供给。企业所得税税率越低，投资收益率就越高，相应的投资供给量就越多。另一方面，也可以通过调整个人所得税税率来改变闲暇的相对价格影响劳动力的供给。个人所得税税率越低，税后所得就越高，相应的闲暇相对价格也就越高，激发了人们的工作积极性，使得劳动供给增加。投资和劳动要素的供给增加会直接作用于实体经济，加速其发展。

其次，税收政策可以通过调节社会总需求对实体经济发展产生影响。凯恩斯主义认为，由于居民收入分配差距悬殊，财产向少数富人集中，富人消费支出有限，而有消费欲望的低收入阶层又由于没有足够的购买能力，整个社会出现边际消费倾向递减[1]。减税政策可以提高低收入阶层的税后可支配收入，有效地刺激居民的消费需求，带动社会投资进而有利于实体经济的快速发展。

---

[1] 凯恩斯. 就业、利息和货币通论 [M]. 北京：商务印书馆，1999.

税收政策既可以对实体经济具体行业（如先进制造业）进行扶持，也可以对实体经济的组成部分（如中小微企业）给予税收优惠来促进实体经济的发展。如《财政部 国家税务总局关于软件产品增值税政策的通知》（财税〔2011〕100号）和《财政部 国家税务总局关于进一步鼓励软件产业和集成电路产业发展企业所得税政策的通知》（财税〔2012〕27号），对软件行业在增值税、企业所得税等方面给予了税收优惠；《国务院关于印发新时期促进集成电路产业和软件产业高质量发展若干政策的通知》（国发〔2020〕8号）和《财政部 国家税务总局 国家发展改革委 工业和信息化部关于促进集成电路产业和软件产业高质量发展企业所得税政策的公告》（财政部 税务总局 发展改革委 工业和信息化部公告2020年第45号），对集成电路企业在企业所得税等方面给予了税收优惠；《财政部 税务总局关于实施小微企业普惠性税收减免政策的通知》（财税〔2019〕13号），对小微企业增值税、企业所得税以及其他税种给予了税收优惠。

最后，也可以通过财政支出来影响实体经济发展。财政支出可以通过增加社会资本供给、加大基础研发投入和提供社会必要的公共服务等方面来带动社会投资、提高生产效率、提升营商环境，从而促进实体经济的快速发展。

四、国外经验借鉴

国际金融危机对世界各国经济带来的冲击，实际上是对不合理的经济发展方式进行的否定。美国、日本、欧盟、巴西、阿根廷等国经济受到严重的打击，究其原因是由于"去工业化"和虚拟经济过度发展所导致的。通过了解美国、日本、欧盟、巴西、阿根廷等国的实体经济发展情况以及相应的税收政策，探寻各国制造业的演变历程，总结吸取其经验教训，有助于我国实现经济行稳致远的目标。

（一）美国、日本、欧盟实体经济的发展

1. 美国

美国是世界上较早进入工业化进程的国家之一。19世纪末至20世纪初，美国依托第二次工业革命，制造业获得高速发展，实现了工业现代化。第二次世界大战后，美国主导国际经济秩序，成为真正的世界制造业霸主，奠定了微电子技术、计算机技术、自动化技术等先进科学技术领域和高端制造业的全球领先地位。20世纪70年代开始，经常性的生产过剩使美国经济开始陷入停滞。面对持续的资本盈利能力下行的情况，美国经济在资本逐利本性的驱使下开始了"去工业化"进程,逐渐转入了以信息技术、金融化为主导的"新经济"。在 2000—2007 年这一期间,美国实体经济部门和金融部门的相对占比发生了巨大的变化。如图 5 所示,制造业占 GDP 的比重逐年下降,至 2007 年,制造业占 GDP 的比重不到 13%(远低于其他发达国家),"产业空心化"现象严重。资金大量流向金融领域导致了其过度膨胀,最终引发了 2008 年金融危机,美国经济发展陷入困境。

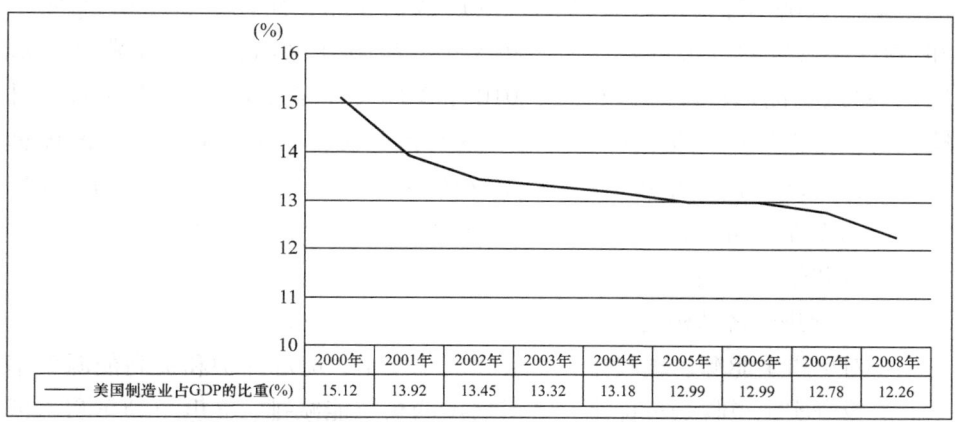

图 5　美国制造业增加值占 GDP 的比重

数据来源:世界银行(The World Bank),https://data.world bank.org.cn/indicator/NV.IMP.MANF.ZS?locations=US。

鉴于此,美国政府先后出台《减税与就业法案》《制造业促进法案》、制定"五年出口倍增计划"等措施来推行再工业化战略。在税收方面,本文从扩大内需、减轻企业税收负担、促进经济结构调整三个方面来介绍美国政府为促进实体经济发展所采取的相关税收政策。

(1)扩大内需方面的税收政策。

①在 2007 年度和 2008 年度,实施免征住房抵押贷款债务豁免部分的个人所得税;符合条件的个人和家庭,可以获得每人不超过 600 美元的个人所得税退税。②在 2009 年度和 2010 年度,增加个人所得税的抵免,允许每人可以每年获取不超过 400 美元的薪酬抵免,增加教育支出抵免、首次购房抵免、子女抵免等优惠。③2011 年,将雇员适用的社会保障税税率从 6.2%降到 4.2%,自由职业者适用的社会保障税税率从 12.4%降到 10.4%。④2018 年,将个人所得税税率从 39.6%降至 37%;翻倍提高扣除标准,单身个人扣除额翻倍提高至 12000 美元,夫妻家庭联合申报扣除额提升至 24000 美元;子女的

税收抵免额提升至每人 2000 美元，同时抚养人口抵免额为每人 500 美元；单身个人申报应税所得由原来的 55400 美元提至 70300 美元，夫妻家庭联合申报应税所得由原来的 86200 美元提至 109400 美元。

（2）减轻企业税收负担的税收政策。

①企业 2008 年购置符合条件的固定资产，给予投资额的 50% 的特别折旧；2008—2010 年期间，临时提高企业固定资产直接扣除的投资限额和标准。②在 2009 年，给予企业新购置资产特别扣除；允许小企业在 2008 年和 2009 年发生的亏损可以往前结转 5 年，2010 年又出台《小企业就业法案》，将这一优惠延长到 5 年。③2010 年 3 月 15 日至 2012 年 1 月 1 日，对购买符合条件的小企业股份实现的资本利得免税；延长普通企业折旧优惠的期限，提高小企业开办费扣除上限和标准等。④从 2018 年 1 月 1 日起，美国联邦企业所得税税率从 35% 下调至 21%；调整利息费用扣除限额；取消企业替代性最低税。

（3）促进经济结构调整的税收政策。

①对可再生能源、碳减排、交通和能源安全、能源保护和提高能源效率方面的投资实施税收抵免优惠。②对居民购买节能减排、充电机动车实施抵免优惠。

以上这些政策取得明显成效，IT 电子等高科技部门，汽车、电器等传统制造业部门加速回流到美国，使得资金、科技、人才等重要资源再次重回美国。据统计，在 2010—2018 年，美国国内就业岗位增加了 1669.7 万个，其中制造业部门新增就业岗位 147.9 万个。①

2. 日本

第二次世界大战后的日本通过积极引进欧美科学技术、坚持制造业立国、大力培育实体企业、优化产业结构等措施，使其经济得到了迅速的发展。在 1972 年，日本成为仅次于美国的全球第二大经济体。随后，日本政府长期实施宽松的货币政策，大量资金涌入股票市场和房地产市场，最终导致经济泡沫破灭，对日本经济产生严重影响。后来，在 20 世纪 90 年代随着日元的大幅升值，日本加大对外投资力度，国内出现大规模产业转移、居民失业率上升等问题，与此同时还要应对新兴经济体日渐崛起对制造业的冲击。但出人意料的是，日本制造业增加值占 GDP 的比重基本保持稳定，如图 6 所示，其

---

① 数据来源：美国劳工统计局（Bureau of Labor Statistics）。

比重基本维持在20%~25%。归其原因，发现日本政府为了避免大量中小企业破产对社会造成巨大冲击，通过积极推动产业转移，把附加值较低的中低端产业链转移到海外，举全国之力为新兴高附加值产业提供更多的资源，致力于提高制造业整体水平。日本政府于2006年专门出台《中小企业制造业基盘技术高度化法》，支持中小企业技术升级，确保日本制造业始终走在先进制造业的最前沿，保持强大国际竞争力。2018年，日本制造业增加值占国民经济总值的比重为20.75%，较之往年呈上升趋势。日本经济衰而不退的主要原因是把握好高端技术的核心竞争力，通过技术密集型的制造业保持经济的高速增长，以此来带动其他产业的发展。

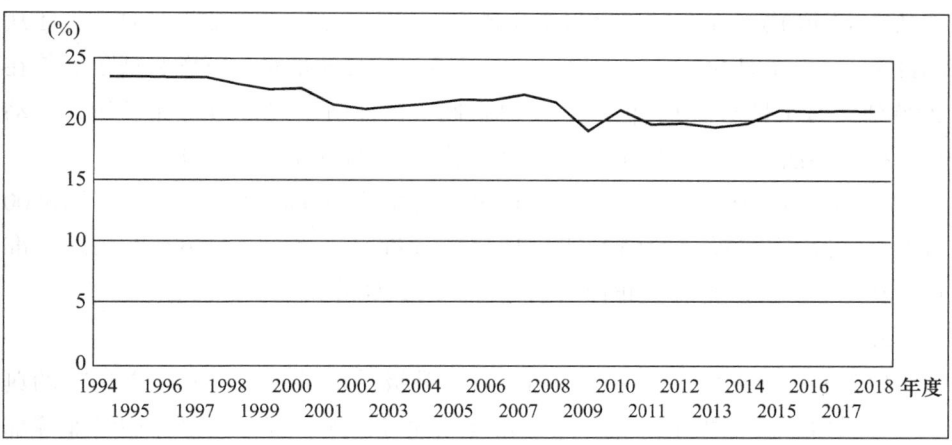

图6 日本制造业增加值占GDP的比重

数据来源：世界银行（The World Bank），https：//data.world bank.org.cn/indicator/NV.IND.MANF.ZS? location=JP.

日本政府在推动实体经济发展的过程中采取的税收政策也可以从扩大内需、减轻企业税收负担、促进经济结构调整三个方面来分析：

（1）扩大内需方面的税收政策。

①将个人住房贷款税收抵免优惠延长5年，并提高抵免限额标准。②2012年起，对居民纳税人在一年内购买的不超过100万日元的上市公司股票实现的股息和利息免税。

（2）减轻企业税收负担的政策。

①为了促进中小企业发展，日本政府对中小法人的税率进行了大幅下调，

法人税的留存部分和分红部分的税率基本每 2~3 年下调一次，2009 年将中小企业原 22% 的法人税税率下调到 18%，后又出台政策继续下调到 15%；将中小企业税前扣除限额从 400 万日元提高到 600 万日元。②在 2009 年和 2010 年，对股本不超过 1 亿日元的企业提供优惠，将其业务费支出在法人所得税税前扣除限额从 360 万日元提高到 600 万日元。③2011 年把法人税实际税率下调 5%。

（3）促进经济结构调整的税收政策。

①规定企业于 2009 年 4 月 1 日至 2011 年 3 月 31 日，购买符合规定的新能源设备以及节能性能高的生产设备时，可在两年内折旧完毕。②在 2009 年到 2010 年期间，将企业研发费的抵免额度调高，并允许该项抵免向后结转。③从 2010 年 10 月 1 日起提高烟草税税率，每支香烟售价提高 3.5 日元。④从 2011 年 10 月 1 日起，开征碳税，按照二氧化碳排放量对化石燃料征税。⑤在 2009 年 4 月 1 日至 2012 年 3 月 31 日期间，免征新一代乘用车（天然气机动车、绿色柴油车、电动汽车、混合动力汽车）的汽车购置税和汽车重量税。⑥在 2011 年到 2013 年，将飞机燃料税的税率从 26000 日元/公升降至 18000 日元/公升。⑦购买达到国家四星低排放标准且达到国家 2011 年耗油标准 15% 或 20% 以上的乘用车和轻型汽车，可减 50% 的汽车购置税。

3. 希腊

以希腊为首的南部欧元区各国是产业升级受阻引起"产业空心化"的典型。希腊由于没有特殊的地理位置和资源优势，逐利资本大量往旅游业等部门转移导致产业结构缺陷、实体经济不振、政府债台高筑，最终在全球金融危机、国外机构下调信用评级等外因下，引致了债务危机的爆发，使其经济停滞不前，受损严重。

在危机爆发后，希腊政府也采取了一些税收措施：一方面，为了刺激经济，希腊政府加快了减税进程。如降低公司所得税税率，从 2010 年至 2014 年，将公司所得税税率由 25% 降至 20%，对于年营业额不超过 900 万欧元的企业实施税收赦免。同期，降低了适用于合伙企业和中等收入阶层的个人所得税税率。另一方面，鉴于财政赤字的压力，希腊政府也采取了一些增税措施。如提高衣服和鞋类的增值税税率，2009 年将衣服和鞋类的增值税税率由 19% 提高到 21%。提高烟草和除葡萄酒以外的其他酒精饮料的消费税税率，卷烟税的消费税税率从 75% 提高到 80%，除葡萄酒以外的其他酒精饮料的消费税税率提高至 20%。2010 年调整遗产税的税收政策，提高转让不动产的免税额,取消转让现金的免税额,并分别按 10%、20% 的比例税率征税,其他财产改为按累进税率征税。加强税收征管,对原负责政府税收、津贴使用监管的部门(即希腊特别监督服务机构)进行改组,使其更好地发挥监管效力。

(二) 巴西、阿根廷实体经济的发展

1. 巴西

在工业化的推动下,巴西曾在 1968—1973 年以 10% 以上的经济高速增长成就了一段"巴西奇迹"。然而在过去 40 年期间,曾经辉煌的巴西工业化进程逐渐被"去工业化"取代。如图 7 所示,巴西人均 GDP 从 1979 年远超韩国(巴西人均 GDP 7835.07 美元,韩国人均 GDP 3799.42 美元)到 2019 年仅为韩国人均 GDP 的 1/3 左右(巴西人均 GDP 11121.74 美元,韩国人均 GDP 28675.03 美元),巴西的经济增长明显减速。

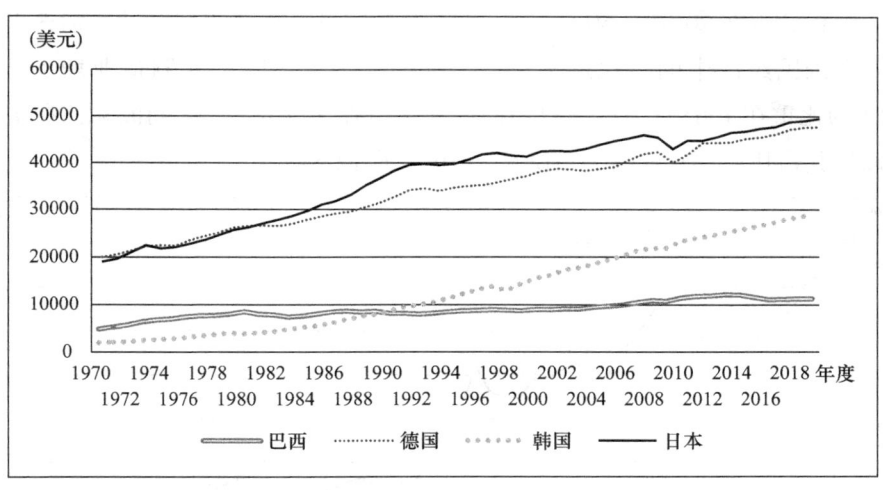

图 7　巴西、德国、韩国、日本人均 GDP

数据来源:世界银行(The World Bank),https://data.world bank.org.cn/indicator/NY.GDP.PCAP.CD? location=BR-DE-JP-KR& view=chart.

在 1970 年以前,巴西工业化进程较快,但是在进入 1970 年后,工业在整体经济结构中的占比逐渐下降。到 2018 年,巴西工业在 GDP 的比重已经下降到 18.13%。与此同时,服务业占比大幅上升,已经高达 77.45%,比日本(69.69%)、德国(71.96%)、韩国(64.21%)等发达国家还要高。

20 世纪 80 年代后,巴西逐渐掉入"发展陷阱",开始出现国民经济长期停滞的情况,其中重要的一个原因就是"去工业化"。从巴西产业结构看,巴

西的服务业约占GDP的70%，工业占比约20%，其服务业占比过重，严重损害了工业的发展，本应处于"脱贫致富"发展阶段的巴西，由于其跨越式地进入西方发达国家"去工业化"进程，导致该国出现"产业空心化"的现象，难以抵御外部经济冲击。

另外，巴西税制的复杂和不规范也严重损害经济效率。巴西政府收入包括税、费和缴款等，种类繁多、修订频繁，目前大约有13种税、33种费和43种缴款①。其中，巴西的增值税过于复杂，同属增值税性质的工业产品税和商品流通服务税分别由联邦和州政府征收，税率档次过多，而且巴西还把社会保障税的税基扩展到了工薪收入之外。巴西税制的复杂和不规范导致国内有害税收竞争，企业税收负担和遵从负担过重，严重损害了经济效率。

2. 阿根廷

阿根廷曾在20世纪50年代将制造业作为国民经济支柱产业，后来其制造业在国民经济中的占比逐渐下降。如图8所示，阿根廷制造业增加值占GDP的比重在1965—1976年这段时间还保持在30%~40%区间波动，在1976年以后其占比就逐年递减，下降至2019年的12.84%。

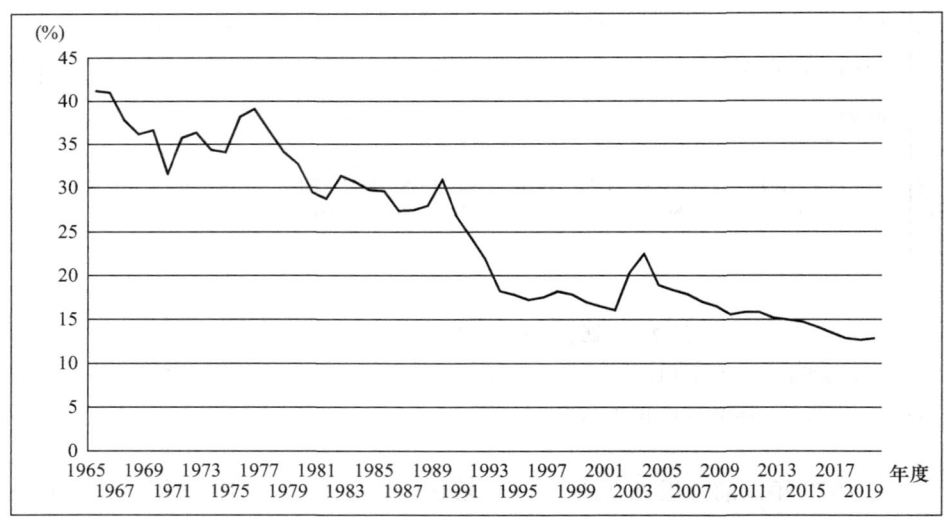

图8 阿根廷制造业增加值占GDP的比重

数据来源：世界银行（The World Bank），https：//data.world bank.org.cn/indicator/NY.GDP.PCAD.CD?/ocations=BR-DE-JP-KP& view=chart.

① 国家税务总局税收科学研究所课题组. 跨越"中等收入陷阱"可借税收一臂之力［N］. 中国税务报，2015-07-08（B06）.

归其原因,主要包括以下几点:一是长期存在结构失衡。首先是产业结构失衡,阿根廷政府大力发展资本密集型的重化工业,忽视了具有比较优势的劳动密集型产业,导致轻重工业和工农业比例失衡。其次是人力资本和自主创新紧缺,高端人才匮乏和研发能力不强严重影响了经济结构升级转换。最后是税制结构不合理,阿根廷的税制结构主要以货物和劳务税为主、所得税为辅。所得税特别是个人所得税占税收总收入的份额较小,且其中大部分是工资薪金税,不利于调节居民之间的收入差距,抑制了居民消费,不利于实体经济增长。二是资金"失血"。金融体系脆弱的国家经济严重受制于发达国家资金,加上提早过度放开资本管制,导致了只要外资撤离,企业就濒临破产或倒闭的现象。三是应对失措。阿根廷忽视了政府对经济的调控作用,脱离了本国国情,照搬西方高福利制度,导致资源配置失当,政府债台高筑,使困难衍化成了危机。

五、促进实体经济发展的税收政策建议

当前,我国正处在加快现代化经济体系建设,构建以国内大循环为主体、国内国际双循环相互促进的新发展格局的重要时期。这一时期的重要任务在于解决好各类"卡脖子"的瓶颈问题,实现经济行稳致远。改革和创新是解决"卡脖子"问题的关键,而财政是国家治理的基础和重要支柱,我国可以通过实施积极的财税政策来促进实体经济的发展,具体的政策建议可以分为以下三个部分。

(一)加大科技创新力度,促进产业结构调整

2020年中央工作会议提出:"要针对产业薄弱环节,实施好关键核心技术攻关工程,尽快解决一批'卡脖子'问题的要求。"为促进产业结构调整,增强产业链供应链自主可控能力可以从以下三个方面采取措施:一是加强对科技创新的政策支持,长期实施高新技术企业税收优惠政策。对高新技术企业实施长期税收优惠政策既能够吸引跨国企业研发投资向我国转移,加大企业研发费用和研发强度的投入,又能激励企业专利产出突破阈值状态,高质量加速增长,还能促进企业进行研发成果商业化。二是完善高能耗企业上下游配套税收政策,在完善自身涉税政策同时,充分考虑和调整其上、下游企业的税收政策。三是完善淘汰"僵尸企业"的税收政策,鼓励产能过剩、低端制造企业有序退出市场从而优化现有的产业结构。

(二) 促进国内大循环，扩大居民消费需求

制约居民消费水平的核心"堵点"就是消费能力，采取税收政策有助于打通这个"堵点"，形成需求牵引供给、供给创造需求的更高水平动态平衡。具体政策建议可以分为以下两个方面：一是健全直接税体系，逐步提高直接税比重。健全以所得税和财产税为主体的直接税体系，逐步提高其占税收总收入比重，有效发挥直接税调节收入分配的作用，缩小收入差距，带动新的需求；二是可以运用鼓励性税收手段，通过降低商品的税负，提高低收入群体的可支配收入，扩大消费需求。

(三) 防止资本无序扩张，调节虚拟经济适当发展

调节虚拟经济的适度发展，最重要的还是要控制好房价。2020年，中央经济工作会议上提出要"强化反垄断和防止资本无序扩张，促进房地产市场平稳健康发展"的新要求。具体可以通过以下财税政策来控制房地产的价格：第一，改革现有的财政体制，减轻政府对土地财政依赖，对地方政府土地出让金收入的取得进行严格的规范，阻断土地收益同地方政府预算外资金来源的紧密联系，逐步完成市场调控土地出让，同时中央政府可从其他方面给予地方政府获取财政收入的来源点，以弥补由于对土地财政收入的严格把控而造成的财力缺损，提高各地方政府对房价调整的积极性和决心；第二，要加大对保障性住房、廉租房建设的税收优惠政策力度，满足居民的基本住宅需求，并进行房地产税改革，针对居民存量房制订征税方案，提高房产的持有成本，促进存量房的上市流通。

税收支持实体经济发展的思考

谭 伟 胡晓辉 胡力伟*

一、总论

2008年国际金融危机以来,经济发展愈发成为世界关注的重点。当前,世界经济仍处在国际金融危机后的深度调整期,增长持续放缓,世界大变局加速演变的特征更趋明显,全球动荡源和风险点显著增多。与此同时,我国正处在转变发展方式、优化经济结构、转换增长动力的攻关期,结构性、体制性、周期性问题相互交织,"三期叠加"影响持续深化,经济下行压力加大①,"数字经济"为实体经济发展带来新的更大冲击,也引发了"传统实体经济"与"新实体经济"关系的争论。面对复杂的国内外经济形势,中央做出了"经济新常态"的判断,提出了包括"创新、协调、绿色、开放、共享"在内的五大发展理念,明确了供给侧结构性改革的政策主线,也明确了实体经济是社会发展和人民生活的根本保障,是整个国家经济的基础。

鉴于实体经济对于国计民生的特殊重要意义,中央对于发展实体经济进行了具有战略意义的重大部署。党的十九大报告指出,我国"实体经济水平有待提高""必须把发展经济的着力点放在实体经济上"。2019年12月召开的中央经济工作会议提出"要推动实体经济发展,提升制造业水平,发展新兴产业,促进大众创业万众创新。"中央十分重视发挥税收对于实体经济发展的促进作用,习近平总书记就税收在国家治理中的重要作用,以及税收服务实体经济发展发表过一系列指示。2013年,在《关于〈中共中央关于全面深

---

* 谭伟,青岛市国际税收研究会秘书长,经济学博士,国家税务总局科研所特约研究员;胡晓晖,国家税务总局青岛市税务局税收经济分析处一级主任科员,青岛市国际税收研究会理事;胡力伟,国家税务总局青岛市税务局第一稽查局一级科员,青岛市税务学会理事。

① 中央经济工作会议在北京举行 [N]. 人民日报,2019-12-13 (1).

化改革若干重大问题的决定〉的说明》中，习近平总书记指出，"科学的财税体制是优化资源配置、维护市场统一、促进社会公平、实现国家长治久安的制度保障"；在中央城镇化工作会议上的讲话中，习近平总书记提到，在转变经济发展方式方面，"经济增长、财政收入、银行利润越来越依赖于房地产'繁荣'并推高实体经济成本，使回报率不高的实体经济雪上加霜"。地方政府"过度依赖土地财政的严重状况""财税体制和投融资体制还不够完善"是重要原因之一。2016年，习近平总书记高屋建瓴地指出，"新一轮财税体制改革是一场关系国家治理体系和治理能力现代化的深刻变革，是立足全局、着眼长远的制度创新"；在《深化财税体制改革总体方案》中，中央提出，"财税体制在治国安邦中始终发挥着基础性、制度性、保障性作用"；在《推进供给侧结构性改革》中，习近平总书记提到："供给侧结构性改革，重点是解放和发展社会生产力，用改革办法推进结构调整，减少无效和低端供给，扩大有效和中高端供给，增强供给结构对需求变化的适应性和灵活性，提高全要素生产率。这不只是一个税收和税率问题，而是要通过一系列政策举措，特别是推动科技创新、发展实体经济、保障和改善人民生活的政策措施，来解决我国经济供给侧存在的问题。"① 2017年，党的十九大报告中要求："加快建立现代财政制度，建立权责清晰、财力协调、区域均衡的中央和地方财政关系。建立全面规范透明、标准科学、约束有力的预算制度，全面实施绩效管理。深化税收制度改革，健全地方税体系。"2019年，习近平总书记在中央经济工作会议上提出："健全财政、货币、就业等政策协同和传导落实机制，确保经济运行在合理区间。巩固和拓展减税降费成效，大力优化财政支出结构，进一步缓解企业融资难融资贵问题，多措并举保持就业形势稳定。要依靠改革优化营商环境，深化简政放权、放管结合、优化服务。"

税务部门坚决贯彻中央支持实体经济发展的战略部署，国家税务总局局长王军曾在多次答记者问中，对支持实体经济发展进行了回应。王军局长指出："全面推开营改增试点以来，财税部门不断完善政策并实施了一系列优化服务措施，所有行业均实现税负下降，部分企业营改增后税负上升状况也在逐步发生积极变化。""税制改革和减税政策直接降低了企业税收负担，助推供给侧结构性改革和企业转型升级，鼓励了'大众创业、万众创新'，对稳定

---

① 习近平. 推进供给侧结构性改革 [N/OL]. 人民网, (2018-01-03) [2021-01-09]. http://theory.people.com.cn/n1/2018/0103/c416126-2974 3054.html.

经济增长和增加市场活力起到了重要促进作用。""企业在疫情过后,比以往任何时候都更需要税费优惠政策的支持。我们把及时全面落实党中央、国务院减税降费的决策部署作为一项重大政治任务,层层压实责任,设法克服困难,确保直接惠及市场主体。"①

税收理论界也积极研讨税收与实体经济发展的辩证关系,提出了很多有见地的观点。郭艳慧将税收看作是一种资源,认为税收资源的开发也应遵循可持续发展的规律,从而与经济同步前进;李静认为我国实际税率大于名义税率,可以通过降低税收弹性来适应经济的发展;史玉光提出我国经济结构存在特殊性,仅靠税收政策很难改善经济发展;严成樑等通过模型量化估算了我国税收政策的实体经济增长效应,认为税率同实体经济增长率之间存在反比例关系等。②

二、税收支持实体经济发展的政策实践

何谓实体经济?狭义的实体经济通常仅指物质资料的生产经营活动,而广义的实体经济概念则是指人通过思想、使用工具在地球上创造的经济,包括物质的、精神的产品和服务的生产、流通等经济活动,如农业、工业、建筑业、交通通信业、商业服务业等物质生产和服务部门,也包括教育、文化、知识、信息、艺术、体育等精神产品的生产和服务部门。实体经济始终是人类社会赖以生存和发展的基础。在不同时期,调整税收政策同经济形势相适应,对于促进国家实体经济的发展具有十分重要的作用。笔者将近几年税收支持实体经济发展的政策实践进行了梳理,从以下四个方面进行相关分析。

(一)营改增为实体经济发展拓展空间

从时间线上看,2012年1月1日开始推行的营改增,从分地区分行业,到分行业全国推行试点,再到2016年5月1日全面推开,"十三五"规划纲要中对营改增提出的"全面完成营业税改增值税改革,建立规范的消费型增值税制度"这一任务基本完成。

一方面,营改增为实体经济提供了切实可见的减税效果以应对经济下行压力。以工业企业为例,据统计,2012—2015年,规模以上工业企业税金

---

① 曾金华.让减税降费的"真金白银"切实惠企利民——访国家税务总局党委书记、局长王军[N].经济日报,2020-08-13(5).
② 张坤,陕立勤.税收政策对我国实体经济发展影响研究——基于房产税扩围视角[J].西安财经学院学报,2013(6):14-18.

（包括应交增值税、企业所得税、营业税金及附加、管理费用下的税金等）与营业收入的比值逐年下降；以工业企业为主的原增值税纳税人从"3+7"行业增加抵扣减税分别为 237 亿元、802 亿元、1020 亿元、1220 亿元。2016 年全面推开营改增后，可抵扣进项进一步增加。2016 年 1—11 月，原增值税纳税人累计减税 1586 亿元，约占全部营改增减税额的 1/3。① 另一方面，企业通过对营改增政策的精准把握和运用，可以进一步促进发展。以某餐饮企业为例，在全面推开营改增试点以来，该餐饮企业抓住营改增的契机，不断加强内部管理，及时升级内部管理控制制度，通过采购体系、原材料加工、物流配送等方面的专业化分工，优化产品链条，从而使经营模式更加灵活、运营效能进一步提升，实现"应抵尽抵"，增值税税负明显由 2016 年 1—4 月的 4.9% 降至 5—11 月的 0.6%，同时同期营业成本占营业收入的比重下降了 3 个百分点。

在营改增的过程中，增值税税率不断优化，从营改增伊始的四档税率简并为三档税率，税率水平的总体下调让增值税税负更加合理，让增值税的中性作用得到更充分的发挥。营改增的全面推开，为增值税税率三档并两档以及增值税立法任务的完成做了更加充分的准备。

（二）大规模减税降费为实体经济发展加油助燃

"十三五"时期，为推动我国经济保持中高速增长、迈向中高端水平，党中央、国务院立足经济社会发展全局，审时度势出台系列减税降费政策，规模不断扩大，红利持续释放，为减轻市场主体负担、有效应对经济下行压力提供了有力支持。②

2016—2020 年新增的减税降费累计达 7.6 万亿元左右，特别是 2019 年实施更大规模减税降费，全年新增减税降费达到 2.36 万亿元，占 GDP 的比重超过 2%，拉动全年 GDP 增长约 0.8 个百分点。③ 主要措施包括：两次扩大研发费用加计扣除政策范围，在全国范围内推广中关村税收优惠政策；对 6 个重点支持行业实行更加优惠的固定资产加速折旧政策，而后扩大至 10 个行业；有序扩大高新技术企业认定范围，简化认定手续；聚焦实体经济，将现行

---

① 国家税务总局办公厅. 深化税制改革促进转型升级 落实优惠政策激发市场活力——国家税务总局局长王军接受记者采访 [N/OL]. (2017-01-12) [2021-02-01]. www.chinatax.gov.cn/chinatax/n810219/n810729/n811748/c2448116/content.html.
②③ 王军. "十三五"时期税收有力服务经济社会发展大局 [N]. 人民日报，2020-10-22 (10).

17%和11%的税率均下调1个百分点;聚焦高端制造业和现代服务业,在国家重点鼓励的先进制造业、现代服务业内,将部分符合条件的企业以及电网企业纳入留抵退税试点范围;将工业企业和商业企业小规模纳税人的年销售额标准由50万元和80万元上调至500万元,等等。

2020年以来,面对新冠肺炎疫情冲击,国家进一步加大了宏观政策应对力度,加大减税降费力度,直接惠企利民。① 为支持疫情防控和经济社会发展,党中央、国务院先后出台7批28项税费优惠政策,2020年上半年,全国累计新增减税降费15045亿元。其中,2020年出台的支持疫情防控和经济社会发展税费优惠政策新增减税降费8941亿元。分税费看,累计新增减税5414亿元,新增社保费降费9631亿元(含新增非税收入降费259亿元),新增降费中,由税务组织落实的5129亿元,占比53.25%。② 从效果看,减税降费政策的有序有力落地,货币政策等一揽子帮扶政策的同步发力,为我国经济特别是实体经济的发展进一步提供了助力。③ 一是市场主体数量不断增加,2016年至2020年9月底,全国办理过涉税事项的新办市场主体较"十三五"时期增长近80%。二是市场主体体量不断增大,到2019年末规模较大且经营相对稳定的一般纳税人超过了1000万户,年均增长近120万户。三是市场主体创新能力不断增强,高新技术企业数量由2016年的10.4万户增加至2019年的22.5万户,4年间翻了一番。四是市场主体发展后劲不断增进,根据10万户重点税源企业数据显示,2020年上半年每百元营业收入税费负担同比下降0.65元。不仅纾解了企业经营困难,而且增强了发展信心,激发了市场主体活力、增强了发展后劲。据统计显示,2020年6月末增值税一般纳税人同比新增10.9%,二季度全国享受研发费用加计扣除政策的33万户企业购进高技术设备和服务同比增长22.3%,在疫情冲击中持续加大科技投入,不仅推动销售收入同比增长4.8%,高于全国平均水平8.9个百分点,更为我国经济高质量发展增添了强大后劲。④

(三)优化营商环境为实体经济发展添砖加瓦

"十三五"时期,税务部门牢固树立以人民为中心的发展思想,认真落实

---

① 王军,胡健,张钟尹. 疫情后企业更需要税费优惠政策 减税降费激发市场主体活力 [N]. 每日经济新闻,2020-08-14.

②③ 曾金华. 让减税降费的"真金白银"切实惠企利民——访国家税务总局党委书记、局长王军 [N]. 经济日报,2020-08-13(5).

④ 王观. 确保减税降费政策直接惠及市场主体 [N]. 人民日报,2020-08-13(2).

《优化营商环境条例》。为进一步支持实体经济发展,税务部门先后制定深化"放管服"改革和优化税收营商环境两个五年方案,共推出120条措施。①"放权"更加到位,落实减审批、减事项、减资料、减证明的"四减"要求,审批事项已由2015年的87项减少至目前的6项,取消了61个税务证明事项。"监管"更加精准,依托税收大数据和人工智能技术,深化风险导向下的"双随机、一公开"税务监管。"执法"更加规范,制发税务行政处罚裁量权行使规则、税务总局权力和责任清单等。"服务"更加优化,连续7年开展"便民办税春风行动",推出39大类147项系列创新服务举措;为统筹推进疫情防控和服务经济社会发展工作,大力推行"非接触式"办税缴费,扩大网上办、自助办、邮寄送、线上答的"非接触式"办税缴费范围,逐步实现202个税费事项可网上办理,其中183个可全程网上办,②2020年上半年有97.4%的纳税人、缴费人通过网上办理业务,进税务大厅办理的户数同比减少了55%;依法延长纳税申报期限、依法延期缴纳税款,2020年2—6月,各级税务部门依法共批准6.6万户困难企业延期缴纳税款,缓解纳税人、缴费人资金困难;助力小微企业融资贷款,税务部门和银保监部门联合推出"税银互动",缓解小微企业融资难题,2020年上半年全国小微企业获得"税银互动"贷款总额近5000亿元,同比增长60%以上;助力外贸企业发展,不断扩大无纸化退税申报范围,加快出口退税办理进度,全国退税无纸化申报企业户数已占申报企业总数的93%,申报退(免)税额占比已达96%。③ 截至7月底,全国企业出口退税的平均办理时间保持在8天以内,比2019年缩短20%;助力市场主体复工复产,大力推进税收管理和纳税服务网络化、信息化、智能化,利用增值税发票大数据开发"全国纳税人供应链查询系统",为供需双方或多方服务,便利企业实现"购产销"对接,在湖北省启动企业复工复产的前两个月,促成企业按市场化原则成交项目6822个,成交金额118亿元。④

(四)征管体制改革为实体经济发展保驾护航

国家税务总局局长王军2020年10月22日发表在《人民日报》上的文章《"十三五"时期税收有力服务经济社会发展大局》一文中提到:税收征管体制在"十三五"时期经历了两次大变革。一是"合作",落实2015年中办、

---

①② 王军. "十三五"时期税收有力服务经济社会发展大局[N]. 人民日报,2020-10-22(10).

③④ 曾金华. 让减税降费的"真金白银"切实惠企利民——访国家税务总局党委书记、局长王军[N]. 经济日报,2020-08-13(5).

国办印发的《深化国税、地税征管体制改革方案》，聚焦服务深度融合、执法适度整合、信息高度聚合的改革要求，全面深化国税、地税合作，实现改革方案确定的"2017年改革任务基本到位"的目标。二是"合并"，落实2018年中办、国办印发的《国税地税征管体制改革方案》，完成全国省以下国税、地税机构合并，建立起以税务总局为主、与省区市党委和政府双重领导管理体制。①

征管体制改革后，税收工作进一步融入经济社会发展大局。如2018年国家出台了一系列鼓励企业投资研发的所得税优惠政策，着力增强实体经济的活力，将固定资产一次性税前扣除优惠政策范围扩大至500万元以下，引导企业加大设备、器具投资力度；放宽小型微利企业、技术先进型服务企业、集成电路企业优惠标准和范围，对物流企业承租的大宗商品仓储设施用地减半征收城镇土地使用税等，都为企业缓解了资金压力，扩大获利空间。以山东省为例，2018年9月，省政府发布《支持实体经济高质量发展的若干政策》，提出45条具体措施，其中涉及税收政策的主要有6条，主要是：降低城镇土地使用税税额标准、对新旧动能转换综合试验区内战略性新兴产业和新旧动能转换重点行业实施增值税留抵额退税、降低印花税税负、降低货运车辆车船税适用税额、提高出口退税效率和推进"银税互动"贷款，为企业提供更多便利，对经济稳增长和市场增活力起到了重要促进作用。

三、当前实体经济发展存在的若干问题

（一）中小企业生存环境不容乐观

目前，我国企业发展中，一个突出的问题就是大中小企业的实力差距大，中小企业的生存环境艰难、发展缓慢。目前税务部门已经与银保监部门推出了"银税互动"，为中小企业解决融资难的问题，但中小企业还面对着一个主要困难就是用工困难。笔者认为，造成这种现象的原因有两点：一是社会劳动力的减少、劳动力的回流使得招工困难；二是劳动力成本的上升导致用工困难。同时，随着社会的发展以及新型科技的兴起，加之国内外经济形势的复杂变化，企业租金成本、原材料进价成本居高不下，更导致中小型企业的整体成本不断上升，生存环境难以得到迅速改善。

---

① 王军. "十三五"时期税收有力服务经济社会发展大局 [N]. 人民日报，2020-10-22（10）.

（二）实体经济发展缺乏动力

1. 资本向虚拟经济流动趋势明显

从目前经济情况看，我国大多实体经济企业是从实业平台获得资金，却使用在非实体经济的领域。随着新兴科技的发展和运用，有许多实体经济企业除了涉及原来产业，还会涉及非实体经济的领域，如网络经济、虚拟电子经济等，不再单一将资金流入实体经济，以获得更高的利润率。

2. 实体经济企业管理水平不高，把握市场能力不足

在实体经济层面，除一些大型企业外，更多的中小企业在企业管理上存在较大欠缺，比如管理层人员经验和能力有限，缺乏现代管理理念，无法对市场进行准确判断；对财务管理等重要岗位工作关注度不足，财务管理产生漏洞等。

3. 实体经济企业技术创新能力较低，核心竞争能力不强

从目前的情况看，实体经济企业筹措发展资金的方式一般是以借债为主，中小企业尤为明显，但债务会挤压实体经济企业利润，使得投资收益率急剧下降，从而导致用于创新研发活动、提升产品服务质量和提高生产率的投资不足，对新兴产业发展造成拖累，成为阻碍企业转型升级的关键性因素。就当前实体经济企业发展情况看，与高等院校、科研机构建立产学研合作的企业较少，大部分具备一定规模的企业缺乏自己的研发团队、研发设备，缺乏核心技术和自主知识产权，企业自主创新的能力不强、产品核心竞争力不足，难以在激烈的市场竞争中取得优势。

4. 实体经济发展层次不高，产业支撑能力不强

从目前实体经济行业发展情况看，存在产业层次低、结构单一、增长方式粗放、主导产业不强、核心企业不大、带动能力不强等问题，难以形成产业集群、产业链，其抵御市场风险能力低。

（三）税收对实体经济发展还需进一步提供支持

目前，我国现行税制以间接税为主，企业缴纳税收收入占税收总收入的大部分。当前环境下，纳税人对税收负担的主观感受不断增强，税收政策更新相对滞后，不能完全适应当前经济形势。

随着社会经济形态的丰富，实体经济的发展不再受地域、空间的局限，但税收制度中还有妨碍和制约一体化发展的因素，因此，税收制度需要不断统一规范，从而为实体经济高质量发展提供强劲的内生动力。

四、税收支持实体经济发展的政策建议

(一) 优化服务，助推实体企业落地生根

一是要进一步落实好国家各项税收优惠政策。要全力抓好落实支持实体经济企业发展的已出台的相关优惠税收政策；根据工作实际，及时更新制作优惠政策清单，通过多种渠道向纳税人进行持续宣传，为纳税人提供全面、精准的"靶向式"税收优惠政策咨询辅导，帮助纳税人进一步了解、掌握好相关政策，进一步用好税收政策，促进政策措施落地见效，提振发展信心。二是要做好招商引资企业服务。对通过招商引资等方式引进的企业，建议税务机关根据情况，建立招商引资企业跟踪服务机制，动态把握招商引资企业的发展近况，调整服务方向，帮助企业进一步用好税收政策，增强发展后劲，促进产业集聚，不断壮大地方税源。三是要发挥纳税信用等级评价功能，持续联合银保监等部门开展"银税互动"，根据工作实际，向银行等部门提供纳税人纳税信用、纳税额等信息，降低银行放贷风险，帮助企业缓解融资难问题。四是要进一步创新和完善纳税服务措施，强化税务、财政、工商等部门协作，在确保信息安全的基础上，推进部门信息交换和共享平台建设，整合优化资源，继续深化自助办税终端应用，加强纳税人端涉税应用系统技术支持，改进网上办税服务厅，进一步完善好电子税务局的各项功能。

(二) 科学规范管理，减轻实体经济企业发展负担

一是要强化税源管理，紧紧依托社会综合治税和信息化手段，切实加强税源监控，夯实税收工作基础。二是要完善管理办法，针对实体经济不同行业的特点，制定完善相应的行业管理办法，为规范实体经济税收征管提供实用的可操作依据，提高税收征管水平。三是要进一步规范税收执法，严格按照法律规定进行执法，提高工作效率，进一步减轻企业负担，为企业营造良好的发展空间。

(三) 实施定向激励，优化实体经济企业发展环境

一是要深入开展调查研究，畅通纳税人涉税政策和服务需求响应渠道，充分结合不同规模、不同类型的纳税人需求，开展有深度和广度的税源分析，从税收角度反映、分析、解读经济发展趋势。二是要运用大数据提升税收风险管理的能力和水平，对各项税收优惠政策落实情况进行监测，及时掌握税收优惠政策落实情况，解决政策落实过程中存在的问题。三是要积极向企业开展专题培训，进一步帮助企业提高财务管理水平和纳税遵从度，进一步向

纳税人介绍无纸化办税和"非接触式"办税举措，为纳税人提供全方位的信息化服务。

（四）持续优化减税降费，促进实体经济高质量发展

一是税务机关要做好减税降费政策宣传，保证政策落实到位。减税降费是供给侧结构性改革的重大举措，目的是为实体企业降成本。税务机关要进一步加大减税降费相关政策的宣传、培训和解释力度，帮助纳税人更好地理解、运用减税降费政策，保证政策落实到位。二是在当前普惠式减税降费政策的基础上，针对不同规模的企业实施差异性的优惠方式。针对中低技术企业因普惠式减税降费政策的受益度要高于高技术企业，高技术企业研发支出比重、产品附加值更高的情况，对即征即退的增值税可给予企业所得税减免的优惠政策，平衡各类企业在减税降费中的受益程度，全面促进实体经济高质量发展。

发挥税收激励　稳定社会就业

薛　钢　付梦嫒[*]

　　就业问题作为民生之本，直接关系着社会稳定和人民的生活品质，特别是受到2020年新冠肺炎疫情的影响，就业形势更加严峻，解决就业问题是改善民生的重中之重。党的十九届五中全会审议通过的《中共中央关于制定国民经济和社会发展第十四个五年规划和二〇三五年远景目标的建议》（以下简称《建议》），提出要强化就业优先政策，坚持经济发展就业导向，"扩大就业容量""提升就业质量""促进充分就业"，完善促进创业带动就业、多渠道灵活就业保障制度，以改善人民生活品质，提高社会建设水平。

　　我国政府历来高度重视就业工作，近年来，政府出台并实施了一系列支持就业创业的税收激励政策，对维护社会公平稳定、促进经济可持续发展起到了重要作用。随着经济发展进入新常态，"大众创业、万众创新"成为推动我国经济增长的新引擎。通过创业活动带动并提高就业水平，将成为未来一段时期我国就业政策的新导向。在当前的就业压力和复杂的就业形势下，政府需要建立完善系统的税收激励机制以更丰富的形式支持就业创业。因此，不论是税收制度，还是税收政策，乃至于税收征管措施，都要最大限度地发挥促进就业创业的作用。

一、我国就业现状分析

（一）就业压力较大

　　近年来，我国人口红利逐渐消失，劳动力市场结束了无限供给阶段。劳动力供需缺口较大。国家统计局数据（如图1）显示，截至2019年底，我国

---

[*] 薛钢，中南财经政法大学财政与税务学院副院长、教授、博士生导师；付梦嫒，中南财经政法大学财政与税务学院博士研究生。

劳动力人口为 81104 万人，就业人员总数为 77471 万人，劳动力供需缺口达 3633 万人。而且，我国劳动力人口虽然在个别年份有所下降，但整体仍然呈现出上升的趋势；而我国就业人员在 2017 年达到顶峰后有所回落，基本呈现出稳中有降的趋势，综合看，我国劳动力供需存在明显缺口，并且缺口在不断扩大。

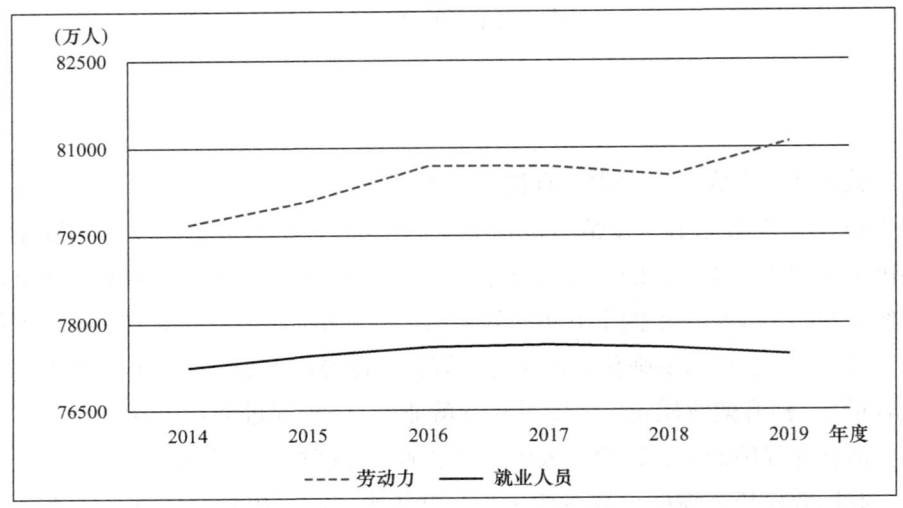

图 1 我国劳动力供需缺口示意（2014—2019 年）

数据来源：国家统计局，http：//www.stats.gov.cn/.

净增就业人数①更能反映就业情况，图 2 是我国 2014—2019 年净增就业人数情况。可以看出，净增就业人数从 2015 年开始逐渐下降，2017 年急剧下降至 2019 年的 828 万人。劳动供需缺口的不断扩大和净增就业人数的不断减少反映了我国目前面临着巨大的就业压力。

（二）就业结构矛盾突出

1. 城乡就业结构失衡

我国就业结构的失衡首先体现在城镇和农村就业的不均衡。图 3 是我国 2014—2019 年城乡就业人员数量，可以看出，城镇就业人员数量从 2014 年的 39310 万人增加到 2019 年的 44247 万人，净增加 4937 万人，呈现出稳中有增的趋势；农村就业人员数量逐年下降，从 2014 年的 37943 万人降低到 2019 年

---

① 净增就业指期末城镇就业人数与期初城镇就业之差。

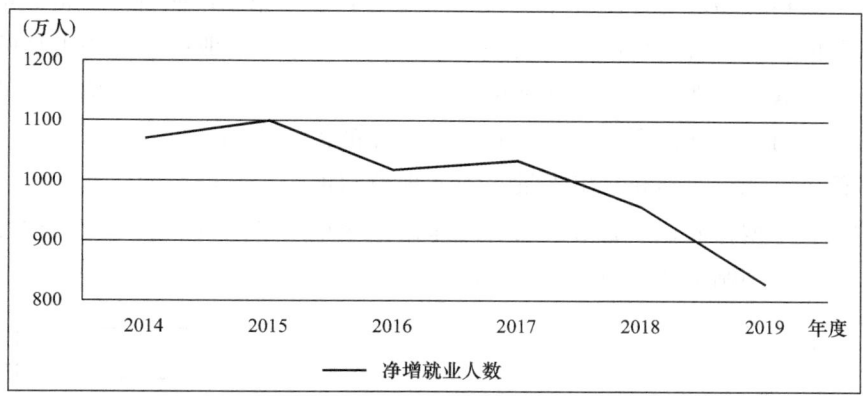

图 2　我国净增就业人数情况（2014—2019 年）

数据来源：国家统计局，http：//www.stats.gov.cn/.

的 33224 万人，净减少 4719 万人。城乡就业人员数量之间的差距进一步扩大，2014 年城乡间就业人员数量差距为 1367 万人，2019 年扩大为 11023 万人，城乡就业间结构失衡愈发明显。

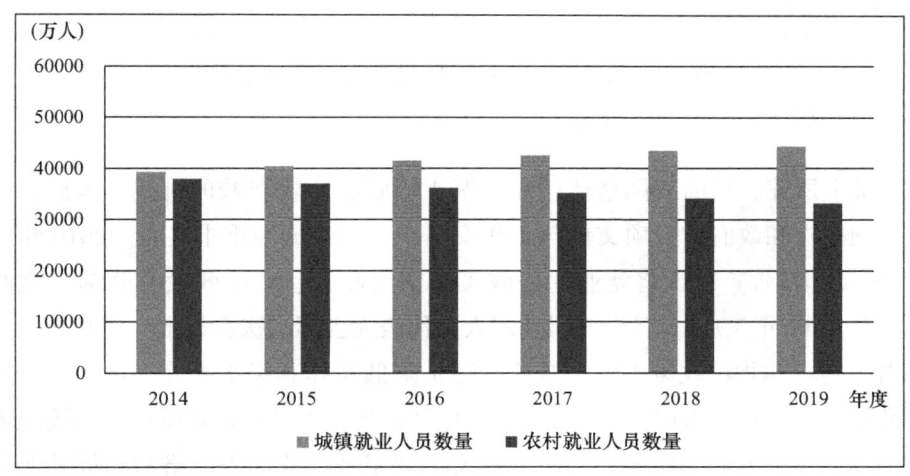

图 3　我国城乡就业人员对比示意（2014—2019 年）

数据来源：国家统计局，http：//www.stats.gov.cn/.

2. 产业就业结构失衡

我国就业结构的失衡还体现在产业就业结构间的失衡。图 4 是 2014—2019 年我国各产业的就业人员数量，可以看到，第三产业就业人员数量稳中有增，2014—2019年净增加5357万人，第一产业和第二产业就业人员数量都有所下降，产业就业结构之间的差距逐步扩大。造成产业就业结构失衡的原因主要是我国经济发展方式逐渐由粗放式向内涵式转变，经济结构调整带来了对新兴行业人才的需求，创新科技型人才的需求不断激增，同时，传统行业、落后产能行业不断挤出大批工人的现象增加，且当前产能过剩行业主要为劳动密集型企业，产业结构调整的深化将导致大量人员失业形成结构性失业，进一步加剧了就业的结构性矛盾。

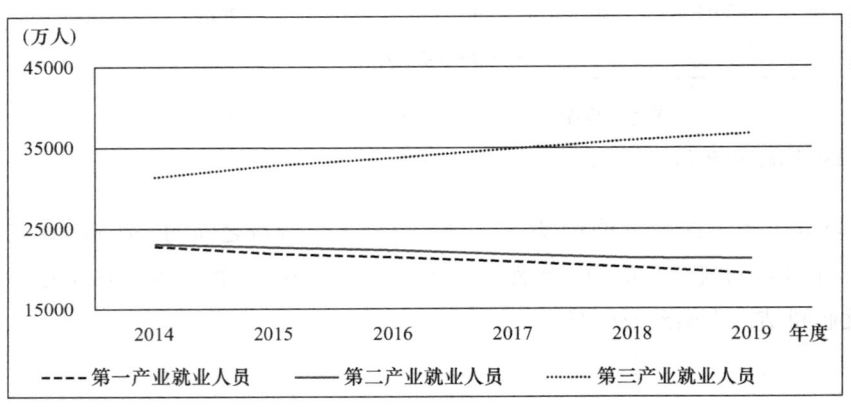

图4 我国各产业就业人员数量（2014—2019年）

数据来源：国家统计局，http://www.stats.gov.cn/.

综上所述，目前我国整体就业状况正面临着比较严峻的挑战。因此，就业问题在党和政府的各项文件与工作安排中，已经成为重中之重。2019年的《政府工作报告》首次将就业优先政策和财政政策、货币政策并列为宏观政策。在2019年3月15日十三届全国人民代表大会第二次会议上，李克强总理提出"财政和货币政策不管是减税、还是降低实际利率水平等，在很大程度上都是围绕着就业来进行的"。党的十九大确立了"提高就业质量和人民收入水平"的国家发展战略核心，明确提出"要坚持就业优先战略和积极就业政策，实现更高质量和更充分就业"。2020年4月20日至23日，习近平总书记赴陕西就统筹推进新冠肺炎疫情防控和经济社会发展工作、打赢脱贫攻坚战进行调研时，再次强调要全面落实党中央决策部署，坚持稳中求进工作总基调，坚持新发展理念，扎实做好"六稳六保"工作，其中"稳就业"与"保居民就业"居于各项任务之首。

二、税收政策促进就业的重要意义

从宏观角度看,税收作为国家宏观调控的一个重要工具,除了能为国家筹集财政收入、调节经济波动,对社会就业也有重要的影响,这种影响涉及就业的总量和结构。特定的税收政策通过市场机制的传导,作用于经济社会,引起劳动供需及经济增长的变化,进而影响整个社会的就业水平。

(一) 税收政策有助于促进就业总量增长

税收政策对扩大社会劳动力的供给与需求、增加就业总量有着积极的作用。首先,税收对劳动供给的影响体现在税收调节社会收入分配,通过收入效应和替代效应改变人的行为选择从而对劳动供给产生影响。从税种看,降低个人所得税税收负担对劳动供给的影响最为明显,能够明显增强劳动意愿。其次,税收对劳动总需求的影响主要表现在运用税收刺激投资,促进经济发展,增加就业机会。一方面,税收通过促进经济发展增加就业机会,表现为税收负担的降低可以减轻企业成本,释放经济发展的活力,从而增加对劳动力的内在需求。另一方面,税收还可以通过调整税率及税收优惠产生对私人投资的刺激效应,通过推动劳动密集型企业、第三产业和中小企业的发展,激发企业吸纳劳动力的能力,发挥就业扩张效应,从而缓解就业压力。最后,税收还可以引导政府行为来扩大劳动力的就业规模。例如,如果政府将税收收入用于增加公共投资,势必会增加就业机会。又如,政府若通过转移支付公平收入分配,可以增加社会购买力,提高社会有效需求,有利于整个社会就业水平的提高。

(二) 税收政策有助于优化劳动需求结构

解决就业问题不仅要增加劳动总需求,还要调整劳动需求结构,增加潜在的就业机会。由于不同的产业政策将激励不同的产业发展,对吸纳劳动力有不同的效果,其中,第三产业和劳动密集型产业是拉动就业的主要产业;市场竞争可以引导产业结构调整,但市场不能自觉培育出优势产业,促进产业结构优化,因此,税收对劳动需求结构的影响,为配合国家产业政策,促进产业更好地吸收和安排劳动力。尤其当社会总供求发生结构性失衡时,运用税收政策可对不同产业进行调整或矫正,促进产业结构的合理化,引导劳动力吸纳能力较大的产业发展。

(三) 税收政策有助于提高劳动供给质量

劳动力素质是影响经济增长的重要因素之一。一般认为,综合素质较低的劳动力面临更大的失业风险，即劳动力受教育程度越低，失业的可能性就越大；劳动力受教育程度越高，失业的可能性就越小。虽然劳动力素质在很大程度上是受先天因素的影响，但是后天的培养（包括教育、培训等）也能对劳动力素质的提高产生很大影响。目前，我国劳动力教育程度正在逐渐改善，但是劳动力综合素质仍总体偏低。正是由于劳动力素质与就业结构的不对称，从而出现了结构性失业。自动化与人工智能的发展使得一些初级劳动力被机器设备所替代，尤其在供给侧结构性改革、产业转型升级背景下，进一步增加了结构性失业的风险。

税收政策通过劳动力素质对劳动供给质量产生影响，一般而言，劳动力教育的投资主体主要是政府、企事业单位以及家庭和个人，税收政策能通过影响各投资主体的教育投资支出规模，来提高劳动力的素质。针对这一问题，政府部门可以制定相应的税收政策，刺激教育和培训的多层次投入，积极发展职业教育，使劳动力适应当前社会的多元化需求。只有劳动力的整体素质得到提高，劳动者掌握的技能与企业的就业需求相匹配，才能从根本上解决就业问题。

三、目前我国促进就业税收政策的主要内容

（一）推动以创业带动就业

推进"大众创业、万众创新"，是发展的动力之源，也是富民之道、公平之计、强国之策。创业是最积极、最主动的就业，创业不仅可以解决自身的就业问题，还可以为社会创造更多的就业岗位，吸收劳动力，扩大就业规模。为了鼓励自主创业，国家出台相关税收政策主要包括以下几个方面：第一，对大学生创业的鼓励政策，从事个体经营的，自办理个体工商户登记当月起，在3年（36个月）内按每户每年12000元为限额依次扣减其当年实际应缴纳的增值税、城市维护建设税、教育费附加、地方教育附加和个人所得税，并且规定限额标准最高可上浮20%；第二，对残疾人创业的优惠政策，对安置残疾人就业的单位、个体户和特殊教育校办企业安置残疾人就业增值税即征即退，以及对残疾人个人创业实行免征增值税；第三，对退役军人创业的税收优惠政策，对从事个体经营的军队转业干部3年内免征增值税和个人所得税，以及对自主退役士兵从事个体经营的3年内按12000元扣减增值税、城市维护建设税、教育费附加等。

（二）支持小微企业和个体工商户

小微企业和个体工商户是吸纳就业的主力军，促进小微企业和个体工商户的发展对拉动就业具有重要作用。相关税收政策主要包括对小规模纳税人减免增值税，对小型微利企业减免企业所得税，延长科技型中小企业的亏损结转年限，对月销售额或营业额不超过 10 万元的缴纳义务人免征教育费附加、地方教育附加，以及对服务业小微企业和个体工商户减免房屋租金的出租人可按规定享受房产税、城镇土地使用税减免优惠。这些政策将有利于减轻小微企业和个体工商户的负担，释放其活力，较好地解决紧迫的就业问题。

（三）促进产业发展带动就业

除了鼓励企业创造就业机会外，通过支持产业发展激发产业的就业吸纳能力将对解决就业问题发挥重要作用。近年来，随着改革步伐的加快，第三产业逐渐成为带动就业增长的主要产业。2020 年，受新冠肺炎疫情的影响，住宿、餐饮等服务业受到了冲击，以服务业为主的第三产业迫切需要政府的扶持，促进产业发展的税收优惠政策主要集中在第三产业。

（四）提高农村就业水平

近年来，我国的就业增长主要是由城镇就业拉动的，农村就业不增反降。解决农村就业问题是助力脱贫攻坚、实现乡村振兴的重要内容。为了促进农村劳动力就业，政府出台了一系列税收优惠政策。第一，对农业生产者自身的税收优惠政策，如对销售自产农产品，从事蔬菜等农产品批发零售免征增值税。第二，对给予农村支持发展的机构的税收优惠政策，如对金融机构向农户发放小额贷款的利息收入免征增值税，小额贷款公司取得的农户小额贷款利息收入免征增值税等。第三，对农村土地的税收优惠政策，如承包、转让和出租农用地给农业生产者用于农业生产的免征增值税，对直接用于农、林、牧、渔业生产用地免征城镇土地使用税和企业所得税等。

四、现行税收政策促进就业存在的主要问题

（一）税收政策缺乏针对性

目前，我国促进就业的税收政策主要通过税收优惠形式体现出来，形式较为单一。且在设计税收优惠政策时，大多采取税收减免、税前扣除的形式，并未将优惠等方式整合。另外，我国的税收优惠政策针对性不强。例如，民营经济对就业的吸纳潜力决定了发展民营经济是稳定就业存量、增加就业增量的较好的政策取向和思路，但民营经济的脆弱性及面临着严峻的风险冲击，

需要有针对性、能够落到实处的税收政策支持。

再如,"民工荒"是由劳动供给与劳动需求之间的矛盾造成的,大学毕业生就业困难的原因在于个人就业意愿和技能与劳动力市场机会和需求之间不匹配,城镇失业现象主要来自非经济周期波动影响的结构性失业和摩擦性失业。因此,为促进就业,在当前复杂的就业形势下税收政策要具有针对性。

(二)税收政策缺乏系统性

扩大就业规模、提高就业水平需要一个系统的政策体系支持,因此,促进就业的税收政策设计应该体现出整体性、系统性。但是,目前我国出台的税收优惠政策多是针对某一类人员、某一类企业的就业问题,较为分散,没有形成系统全面的税收政策体系。就目前大力推行的研发费用加计扣除政策看,已出台的各项政策之间缺乏系统化、体系化的整合梳理。

从激励就业供给角度,不仅仅要从鼓励企业增加就业岗位需求出发,更需要从提高劳动者素质角度出发来设计税收政策。目前,我国在增强劳动力就业能力和减小劳动力市场结构性矛盾的税收政策十分薄弱,不利于通过提升劳动者技能的途径来增加就业有效供给。

(三)税收政策缺乏长期性

在今后相当长的时间内,我国劳动力总供给大于总需求的局面不会改变,就业问题是一个长期的社会问题,因此,促进就业的税收政策设计应从长期的视角进行考虑。我国目前出台的一些促进就业的税收优惠政策,多数是配合某一时段的具体形势,解决阶段性问题,属于临时性、过渡性的措施,大部分具有一定的周期,虽然在短期范围内具有一定的调节效果,但并没有着眼于从根本上缓解就业矛盾。

五、"十四五"期间优化税收政策促进就业的建议

(一)营造经济增长与就业增长"双向激励"的税收环境

通过税收政策促进经济增长,进而促进就业是大多数国家在解决失业问题时采取的重要手段之一。因此,税收政策优化应兼顾经济增长和就业增长的"双向激励"目标,继续实施减税降费是实现上述目标的必然选择。通过进一步减税降费,能够有效降低我国纳税人的微观税负,实现企业"化税为利"与劳动者的"化税为薪",刺激民间投资和消费,扩大内需,促进经济持续稳定增长,为扩大就业营造更为稳定的经济环境。

(二) 提高行业税收政策优惠的就业效应

1. 税收政策要充分激发第三产业的就业吸纳潜力

为达到解决就业问题的目标，税收政策要与产业政策发挥协同作用。对于就业吸纳力越强的产业，税收的支持力度应该越大。第三产业是更能综合效率与质量的产业，是吸纳就业的主力军。因此，需要加大对第三产业的税收支持力度，充分激发第三产业吸纳劳动力的巨大潜力。从长期看，一方面，要运用税收政策进一步加快批发和零售贸易业、餐饮业和社会服务业等劳动密集型产业发展。另一方面，要运用税收政策加快金融、保险等知识密集型产业发展，提高现代服务业对知识性就业群体的吸纳能力。

2. 税收政策要支持农业高质量发展

随着农业生产水平与技术的不断提高，农业剩余劳动力的转移会为就业带来越来越大的压力。在这种情况下，税收政策应积极引导农村传统生产结构调整，大力发展劳动密集型新型农业生产模式，对养殖、畜禽、水产、园艺、手工艺、土特产等给予税收支持。同时，税收政策要推进农业产业化，发展农产品深加工行业，促进农业产业化经营和农业社会化服务体系的建立。

(三) 加大税收政策对教育与人力资本的扶持力度

提供了就业岗位只是从供给方面解决了问题，并不代表能够根本性地解决我国目前的就业结构性矛盾，这是因为，增加了就业岗位并不一定能够招聘到合适该岗位的人才，有就业意向的人口也未必能找到合适的就业机会。近年来，数字经济得到了飞速发展，新兴行业异军突起，对就业市场提出了新要求——除了保障就业存量的同时，还要在新兴行业中增加就业机会，并使就业的供给和需求之间能够匹配达到均衡。而要想实现这个要求，增加人力资本投资是重要的突破点。

首先，教育是提高人力资本水平的重要途径。对于教育的税收优惠激励，除了保留现有的对于教育行业的各项税收减免之外，还需要对个人增加教育投资给予相应的税收激励。目前，我国在个人所得税制度中已经设计了相应的专项附加扣除，但是所允许扣除的标准与目前我国大学生的学费，尤其是研究生学费之间存在较大差距，未来可以考虑增加扣除标准，或者在就业之后对于以前年度的学费支出给予扣除。另外，对高端人才应该有相应的税收激励措施，我国相关税收政策覆盖面还较窄。

其次，除了教育之外，另一个提高人力资本水平的途径就是培训。解决农村就业问题是我国稳定就业的关键。提升农村就业人口的素质是从根本上消除贫困、缓解就业矛盾、解决结构性失业的重要途径。因此，应出台对农业就业人口、就业培训和职业教育领域的税费优惠政策，逐步构建起培养、开发各环节的税收优惠政策体系，以提升农村就业人口的素质水平。

（四）建立税收政策促进就业的长效激励机制

提高就业水平、缓解就业矛盾是一个长期并且系统的工程，相应的税收激励机制也应该具有长期性、系统性。目前对于就业的税收激励政策大多散见于财政部、国家税务总局发布的通知、公告等政策性文件，只有少部分体现在税收法律和行政法规中，导致目前有关就业的税收政策多数属于临时性的短期政策。这种局面需要改变，解决就业问题需要税务部门从长远角度通盘考虑，建立系统的税收政策框架，尤其要针对就业中所涉及的人才、资金、技术等关键性因素作出清晰的布局，形成统一稳定的就业激励机制，将税收对就业的激励从短期化变为常态化。同时，我国应该加快税收立法进程，提高就业相关税收优惠政策的立法级次。

完善现代税收制度　支持就业优先政策

王智烜*

一、新发展阶段税收要在宏观经济治理体系中发挥重要作用

党的十九届五中全会擘画了全面建设社会主义现代化国家的新蓝图，在新发展阶段进一步完善拓展税收现代化是"十四五"时期的税收发展方向。《中共中央关于制定国民经济和社会发展第十四个五年规划和二〇三五年远景目标的建议》（以下简称《建议》）明确指出，要健全"以国家发展规划为战略导向，以财政政策和货币政策为主要手段，就业、产业、投资、消费、环保、区域等政策紧密配合"的宏观经济治理体系。必须看到，宏观经济治理体系是坚持系统观念谋划推动"十四五"时期经济社会发展的重要手段。而"坚持系统观念"作为"十四五"时期经济社会发展必须遵循的原则首次提出，是我们党的重大理论创新。从统筹国内国际两个大局，坚持全国一盘棋，到更好发挥中央、地方和各方面积极性，应该说"坚持系统观念"的内涵十分丰富。从"坚持系统观念"出发看税收，就是要求税收政策更加注重对就业、消费、环保等重点领域的影响，这既是新发展阶段税收现代化的必然要求，也是贯彻新发展理念的必然内容，更是构建新发展格局的必然路径。"十四五"时期如何在宏观经济治理体系的背景下去完善现代税收制度是需要深入研究的课题。

《建议》明确提出，要"完善现代税收制度，健全地方税、直接税体系，优化税制结构，适当提高直接税比重，深化税收征管制度改革"。总体看，地方税体系建立、税制结构调整和税收征管制度改革将是完善现代税收制度的

---

* 王智烜，厦门国家会计学院财税研究所副所长、副教授、经济学博士，财政部税政管理人才库成员。

重点方向。后移消费税征收环节并稳步下划地方，进一步完善综合与分类相结合的个人所得税制度，以及建立权责清晰、规范统一的征管制度等是完善现代税收制度的重点抓手。这些改革内容势必会对包括就业在内的宏观经济领域产生影响。因此，应当认真研究政策之间的协调性，做好"前瞻性思考、全局性谋划、战略性布局、整体性推进"的系统性工作。

从就业角度看，《建议》强调"十四五"期间要"千方百计稳定和扩大就业，坚持经济发展就业导向"，可见，坚持就业优先将是宏观经济治理体系的重要内容。"十四五"时期，坚持经济发展就业导向，一是要"扩大就业容量"，二是要"提升就业质量"，只有沿着这两个方向做好相关工作，才能推动实现更充分更高质量就业的既定目标。在强化就业优先政策的前提下，我国在"十四五"时期将重点放在健全就业公共服务体系、更加注重缓解结构性就业矛盾、完善重点就业支持体系、统筹城乡就业政策体系、完善促进创业带动就业、多渠道灵活就业的保障机制等几个方面。这里必须指出，国家在当前和今后一个时期对就业的判断是"我国就业总量压力依然存在，但结构性就业矛盾更为凸显，突出表现为招工难和就业难并存，这一问题正在成为就业领域的主要矛盾"。应该说未来在就业总量和劳动技能人才"两头短缺"的"两难"中，提升劳动者技能素质解决结构性就业矛盾将是就业政策的重中之重，即"提升就业质量"要重于"扩大就业容量"。

因此，一方面，从宏观经济治理体系看，税收必须且应当在实现更充分更高质量就业的既定目标过程中发挥重要作用；另一方面，在研究税收政策对就业影响时，必须从过去重视税收对就业总量的研究转向重视税收政策对就业结构影响的研究，应当认真研究能够促进高质量就业的相关税收政策。有基于此，本文在回顾"十三五"时期税收支持就业发展路径的基础上，重点分析税收政策对就业结构的影响，并对新发展格局下税收支持就业提出相关建议。

二、"十三五"时期税收支持就业发展的路径

中央全面深化改革委员会第十七次会议在《关于进一步优化税务执法方式的意见》中明确指出，要"发挥税收在国家治理中的基础性、支柱性、保障性作用"。可以说，"十三五"时期我国从结构性减税转向普惠性减税与结构性减税相结合，政府以更大规模的减税降费政策为引领，进一步梳理政府与市场的关系，为充分发挥税收在国家治理中基础性、支柱性、保障性作用

创造了条件。从就业角度看，税收政策始终承担着支持就业的重要角色。自党的十八大提出"推动实现更高质量的就业"以来，我国政府始终坚持"促进就业和鼓励创业"战略，鼓励通过"创业带动就业"，并提出"大众创业"的号召。党的十九大提出，既要"提高就业质量"，又要"实现更高质量和更充分就业"。应当说，在新时代实现"高质量发展"过程中，通过"高质量税收改革"促进"高质量就业"是重要一环。

2020年我国经济社会发展受到了突如其来的新冠肺炎疫情冲击，就业出现了明显下滑。人力资源和社会保障部的数据显示，2020年1—5月，城镇新增就业人数仅为460万人，比上年同期降低137万人；城镇失业人员再就业人数与就业困难人员就业人数比上年同期分别降低43万人与14万人，相关降幅都在20%以上，可见，我国就业市场在疫情冲击下凸显严峻态势。基于此，2020年我国两会对统筹推进疫情防控和经济社会发展工作进行部署，没有提出全年经济增速具体目标，而是更加强调做好"六稳"工作、落实"六保"任务的重要性。其中"六稳"和"六保"的首要内容就是"稳就业"和"保居民就业"，即我国2020年要通过各种支持政策千方百计稳定和扩大就业。面对疫情对经济发展和就业的严重冲击，2020年我国加大减税降费力度，通过阶段性减税与制度性安排相结合，以超25000亿元规模的减税降费纾困惠企、提振就业。从政策效果看，2020年就业形势逐季好转、好于预期，全年城镇新增就业1186万人，超额完成900万人的目标任务，与之相匹配的是2020年我国失业水平稳步回落，12月份已降至5.2%，与2019年同期持平。

高质量就业是与我国经济进入高质量发展阶段相匹配、与人民日益增长的美好生活需要相适应的就业。高质量就业的劳动者能够拥有较好的工作待遇、较舒适的工作环境和较稳定的工作岗位，并有较高的提升和发展空间。值得注意的是，高质量就业不是不注重就业数量，而是要求在保证就业数量的同时，进一步提高就业者的获得感。这与新时代发展理念是一致的，有利于缓解我国现阶段的社会主要矛盾。党的十八大以来，在深化供给侧结构性改革主线下，国家运用税收政策解决结构性就业矛盾，进而实现高质量就业。可以看到，与税收相关联的就业表现出了双重结构性：一是税收监管可以较为有效覆盖到的就业，这一部分就业质量较高，对税收因素较为敏感；二是税收监管难以有效覆盖到的就业，这一部分就业质量往往较低，存在逃避税收征管的倾向。目前研究税收征管难以覆盖的就业的文献已较为丰富，国际劳工组织提出非正规就业这一概念来描述这一经济现象；学界普遍认为非正规就业与非正规部门相对应,并定义非正规部门为"税收征管难以覆盖到的经济活动",在非正规部门中的就业就是非正规就业。从我国和其他发展中国家的现实看,非正规就业规模较大是普遍性特征。在我国发展的现阶段,非正规就业有其积极的一面,它既能有效地解决低水平工人的就业问题,又可以在"大众创业"的大背景下为起步阶段的创新企业提供较为充足的劳动要素。但另一方面,非正规就业的负面作用不容忽视,劳动者在非正规就业中往往得不到相应的社会保障,就业缺乏稳定性;长期看,非正规就业还会固化劳动者技能,造成结构性就业矛盾。除此之外,非正规就业导致的国家税款大量流失问题同样不能忽视。将高质量就业与非正规就业相联系,不难看出,高质量就业作为税收征管有效覆盖、能够保障劳动者权益的一种就业形式,其内涵与非正规就业是相对立的。高质量就业发展主要依靠的是正规就业的发展,而非正规就业规模较大则会阻碍高质量就业的发展。因此,我们需要研究如何利用税收政策控制和降低非正规就业规模。

目前学界研究税收政策对就业结构的影响主要集中在三个方面:一是研究税率对就业结构的影响。国内外学者普遍认为税率与非正式就业的规模呈正相关关系,即税率越高,非正式就业规模越大。二是税收征管对就业结构的影响。国内外学者一致认为税收征管强度与非正式就业呈负相关关系,即税收征管强度越大,非正式就业规模越小。三是不同税种对就业结构的影响。学者主要围绕增值税和所得税展开研究。在增值税方面,主流学者的观点是增值税税率提高将进一步增加非正式就业人数;但也有学者认为,在进项税征收到位的情况下,下游厂商进入非正式部门的动力就会降低,因为一旦厂商转入非正式部门,则已有进项税不能再抵扣。在这种情况下,增值税税率与非正式就业呈负相关关系。在个人所得税方面,学者普遍认为,个人所得税提高将扩大非正式就业。笔者认为,除了在对上述内容进行理论研究的同时,还应关注我国特定时期的税收政策,特别是"十三五"期间减税降费政策对就业结构的影响。只有以理论和现实相结合的角度进行研究才能得到符合我国税收和就业实际的政策建议。

党的十八大以来,通过分析"十三五"期间我国减税降费政策的运用,可以清楚地看出减税降费政策能够有效促进我国正规就业的发展,推动我国就业质量提升。从企业层面看,减税降费政策始终关注降低企业,特别是中小微企业的负担。在直接税方面,2019年对小型微利企业进行普惠性所得税减免①降低了小型微利企业所得税负担;2020年面对新冠肺炎疫情冲击,国家出台政策允许小型微利企业和个体工商户延缓缴纳2020年所得税,②有效缓解了相关企业的税收负担。在间接税方面,2018年以来,我国增值税经历了税率并档和逐步下调的一系列改革,这降低了企业税收负担,增加了企业利润。例如,2019年对月销售额10万元以下的增值税小规模纳税人免征增值税,并对增值税小规模纳税人"六税两费"进行50%幅度以内的减免;2020年,对湖北省增值税小规模纳税人和适用3%征收率的应税销售收入免征增值税,对全国其他地区增值税小规模纳税人减按1%征收率征收增值税。③在降费方面,2018年以来我国明显降低企业社会保险缴费负担。例如,2019年各地养老保险单位缴费比例可下降至16%,失业保险、工伤保险费费率阶段性降低,社会保险缴费基数调整等政策使得企业负担持续下降;④2020年我国又阶段性减免和缓缴企业基本养老保险、失业保险和工伤保险三项保险。⑤总体而言,减税降费政策主要降低正规经济下的企业税负,提升企业利润进而促进企业扩大就业规模。因此,"十三五"时期以来的减税降费政策有助于扩大正规就业的规模。

三、新发展格局中税收支持就业的建议

"十三五"期间以减税降费为代表的税收政策有效促进了我国"稳就业"和"保居民就业"等重点工作的开展,也为未来我国就业市场健康发展奠定了坚实的基础。"十四五"期间税收要在新发展格局中继续支持就业的发展,确保为全面建设社会主义现代化国家开好局、起好步。具体应考虑以下几个方面的内容:

(一) 推动新时代中国特色税收现代化,继续实行就业优先政策

党的十九届四中全会提出"坚持和完善中国特色社会主义制度,推进

---

① 详见《财政部 税务总局关于实施小微企业普惠性税收减免政策的通知》(财税〔2019〕13号)。
② 详见《国家税务总局关于小型微利企业和个体工商户延缓缴纳2020年所得税有关事项的公告》(国家税务总局公告2020年第10号)。
③ 详见《财政部 税务总局关于延长小规模纳税人减免增值税政策执行期限的公告》(财政部 税务总局公告2020年第24号)。
④ 详见《国务院办公厅关于印发降低社会保险费率综合方案的通知》(国办发〔2019〕13号)。
⑤ 详见《人力资源社会保障部 财政部 国家税务总局关于延长阶段性减免企业社会保险费政策实施期限等问题的通知》(人社部发〔2020〕49号)。

国家治理体系和治理能力现代化"的总目标，是未来我国税收工作的基本遵循。党的十九届四中全会对税收的论述主要集中在"坚持和完善社会主义基本经济制度，推动经济高质量发展"这一部分，重点内容是税收要在分配领域为完善社会主义基本经济制度做出贡献，要通过税收的再分配职能促进我国分配格局进一步完善。因此，在新发展阶段，面向"十四五"时期的税收政策要更好支持就业，这一方面是坚持总体国家安全观，保持社会和谐稳定的重要基础，另一方面税收支持就业高质量发展是促进"中等收入群体显著扩大""城乡区域发展差距和居民生活水平差距显著缩小""全体人民共同富裕取得更为明显的实质性进展"的重要举措。目前，国家税务总局提出高质量推进新发展阶段税收现代化，通过聚焦"新、精、进"不断完善拓展税收现代化目标的"六大体系"和"六大能力"。国内已有学者提出要不断推进由税收现代化向税收治理现代化前进的理论构想。可以肯定的是，一个治理体系更加完善和治理能力更加健全的税收治理现代化体系必将会对整个宏观经济治理体系提供极大助力，也必将促进就业等宏观政策目标的更好实现。

（二）进一步巩固拓展减税降费成效，促进正规就业的持续发展

应该看到，"十三五"期间的减税降费本身就是在梳理政府与市场微观主体的关系，在保障必要财政收入的情况下减少税收的市场扭曲，促进更加公平合理分配格局的形成。同时，减税降费还有一系列的外溢效应，比如，既能够扩大就业规模，也能促进非正规就业转向正规就业。学界普遍认为，非正规就业转向正规就业的过程能够逐步缩小由于异质性就业导致的收入差距，从而进一步发挥税收的分配职能。因此，应当抓住进一步巩固拓展减税降费的机遇，发挥其正向外溢效应。我国"十四五"期间要通过巩固拓展减税降费成效来促进正规就业规模的扩大，营造有利于未来我国直接税调整的环境，为直接税比重的提升提供良好的市场基础。这种税制改革与就业发展政策相辅相成、互相促进的格局正是宏观经济治理体系构建的重要内容。

（三）要有"跳出财税论财税"的格局，把税收放到促进高质量就业中来考虑和谋划

我们不能仅限于"围绕税收研究税收"或仅"结合财政研究税收"，还应该"跳出税收看税收""跳出财税论财税"。如果仅仅从财税的视角看，减税降费可能带来一定的财政压力问题，但是当把视角转向其与就业相结合的角度看，就会发现减税降费在促进高质量就业的同时，劳动要素的转向也会反过来促进财政收入的增长：正规就业的发展不仅能够缓解减税降费的财政压力，长期看还可能会有助于财政收入的增长。因此，我们要有"轻税负、促发展"的全局眼光。继续做好"六稳""六保"工作是中央经济工作会议定调"十四五"开局之年的重点任务，完善减税降费政策将会继续为做好"稳就业"和"保居民就业"相关工作提供支持。必须认识到，非正规就业的存在是发展中国家的普遍特征，也是我国经济周期下行过程中吸纳大量就业的有效手段。因此，未来我们既要通过相关税收政策扩大正规就业的规模，也要对包括一些新经济业态带来的非正规形式更加包容。当然，在此过程中应坚持运用好税收辩证观，在税收改革运用中把握好"度"的概念。增值税、企业所得税、个人所得税和行政事业性收费并不是越低越好，过度减税降费必然导致各级财政压力加大；罚没收入也并非越严越好，而是要坚持依法治税、依法征管。因此，税务部门"收好税"是前提、基础，同时要"站好位"，真正做好"带好队伍、干好税务"为主要内容的新时代税收现代化建设。

（四）要关注深化税收征管制度改革对正规就业的促进作用

在"十四五"时期，税收征管的重要性将愈发凸显。我们要在已有减税降费的基础上做加法，不能将目光仅仅局限于税率降低、优惠政策等狭义范围，更要将眼光放在"放管服"改革提质增效以及征管体制改革等广义的"减税降费"上来。通过税收体制机制创新释放的税收征管"制度红利"，更好地引导非正规就业转向高质量就业，进一步解决结构性就业矛盾，从而为高质量发展提供助力。如果说过去还是重在对税制改革的影响分析，未来则要同时关注制度与征管改革。从已有经验看，通过高质量税收征管制度促进高质量就业、服务高质量发展大局是有迹可查的。学界也普遍认为，规范化、协调化和法治化的高水平税收征管将有效抑制非正规就业的规模，促进正规就业健康发展。因此，"十四五"期间在完善自然人税收征管制度、改革发票管理制度、全面推广电子发票、分步推进建成全国统一的电子税务局、建设全国税收征管信息库、推进涉税信息共享平台建设的过程中，税收征管水平的提升一定会更好服务高质量就业。同时，还应注意到在税收征管能力不断提升的背景下，税收征管和正规就业还能形成合力在财政政策运用的其他方面发挥积极作用。例如，在新冠肺炎疫情期间，发达国家能够通过正规就业的纳税申报信息，对不同收入的居民进行精准的财政补助。因此，短期内我们要切实强化精确执法,增强税务执法的规范性和统一性。从长期看,我们还应关注《税收征管法》修订进程以及税收与社保"税费统收"的联动效应。总体上看,税收征管的适时加强有利于正规就业的发展,实现更充分更高质量就业的目标。

新发展格局下税收促进就业的探讨

王明世[*]

就业是民生之本。党中央一直高度重视就业工作，坚持实施扩大就业的发展战略。近年来，税务部门不断完善促进就业和再就业的税收政策，有力促进了就业规模扩大和就业结构完善。党的十九届五中全会通过的《中共中央关于制定国民经济和社会发展第十四个五年规划和二〇三五年远景目标的建议》，科学研判经济社会发展大势，把握发展规律，将促进就业作为新发展阶段构建新发展格局的重要目标和任务，提出一系列新要求，明确一系列重大任务，为税务部门进一步发挥税收促进就业的职能指引了方向。

新时代税收承担着新使命，当前我国经济下行压力加大，就业面临新挑战，税务部门需要积极发挥税收职能，深度参与国家治理，以税收促进就业，充分发挥税收基础性、支柱性和保障性作用，这对于加快形成新发展格局、实现"十四五"规划和2035年远景目标，都具有特别重要的意义。

一、贯彻以人民为中心的思想，发挥税收促进就业的职能

"十三五"期间我国城镇新增就业人员规模不断扩展，城乡居民收入增速超过经济增速，中等收入群体持续扩大，就业状况持续改善，其中离不开税务部门的积极努力。税收治理作为国家治理的重要组成部分，税务部门贯彻以人民为中心的思想，持续优化税收营商环境，发挥税收促进就业的职能，始终坚持"以纳税人和缴费人为中心"，以满足纳税人合理需求为导向，践行全心全意为人民服务的根本宗旨。只有坚持以人民为中心，深入推进减税降费和便利化改革，落实各项税收促进就业优惠政策，以税收促进就业，税收

---

[*] 王明世，国家税务总局税务干部学院兼职教师、兼职研究员，公共管理硕士，国家税务总局税收科研专业人才库成员。

治理职能才能得到充分展现。

当前，我国经济下行压力加大，不确定性因素增多，就业面临严峻挑战，面对新形势新阶段新任务，如何扩大就业规模，推动创业、带动就业，是新时代税收面临的重大课题。党的十九届五中全会提出，千方百计稳定和扩大就业，坚持经济发展就业导向，扩大就业容量，提升就业质量，促进充分就业，保障劳动者待遇和权益。当前我国正处于深化改革的关键期，面临百年未有之大变局，所要面临的困难和阻碍很多，任何税收改革都要立足于人民，以人民的利益为依归，不能损害人民的利益。因此，制定政策更要坚持以人民为中心，重视民生民情。[①]

税收影响所有制结构、产业结构和区域经济结构，有助于提高经济发展水平，增加社会对劳动力的需求。[②] 税收促进就业需要税务部门落实减税降费政策，持续释放企业创新动能，扩大就业容量。2014 年以来，我国便将减税降费政策作为供给侧结构性改革的重要工具。当前，我国经济运行面临的突出问题，虽然有周期性、总量性、外部性因素，但根源是重大结构性失衡，仍需要通过结构性减税降费来引导企业进行产业结构调整和升级换代，以释放企业创新的动能和活力。同时，还需要在深化税收"放管服"改革，致力打造市场化法治化国际化税收营商环境，放宽税收优惠时间等方面统筹考虑，优化税收优惠政策，以充分发挥税收优惠政策对就业的促进功能。通过实施减税降费政策，扩大就业的规模，不仅要对吸纳就业能力强的产业，出台直接性就业激励税收政策和间接性就业激励税收政策，也要对包括一些新经济业态带来新就业更加包容，增强中小企业的吸纳就业能力。[③]

二、完善重点群体就业支持体系，健全完善现代税收制度

党的十九届五中全会描绘了"十四五"期间现代税制建设的宏伟愿景，提出要完善现代税收制度，健全地方税、直接税体系，优化税制结构，适当提高直接税比重深化税收征管制度改革。可以预见，"十四五"期间税收法定原则将全面落地开花结果，增值税、消费税、土地增值税、印花税等税种将由条例上升为法律；合理扩大纳入个人所得税综合征税的所得范围，完善专

---

① 叶青，袁昭颖. 中国农业税的演变、终结与启示 [J]. 税务研究，2020 (6): 134-137.
② 李纯. 财务政策如何有效应对当前就业问题 [J]. 合作经济与科技，2018 (11): 178-179.
③ 马海涛，王斐然. 我国就业市场变化的税收因素分析——基于产业结构调整视角 [J]. 税务研究，2020 (10): 5-15.

项附加扣除项目,完善吸引境外高端人才政策体系,综合与分类相结合的现代个人所得税制度将得到进一步调整;职工教育经费可依法税前扣除的企业所得税制度将进一步完善,社会保险费政策进一步向纵深推进,残疾人就业保障金等非税收入政策持续优化。总之,"十四五"期间税收制度将更加定型和成熟,税收新职能将得到充分释放,税收助力重点群体就业支持体系将更为优化和完善。

在经济运行中,由于总消费和总投资不足,使总需求小于总供给,造成有效需求不足,从而导致就业总量难以达到充分就业的水平。税收会影响社会劳动总需求;税收政策能够调节私人投资和公共部门投资,进而促进经济发展,增加就业机会。积极财政带来的公共投资能够有效提高社会对就业的需求量,进而扩大就业。税收会影响劳动力需求的结构,加快劳动力结构调整,进而缓解就业压力,促进就业。另外,税收还会影响产业结构和区域经济结构,刺激经济发展,增加社会对劳动力的需求。稳住重点群体,就稳住了就业的基本盘。因此,把握新发展阶段构建新发展格局的总体发展趋势,需要锁定重点人群,积极创新税收促进就业的渠道和路径。

(一) 鼓励高校毕业生自主创业

大学生就业一直是民生问题的重要方面,是关系到千家万户的大事,关系到大学生个体自我价值的实现,关系到我国高等教育的有序健康发展,人力资源的可持续发展,以及整个社会和谐稳定。近年来,大学生就业形势日益严峻,就业压力逐渐增大。为鼓励高校毕业生自主创业,以创业带动就业,国务院财政、税务部门明确自主创业的毕业生从毕业年度起可享受3年税收减免的优惠政策。

(二) 千方百计提高残疾人就业率

残疾人就业关系社会稳定,是改善残疾人生活质量的关键。解决残疾人就业问题、提高残疾人就业率一直是各级政府高度重视的问题。近年来,国务院财政、税务部门出台若干政策措施,多渠道、多层次、多形式提高残疾人就业率,努力开辟残疾人就业、创业的新途径。一是残疾人个人提供的加工、修理修配劳务,为社会提供的应税服务,免征增值税。二是安置残疾人就业的单位和个体工商户(以下简称纳税人)增值税即征即退,即对安置残疾人的纳税人,实行由税务机关按纳税人安置残疾人的人数,限额即征即退增值税。每月可退还的增值税具体限额,由县级以上税务机关根据纳税人所在区县(含县级市、旗)适用的经省(含自治区、直辖市、计划单列市,以下简称省人民政府）人民政府批准的月最低工资标准的 4 倍确定。三是特殊教育学校举办的企业安置残疾人就业增值税即征即退。四是对残疾人个人取得的劳动所得，按照省（不含计划单列市）人民政府规定的减征幅度和期限减征个人所得税。五是企业安置残疾人员的，在按照支付给残疾职工工资据实扣除的基础上，可以在计算应纳税所得额时按照支付给残疾职工工资的 100% 加计扣除。六是安置残疾人就业的单位减免城镇土地使用税。

可以说，当前残疾人就业税费优惠政策及相关措施较为系统化，既表现为覆盖全面，包括增值税、企业所得税、个人所得税、城镇土地使用税等税种；也表现为措施灵活，面向个人、个体工商户、特殊教育学校举办的企业以及安置残疾人就业的单位，不搞"一刀切"。灵活而绵密细致的残疾人就业税收优惠政策，较好地推动了残疾人就业。

（三）扶持自主就业退役士兵创业就业

扶持自主就业退役士兵创业就业，对新时代贯彻落实改革强军战略，推进国防和军队建设，推进新发展格局构建维护政治社会大局稳定，具有重要意义。为进一步扶持自主就业退役士兵创业就业，国务院财政、税务部门出台退役士兵就业规定。对一次性退役金和一次性经济补助按照国家规定免征个人所得税。自主就业退役士兵从事个体经营的，自办理个体工商户登记当月起，在 3 年内按每户每年 12000 元为限额依次扣减其当年实际应缴纳的增值税、城市维护建设税、教育费附加、地方教育附加和个人所得税；限额标准最高可上浮 20%，各省人民政府可根据本地区实际情况在此幅度内确定具体限额标准。对企业招用自主就业退役士兵的，规定与其签订 1 年以上期限劳动合同并依法缴纳社会保险费的，自签订劳动合同并缴纳社会保险当月起，在 3 年内按实际招用人数予以定额依次扣减增值税、城市维护建设税、教育费附加、地方教育附加和企业所得税。定额标准为每人每年 6000 元，最高可上浮 50%，各省人民政府可根据本地区实际情况在此幅度内确定具体定额标准。

鉴于一些退役士兵未能及时参加基本养老、基本医疗保险或参保后因企业经营困难、下岗失业等原因缴费中断，享受养老、医疗保障待遇面临困难，为保证退役士兵享有的保障待遇与服役贡献相匹配、与经济社会发展水平相适应，国家相关部门及时明确以政府安排工作方式退出现役的退役士兵相关社会保险费政策。

要看到，有就业需求的群体是多方面的。当前我国经济发展的不确定性因素增多，党的十九届五中全会提出降低企业成本，增加居民收入，激发活力稳定就业。"十四五"期间，对餐饮业、生产性服务业等就业吸附性较强的行业提供专门的政策扶持，落实阶段性减免国有房产租金政策，鼓励各类业主减免或缓收房租，通过税费减免和财政补贴增加居民收入，改善人民生活品质。

三、降低企业社保缴费负担，坚持促进多层次社会保障

党的十九大报告明确提出"全面建成覆盖全民、城乡统筹、权责清晰、保障适度、可持续发展的多层次社会保障体系"。社会保险直接关系民生，2015年以来，从首次阶段性降低社会保险费迄今，养老保险、医疗保险、失业保险、工伤保险和生育保险的费率六次下调，降低了企业负担，促进了人民就业，间接提高了人民生活品质。

（一）调低社保单位缴费比例，降低企业负担

为从根本上降低企业社保缴费负担，2019年国家出台"双降"政策，下调城镇职工基本养老保险单位缴费比例，要求各地可降至16%，明显降低企业社保缴费负担。同时，稳定现行征缴方式，各地在征收体制改革过程中不得采取增加小微企业实际缴费负担的做法，不得自行对历史欠费进行集中清缴，同时继续执行阶段性降低失业和工伤保险费费率政策，使企业特别是小微企业社保缴费负担有实质性下降。将缴费基数从城镇非私营单位就业人员平均工资改为全口径城镇单位就业人员平均工资，个体户和灵活就业人员可在本省平均工资60%~300%自愿选择缴费基数，并将上述政策作为一项长期的战略性和制度化安排。

（二）降低新冠肺炎疫情影响，促进企业复工复产

2020年，为抗击新冠肺炎疫情，有效化解疫情对企业的负面影响，促进企业复工复产，帮助企业轻装上阵，国家实施了一系列社会保险费优惠政策，有效地增强了中小企业吸纳就业的能力。

1. 对符合标准的社会保险费单位缴费部分实行免缴

对符合标准的社会保险费单位缴费部分实行免缴，这是改革开放以来社会保障制度第一次作如此调整。[①] 自2020年2月起，各省可根据受疫情影响情况和基金承受能力，免征中小微企业三项社会保险单位缴费部分，免征期

---

① 郑秉文，陈功．"税收楔子"视角下的社保降费：抗击疫情与长远改革[J]．税务研究，2020（4）：5-13.

限不超过 5 个月；对大型企业等其他参保单位（不含机关事业单位）三项社会保险单位缴费部分可减半征收，减征期限不超过 3 个月。自 2020 年 2 月起，湖北省可免征各类参保单位（不含机关事业单位）三项社会保险单位缴费部分，免征期限不超过 5 个月。受疫情影响生产经营出现严重困难的企业，可申请缓缴社会保险费，缓缴期限原则上不超过 6 个月，缓缴期间免收滞纳金。① 阶段性减征职工基本医疗保险费，自 2020 年 2 月起，各省可指导统筹地区根据基金运行情况和实际工作需要，在确保基金收支中长期平衡的前提下，对职工医保单位缴费部分实行减半征收，减征期限不超过 5 个月。原则上，统筹基金累计结存可支付月数大于 6 个月的统筹地区，可实施减征；可支付月数小于 6 个月但确有必要减征的统筹地区，由各省指导统筹考虑安排。缓缴政策可继续执行，缓缴期限原则上不超过 6 个月，缓缴期间免收滞纳金。已实施阶段性降低职工医保单位费率的统筹地区，不得同时执行减半征收措施。②

2. 阶段性降低失业和工伤保险费费率政策继续延长

阶段性降低失业和工伤保险费费率政策继续延长，即将阶段性降低失业和工伤保险费费率政策继续延长一年，其中工伤基金累计结余可支付月数在 18 至 23 个月的统筹地区可将现行费率再下调 20%，24 个月以上的可下调 50%。并要求各地不得采取任何增加小微企业实际缴费负担的做法，不得自行对历史欠费进行集中清缴，确保职工社保待遇不受影响、养老金按时足额发放。

3. 延长阶段性减免企业社会保险费政策实施期限

对中小微企业三项社会保险单位缴费部分免征的政策，延长到 2020 年 12 月底。各省（除湖北外）对大型企业等其他参保单位（不含机关事业单位）三项社会保险单位缴费部分减半征收，延长执行到 2020 年 6 月底。湖北省对大型企业等其他参保单位三项社会保险单位缴费部分免征，继续到 2020 年 6 月底。受疫情影响生产经营出现严重困难的企业，可继续缓缴社会保险费至 2020 年 12 月底，缓缴期间免收滞纳金。各省 2020 年社会保险个人缴费基数下限可继续执行 2019 年个人缴费基数下限标准，个人缴费基数上限按规定正

---

① 《人力资源和社会保障部 财政部 税务总局关于阶段性减免企业社会保险费的通知》（人社部发〔2020〕11 号）。

② 《国家医保局 财政部 税务总局关于阶段性减征职工基本医疗保险费的指导意见》（医保发〔2020〕6 号）。

常调整。有雇工的个体工商户以单位方式参加三项社会保险的,继续参照企业办法享受单位缴费减免和缓缴政策。以个人身份参加企业职工基本养老保险的个体工商户和各类灵活就业人员,2020 年缴纳基本养老保险费确有困难的,可自愿暂缓缴费。2021 年可继续缴费,缴费年限累计计算;对 2020 年未缴费月度,可于 2021 年底前进行补缴,缴费基数在 2021 年当地个人缴费基数上下限范围内自主选择。

(三) 加强社会保障,加大企业稳岗支持力度

为支持企业稳定岗位,促进就业创业,强化培训服务,确保就业目标任务完成和就业局势持续稳定,2018 年,国务院要求加大稳岗支持力度,对不裁员或少裁员的参保企业,可返还其上年度实际缴纳失业保险费的 50%。2019 年,对面临暂时性生产经营困难且恢复有望、坚持不裁员或少裁员的参保企业,返还标准可按 6 个月的当地月人均失业保险金和参保职工人数确定,或按 6 个月的企业及其职工应缴纳社会保险费 50% 的标准确定。[①] 对 2020 年度企业吸纳登记失业半年以上人员就业且签订 1 年以上劳动合同并按规定缴纳社会保险的,有条件的地区可给予一次性吸纳就业补贴。同时,规范企业裁员行为。对拟进行经济性裁员的企业,指导其依法依规制定和实施职工安置方案,提前 30 日向工会或全体职工说明相关情况,依法依规支付经济补偿,偿还拖欠的职工工资,补缴欠缴的社会保险费。[②]

为更好发挥失业保险的作用,相关部门要求对符合领取失业保险金条件的人员,及时发放失业保险金。对领取失业保险金期满仍未就业且距离法定退休年龄不足 1 年的人员,可继续发放失业保险金直至法定退休年龄。对失业保险金发放出现缺口的地区,采取失业保险调剂金调剂、地方财政补贴等方式予以支持。[③]

(四) 优化社会保险费征收体制,为促进就业提供保障

党的十九届四中全会决定将社会保险费划转税务部门征收,是对社会保险费征收体制的重大改革。新一轮机构改革的同时,应积极完善社会保障体系,积极推进社会保障法治化,促进支付标准、资金来源、资金管理规范化。同时,对税前扣除采取更为包容性政策,完善社会保障筹资机制,确保充足

---

① 《国务院关于做好当前和今后一个时期促进就业工作的若干意见》(国发〔2018〕39 号)。
②③ 《国务院关于进一步做好稳就业工作的意见》(国发〔2019〕28 号)。

的社会保障资金加大了税收对社会保障政策的支持力度。①

四、支持和规范发展新就业形态，促进灵活就业健康发展

2019年7月，李克强总理在国务院常务会议上指出，要加大力度落实就业优先政策，完善新就业形态支持政策，促进零工市场、灵活就业健康发展。新时代新经济新业态，全面强化稳就业举措、落实保居民就业任务，加大个体经营、新就业形态等灵活就业方式支持力度，是税务部门新发展阶段面临的重大命题。

（一）鼓励灵活就业制度创新

近年来，随着自动化与人工智能发展，传统产业升级迭代，同时经济下行也抑制就业岗位增长，导致国内就业压力持续增加，因此，应鼓励灵活就业，鼓励"共享员工""兼职配送""临时客服"等灵活就业的新发展模式，以减缓就业压力。例如，"共享员工"是灵活就业的新就业形态的具体体现。所谓"共享员工"，是指将企业暂时无法经营或者所需员工大量缩减的情况下，将员工"借"给急需用工的企业，以达到劳动力的平衡。2020年初受新冠肺炎疫情影响，一些暂时难以复工的餐饮业、电商零售行业的中小企业开始探索"共享模式"，并在其他行业中不断产生新突破，逐渐在物流、制造业等行业得到推广，并从大城市向中小城市扩展。作为新业态新模式，包容看待"共享员工"是必要的，加强研究"共享员工"也是现实的课题，"共享员工"模式是否属于派遣员工？"共享员工"是否属于双重劳动关系？因此，应对劳务派遣、人力资源外包等灵活用工方式的税收政策进行制度创新，出台对创业、就业培训和职业技术教育领域的税费优惠政策，逐步建立涉及就业与人力资源开发各个环节的税费优惠政策体系。

（二）完善新经济平台税收政策

当前我国新经济平台快速发展，这对税收和社会保险费制度创新提出了新的需求，也给税收治理带来新课题。为了支持和规范发展新就业形态，明确新就业形态中的劳动关系，推动新就业形态用工机制更健全，相关部门既要抓紧研究完善平台企业用工和灵活就业等从业人员的社会保险费政策，鼓励发展各类小型微型网络经济体以促进灵活就业，又要帮扶困难灵活就业人员，用好企业所得税政策，鼓励灵活就业人员参加职业技能培训，引导更多

---

① 李纯. 财务政策如何有效应对当前就业问题[J]. 合作经济与科技, 2018 (11): 178-179.

平台从业人员参保。

(三) 逐步建立保就业长效机制

坚持健全和深化财税体制也是改善人民生活品质、发挥税收促进就业职能的重要路径。考虑税种的属性，进一步理顺中央和地方收入划分，稳定地方财政预期。指导各地按照分税制原则科学确定地方各级政府收入划分。充分考虑税收分成对区域资源配置效率的影响。在保证中央统一立法和税种开征权的前提下，通过立法授权，适当扩大省级税收管理权限。

推进省以下财政事权和支出责任划分改革，适度加强省级在维护本地经济社会协调发展、防范化解债务风险等方面的责任。调节公共投资的方向和规模，以有效提高社会对就业的需求量。督促省级政府切实担负起保基本民生、保工资、保运转"三保"主体责任，加快完善省以下转移支付制度，推动财力向困难地区和基层倾斜，逐步建立基层"三保"长效保障机制，优化收入再分配，并为失业群体再就业培训提供财政支持。

改善生活品质、共创美好生活是人民的共同期待和向往。没有就业，生活品质就难以谈起。健全就业公共服务体系，缓解结构性就业矛盾，加快提升劳动者技能素质，完善重点群体就业支持体系，统筹城乡就业政策体系，等等，都需要税务部门担当作为，积极发挥税收职能作用，促进就业问题缓解，以此扩大就业和促进再就业。当前，我国促进就业税收政策总体上还缺乏系统性，例如，税种政策之间融合性有待加强，特定人群的税费优惠政策针对性不强，优惠政策缺乏长效机制，难以预期。为此，税务部门需要从规范和优化税收政策、加强政策针对性、完善长效机制等方面入手，加强税收政策互动关联研究，打通政策组合综合应用"最后一公里"，优先完善特定人群的优惠政策并推进政策精细化，持续扩大优惠范围，拉长税收优惠期限，促进就业和再就业劳动者培训，加强就业税收政策优惠宣传和精准辅导，为促进就业和再就业，改善人民生活品质，做出税务部门应有的努力和担当。

支持文化产业发展的税收政策

许 评 陈 清*

一、引言

自 2011 年党的十七届六中全会明确提出"要加快发展文化产业，推动文化产业成为国民经济支柱性产业"至今，已有十年。这期间，《文化部"十三五"时期文化产业发展规划》进一步强调了文化产业发展对国家经济持续发展的重要作用，并提出要"推动文化产业转型升级、提质增效"，到 2020 年实现文化产业成为国民经济支柱性产业的战略目标。"十四五"时期，我国将进入新发展阶段，文化建设的重要地位更加凸显。2020 年，党的十九届五中全会发布的《中共中央关于制定国民经济和社会发展第十四个五年规划和二〇三五年远景目标的建议》明确提出，要"健全现代文化产业体系……深化文化体制改革，完善文化产业规划和政策，加强文化市场体系建设，扩大优质文化产品供给"。

在推动文化产业不断繁荣发展的诸多力量中，税收政策是关键因素。如何运用税收政策推进文化产业发展具有重要的经济和社会意义。文化产业发展与税收政策之间的关系，已成为社会各界越来越关心的问题。

二、我国文化产业发展现状与税收激励作用机制分析

（一）我国文化产业的发展态势

《文化及相关产业分类（2018）》将文化产业界定为：为社会公众提供文化产品和文化相关产品的生产活动的集合，并以《国民经济行业分类》

---

* 许评，北京工商大学经济学院财政系副主任、副教授、管理学博士；陈清，北京工商大学经济学院硕士研究生。

（GB/T 4754—2017）为基础，将文化产业划分为三个层次，共 9 个大类、43 个中类、146 个小类。9 个大类分别为新闻信息服务、内容创作生产、创意设计服务、文化传播渠道、文化投资运营、文化娱乐休闲服务、文化辅助生产和中介服务、文化装备生产、文化消费终端生产。

近年来，党中央出台了一系列举措来推动文化产业的发展，使得我国文化产业规模稳步扩大。2012 年，我国文化产业增加值为 118071 亿元，到 2019 年，我国文化产业增加值为 44363 亿元，增长了 1.45 倍，年均增长率达到 20.78%，远高于同期 GDP 的年平均增长率。文化产业产值占 GDP 的比例从 3.48%增长到 4.50%，对国民经济增长的贡献率不断上升（如图 1 所示）。

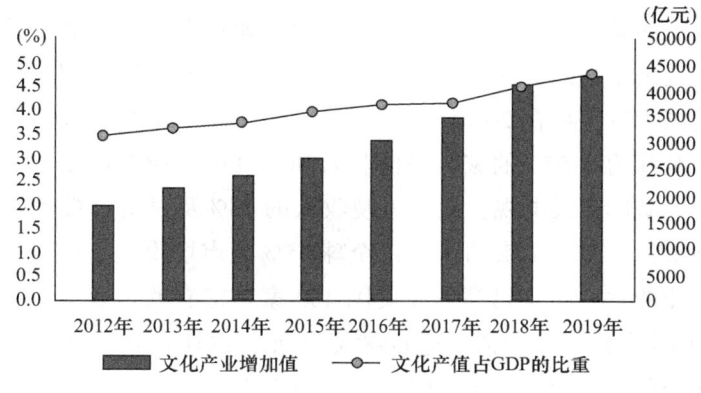

图 1　我国文化产业增加值及占比情况（2012—2019 年）

数据来源：国家统计局，http://www.stats.gov.cn/.

我国文化产业在保持稳定增速发展的同时，文化产业结构也在逐步优化。文化相关产业按照所涉领域，可划分为文化核心领域和文化相关领域，其中《文化及相关产业分类（2018）》9 大类别中的前 6 类为文化核心领域，第 7 类至第 9 类为文化相关领域。根据国际发展实践看，文化核心领域的占比越高，则说明该国的文化产业的核心竞争力越强。

如图 2 所示，2013—2019 年，我国文化核心领域的增加值从 12695 亿元增加到 30757 亿元，增长了 1.42 倍，年均增长 23.36%，占整个文化产业的比重由 59.5%上涨到 66.8%；而文化相关领域的增加值从 8656 亿元增加至 13605 亿元，仅增长了 0.57 倍，年均增长 11.54%，占整体文化产业的比重从 40.5%下滑至 33.2%。由此可以看出，我国文化产业结构正在不断发生变化，文化产业的核心竞争力正在增强。

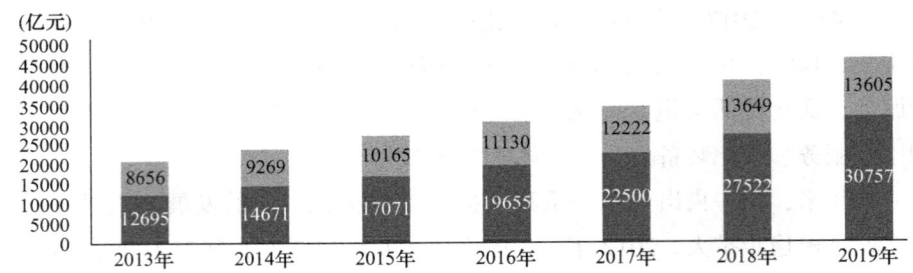

图 2　我国文化产业各领域增加值变动情况（2013—2019 年）

数据来源：国家统计局，http：//www.stats.gov.cn.

需要注意的是，虽然近几年来我国文化产业正在稳步发展，结构也在不断优化，但是由于我国文化产业整体起步较晚，与发达国家相比还存在较大差距。以美国为例，早在 20 世纪 90 年代，美国的文化产业就创造了巨大的经济效益。全球约有 55% 的家庭录像收入和 55% 的电影票房收入来自美国影像产品，全球基础有线电视、无线电视收入的 75% 及付费电视收入的 85% 来自美国电视节目，美国出版的图书占全球 35% 的市场份额。进入 21 世纪后，美国文化产业的发展更加迅猛，在美国 400 家最富有的企业中，文化企业约占 1/4；美国文化产业年产值高达 6000 亿美元，占其 GDP 的 10%；文化从业人口为 1700 万，占就业人口的 20%[①]。而与之相比，截至 2018 年末，我国文化产业的产值占 GDP 的比例刚刚增长到 4.48%；文化产业从业人员共 2055.8 万人[②]，仅占 2018 年全国从业人口 77586 万人的 2.65%。可以看出，与美国等典型的以文化产业为支柱产业的发达国家相比，我国文化产业的发展还有很大的进步空间，还需要积极发挥政府的宏观调控作用，优化文化产业的税收政策，使之成为促进文化产业不断发展壮大的外部动力。

（二）文化产业对文化软实力的基础作用和重要体现

"文化兴则国运兴，文化强则民族强"。文化产业是一国综合国力和竞争力的重要组成部分，也是衡量国家文化软实力的重要指标。文化产业在产生巨大经济效益的同时，也有助于传统文化的发展并带动其他行业的发展，即文化产业的发展具有明显的正外部性，既具有经济价值又有文化价值，在提

---

① 刘丽伟，高中理. 世界文化产业发展的新趋势［J］. 2015（10）：118-123.
② 国家统计局. 第四次全国经济普查取得重要成果［EB/OL］. http：//www.stats.gov.cn/tjsj/zxfb/201911/t20191119_1710341.html.

高文化产业消费者综合素质的同时,在一定程度上也有助于一个地区或国家文化软实力的提升。

一方面,文化产品的创作、传播和交流,能够提高我国文化知识的生产力,起到促进国家文化软实力发展的作用。2016—2019 年我国图书、录音录像制品、电子出版物等版权引进和输出总数如图 3 所示。可以发现,近年来我国版权引进项数基本平稳,虽然 2019 年有所下降,但降幅较小,而版权输出项数呈逐年增加的趋势,且增幅明显,引进与输出的版权项数差额逐渐缩小,国家整体文化软实力有所增强。文化产业的发展,推动了我国从中国制造向中国创造的跨越,激发了文化认同感、坚定了文化自信心、弘扬了中华文化,有助于提升我国国际形象、增强国家软实力,让世界更加客观地了解中国。

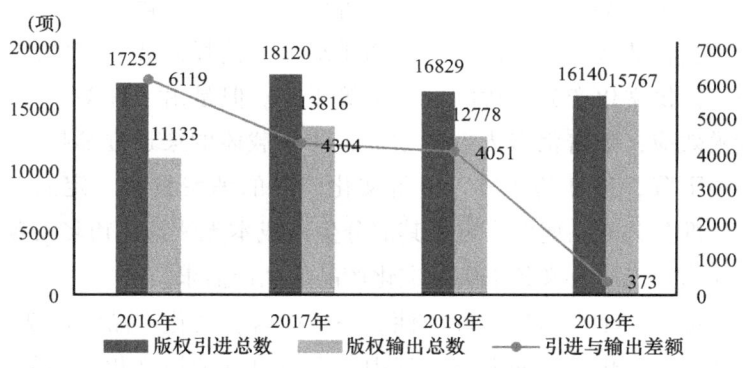

图 3 我国版权引进、输出情况(2016—2019 年)

数据来源:《中国统计年鉴》(2017—2020 年)。

另一方面,文化产业的不断发展,稳步提升了我国目前主要以公共图书馆、文化馆、博物馆等为中心的公共文化服务能力。截至 2019 年,全国共有公共图书馆 3196 个,与 2016 年相比,增加了 43 个。图书馆流通人次从 2016 年 66037 万人次增加到 2019 年 90135 万人次,累计发放有效借书证从 2016 年 5593 万个增加到 2019 年 8627 万个,增长幅度分别为 36.49%、54.25%。2019 年全国各类文物机构共举办陈列展览 30728 个,比上年增加 2809 个,接待观众 134215 万人次,比上年增长 9.7%。全国博物馆举办陈列展览个数从 2016 年 23109 个增加到 2019 年 28701 个,接待参观人次从 2016 年 85061 万人次增加到 2019 年 114669 万人次,增长幅度分别为 24.20%、34.81%。不难发现,我国公共文化服务能力正在不断提高,公共文化服务体系正在不断成熟。一个成熟的公共文化服务体系,对内可以积极保护与开发文化遗产,推动文化共享，鼓励文化原创，达到凝聚核心价值，加强文化认同，促进社会和谐的作用；对外可以通过积极开展文化交流，传播文化理念，塑造文化形象，提升国家软实力，营造和谐发展的国际环境。

（三）税收促进文化产业发展的必要性

不同于一般的私人物品，理论界通常认为文化产品为准公共物品，具有非排他性和一定的非竞争性。非排他性是指产品在消费过程中所产生的利益不能为某个人或某些人所专有。例如，对于享受公共广播的听众而言，是无法排斥其他人消费该文化产品的。非竞争性是指一部分人对某一产品的消费不会影响另一部分人对该产品的消费，即提供产品的边际成本为零。文化产品一般都有其物质载体，消费时增加了物质载体的成本，而文化产品本身的文化价值并没被消耗。也就是说，虽然可以通过拷贝、再版等手段使文化产品的价值不会在消费中立即消失，但物质载体的消耗需要一定的成本，向另一个消费者提供文化产品的边际成本不等于零。但是由于许多文化产品的消费具有规模效应，随着消费人数的增加，物质载体的渠道逐渐扩宽，物质载体成本逐渐下降，逐渐趋于零，使得文化产品的消费具有一定的非竞争性。文化产品的准公共产品属性决定了其部分生产成本无法通过市场交易来弥补，市场没有能力、也没有义务来满足文化产品的生产需求。

此外，部分文化产品具有外部性。一般而言，文化产品的消费群体较为广泛，消费者在文化产品的消费过程中，会不自觉地被文化产品的人生观和价值观所影响，如果文化产品给社会带来的价值和收益远远超过其自身的价值，则其具有明显的正外部性；反之，则具有负外部性。

由于准公共物品的属性和正外溢性的存在，如果完全依赖市场提供文化产品，则会产生供给不足、文化资源配置不合理等问题，因此需要政府介入，由政府对这类文化产品给予相应的扶持；同时政府也可以对某些具有一定程度负外部性的文化产品征收较高的税收，降低其供给水平，矫正消费行为。

税收政策可以通过收入效应和替代效应，起到促进文化产业发展、调整其结构的作用。税收的收入效应是指当政府对文化产品或服务征税后，政府以税收的形式获得消费者的部分收入，使得消费者的相对购买力下降，对文化产品或服务的消费量下降。此时，政府可以通过对文化产业实行税收减免或抵免、制定低税率等税收优惠政策，来保障消费者的购买力水平。替代效应则是指当政府对文化产业中的不同产品或服务征收不同程度的税款时，会改变文化产品或服务的相对价格，从而影响消费者的购买行为。相对而言，消费者会加大对不征税或者征轻税产品或服务的购买量,减少对征重税商品的消费。因此,政府可以通过实行差别性税收政策,来达到平衡文化产业中不同行业发展的目的。通过对税收政策的诸要素进行调整,政府可以给投资者和企业释放国家鼓励或限制产业发展的信号,从而使经营者对其经济决策作出必要的调整,引导资源在不同产业和行业间进行配置,达到不断调整、升级文化产业结构的效果。

三、我国现行文化产业税收政策评析

(一) 我国"十三五"以来文化产业的税收政策

为坚持和完善繁荣发展社会主义先进文化的制度,不断推进文化领域治理体系和治理能力现代化,实现"十三五"时期文化产业发展的主要任务,以财政部、国家税务总局为主的有关部门相继出台了若干促进文化产业发展的税收政策,如表1所示。

表1 我国"十三五"以来文化产业税收政策一览

税种	序号	主要内容	政策文号	优惠方式
增值税	1	对于符合标准的托儿所、幼儿园提供的保育和教育服务取得的收入、从事学历教育的学校提供教育服务取得的收入,免征增值税	《财政部 国家税务总局关于全面推开营业税改征增值税试点的通知》(财税〔2016〕36号)	免征
	2	寺院、宫观、清真寺和教堂举办文化、宗教活动的门票收入;纪念馆、博物馆、文化馆、文物保护单位管理机构、美术馆、展览馆、书画院、图书馆在自己的场所提供文化体育服务取得的第一道门票收入免征增值税	《财政部 国家税务总局关于全面推开营业税改征增值税试点的通知》(财税〔2016〕36号)	免征
	3	个人转让著作权收入,免征增值税	《财政部 国家税务总局关于全面推开营业税改征增值税试点的通知》(财税〔2016〕36号)	免征
	4	对于在境外提供会议展览服务、广播影视节目播映服务取得的收入免征增值税	《财政部 国家税务总局关于全面推开营业税改征增值税试点的通知》(财税〔2016〕36号)	免征
	5	经认定的动漫企业自主开发、生产动漫直接产品,确需进口的商品可免征进口关税及进口环节增值税	《财政部 海关总署 国家税务总局关于动漫企业进口动漫开发生产用品税收政策的通知》(财关税〔2016〕36号)	免征

续表

税种	序号	主要内容	政策文号	优惠方式
增值税	6	对科学研究机构、技术开发机构、学校等单位进口国内不能生产或者性能不能满足需要的科学研究、科技开发和教学用品，免征进口关税和进口环节增值税、消费税；对出版物进口单位为科研院所、学校进口用于科研、教学的图书、资料等，免征进口环节增值税	《财政部　国家税务总局　海关总署关于"十三五"期间支持科技创新进口税收政策的通知》（财关税〔2016〕70号）	免征
	7	对动漫企业增值税一般纳税人销售其自主开发生产的动漫软件，按照13%的税率征收增值税后，对其增值税实际税负超过3%的部分，实行即征即退政策	《财政部　国家税务总局关于延续动漫产业增值税政策的通知》（财税〔2018〕38号）	即征即退
	8	（1）对下列出版物在出版环节执行增值税100%先征后退的政策：①中国共产党和各民主党派的各级组织的机关报纸和机关期刊，各级人大、政协、政府、工会、共青团、妇联、残联、科协的机关报纸和机关期刊，新华社的机关报纸和机关期刊，军事部门的机关报纸和机关期刊；②专为少年儿童出版发行的报纸和期刊，中小学的学生课本；③专为老年人出版发行的报纸和期刊；④少数民族文字出版物；⑤盲文图书和盲文期刊；⑥经批准在内蒙古、广西、西藏、宁夏、新疆五个自治区内注册的出版单位出版的出版物等。（2）对不符合增值税100%先征后退的各类图书、期刊、音像制品、电子出版物出版环节执行增值税先征后退50%的政策。（3）对少数民族文字出版物的印刷或制作业务等执行增值税100%先征后退的政策	《财政部　税务总局关于延续宣传文化增值税优惠政策的通知》（财税〔2018〕53号）①	先征后退

---

① 该文件自2021年1月1日起全文废止，《财政部　税务总局关于延续宣传文化增值税优惠政策的公告》（财政部　税务总局公告2021年第10号）延续相关优惠政策。——编者注

续表

税种	序号	主要内容	政策文号	优惠方式
增值税	9	自2018年1月1日起至2020年12月31日，对科普单位的门票收入，以及县级及以上党政部门和科协开展科普活动的门票收入免征增值税	《财政部 国家税务总局关于延续宣传文化增值税优惠政策的通知》（财税〔2018〕53号）①	免征
	10	党报、党刊将其发行、印刷业务及相应的经营性资产剥离组建的文化企业，自注册之日起所取得的党报、党刊发行收入和印刷收入免征增值税	《财政部 国家税务总局 中宣部关于继续实施文化体制改革中经营性文化事业单位转制为企业若干税收政策的通知》（财税〔2019〕16号）	免征
	11	对电影主管部门按照各自职能权限批准从事电影制片、发行、放映的电影集团公司、电影制片厂及其他电影企业取得的销售电影拷贝收入、转让电影版权收入、电影发行收入以及在农村取得的电影放映收入，免征增值税。一般纳税人提供的城市电影放映服务，可以按现行政策规定，选择按照简易计税办法计算缴纳增值税。对广播电视运营服务企业收取的有线数字电视基本收视维护费和农村有线电视基本收视费，免征增值税	《财政部 国家税务总局关于继续实施支持文化企业发展增值税政策的通知》（财税〔2019〕17号）	免征
	12	自2019年4月1日起，图书适用的增值税税率已由13%降至9%。目前，公共图书馆采购进口图书、报纸、杂志时，缴纳9%的进口环节增值税	《财政部对十三届全国人大二次会议第6033号建议的答复》（财关税函〔2019〕7号）	低税率
所得税	13	对从事文化产业支撑技术等领域的文化企业，按规定认定为高新技术企业的，减按15%的税率征收企业所得税；开发新技术、新产品、新工艺发生的研究开发费用，允许按国家税法规定，在计算应纳税所得额时加计扣除	《国务院办公厅关于印发文化体制改革中经营性文化事业单位转制为企业和进一步支持文化企业发展的两个规定的通知》（国发办〔2014〕15号）	低税率、费用加计扣除
	14	与研发活动直接相关的其他费用，如技术图书资料费、资料翻译费、专家咨询费、高新科技研发保险费、研发成果的检索、分析、评议、论证、鉴定、评审、评估、验收费用，知识产权的申请费等，允许按国家税法规定，在计算应纳税所得额时加计扣除	《国家税务总局关于研发费用税前加计扣除归集范围有关问题的公告》（国家税务总局公告2017年第40号）	费用加计扣除

① 该文件自2021年1月1日起全文废止，参见《财政部 税务总局关于延续宣传文化增值税优惠政策的公告》（财政部 税务总局公告2021年第10号）延续相关优惠政策。——编者注

续表

税种	序号	主要内容	政策文号	优惠方式
所得税	15	对用数字技术对舞台剧目、音乐、美术、文物、非物质文化遗产、文献资源等文化内容以及各种出版物进行数字化转化和开发,为各种显示终端提供内容,以及采用数字技术传播、经营文化产品等相关服务以及本国文化产品翻译或配音成其他国家语言将其他国家文化产品翻译或配音成本国语言以及与其相关的制作服务的企业减按15%的税率征收企业所得税	《财政部 税务总局 商务部 科技部 国家发展改革委关于将服务贸易创新发展试点地区技术先进型服务企业所得税政策推广至全国实施的通知》(财税〔2018〕44号)	低税率
所得税	16	经营性文化事业单位转制为企业,自转制注册之日起五年内免征企业所得税。2018年12月31日之前已完成转制的企业,自2019年1月1日起可继续免征五年企业所得税	《财政部 国家税务总局 中宣部关于继续实施文化体制改革中经营性文化事业单位转制为企业若干税收政策的通知》(财税〔2019〕16号)	免征
所得税	17	符合条件的软件企业,在2019年12月31日前自获利年度起计算优惠期,第一年至第二年免征企业所得税,第三年至第五年按照25%的法定税率减半征收企业所得税,并享受至期满为止	《财政部 税务总局关于集成电路设计企业和软件企业2019年度企业所得税汇算清缴适用政策的公告》(财政部 税务总局公告2020年第29号	免征
其他税	18	由财政部门拨付事业经费的文化单位转制为企业,自转制注册之日起五年内对其自用房产免征房产税。2018年12月31日之前已完成转制的企业,自2019年1月1日起对其自用房产可继续免征5年房产税。对经营性文化事业单位转制中资产评估增值、资产转让或划转涉及的企业所得税、增值税、城市维护建设税、契税、印花税等,符合现行规定的享受相应税收优惠政策	《财政部 国家税务总局 中宣部关于继续实施文化体制改革中经营性文化事业单位转制为企业若干税收政策的通知》(财税〔2019〕16号)	免征
其他税	19	将多元件集成电路、非电磁干扰滤波器、书籍、报纸等产品出口退税率提高至16%;将竹刻、木扇等产品出口退税率提高至13%	《财政部 税务总局关于提高机电 文化等产品出口退税率的通知》(财税〔2018〕93号)	高退税率

进一步的,按照《文化及相关产业分类(2018)》,对上述税收政策惠及的文化产业类别逐一比对,可以得到关于各类文化产业是否存在税收优惠政策的结果,如表2所示。

表 2　　　　　　　　不同类别文化产业享受税收优惠情况

大类	中类	是否有相关的税收优惠政策
01 新闻信息服务	011 新闻服务	是
	012 报纸信息服务	是
	013 广播电视服务	是
	014 互联网信息服务	否
02 内容创作生产	021 出版服务	是
	022 广播影视节目制作	是
	023 创作表演服务	是
	024 数字内容服务	是
	025 内容保存服务	是
	026 工艺美术品制造	否
	027 艺术陶瓷制造	否
03 创意设计服务	031 广告服务	否
	032 设计服务	是
04 文化传播渠道	041 出版发行	是
	042 广播电视节目传输	是
	043 广播影视发行放映	是
	044 艺术表演	否
	045 互联网文化娱乐平台	否
	046 艺术品拍卖及代理	是
	047 工艺美术品销售	否
05 文化投资运营	051 投资与资产管理	是
	052 运营管理	否
06 文化娱乐休闲服务	061 娱乐服务	否
	062 景区游览服务	是
	063 休闲观光游览服务	否
07 文化辅助生产和中介服务	071 文化辅助用品制造	是
	072 印刷复制服务	是
	073 版权服务	是
	074 会议展览服务	是
	075 文化经纪代理服务	否
	076 文化设备（用品）出租服务	否
	077 文化科研培训服务	否

续表

大类	中类	是否有相关的税收优惠政策
08 文化装备生产	081 印刷设备制造	是
	082 广播电视电影设备制造及销售	否
	083 摄录设备制造及销售	否
	084 演艺设备制造及销售	否
	085 游乐游艺设备制造	否
	086 乐器制造及销售	是
09 文化消费终端生产	091 文具制造及销售	是
	092 笔墨制造	是
	093 玩具制造	是
	094 节庆用品制造	否
	095 信息服务终端制造及销售	是

由表 1 和表 2 可以看出,"十三五"以来我国文化产业税收政策主要呈现出如下几个特点:

第一,从税收政策惠及的具体行业看,我国现行的文化产业税收政策已经涉及教育服务机构、文化馆、博物馆、报刊业、影视业等行业,重点集中扶持影视业、新闻出版业等传统核心行业,以及以动漫行业和软件行业为代表的"互联网+文化"的新兴文化产业上。由表 2 可以看出,我国现行的文化产业税收优惠政策已经涉及了 29 个中类内容,其中第 1 大类新闻信息服务与第 9 大类文化消费终端生产涉及得比较全面,而第 8 大类文化装备生产涉及得比较少。

第二,从税收政策惠及的方式看,我国现行的文化产业税收政策主要以间接税优惠为主、直接税优惠为辅。在间接税优惠中,主要是增值税优惠,且多采取直接减免的方式,较少采取先征后退、低税率的优惠方式。在直接税优惠中以企业所得税优惠为主,辅以房产税优惠等,并且,所得税主要采取低税率、费用加计扣除的优惠方式。

第三,从税收政策发布的形式看,我国现行的文化产业税收政策有财政部、国家税务总局等发布的通知、公告、答复函等,形式多样,权威性和效力自然也存在一定的差异。

第四,从税收政策的适用期限看,我国现行的文化产业税收政策大多都规定了适用的期限,并且规定的期限较短,时效性不长,政策更新的频率较快,如《财政部 国家税务总局关于延续宣传文化增值税优惠政策的通知》(财税〔2018〕53号)将适用期限定为2018年1月1日起至2020年12月31日。

(二) 我国"十三五"以来文化产业税收政策的作用效果

文化产业税收政策的实施,从理论上而言,对于文化产业的发展应起着不容忽视的促进作用。结合相关学者的研究成果以及近几年来我国文化产业发展的现状,我们认为,我国"十三五"以来的文化产业税收政策对促进我国文化产业发展方面的成效是不可否认的。无论是我国文化企业的数量,还是文化产业从业人员数量,都有明显的提高。2018年末,全国文化及相关产业法人单位为210.3万个,与2013年末相比,增长129.0%;资产总计22.6万亿元,与2013年末相比,增长118.3%;从业人员2055.8万人,与2013年末相比,增长16.8%[①]。同时,文化机构在吸引就业方面也发挥着越来越重要的作用。例如,作为文化产业重要组成部分的文化和旅游单位、文物机构和艺术表演团的从业人员情况如图4、图5所示。

图4 全国文化和旅游单位及从业人员情况 (2014—2019年)

同时,出版业、影视业作为我国文化产业税收政策重点扶持的对象,在相关政策的支持下,近年来发展迅猛。2019年全国共出版图书106.0亿册、期刊21.9亿册、报纸317.6亿份,图书、期刊和报纸的出版种类、出版数量稳居世界前列。在电影放映收入等相关收入免征增值税的优惠政策刺激下,2019年全国电影产量超过1000部,电影院线内银幕69787块,电影票房收入642.66亿元,成为电影银幕第一大国,电影市场规模第二大国。

---

① 国家统计局,国务院第四次全国经济普查领导小组办公室. 第四次全国经济普查取得重要成果 [EB/OL]. (2019-11-20) [2020-12-01]. http://www.stats.gov.cn/tisj/zxfb/201911/t20191119_1710341.html.

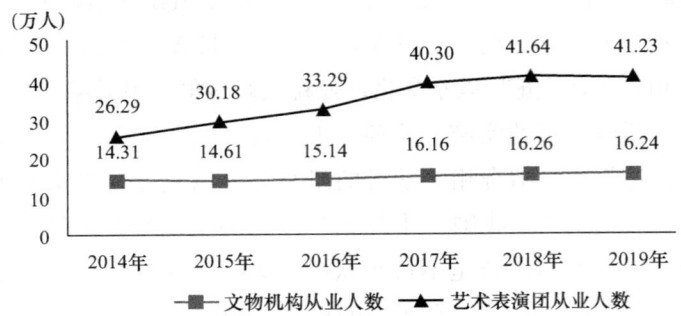

图 5　全国文物机构和艺术表演团从业人员情况（2014—2019 年）

值得关注的是，对动漫行业、软件行业等新兴产业所实行的优惠政策为其"走出去"开辟了道路。如图 6 所示，2018 年，我国计算机、软件及辅助设备批发商品出口额为 1121.5 亿元，相比上年增长 28.32%，几乎是 2014 年的 4 倍。

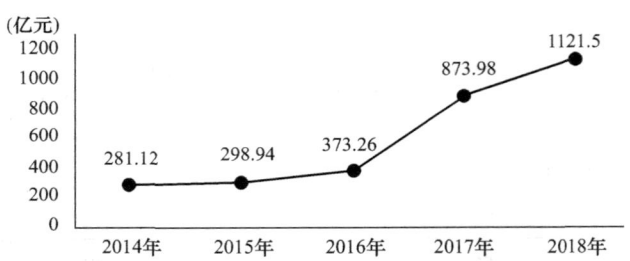

图 6　我国计算机、软件及辅助设备批发商品出口额（2014—2018 年）

（三）我国现行文化产业税收政策存在的局限性

在肯定我国文化产业的税收政策促进文化产业发展的同时，也要清醒认识到其存在的局限性，主要表现为：缺乏完整连贯的文化产业税收政策体系、税收优惠覆盖领域不充分不均衡、税收优惠措施单一。

1. 缺乏完整连贯的文化产业税收政策体系

文化产业的壮大不是一蹴而就的，而是一个长期、复杂的系统工程，然而现行的文化产业税收政策中，大多数都规定了适用期限。例如，财税〔2019〕16 号规定，经营性文化事业单位转制为企业，自转制注册之日起 5 年内免征企业所得税。然而，文化企业的创立初期和后续的不断扩大都离不开税收政策的扶持，5 年的期限并不足以支持和引导企业后期的发展。

虽然我国在2015年就已经启动了《文化产业促进法》的起草工作，但我国现行的文化产业税收优惠政策仍然以临时性税收扶持政策为主，大部分为针对文化体制改革的过渡性规定，系统性、持续性的税收支持较少，至今仍没有建立一套长期扶持文化产业发展的税收政策激励体系。此外，我国现行的关于文化产业税收优惠的政策文件比较分散，没有统一的管理部门，不利于纳税人全面及时地掌握政策动态，也容易出现各部门间沟通协调效率低、税收优惠审批流程复杂的问题。

2. 税收优惠覆盖领域不充分不均衡

在文化产业的47个中类中，有接近1/3的领域，我国现行的文化产业税收政策并未涉及。目前的相关政策主要针对动漫行业、软件行业，对于具有我国文化特色的非物质文化遗产领域，如工艺美术品制造、艺术陶瓷制造等没有相应的税收优惠政策，或者说，现行的文化产业税收政策对我国特色文化产业没有予以足够的重视。

此外，在我国文化产业中，中小企业的作用不容忽视。发展中小企业能够增加社会就业岗位，推进经济增长，维护社会和谐。然而，我国现行的文化产业税收政策对中小企业的扶持，主要集中在中小企业发展的初创期（程曦和蔡秀云，2017），如缓解中小企业融资压力，支持中小企业更新设备等。对中小企业的衰退期以及再生期，并没有针对性的优惠政策，一定程度上制约了中小企业的发展。同时，对于企业而言，现行的文化产业税收政策中的企业所得税优惠，是企业获得政策支持的主要方式。然而企业所得税减免政策属于税额式优惠，对于尚未成规模、形成应纳税额的中小企业而言，该优惠政策的减税意义并不明显，企业也难以真正享受到税收优惠政策的支持。

3. 税收优惠政策单一

我国现行的文化产业税收优惠政策主要以直接减免形式为主，如低税率、费用扣除、先征后退等，而较少采用加速折旧、投资抵免、亏损结转等间接优惠方式。直接减免优惠为主的税收政策无法贯穿于企业的创办、融资、发展等诸多环节，不能使企业在整个发展阶段始终受益。总体看，对于促进文化产业发展的文化融资、文化创新、文化创造、文化消费等环节而言，我国目前税收优惠政策支持手段不够多样化，缺乏与各个环节相呼应的政策，制约了文化产业链的优化延伸。

四、促进文化产业发展的税收政策建议

(一) 构建完整的文化产业税收支持政策法规体系

我国对文化产业发展的税收支持应形成不同立法层级的政策法规体系。具体而言，首先，应该对宪法进行修订与补充，明确公民具有平等享受自由参与文化生活的权利，保障公民文化生活的权益，同时还应明确指出政府、企业和公民保护历史文化遗产、促进文化多样性的责任。其次，要加快于2019年6月28日面向社会征求意见的《文化产业促进法草案（征求意见稿）》的正式出台，弥补现有法律体系中文化法的空白。最后，要加快出台文化产业细分行业法律法规。目前，直接支持文化产业发展的税收法律条款较为匮乏，支持文化产业细分行业发展的税收政策发布形式、发布单位等没有统一规定，并且形式多样，不利于纳税主体全面掌握。因此，要加快出台《动漫行业促进法》《演艺产业促进法》《互联网新闻信息传播法》《博物馆法》等，并在其中明确指出政策目标、涉及的征管部门、可享受税收支持的具体条件以及适用年限、税收优惠的申请流程和需要填报的各种表单模板等，统一税收管理，简化税收优惠审批流程，从制度到征管，全链条地构建完整的文化产业税收支持政策法规体系。

(二) 扩大文化产业税收优惠政策范围，加大优惠力度

建立覆盖文化产业全行业的税收优惠政策，将还未涉及的行业纳入税收优惠体系中统一管理，例如，可以对民族性文化产业保护给予充足的税收支持，将与民族文化相关的文化产品的增值税设为低税率。

可以在法律中明确降低文化产业整体的增值税税率，对文化产业实行特殊的增值税优惠税率；采取加速折旧、投资抵免、亏损结转等为主要手段的间接优惠政策，或将税收优惠的年限延长至10年，支持和引导企业后期的发展；对不符合增值税100%先征后退的各类图书、期刊、音像制品、电子出版物等出版环节执行增值税先征后退的政策改为即征即退，缓解其资金周转压力；对从事文化产业开发的非营利性机构免征各项税收，对一般文化企业的研发投入给予费用扣除和减免所得税的双重优惠。

可以对捐赠文化艺术品、著作等文化产品给慈善机构的个人、企业、民间机构和社会团体，给予税前扣除、捐赠扣除等多项所得税优惠；通过税收优惠政策吸引私营企业或个人等多元社会资本进入文化产业领域。

加大文化产品出口的退税力度，如规定游戏企业出口的高技术数字游戏

软件享受全额退税。亦或者规定具体额度，当文化企业出口商品或服务达到该额度时，可享受全额退税的优惠待遇，例如，文化制作企业每年出口 100 部以上的影像制品时可以享受 100%全额出口退税。

（三）实施差别税收政策

依据文化产业的规模、类型、发展阶段的不同，在制定税收政策时要有所差别。建议对动漫业等发展较好、人才聚集的地区提高现金返还或税收抵免的比例，而对动漫业等发展相对落后的地区降低最低限额等，以应对行业内的竞争。对高雅文化实行低税率，对娱乐通俗性文化实行高税率，来调控文化产业结构，如对低俗、一般暴力影片征收 13%的附加税，来保证影视业的健康发展。对中小企业给予更多的税收优惠支持，比如允许其采取税收递延措施或给予其更多的所得税减免来缓解中小企业的资金压力，弥补其在竞争中的劣势。

税收支持文化事业和产业发展的对策

郝晓薇　叶大港　周泳江*

站在"两个一百年"历史交汇点上，党的十九届五中全会在深入分析我国当前发展面临的国际国内形势的基础上，统筹考虑"十四五"规划与2035年远景目标，在文化建设方面明确提出，要繁荣发展文化事业和文化产业，提高国家文化软实力。税收政策对经济社会发展方方面面都具有直接而重要的影响，因此文化建设目标对税收工作客观上也提出了针对性要求。作为涉税领域的工作人员，我们要认真学习贯彻党的十九届五中全会精神，立足于支持文化事业和产业发展，对税收政策提出进一步完善的建议，为新发展格局贡献税收力量。

一、繁荣发展文化业是提升国家文化软实力的着力点

文化作为源于物质而高于物质的精神存在，对于小到个人、家庭、组织，大到经济、社会、政治，都具有润物无声、深入根本的教化作用，并且能够在人们认识世界、改造世界的实践过程中转变为物质结果。由于同时具有极为丰富的抽象意蕴和十分宽广的外延表现，尽管文化在现实中是一个极为常用的词语，但从学术上很难给出一个明确而清楚的定义。综合理论和实践各界对文化的界定，可以将之大致表述为：文化是人类在社会历史发展过程中所创造的物质财富和精神财富的总和，包括物质文化、制度文化和心理文化三个方面。其中，物质文化指人类创造的物质文明，包括生产要素、劳动对象以及技术；制度文化指经济社会运行的制度规范；心理文化指思维方式、宗教信仰、审美情趣等。物质文化属于一种可见的显性文化，制度文化和心

---

* 郝晓薇，西南财经大学财政税务学院税务系副教授、管理学博士；叶大港，西南财经大学财政税务学院税务专业硕士生；周泳江，国家税务总局成都市税务局二级主任科员，管理学硕士。

理文化属于不可见的隐性文化。

文化事业和文化产业可以概括统称为文化业,即文化在经济社会发展实践中具像化的业态表现。文化事业多指为满足大众娱乐、休闲、求知、审美等需求而提供的一种公共产品,具有公益性、公共性,以社会发展和国家意志为转移;文化产业是指基于市场经营逻辑,为满足市场文化需求而提供产品或服务的经营活动,具有市场性和经营性,以市场需求为转移。二者相辅相成,缺一不可。

公益性文化事业具有较强的公益性、基础性、均等性、便利性特征,加快发展公益性文化事业,不仅有利于培育社会主义核心价值体系,也是实现中华民族伟大复兴的必然要求。加快发展公益性文化事业,有利于促进转变经济发展方式。当经济基础发展到一定阶段后,作为上层建筑重要内容的文化实力和竞争力的决定性作用将显著增强,成为我国提升综合实力,参与大国竞争的重要砝码。

大力发展文化产业是繁荣文化事业、提升国家文化"软实力"的重要途径。在经济发展"新常态"背景下,文化产业对经济下滑的反向调节能力对于稳定经济增长、优化调整结构、深化供给侧结构性改革等具有无可替代的积极作用。文化产业同时具有"产业经济"和"政治功能"的双重属性,一方面,经济产业属性决定了文化产业作为专门生产部门,以经济效益为经营前提,遵循市场经济规律,谋求经营利益最大化;另一方面,政治功能属性又决定了文化产业必然肩负政策宣传和服务国家治理的重大使命,必须坚持用正确的舆论导向,引领社会凝聚人心。因此,文化产业发展不仅要兼顾"经济效益"和"社会效益",甚至要让"社会效益"优先于"经济效益"。

二、税收是文化业发展的重要助推力

作为政府宏观调控政策的重要工具,税收对文化业发展具有"赋能"(Enabling)和"去能"(Disabling)的双重作用。税收兼具财政、经济和社会三方面职能作用,通过合理的税收安排,不仅可以引导产业资本进入文化业,还能及时地破除生产和消费各环节阻碍因素,为文化业发展匹配强大动能。

(一)税收促进文化业发展的逻辑基础

从税收角度分析,文化事业是由政府提供和倡导的公益事业,具有公共产品性质;但文化产业作为国民经济产业的重要组成部门,具有生产经营特性和产业特点,其产值构成国民经济总产值组成部分,理应纳入税收征管范围之内。由于《文化及相关产业分类》采用社会上普遍认同的产业分类方法，因此，文化产业的研究对象既包括公益性的文化单位，又包括经营性的文化单位。[①] 我国文化产业组织大多脱胎于事业单位、脱胎于计划经济体制，因而在文化体制改革过程中离不开政府和政策的支持。作为重要的宏观调控手段，财政税收可以通过进一步完善财政政策、实施优惠的税收政策，促进文化事业和产业的发展。[②] 税收还是国家文化事业和文化产业制度体系的重要组成部分，也是推动文化事业和文化产业发展的有力武器，[③] 可以促进完善文化管理体制和文化生产经营机制，建立健全现代公共文化服务体系、现代文化市场体系，推动社会主义文化大发展大繁荣。

税收是公共文化产品与服务的物质基础。公共文化产品与服务具有非竞争性、非排他性和显著的正向外部性，需要大量的资源和资金投入。提供充分有效的公共文化产品和服务供给，是"服务型"政府建设的重要标志。在这一过程中，税收居于基础性地位，为公共文化产品和服务供给提供了物质基础保障。一方面，政府为满足这些公共文化产品和服务的公共需要，就必须通过税收筹集必要的资金，以维持和扩大文化产品和服务供给；另一方面，需要通过制定合理的文化产业税收扶持政策，以增强对产业资本吸引力，降低公共文化产品和服务供给成本，构建公平有序的生产环境，提高供给效率。

税收是公民基本文化权利的制度保障。文化权益是人民群众的基本权益之一，是个人尊严和人格自由发展中不可剥夺的一部分。1948年，联合国大会通过的《世界人权宣言》第一次把文化权益纳入人权范畴，提出人人有权通过国家的努力和国际合作，实现自己的文化权益。权利和义务互为前提和基础，公民都有依法纳税的义务，也有享受公共产品和公共服务的权利，税收作为连接生产和分配的重要杠杆，通过筹集税收收入确保了有效资源投入，促进了公民文化权利的充分实现，为公民基本文化权利提供了重要的制度保障。

税收是促进文化事业和产业发展的政策工具。党的十九届五中全会明确提出，要健全现代文化产业体系。税收既是国民收入再分配的一种手段，也是落实国家产业发展战略、促进产业发展的基本工具。从投入与产出角度看，

---

① 李晶. 加快文化产业振兴的税收政策 [J]. 光华财税年刊, 2013: 16-22.
② 张利阳, 吴庆华. 文化体制改革与财政税收政策研究 [J]. 湖北社会科学, 2010 (3): 83-85.
③ 严卫中. 税收支持文化产业发展义不容辞 [J]. 中国税务, 2014 (3): 49-50.

税收引导着资源在不同产业和行业间的配置,① 税负的高低直接影响到投资人的利益以及企业扩大再生产的能力和意愿,深度影响着产业的供求关系,一定程度上决定产业发展。

(二) 税收促进文化业发展的具体路径

吸引外部投资,促进产业发展。税收对资本流动和生产要素配置具有强大的调节能力。文化产业的税收优惠政策能够吸引其他产业过剩的资本流入,缓解产业发展中的资金缺乏问题,形成有效率的产业投入要素市场,还能够通过局部调整引导产业生产要素不断优化配置,促进要素生产率持续提升,促进产业的快速发展。

调节产业结构,提升传播效果。税收优惠政策能够为企业和投资人清晰地展示出政府所鼓励发展的重点行业,进而对社会资本和生产要素的流向进行引导,使得税收优惠政策成为产业结构调整的助推器。通过税收的干预,在文化产业中植入更多积极的、体现新时代中国特色社会主义核心价值的元素,进一步增强文化产业对国民意识形态的积极影响力,鼓励文化产业企业积极参与国际竞争,逐步提升我国文化对世界文化的影响力,持续提升文化传播效果。

鼓励人才培养,构建良性循环。有效的文化产业税收优惠政策不仅能够鼓励艺术家开发、创造出更多新颖别致、内涵丰富、极具价值的文化产品,还能够切实保护文化产业从业人员的个人权益,达到鼓励人才培养的目的。优秀的文化产品能够在极广范围内传播,对于提升国民素质有极其重要的作用。比如发达国家在促进文化产业发展的过程中,通过丰厚的待遇,吸引了众多优秀文化艺术人才。② 而更多的艺术人才必然推动文化进一步繁荣发展。因此,良好的税收政策不仅能够引导文化产业加快发展,还能形成产业与人才相互促进的良性循环。

(三) 税制改革促进文化业发展的多元效应

从动态视角分析税收对于文化业发展的影响,即观察研究税制改革对文化业发展的影响。学术研究领域对税制改革给文化产业带来的影响予以了较高的关注,研究成果较为丰富。有学者研究表明,我国进行的一些税制改革,

---

① 贾康,马衍伟. 税收促进文化产业发展的理论分析与政策建议 [J]. 财政研究, 2012 (4): 2-9.

② 陈笑玮,马维春. 我国现行文化产业税收优惠政策浅析 [J]. 税务研究, 2018 (3): 92-96.

比如营改增有效降低了文化产业企业税负，提高了企业财务业绩，在时间维度上具有一定的持续性，进而有效促进了文化产业转型升级，推动着文化产业发展成为国民经济支柱型产业。也有学者研究表明，从不同类型的文化企业角度看，营改增带来了制造型文化企业税负上较大程度的降低，资源型文化企业和创意型文化企业的固定资产投资和企业财务业绩得到了较大提升。同时，也有学者研究表明，营改增对文化产业企业产生了一定的负效应，认为以营改增为代表的税制改革对文化产业"一刀切"，政策激励效应不明显，造成税负不均衡的现象；还有研究认为，2018年以来的增值税税率改革对文化产业企业产生了不利影响：在增值税链条征收模式下，税率下调后由于可以抵扣的进项税额变少，文化创意服务业可能面临增值税税负增加、利润下降、投资意愿不足等一系列问题。

  税制改革是一项系统工程，不可能一蹴而就，需要更加丰富的政策措施与之配套。首先，在改革的过程中应充分意识到增值税改革"牵一发而动全身"的特点，进一步推动增值税改革，减少增值税税率级次，实现增值税税收中性的同时促进第二产业和第三产业深度融合；其次，要拓展业务范围，将服务项目与制造业项目衔接，增加可以抵扣的进项税额①；再次，通过结构性减税引导、优化文化产业结构，改革目前文化产业税收优惠手段过于单一的现状，将税收优惠延伸到文化产品研发及市场转化阶段，建立起覆盖从文化产业创意开发、产品生产、到市场销售的税收优惠机制；最后，还要通过加强结构性减税，调控、鼓励文化产业人才创新②。

三、我国税收制度在支持文化业发展中面临的问题和挑战

（一）税收立法层次低且系统性不足

目前我国虽制定了一系列文化产业政策，但总体而言系统性不足，相关法律法规层级较低，政策措施过于分散，不利于形成长期稳定的社会预期。具体而言，我国对文化产业的税收政策多以暂行办法、临时性通知等规范文件形式下发执行，上升到行政法规和部门规章层面的政策都比较少，高层次的立法支持更是缺乏。反观世界先进经验，多数文化繁荣发展的国家均制定了文化产业促进法或类似法律，我国文化产业促进法的缺位一定程度上损害

---

① 唐霏. 浅析增值税税率调整对文化创意服务业的影响 [J]. 财会通讯, 2019 (10)：63-65.
② 苏如飞. 结构性减税与文化产业税收政策优化 [J]. 涉外税务, 2012 (7)：26-30.

了文化事业和文化产业相关政策的权威性和强制性。从立法实效性看，还存在明显的滞后效应，如文化网络新业态看似属于互联网相关商务活动，但根据2018年电子商务法，文化产业中涵盖的利用互联网销售的内容产品及服务，不适用电子商务法，使得税法对此类产业缺乏明确界定，难以立法规范。

（二）文化产业税收政策优惠力度不足且覆盖面较窄

一方面，文化产业税收优惠的形式不利于调动创新积极性。当前文化产业税收优惠以流转税的减免为主，增值税税额和税率优惠是主要手段，主要是给予文化企业税率式减免和税额式减免，而税收豁免、扣除等税基式减免较少使用，文化企业的人才培训费用、宣传费用和员工福利费用企业所得税扣除额度不高。这种形式的优惠不利于促进文化创新。此外，由于增值税采用链条式进项税额抵扣制度和双轨制管理模式，产业链上游的文化企业由于缺乏增值税进项税额抵扣，导致实际税收负担加重，部分中小文化企业也被排除在增值税抵扣链条之外，[1]损害了文化创意等产业链上游业态的经营意愿和能力。本文认为，如果更多地采用税基式减免，减免文化创意企业的部分税收则必将有利于解决这一问题，极大调动企业积极性，促进文化创新。另一方面，税收政策覆盖面不足的问题较为突出。目前除了电影、动漫和部分满足国家高新技术企业条件的文化企业之外，无论是演艺娱乐、出版发行、工艺美术品制造等迫切需要转变发展方式的传统文化产业，还是游戏、互联网文化等依靠技术与创意发展的新兴文化产业，都无法享受更多的税收优惠[2]，实际上这些产业比其他产业更加需要税收优惠政策支持。

（三）文化新业态给税收征管带来新的挑战

新时代背景下，文化创意经济方兴未艾，新兴文化业态层出不穷。新兴文化业态是一个相对于传统文化业态而言的概念，之所以"新"，主要在于创新科技在文化领域的广泛应用，特别是数字化技术、网络信息技术与文化及其相关产业的相互合作、全面渗透，互为表里。[3] 新兴产业优势显著，如数字文化产业作为文化产业转型升级的一种新业态，就具有高成长性、创新空间大的产业优势。从《文化及相关产业分类（2018）》目录表中可以看到，以"互联网+"为依托的新兴文化业态已经纳入我国现代文化产业体系，这些新

---

[1] 尹芮. 浅析日本文化产业税收政策及对我国的启示 [J]. 现代经济信息，2017（16）：243.
[2] 戴祁临. 促进我国文化产业发展的财税政策研究 [D]. 北京：中央财经大学，2018.
[3] 杨京钟，吕庆华. 文化强国视野的新兴文化业态培育 [J]. 重庆社会科学，2012（12）：20-25.

兴文化业态的发展潜力正在得到大力开发与培育，其在我国整个文化产业增加值的比重迅速得到提升。由此可见，新时代中国特色社会主义文化建设正在与日益创新的科学技术加快融合，推动文化产业的大发展大繁荣，新兴的数字文化产业已经成为国家文化软实力比拼的主战场和提高国际竞争力的有效手段。

文化产业的迅速发展给现行税收征管秩序造成了一定冲击，税法规制相对滞后于产业发展形势，文化产业行业乱象演化成为新的税收监管漏洞，如在数字文化传播、网络视频直播、知识付费问答等互联网时代的新兴领域，还存在大量征管盲区和逃税避税现象，亟须进行合理的政策管制。一方面，根据税收"公平""受益"等原则，平等地享受公共服务就应当平等地纳税，但实际上部分文化内容行业纳税人收入更高且不易监管，形成了歧视性的低税负，违背了上述原则，必须通过税收规制加以规范和引导，促进行业公平。另一方面，从经济必要性考虑，该产业的收益性是对线上文化内容行业课税的根本判断依据。文化产业作为国民经济支柱性产业，其经济增加值成规模性，加上文化新业态的巨大红利，文化产业创造收益的能力有目共睹。在实质课税原则指导下，更新相关领域税收政策就顺理成章。因此，有必要对数字文化传播、视频直播、知识付费问答等新兴文化业态进行政策制度约束。[①]

四、税收支持文化业发展的国际经验借鉴

世界各国政治制度虽有不同，但文化业发展历程和其支持政策经验具有一定的相似性。在增强文化自信的基础上，积极借鉴国际先进经验，是繁荣文化发展、增强国家软实力，获得与经济发展水平和国际地位相适应的文化话语权的必然要求。在税收扶持文化业发展方面，各国均结合本国国情制定不同的财税政策，形成不同的财税扶持模式，为本国文化业发展赋能。

（一）典型国家的实践观察

美国以实现文化产业市场化为目标。在经济全球化背景下，美国文化产业在世界上的地位不可动摇，一方面，对某些非营利性机构给予强有力的财政支持；另一方面，为激励、引导私人企业向文化领域投资，采取诸如提供税收优惠等间接方式予以扶持，但通常情况下不直接干预文化领域的市场化

---

① 姜明晓. 我国文化产业税收负担研究 [D]. 长春：吉林财经大学, 2019.

模式。① 美国的税收优惠政策主要集中在积极鼓励和引导私人企业对文化产业进行投资和捐赠。在美国，在文化捐赠法律保护和鼓励下，② 社会对文化的捐赠能获得很好的效果，很多公民自愿定期为文化机构捐赠，遗产税的征收更激励着富人对文化机构进行捐赠。

法国以保护传统文化为目标。法国在国际贸易中一直强调"文化例外"的原则，以保护传统文化。首先，法国政府在财政政策上对文化产业的发展给予大力支持。其次，文化产业税收政策体系也很完备，从中央到地方，法国的文化产业税收政策体系可以说是目前世界上结构最为完善的，包括电影产业税收政策、艺术品产业税收政策、出版业税收政策、录像产业税收政策、重点文化产业税收政策，③ 使得法国文化产业保持长期稳定的发展态势。

英国以选择型财税模式发展文化。为了促进本国文化产业发展，英国政府制定了更有选择性和针对性的财政税收政策。在对文化产业的财政支持上，英国政府不仅在全国建立多层次的文化管理和运行机构、建设数字化平台、大力发展数字化内容，提升文化资源配置效率，而且对有发展潜力的文化机构进行直接拨款。在税收政策上，英国政府有选择和有针对性地对文化产业各部门进行财税扶持，如长期对图书行业实施不收取税收的政策使英国出版业得到了稳定的增长，一直跻身于世界出版大国行列。④

日本以实现国家战略为目标。作为当今世界第二大文化产业大国，为实现文化强国的目标采取了一系列的政策，其政策对文化产业的发展发挥着举足轻重的作用。日本根据本国国情，明确政府与市场协同，而没有选择美国高度市场化的模式，⑤ 通过《文化艺术振兴基本方针》《内容产业振兴政策》《知识产权战略大纲》等一系列政策文件，确立具体而明确的各项

---

① 兰相洁，焦琳. 文化产业财税支持政策的国际比较及启示 [J]. 中国财政，2012 (15)：76-78.

② 陈楠楠，李景波. 财税扶持文化产业的理论依据、国际经验与中国实践 [J]. 中国经贸导刊，2017 (5)：67-68.

③ 兰相洁，焦琳. 文化产业财税支持政策的国际比较及启示 [J]. 中国财政，2012 (15)：76-78.

④ 陈楠楠，李景波. 财税扶持文化产业的理论依据、国际经验与中国实践 [J]. 中国经贸导刊，2017 (5)：67-68.

⑤ 饶世权. 日本的文化产业政策及其对我国的启示 [J]. 出版科学，2020，28 (3)：114-122.

政策、措施，建立了从文化产业创造、运用、保护到消费的整个产业链的政策支持体系，注重建立相应的机制，尤其是不区分文化事业与文化产业，而将二者有机融合、相互促进的机制，对日本文化繁荣发展起到了重要作用。

（二）值得借鉴的经验析出

借鉴国际经验可以对我国提供一定的经验和启示。

一是发展战略与支持政策应高度协同。大力发展文化事业和文化产业不仅需要清晰的发展战略引导，还需要有具体细化的政策支持，才能把发展战略对产业发展的引导力充分发挥出来，没有具体细化的支持政策，发展战略便无法推进，只有发展战略与支持政策高度协同，才能真正促进文化事业和文化产业繁荣发展。纵观上述先进国家文化产业支持政策，无不从发展战略出发，细化制定具体优惠扶持政策，并加以长期坚持，以确保实现文化事业和产业繁荣发展的目标。

二是发展阶段与政策力度应高度适配。在文化事业、文化产业发展的不同阶段，实施不同的财税政策。在产业发展初期，财政支持力度应较大，根据营利性和非营利性界定文化产业，对不同属性的文化产业实行差异化的财税政策。但在产业逐渐壮大后，要逐渐将文化相关企业推向市场，以税收优惠为主，鼓励市场竞争。观察日本文化产业政策可以发现，不区别文化事业与文化产业，而以"文化艺术"概括之，从而促进了文化事业与产业的融合发展。因此，建议我国文化产业政策不应当严格区分文化事业与文化产业，而应当加强文化事业与文化产业的协同，因为文化事业、文化产业相互促进，如果在政策上割裂二者，必然会制约文化产业发展，反过来，也会制约文化事业发展。

三是优惠政策与运行机制应并重并进。文化事业和文化产业的繁荣发展，不仅需要政府出台针对性的扶持政策，更重要的是同步建立健全运行机制，从而让政策产生预期的效果。目前国内"文化产业政策体系的系统性、协调性不足，市场性、灵活性不强"[①] 等。国际先进经验表明，繁荣发展文化事业和文化产业不仅需要具体的政策支持，更需要从更高层次出发，建立完善的市场运行机制，真正从市场出发增强政策的灵活性、市场性，运用市场规律充分发挥市场对资源配置的积极作用。

---

① 陈宇翔，郑自立. 中国文化产业政策的架构、效能与完善方向 [J]. 南京社会科学，2016（1）：143-148.

五、税收助力文化业发展的政策建议

在国家大力推进文化战略的过程中持续优化税收政策供给,充分发挥税收对文化产业发展的促进作用,为文化事业和文化产业大发展积极助力,是对税收发展的必然要求,也是税收现代化的重要内涵。

(一) 提升文化业税收政策法律层级

良好的政策法律环境是产业健康发展的有力支撑,以英国、美国、日本、韩国等为代表的文化强国大多通过制定适用范围广阔、程序规定详尽的法律系统来保护文化产业参与主体的利益。在执法和司法实践中,更高阶的法律层级意味着更高的强制性和稳定性。税收优惠政策作为税收调控的重要手段,必须通过更高层级的法律手段加以固定,才能促进市场形成稳定预期,吸引更多的社会资本投入到文化产业,促进中国特色社会主义文化事业繁荣发展。文化产业税收立法应结合我国税制改革进程及文化产业发展态势,不断完善和细分文化产业不同行业间差别税率,设置稳定性更强的减免税支持政策,实行有利于吸引社会资本进入文化产业的引导政策。[①] 具体操作可以借鉴韩国经验,适时推出适合我国国情发展需要的文化产业促进法,进一步明确文化产业的发展思路及税收扶持制度建设的基本原则,对现阶段分散的税收优惠政策加以梳理完善,适当收回赋予行政机关的税收立法权,建立科学完备、针对性强、具有法律威严的税收制度。

(二) 优化文化业税收优惠政策体系

经过长期的发展和积累,文化产业行业包括众多经营业态,产业影响力触及到政治、经济、民生等各个领域。在充分把握文化产业发展规律的基础上,构建丰富和完善的文化产业税收政策体系,不仅有利于营造公平的市场环境,还有利于支持文化产业各业态平稳、协调发展。本文研究认为丰富完善的税收政策体系需注意以下几点。

一是构建公平的税收环境。公平竞争是市场经济的核心思想,但目前文化领域税收政策导向与这一核心思想还有差距,对改制经营性事业单位的税收优惠力度远大于对普通经营性文化企业的优惠力度。此外,行业间的税收优惠也不平衡。电影、动漫行业享受了较多的税收优惠,如电影拷贝、版权、发行、放映收入免征增值税,部分动漫企业可以享受所得税和

---

① 陈笑玮,马维春. 我国现行文化产业税收优惠政策浅析 [J]. 税务研究,2018 (3):92-96.

增值税优惠，但与之相关的其他行业则缺乏类似优惠。构建公平的税收环境，不仅需要对市场主体一视同仁，还需要对优先发展的产业及其相关产业给予适用范围更加广泛地优惠政策突出市场公平，同时加强税收优惠政策监督，强化税源与税负的评估与分析，增加税收优惠政策信息的透明性和公开性。

二是提供多样的优惠方式。创新是产业发展的原动力，也是应对新一轮科技革命与产业变革所带来挑战的关键所在。与发达国家相比，我国的文化企业创新能力还存在明显不足，文化产业发展质量有待提高。在我国经济步入"新常态"的背景下，创新驱动文化经济发展显得尤为重要。构建创新型的文化产业政策体系是应对新一轮工业革命与经济"新常态"带来的机遇、挑战的必然选择。[①] 文化产业的发展具有一定的群体效应，往往会带来相关产业的延伸与拓展，如投资拍摄一部电影，可以带动相关广告业、旅游业、服装设计业、知识产权业等的发展。[②] 因此，文化产业税收支持政策应高度注重系统性，对某一细分行业予以支持的同时，对与其密切相关细分行业给予相适的配套政策，同时提供多样化的优惠方式，以真正惠及企业，刺激文化产业的全面发展。如改变以税率式优惠和税额式优惠为主的优惠方式，适当增加税基式优惠；对重点扶持的文化产业，允许其扣除准备金和折旧后缴税等。

三是实行行业差别税率。实行差别税率是优化调整文化产业结构重要的政策工具。对优先发展产业予以税收优惠以激励其发展、对限制发展产业课以重税，不仅释放出清晰的产业发展方向，还能通过筹集税收收入用于补贴优先发展产业。文化产业应依据文化产品和服务的性质实施差别税率，如对新闻出版发行、广播电影电视等核心文化行业从低适用税率；对文化休闲娱乐、动漫游戏等关联层文化行业确定适中税率；对文化产品制造、茶座酒吧、歌舞厅等外围文化行业从高适用税率。[③]

四是支持特定文化产业。就行业类别看，我国对特定文化产业的支持力度还不足，比如边远地区的文化产业、少数民族文化产业和传统手工艺等。针对这部分产业应该制定更加优惠的税收政策，加大扶持力度，在促进文化

[①] 陈宇翔，郑自立. 中国文化产业政策的架构、效能与完善方向 [J]. 南京社会科学，2016 (1)：143-148.

[②] 苏如飞. 结构性减税与文化产业税收政策优化 [J]. 涉外税务，2012 (7)：26-30.

[③] 戴祁临. 促进我国文化产业发展的财税政策研究 [D]. 北京：中央财经大学，2018.

产业繁荣发展、促进文化传承的同时兼顾不同群体的利益。在我国经济下行情况下，文化产业将成为经济新常态时期的重要增长点。我国在文化产业还尚未建立完整的税制体系，目前的税收政策还存在许多不足。因此，应当借鉴邻国日本的成功经验，加强税收立法，改变税收优惠方式，加强对中小微企业和特定文化产业的支持力度，鼓励文化产品出口，构建具有中国特色的文化产业税制体系。[①]

（三）完善有利于促进文化业投入的税收政策

建设社会主义文化强国，促进文化大发展大繁荣，必须加大对文化业的投入力度。完善文化投融资体制与政策，是促进文化投资平稳增长、拓展各类资金来源、创新投融资方式的动力和源泉。财政税收政策是完善文化投融资体制的重要手段，其中税收可以促进政策导向作用的发挥，鼓励社会投资的发展。

进一步突出政策导向作用。确定税收政策的扶持重点和切入点，对取得重要奖项或产生较大社会效益的文化产品，允许其创作、制作及传播费用和成本予以税前扣除。加大中小型文化企业所得税扣除、减免等优惠，减轻其融资负担。建立文化领域税收扶持的长效机制，将文化产品和服务的生产与传播环节，纳入增值税征收范围，彻底解决重复征税问题。完善科技类文化企业的税收优惠政策，明确"文化产业支撑技术等领域"的具体范围，使符合条件的文化企业能够享受到高新技术企业15%的企业所得税税率。做好现阶段税收优惠政策与长期扶持政策的衔接，在现有税收优惠政策执行到期之前，抓紧制定、出台一整套促进文化产业发展的税收优惠政策体系，增强各项税收政策之间的协调性和连续性。

鼓励社会捐助支持文化事业。社会捐助是文化事业发展的重要资金来源，而鼓励社会捐助离不开税收政策支持。通过税收制度安排，建立捐赠者的利益补偿机制，营造激励公众捐赠的社会氛围，大力培育和发展独立的非政府公益性机构，促进社会力量对美术馆、公共图书馆、文化馆（站）、博物馆进行捐赠和投入，拓宽经费来源渠道。如参照国际惯例，进一步提高对捐赠者应纳税所得额的扣除比例，建立引导社会资金广泛参与捐赠的多元资金筹措机制。健全慈善捐赠监督机制，培育有利于捐赠的社会环境，增强公众正确

---

① 尹芮. 浅析日本文化产业税收政策及对我国的启示 [J]. 现代经济信息, 2017（16）: 243.

的捐赠意识。①

(四) 加大对文化产业新兴业态的财政支持力度

税收调控机制以间接手段为主,作用范围有一定限制,如对营利性文化企业作用较为显著,但对非营利性的公益性文化企业作用则不甚明显,需要运用财政政策加以引导,如一些公益性和基础文化事业,必须通过国家财政的支持才能持续稳定发展。② 文化产业新业态结合时代背景与数字技术融合发展,创新文化产品,不仅满足了消费者对多样化、个性化文化产品的需求,也提高了文化产业发展质量。但文化产业新业态的发展还不成熟,其技术水平还比较薄弱,技术创新能力不足,需要政府通过财政政策减轻企业的税收负担,帮助企业有效抵御市场开拓失败带来的经营风险。③

充分利用财税补贴政策,建立创新人才培育机制。科研人员是企业技术创新的中坚力量,目前我国新兴文化企业科研人员较少,缺乏对科研人员的培养机制。重要原因之一就是,科研人员的培养需要大量的资金投入,中小企业无力负担。基于此,政府应加大对科研人员培养的财税补贴力度。可以进一步加大对新兴文化企业科研人员培养的优惠力度,对积极培养科研人员的企业,加大企业所得税优惠力度,对于企业在人才培养过程中花费的资金,可以免除所得税,并适当地给予企业一定的资金补助。从个人层面,对个人因创新成果带来的奖励,可以免除个人所得税,激励科研人员积极投入到技术创新过程中。

针对技术创新的不同阶段,实施差异化财政补贴政策。政府为激励新兴文化企业技术创新而给予的财税补贴不能采用"一刀切"政策,而应针对创新的不同阶段,实施差异化财政补贴政策。具体而言,在创新投入阶段,政府对新兴文化企业补贴方式,应实施以间接补贴方式为主、直接补贴方式为辅的政策。在创新产出阶段,若想激励新兴文化企业将创新成果以专利的形式呈现,应实施以政府直接补贴方式为主、间接补贴方式为辅的政策,若想将创新成果以非专利知识产权的形式呈现,应实施以政府间接补贴方式为主、直接补贴方式为辅的政策。

加强创新投入的监管力度,提升财税补贴质效。为防止新兴文化企业在

---

① 刘立峰. 完善文化投融资体制与对策 [J]. 宏观经济管理, 2013 (7): 61-62.
② 李本贵. 促进文化产业发展的税收政策研究 [J]. 税务研究, 2010 (7): 9-13.
③ 夏传伟. 政府补贴、税收优惠对数字文化上市公司技术创新投入及产出的影响研究 [D]. 合肥:安徽大学, 2020.

谋取政府补贴时可能存在的寻租现象，事前应建立补助审查制度，事中事后应实时追踪企业研发状态及研发成果，加强资金用途管理，对未能将补贴资金合理利用到研发投入的新兴文化企业加大惩罚力度，取消补贴资格并追回补贴资金。对于有创新成果的新兴文化企业，可采取物质与精神相结合的模式予以额外奖励，激发现行数字文化上市公司研发投入的兴趣，积极转化研发成果，为其他文化企业树立榜样，带动其他企业进行技术创新。

发挥税收作用　助力乡村振兴

陈平路*

乡村振兴战略是党的十九大报告中首次提出的，是以产业振兴、人才振兴、文化振兴、生态振兴、组织振兴为中心，旨在推动"三农"问题彻底解决的农村经济文化与社会发展战略。党的十九届五中全会进一步强调，要全面推进乡村振兴，加快农业农村现代化。这是党中央作出的重大决策，是"十四五"时期"三农"工作的主题主线，必将带来农业大发展、农村大变化。

科学的税收政策对解决城乡二元结构、实现乡村振兴意义重大。通过制定涉农税收优惠政策，完善乡村税收征管服务，探索税收支持乡村振兴的中国道路，引导生产要素流向农村，以达到支持乡村产业、人才、文化、生态、组织全面振兴的目标。

一、税收政策与中国特色社会主义乡村振兴之路

改革开放以来，党和政府始终把"三农"问题作为工作的重中之重。在党中央和政府的不懈努力之下，我国农业、农村和农民的发展取得了很大的成就。第一，在农业发展方式上，转变以往落后的生产方式，采用先进的技术手段，保证农产品的质量和数量；第二，在农业产业结构方面，变单一的农作物生产为以农作物为主、多样化的经济作物为辅的农产品生产，农民获得多样化的农业性收入；第三，在农村建设方面，新农村建设取得重大进展，农民物质生活更加富裕，精神生活更加丰富多彩，美丽乡村建设获得新的发展经验。

---

* 陈平路，华中科技大学管理学院财政金融管理系主任、教授，华中科技大学减贫与发展研究院副院长，武汉市财政学会副会长。

当前，我国农业农村发展虽然取得显著成效，但城乡发展不平衡、农村发展滞后问题仍很突出，城乡居民收入的绝对差距还在扩大，农村资金、土地、劳动力等资源要素还在大量流向城市，基础设施、公共服务与城市比还有很大差距，"三农"还是全面现代化的"短腿"。在"四化"工业化、信息化、城镇化、农业现代化中，工业化、信息化、城镇化都是快变量，发展速度可以用日新月异来形容，而农业现代化是慢变量，动植物生长有其自然规律，生产技术变革的制约因素更多、突破的周期更长，农村发展基础薄弱，更应快马加鞭，如果不能发展得快一点，城乡差距和工农差距都会变得越来越大。经过长期努力，中国特色社会主义进入了新时代，新时代我国社会主要矛盾已经转化为人民日益增长的美好生活需要和不平衡不充分的发展之间的矛盾。城乡发展不平衡、农村发展不充分是社会主要矛盾的重要表现之一，已经成为决胜全面小康社会的最大制约和突出短板。农业农村发展进入新阶段可总结为三个方面：农业发展进行转型升级攻坚期，城乡发展进入快速融合推进期，乡村治理进入转型期。

农业农村农民问题是关系国计民生的根本性问题，研究"三农"问题目的是要解决农民增收、农业发展、农村稳定。从我国国情看，我国一直以来都是农业大国，十四亿人口中有50%以上都是农村人口，"三农"问题关系到国民素质、经济发展，关系到社会稳定、国家富强，因此助力乡村振兴、支持农业农村发展的重要性不言而喻。实施乡村振兴战略，是党中央站在中国特色社会主义进入新时代的历史方位而做出的一项重大战略决策，是工业化和城镇化发展到一定阶段后推进农业现代化的必然选择，是决胜全面建成小康社会进而全面建设社会主义现代化强国的一项重大战略任务，是做好新时代"三农"工作的重要指针。全面推进乡村振兴，要坚持把解决"三农"问题作为全党工作的重中之重，走中国特色社会主义乡村振兴道路，全面实施乡村振兴战略，强化以工补农、以城带乡，推动形成工农互促、城乡互补、协调发展、共同繁荣的新型工农城乡关系，加快实现农业现代化。

财政是国家治理的基础，税收作为财政的重要内容，可以在乡村振兴领域发挥重大作用。以21世纪初农村税费改革为例，"十五"时期之初，我国开始了以"减轻农民负担为中心，取消'三提五统'等税外收费，改革农业税收"为主要内容的农村税费改革。

从2004年开始，农村税费改革进入深化阶段。改革的主要内容是：清理化解乡村不良债务；取消牧业税和除烟叶外的农业特产税；实行取消农业税试点并逐步扩大试点范围；对种粮农户实行直接补贴、对粮食主产区的农户实行良种补贴以及对购买大型农机具户的农户给予补贴；推进县乡财政体制改革。吉林、黑龙江等8个省份全部或部分免征了农业税，河北等11个粮食主产区降低农业税税率三个百分点，其他地方降低农业税税率一个百分点。2005年底，十届全国人大常委会第十九次会议高票通过决定，自2006年1月1日起废止《农业税条例》，取消除烟叶以外的农业特产税、全部免征牧业税。

2006年全面取消农业税后，与农村税费改革前的1999年相比，我国农民每年减负总额超过1000亿元，人均减负120元左右。全面取消农业税表明我国在减轻农民负担，实行工业反哺农业、城市支持农村方面取得了重要突破。这是我国农业发展与世界惯例接轨的标志性事件。从国际上看，当一个国家经济发展到一定程度，无一例外地要对农业实行零税制，并给予相当的财政补贴。在经济全球化的宏观背景下，我国取消农业税，采取"少取、多予、放活"的政策，无疑顺应了时代的要求，适应了世界经济一体化的发展形势。

站在我国"两个一百年"奋斗目标的历史交汇点上，如何再次发挥税收政策作用，向乡村振兴改革"深水区"挺进，是新时代税收工作的重要任务。

税收政策助力农业农村发展的必要性主要有以下三个方面。

补偿农产品的外部性。农产品具有公共产品的特点，具有正外部性，例如，种植农产品可以避免水土流失、维持生物多样性，以及形成良好的生态环境。在市场机制调节的作用下，农业部门很难得到经济补偿。除此之外，诸如为农业科研、农业公益性服务投入的产品，也同样具有公共产品特性。如果政府不对其进行补贴，私人部门难以承担。所以政府要对农业进行外部性经济补偿。

税收政策具有独特优势。税收政策作为国家宏观调控的重要组成部分，相对于财政政策、金融政策，有其自身独特优势。一是税收政策具有公平性，能够确保市场主体公平竞争，有利于推动企业进入农业领域和农村地区。二是方式多样，运用灵活。税收可以根据不同对象运用税基减免、税率减免、定向减免等方式进行优惠，达到带动产业发展和地区发展等各种目的。三是实施成本较低。财政、金融政策需要前期调查核实、后期监管等，同时还要防范权力寻租、金融风险等问题，实施成本较高；而税收政策在前期调查核实、后期监管等方面相对成本较低。四是风险较小。不同于金融贷款还本付息易引发债务风险、财政补贴给国家财政带来支出压力等。此外，税收政策还与 WTO 对贸易政策的要求相一致，有利于减少贸易摩擦。

农业的弱质性。我国农业的特点决定其成为弱质产业。在市场经济条件下，市场主体的唯利性只会将有限资源投向非农业农村领域，从而阻碍乡村振兴。因此，对于农村建设而言，需要政府的财税政策保驾护航，充分发挥税收组织收入、调控经济、调节收入分配的职能，给予农村地区和农民群众支持和鼓励，积极引导社会资金和人才资源向农村聚集，以增强农村的自我积累和自我发展。

二、乡村振兴税收优惠政策及实施效果

为助力脱贫攻坚与乡村振兴，近年来我国共实施了近百项税收优惠政策，涵盖贫困地区基础设施建设、涉农产业发展、贫困地区创业就业、普惠金融发展、"老少边穷"地区发展与社会捐赠六个方面。在乡村振兴战略和减税降费的背景下，税收优惠政策进一步向农产品购销、农资用品、农业生产经营、农业资源利用、农村基础建设等方面倾斜，主要涉及的税种包括增值税、企业所得税、个人所得税、印花税、消费税、契税、城镇土地使用税、耕地占用税、房产税等。现按税种将现行优惠政策总结如下。

增值税。2017 年 7 月 1 日以前，农产品增值税税率为 13%，2017 年 7 月 1 日起，农产品的增值税税率调整为 11%，2018 年 5 月 1 日调整为 10%，自 2019 年 4 月 1 日起，纳税人购进农产品适用税率降至 9%。销售自产农产品及农业服务，以及从事农业生产的单位或个人自产自销的初级农产品免征增值税。农民专业合作社销售本社成员生产的农业产品以及向社员销售农用物资免征增值税。农民专业合作社采取"公司+农户"经营模式销售畜禽产品，免征增值税。单位或个人外购农产品对外批发或零售，以及外购农产品经过初加工、深加工后对外销售的一般纳税人适用 9% 或 13% 的税率，小规模纳税人适用 3% 的征收率。对部分农业生产资料如种子、种苗、农膜、化肥、农机等免征增值税。2012 年起免征蔬菜流通、鲜活肉蛋产品流通环节增值税。在增值税抵扣方面，一般纳税人从农民专业合作社购进的免税农业产品，按 9% 的扣除率计算抵扣增值税进项。在优化土地资源配置方面，转让土地使用权给农业生产者用于农业生产免征增值税；承包地流转给农业生产者用于农业生产免征增值税；出租国有农用地给农业生产者用于农业生产免征增值税。在促进农业资源综合利用方面，以部分农林剩余物为原料生产燃料电力热力实行增值税 100% 即征即退；以部分农林剩余物为原料生产资源综合利用产品实

行增值税70%即征即退；以废弃动植物油为原料生产生物柴油等实行增值税70%即征即退；以农作物秸秆为原料生产纸浆、秸秆浆和纸实行增值税50%即征即退。为大力发展普惠金融，对金融机构为农户提供的小额贷款利息收入，免征增值税。此外，对农信社、农行、邮储提供的有关金融服务采用简易计税方法缴纳增值税。在农村基础设施建设方面，农村电网维护费以及农村饮水安全工程免征增值税。

企业所得税。第一，对参与国家重点扶持的公共基础设施项目建设以及投资农村饮水工程新建项目的企业，实行"三免三减半"的优惠政策。第二，对从事农、林、牧、渔业的所得免征企业所得税，当中涉及花卉、茶叶、香料作物以及海水、内陆养殖的涉农企业，减半征收企业所得税。对以农作物秸秆、壳皮等原材料发电的企业，按照最终收益的90%计入应税所得。对沼气综合开发利用的企业，实施"三免三减半"的优惠政策。对以"公司+农户"经营模式从事农、林、牧、渔业项目生产的企业，减免企业所得税。第三，通过加大涉农金融机构的企业所得税优惠力度，提高金融机构对乡村振兴工作资金支持的积极性。对相关银行的涉农利息收入、保险公司的涉农收入应税所得实行所得税减计，允许涉农贷款损失进行税前扣除。第四，对属于国家重点扶持的高新农机制造企业，按15%的税率征收企业所得税。对居民企业技术转让所得享受免征或减半征收企业所得税。农业企业研发费用，未形成无形资产计入当期损益的，按照研发费用的50%加计扣除；形成无形资产的，按照无形资产成本的150%摊销。对购置并实际使用规定的环境保护、节能节水、安全生产等专用设备的企业，其投资额的10%可在当年应纳税额中抵免。第五，对企业的公益性捐赠、扶贫捐赠允以税前扣除。最后，减税降费背景下涉农高新技术企业享有固定资产一次性扣除等政策红利。

个人所得税。第一，对个人、个体工商户、个人独资企业、合伙企业从事种植业、养殖业、饲养业、捕捞业的所得，不征收个人所得税。第二，对农业生产者在农村的农业生产经营所得和其他所得不征个人所得税。第三，农民销售自己生产的产品时免收个人所得税。除此之外，还规定了个人公益性捐赠享受税前扣除等。

印花税。对农民专业合作社与本社成员签订的涉农购销合同、农林作物、牧业畜类保险合同、农村饮水安全工程、产权转移合同、农副产品收购合同、易地安置房购置合同等免征印花税。

消费税。对农用拖拉机、收割机和手扶拖拉机专用轮胎免征消费税。

契税。对建设饮水工程承受土地使用权、农村集体经济组织股份制改革以及清产核资、农村土地与房屋确权登记等实行契税减免政策。

城镇土地使用税。对经营农产品的批发市场、农贸市场使用的土地,农村饮水工程单位自用地以及水利基础设施用地免征城镇土地使用税。直接用于农、林、牧、渔业的生产用地,林区为林业生产服务用地以及森林公园、自然保护区用地,免征城镇土地使用税。另外,对安置农村残疾人就业单位、易地扶贫搬迁安置住房免征城镇土地使用税。

耕地占用税。对农村居民搬迁、农田水利耕地占用、困难居民新建住宅不征收耕地占用税。对农村居民占用耕地的新建住宅减半征收耕地占用税。

房产税。自2019年1月1日至2021年12月31日,对经营农产品的农产品批发市场、农贸市场使用的房产,暂免征收房产税;对农村饮水工程运营单位自用房产减免房产税。

车辆购置税、车船使用税、城市维护建设税。对农用三轮车免征车辆购置税。对农村居民三轮车、拖拉机、捕捞、养殖渔船免征车船使用税。国家重大水利工程建设免征城市维护建设税。

上述优惠政策对"三农"领域的促进作用是非常显著的。农业企业在农业经济产业化发展过程中扮演着关键性的角色,对农业产业化发展发挥着重要作用。而国家出台相关的农业税收优惠政策,能够吸引更多的国民投入农业企业的生产中去,保证我国农业企业得到更好的发展,提高日常生活中农业企业的实际生产效率。具体看,主要有以下几点。

一是实施税收优惠政策,不仅能够节省农业企业资金,使其进一步扩展再生产,还能够提高其实际生产效率。如针对有关农业企业的所得税实行减免政策,在很大程度上减少了企业的经营成本,其作用机理是:减免税收—增加积累—扩大再生产。减免税政策的实施,增加企业净利润,使企业产品获得价格优势,从而拓展市场或加大生产要素投入,实现扩大再生产。并且,有关企业提高农产品附加值水平,可以对农业经济产业化的改善起到一定推进作用,进而带动整个行业产业链构建,以此促使农业最终效益提高。

二是税收优惠对农业企业进行创新研发具有积极促进作用。技术创新活动所具有的高风险性,决定了企业技术创新收益的不确定性和不连续性,往往会抑制企业的创新欲望。而政府运用税收优惠政策分担创新主体的风险,会增加企业创新的收益预期,为企业自主创新增强动力。同时,税收优惠政策能够为农业企业的创新吸引到充足的科技人才资源,保障企业长期可持续发展。相关的知识产权政策也有利于增强企业学习的积极性，从而加快农业企业的科技创新发展进程。

三是税收优惠政策能够巩固完善新型农业生产经营模式。税收优惠政策在使企业直接受益的同时，也使得"公司+农户"等新型生产经营模式得到进一步巩固。在龙头企业的带动下，农业生产的标准化、优质化程度可以进一步提高，促进形成一大批优质专用的农产品生产基地，一方面满足企业加工需要，另一方面带动农户提高标准化生产水平，带动更多的农户参与到农业产业化经营体系中来，有力地促进农业增效，农民增收，缩小城乡差距，实现社会和谐发展。

四是税收优惠政策可以促进农民工向新型职业农民转变。大量财政转移支付制度的资金以社会福利和财政补贴的形式流入欠发达地区，促进公共基础设施不断改善，为农民工回乡创业奠定了物质基础。通过各项税收优惠政策，农民工创业的资金渠道也不断丰富，有利于农民工向新型职业农民转变。

五是政府可以通过进行税收减免、税前抵扣以及提供优质纳税服务等措施，支持民营资本投入农村建设。民营资本向农村转移不仅有利于提高农村基础设施建设水平，改善农村经济发展环境，还有利于减少社会资本对城市金融系统的压力和冲击。税收政策有利于解决城乡公共产品供给结构失衡问题，进一步理顺城乡分配关系，调整公共财政资源配置格局，建立城乡一体化的公共产品供给体系，为农民增收创造一个良好的外部环境。

六是税收优惠可以促进农民专业合作社的发展。农民专业合作社已成为农业经营体制改革的创新亮点，财政部和国家税务总局也相继制定一系列支持政策。合作社销售农产品享受税收优惠政策，有利于合作社收购农户产品对外批发销售，拓宽了农产品的销售渠道，使得合作社的整体效益得到显著提升，实现了创收增益的效果。另外，合作社对其成员销售农业生产资料免征增值税，一方面可以减轻合作社的税收负担，另一方面也可以降低农民的生产成本。鼓励农民对农产品进行深度加工，大幅提高产品加工的工业增加值，可以带动更多的农户和生产基地形成规模，促进农业产业化发展，延长产业链，从而吸纳更多农村劳动力就业，实现农民稳定增收。

三、新时期面向乡村振兴的税收政策提升及改进建议

当今中国，经济实力、科技实力、综合国力跃上新的大台阶，经济运行总体平稳，经济结构持续优化，2020年国内生产总值已经突破100万亿元；

脱贫攻坚成果举世瞩目，5575万农村贫困人口实现脱贫；粮食年产量连续5年稳定在1.3万亿斤以上。在如期全面建成小康社会、实现第一个百年奋斗目标开启全面建设社会主义现代化国家新征程之际，应该拿出比20世纪初取消农业税更大的手笔和气魄，强力推进以工补农、以城带乡，全面促进乡村振兴。

尽管当前涉及农业农村的税收优惠政策林林总总接近上百项之多，但这些政策零散不系统，缺乏统揽全局的顶层设计，不少政策含金量低且力度不足。从税务部门工作机制而言，税制调整一般是按税种进行，而农业农村现代化则要求产业、人才、文化、生态、组织等各方面同步振兴。若鼓励生产要素全面流向农村，涉及多税种多环节多主体，传统零打碎敲式依税种设立优惠的方式显然不能满足加快农业农村发展的紧迫要求。为此，应该由全国人民代表大会专门就面向乡村振兴的税收优惠政策进行统一的顶层设计立法，在现有的税收优惠政策体系下，该扩围的扩围，该加力的加力，该简并的简并，让农业农村发展速度更加迅猛，让农民持续享有实实在在的获得感。下文将具体讨论当前涉农税收优惠政策的不足，并提出相应的改进建议。

（一）存在的不足

1. 优惠力度不够，税收政策缺少系统性和实用性（产业振兴角度）

一方面，我国现行涉农税收优惠对象主要是初级农产品和初级加工农产品，农产品贮运保鲜及深加工行业税收优惠较少，没有形成全产业链的激励机制，优惠力度不大。在农产品加工这一环节中，主要偏重简单加工免征增值税以及初级加工免征企业所得税，没有在种养、加工和销售等环节中渗透激励机制，不利于农产品从初加工逐渐向深加工发展。另一方面，很多涉农税收政策之间没有内在联系，使得这些政策在实际执行过程中存在制约。而从现实情况看，真正涉农企业是很少的，尤其是对于贫困地区，基本上没有成型农业企业，实际能够享受优惠的企业特别少，导致很多政策都流于表面。

2. 税收在支持农村产业融合发展方面的优惠政策不多（文化振兴角度）

农村产业结构的优化与调整、实现传统第一产业与二、三产业的融合是关乎乡村产业振兴的关键。农村一、二、三产业融合发展，可以将传统的农业生产纳入现代产业链，增加农业产业附加值，使农业可以分享更多利润，在一定程度上改变农业效益相对偏低的状况，以工业化带动农业现代化。当前，税收对乡村旅游产业、文化产业、农村电商等的优惠不足，对新兴产业的支持力度不够，打压了资本这一关键要素下乡的积极性。

3. 关于留用人才的税收政策缺失（人才振兴角度）

经过多年的发展，农村基础设施和公共服务已经有较大程度地改善，但与城市相比，农业农村发展的基础设施和公共服务水平还存在较大的差距，对人才的吸引力不够。人才匮乏、素质不高长期困扰"三农"工作的开展和乡村社会的发展。因此，解决人才问题是推进乡村振兴战略的关键。然而，当前在乡村振兴战略推进的大框架下，国家没有单独制定留住乡村人才的税收优惠，在税收制度上未能形成人才下乡的长效机制，不利于乡村人才振兴。

4. 绿色税收体系不完善（生态振兴角度）

生态宜居是乡村振兴的环境基础。虽然我国绿色税收体系已经初步形成，但与生态宜居乡村要求相比，仍然存在一些问题：土壤污染、资源过度开采、草原退化、洪水泛滥等。乡村生态环境治理问题严峻，而资源税和环境保护税等税制方面仍存在体系不够完善的问题。如森林、草场等自然资源未纳入资源税征收范围；环境保护税基本是由原排污费平移而来，碳排放没有纳入征收范围。

5. 农业生产者未能从税收优惠中完全获益（组织振兴角度）

虽然国家规定农业生产者销售自产农产品时免征增值税，但以家庭为单位的农业生产者销售自产农产品时，无权开具增值税发票。当前涉农税收优惠以增值税为主的形式，使得农业经营企业和中间商受惠较多，相反农业生产者充当了间接税负的承担主体，税收优惠的激励作用未能有效发挥。

此外，税收优惠政策可操作性较低，政策尚未得到彻底的贯彻和执行。涉农税收优惠政策分布于农业生产的各个环节，税收优惠的方式、种类、对象、涉及税种都很多，使征管部门和农业生产者很难全面、准确掌握，这给实际政策执行带来诸多不便，也使得一些优惠政策流于形式。同时，享受优惠政策的前置条件过多，大多采用身份确认的方式来判定纳税人是否可以享受税收优惠，实际操作中存在身份判定难、证明材料收集难、保管难等问题，且税务人员缺乏农业专业知识，对一些业务难以进行准确判断，出现应享受优惠未享受的情况。

（二）具体的改进建议

针对上述涉农税收优惠政策的不足，提出如下政策建议。

一是加强对涉农税收改革的统筹规划。加大税收政策对乡村产业振兴的支持，应保证税收优惠在涉农要素供给、农产品生产、加工、储存、流通、运输等各个方面实现全覆盖，降低农产品深加工企业的销项税率。当前，我国涉农产业在初级生产销售环节大多不纳税，可以在此基础上考虑与第一产业发展相关联的二、三产业的税收支持问题，如加大对涉农电商产业、家庭农场等新型农业经营模式、涉农资金金融机构以及为农业发展提供服务的涉农物流产业的相关税收优惠力度，促进农业与旅游、健康养老等深度融合，培育农村电商、农产品定制等"互联网+"新业态。

二是完善绿色税收体系。加强税收对生态建设的引导作用，可以扩大资源税征收范围，将森林、草场纳入资源税征收范围；提高资源税税额标准，引导资源税收的使用方向，突出资源税生态补偿与代际补偿职能。同时，完善环保税制度，将碳排放纳入征收范围，并逐步将化学农药、肥料纳入消费税征收范围，对生物农药、生物肥料予以消费税减免。

三是优化乡村人才资源配置。在本土人才培养机制方面，积极探索税收支持本地职业院校开展特色民族职业教育，开展精细化培训，实施定向培养计划，培养民族文化传承继承人，并提高乡村文化传承人的税收优惠待遇，鼓励其传承的积极性。在乡村人才引进机制方面，对乡村引进的管理型、研发型人才所发生的人力资本支出，给予个人所得税税前扣除，特别是农村扶贫的援助人员应予以免征。对于回乡自主创业兴办实体的人员，应在房产税、企业所得税等税种上予以税收优惠。同时，保证农村失业人口与城镇失业人口同等税收待遇。

四是切实降低农民税负。制定降低农民税负的税收政策，降低中间税所占比例，完善以增值税为主的流转税优惠制度，形成约束机制，实现农民增值税的进项税额抵扣。个人所得税的征收应充分考虑农民应税收入来源的渠道多寡和家庭的负担，加大对农民个人所得税税前扣除，使农民直接受益。

五是优化乡村税收征管与纳税服务。简化涉农税务登记、涉税信息报送及税收征管流程，加强涉农税收政策的宣传和辅导，积极协调乡镇邮政点代开发票，同时在办税服务厅为农户开通绿色通道，为涉农纳税人提供便利。

关于税收助推乡村振兴的若干思考

詹鹏宇*

一、乡村振兴战略概述及税收视角下的现状与问题综述

（一）乡村振兴战略概述

1. 乡村振兴战略的重要时间节点与任务

乡村振兴战略是习近平总书记在党的十九大报告中提出的战略。党的十九大报告指出，农业农村农民问题是关系国计民生的根本性问题，必须始终把解决好"三农"问题作为全党工作的重中之重，实施乡村振兴战略。2017年12月29日，中央农村工作会议首次提出走中国特色社会主义乡村振兴道路，让农业成为有奔头的产业，让农民成为有吸引力的职业，让农村成为安居乐业的美丽家园，并明确实施乡村振兴战略的"三步走"目标和任务为：到2020年，乡村振兴取得重要进展，制度框架和政策体系基本形成；到2035年，乡村振兴取得决定性进展，农业农村现代化基本实现；到2050年，乡村全面振兴，农业强、农村美、农民富全面实现。

2018年1月2日，《中共中央 国务院关于实施乡村振兴战略的意见》公布；2018年3月5日，国务院总理李克强在《政府工作报告》中讲到，大力实施乡村振兴战略；2018年5月31日，中共中央政治局召开会议，审议《国家乡村振兴战略规划（2018—2022年）》；2018年9月，中共中央、国务院印发了《乡村振兴战略规划（2018—2022年）》，并发出通知，要求各地区各部门结合实际认真贯彻落实。

党的十九届五中全会提出，优先发展农业农村，全面推进乡村振兴。坚持把解决好"三农"问题作为全党工作重中之重，走中国特色社会主义乡村

---

* 詹鹏宇，国家税务总局咸宁市税务局局长，经济学硕士，第四批全国税务领军人才。

振兴道路，全面实施乡村振兴战略，强化以工补农、以城带乡，推动形成工农互促、城乡互补、协调发展、共同繁荣的新型工农城乡关系，加快农业农村现代化。

2. 乡村振兴战略的总要求和要义

党的十九大报告中提出：要坚持农业农村优先发展，按照产业兴旺、生态宜居、乡风文明、治理有效、生活富裕的总要求，建立健全城乡融合发展体制机制和政策体系，统筹推进农村经济建设、政治建设、文化建设、社会建设、生态文明建设和党的建设，加快推进乡村治理体系和治理能力现代化，加快推进农业农村现代化。2018年3月8日，习近平总书记对实施乡村振兴战略目标和路径明确提出"五个振兴"的科学论断，即乡村产业振兴、乡村人才振兴、乡村文化振兴、乡村生态振兴、乡村组织振兴。

可见，当前乡村振兴战略不但是解决"三农"问题的总抓手，而且因应了我国社会主要矛盾的转化，是解决不平衡不充分问题的重中之重，是巩固拓展脱贫攻坚成果的有效衔接，是推动形成以国内大循环为主体、国内国际双循环相互促进新发展格局的内在要求，是各方面的全面推进和全面振兴，有着一张蓝图干到底的连续性、系统性和强大执行力。

（二）税收视角下乡村振兴的现状与问题综述

税收在现代国家治理中发挥着基础性、支柱性、保障性作用，关乎国计民生的方方面面。因此，税收在乡村振兴战略中必不可少且大有可为。从税收视角观察，当前乡村振兴面临如下现状与问题：

1. 乡村范围的税收参与度与辨识度不高

首先，税收调控乡村经济社会发展的系统性不足。相较于市场这只"看不见的手"（调控具有自发性和滞后性特性），税收在经济社会发展的调控中是"看得见的手"，具有主动性、及时性、可预知性等特性，参与到生产领域、流通领域、分配领域、消费领域等方方面面。在城市范围经济社会发展处处可见税收的"影子"，呈现工作的连续性、目标的一致性和服务的系统性；而在乡村范围，经济社会发展迟滞让税收更多的体现在"减负"上，呈现片面性、线条性、片段性等特征。其次，基于"税收是公民与国家最基本纽带"的特点体现不够，带来公民精神缺失。特别是农业税退出后，"起征点"或者多种减免税的政策，相较于收入普遍不高的农民，形成"一免了之"的局面。这样虽然达到了减负的目的，但是同时将大量"三农"主体很大程度上排除在税收之外，参与税收的"税感"（获得感、荣誉感、痛感）严重缺失，公民精神和公民角色体现大打折扣，没有做到"减免"与"参与"兼顾。最后，税收在乡村治理中的地位不彰。主要表现为市场主体的税收登记率低、纳税申报和发票开具（索取）氛围淡漠、地方税收体系不健全带来地方政府财力疲弱（直接造成乡村振兴战略地方配套不足）、税收宣传与认知不被重视等。

2. "三农"领域资源配置的市场化不足

党的十九届五中全会指出，要充分发挥市场在资源配置中的决定性作用，更好发挥政府作用，推动有效市场和有为政府更好结合。当前，政府与市场的关系，在"三农"领域的正确体现远低于城市，也不如城镇。在广大农村，缺乏对市场的科学认识，生产经营发展环境从思想、氛围、舆论和实体上都落后于现代市场经济发展的要求，很大程度上普遍依靠政府投入、成功人士（乡情友情捆绑或极少数主动）投入和不同方面的投机，造成乡村发展的市场环境不充分、不协调、不规范。具体表现为：一是主动认知和利用市场工具方面的问题。如对小农经济的固守、对土地流转和规模化生产的消极被动、对新业态和财产性收入的陌生甚至惶恐等。二是投入主体单一带来的问题。如村庄建设缺少科学规划，表面化、同质化现象严重，生产经营上农业供给侧结构性失衡、竞争性不良等。

3. 农村"三产"融合匹配度较低

"三产融合"是推动形成工农互促、城乡互补、协调发展、共同繁荣的新型工农城乡关系的重要途径，是加快农业农村现代化的重要抓手。"三产融合"的主要目的是充分延伸、挖掘农业产业链和价值链。近年来，农业产业园、农业示范园、田园综合体、农业特色小镇等形式受资本追捧，带来了一些积极效应，但是"三产融合"仍然处于初级阶段。一是第一产业内部循环不够。套种套养比较单一，跨度不大，增值有限。二是第二产业与第一产业的配套不紧密。农产品加工业的品种少、产业链短、规模小、深度不够，两者相互促进欠缺。三是第三产业发展面比较偏仄。较多的表现为建智慧农场、特色农庄、农家乐甚至房地产开发，而农业观光、科普教育、品牌展示、文化传承、农业体验等种类少、层次低。四是农业相关的第一、二、三产业大循环不足。地域农业资源优势没有得到很好发挥，企业之间的关联度较为松散，"三产融合"从规划、实践到推广没有突出农民主体地位。

4. 乡村经济生产要素的流动与乡村振兴目标相背离

加快推进农业农村现代化，需要生产要素在城乡之间、乡村之间合理流动,对于欠发展的农村应更多的流入和优化。但实际是,长期以来土地、资本、劳动力、技术、资源、信息、管理等现代经济主要生产要素对乡村流入明显不足,流出反而更多。这是由市场规律调整的。当前农业仍是个弱势产业,农民仍是个弱势群体,生产要素不会自动留在弱势产业和弱势群体,需要政府的因势利导,发挥有为政府与有效市场的联合效应。

二、乡村振兴中培育经济税源增长极的主要空间

乡村振兴在本质上而言,就是推动以农业资源为基础的农村产业融合大发展,通过产业联动、产业集聚、技术渗透、体制创新等方式,将资本、技术以及资源要素进行扩界集约化配置,形成全要素生产力,使农村生产、农产品加工和销售、餐饮、休闲以及其他服务业有机整合在一起,使得农村第一、二、三产业之间紧密相连、协同发展,增加乡村就业机会,增加农民收入,实现农业农村就地现代化,不再单纯依靠城市或政府单向输血,而是基于农村产业发展的内生动力,形成工农互促、城乡互补的新型工农城乡关系。

因此,全面推进乡村振兴,实现农村产业兴旺、农民增收,可从根本上改变现有农村、农民因贫困导致低税甚至无税的现状,为乡村税收提供丰富的税源基础,使税收分配调节职能在全社会公民之间更好地体现,促进经济税收良性互动、协调发展。

(一)依托各地农业资源禀赋和比较优势,延长产业链,发展扎根农村的现代企业,使农村分享增值收益的同时,为乡村税收的崛起提供基础

一是发展现代农产品加工企业,从初级种养向精深加工转变。《中共中央国务院关于实施乡村振兴战略的意见》明确提出,要实施农产品加工业提升行动,支持主产区农产品就地加工转化增值。因此,乡村振兴战略要以"粮头食尾""农头工尾"为抓手,大力发展现代农产品加工业,促进农村初级农产品种养向精深加工产业延伸,提高农产品的附加值和核心竞争力。按照农产品"宜加工、尽加工""宜精深、尽精深"的思路,培育一批依托农村农业资源特色的精深加工产品和企业,将资源优势转化为产业发展胜势。农产品精深加工,有利于促进农村第一、二产业深度融合,推动农产品就地转化增值,使农村农民就地分享增值利益。同时,初级低值的免税农产品向终端市场的应税消费品升级,为乡村税收提供来源。2019年,我国农产品加工业营业收入已经超过22万亿元,《全国乡村产业发展规划(2020—2025年)》提出,到2025年,全国农产品加工业营业收入规模要达到32万亿元,

按现行税制匡算，必然会创造超过万亿元的增值税和所得税收入。

二是健全产业体系，实现产业链由低端到高端转化。《国务院关于促进乡村产业振兴的指导意见》指出，要加快构建现代农业产业体系、生产体系和经营体系，构建从农产品生产加工，延伸到仓储保鲜、冷链物流、电子商务一体的全产业价值链，提升农产品竞争力。在此过程中，必然引导、催生更多的关联企业到农村，形成以农业资源为中心的现代产业集群，进一步壮大乡村税源。《全国乡村产业发展规划（2020—2025年）》提出，到2025年，农林牧渔专业及辅助性活动产值以及农产品网络销售额均达到1万亿元，加快由单一的农副产品加工为主向科技、生产、加工、贸易、流通、服务等全产业链转变，实现农业产量大国向产业强国跨越。

（二）发展依托农村资源的休闲旅游业，为农民增收、繁荣农村经济的同时，增加留在农村的现代服务业税源

《乡村振兴战略规划（2018—2022年）》明确提出，要顺应城乡居民消费拓展升级趋势，结合各地资源禀赋，深入发掘农业农村的生态涵养、休闲观光、文化体验、健康养老等多种功能和多重价值。其中乡村休闲旅游主要表现为三种业态类型：一是以"农家乐"和聚集村为主的休闲旅游。主要集中在城市郊区，以提供食宿、游乐、购物为主。二是以自然景观、特色风貌和人文环境为主的生态旅游。主要集中在景区周边，提供农家饭菜、宿营房屋、农事体验等服务。三是依托田园景观，以健康养生为主的休闲旅游。主要集中在气候宜人、资源独特、农业生产集中连片的区域，提供食宿、康养、保健等服务。

据农业部统计测算，截至2019年初，全国已创建388个全国休闲农业和乡村旅游示范县，推介了710个中国美丽休闲乡村。2018年全国休闲农业和乡村旅游接待人次超30亿，营业收入超过8000亿元。因此，在发展乡村休闲旅游业的过程中，通过引入外来工商资本以及农村农民自主投资，培育一批新的市场主体，无论是乡村旅游基础设施建设，还是运营产生的旅游收入，在提升乡村景观、增加农民收入的同时，都会带来丰富的税源。

（三）在培养新型职业农民基础上，培育新型农业经营主体，培植以农业产业化龙头企业带动的新型纳税主体

党的十九届五中全会提出，要加快培育农民合作社、家庭农场等新型农业经营主体，健全农业专业化社会化服务体系，发展多种形式适度规模经营，实现小农户和现代农业有机衔接。所谓新型农业经营主体，是指在完善家庭联产承包经营制度的基础上，有文化、懂技术、会经营的职业农民和规模化、集约化生产的农业经营主体。

一是家庭农场。这是以有文化、懂技术、善经营、会管理的新型职业农民为主，由家庭成员参与的企业化经营单位，具有法人性质，集约化、专化化程度较高，以农产品生产、加工、流通、销售为一体，可以涵盖一、二、三产业。例如，一户人家既种植土地，又开办农产品加工厂，还经营农家乐，其特点是商品化程度高，生产技术和装备较为先进。

二是农民合作社。即农户之间通过土地、劳动力、资金、技术或者其他生产资料进行一定合作的经营联合体。这种模式是一种互助性质的农业生产经营组织，其规模更大、专业化水平更高、与市场的结合程度也更高，是农民自愿组织起来的联合经营体。特点是分工明确，从生产、加工到销售都有专门的团队在做，其生产效率也因此得到提高。

三是农业产业化龙头企业。龙头企业所经营的内容，可以涵盖到整个产业链条，从农产品的种植与加工、仓储、物流运输、销售到科研创新，与农户的合作模式主要有"企业+基地+农户""企业+专业合作社+基地+农户"等。龙头企业在实现自身发展的同时，也能带动农户的发展，甚至带动一个区域的特色农产品的发展。

三、税收助力乡村振兴的国际经验及启示

税收是调整农业经济关系的基本手段，也是助力实现乡村振兴的必由途径。从整个税制上看，发达国家更趋向于淡化流转税、强化所得税，并通过土地税（财产税）、所得税和流转税3类涉农税收政策来支持本国农业农村发展，从而实现生态环境持续改善、动植物品种多样性明显增强，农业农村可持续发展能力不断提升、农业资源可持续管理水平显著提高，农业补贴对农产品贸易价格的扭曲程度进一步下降，食品安全有效改善，青年农民人口数量持续增加，农业创新能力明显提升。

（一）发达国家税收因素在乡村振兴中的主要体现

1. 实行统一涉农税收制度

发达国家大都从税制上取消城乡划分，不单独设立针对农业的税收制度，在农业与工商业间适用相同的税制，把农业纳入国民经济产业体系进行统一规划和管理，把农村发展与城市发展纳入一体化战略，不区分工业与农业、工人与农民、城市与农村，不以户籍条件区别配置权利义务，不管是利用农

业资源还是利用其他资源获得利润和收入，个人或企业均要缴纳所得税、流转税和财产税，实现城乡平等发展。在此基础上，再给予农业特别的优惠政策，以保证农业的竞争力，促进农业和农村的稳定发展。

2. 实施涉农税收优惠政策

发达国家在城乡统一税制下，均对各税种适用于农业的部分采取了低税率、免税或者退税等税收优惠政策。通过税费优惠，普遍降低了农业经营者的税费负担，使农业投资可以获得平均利润，农业劳动可以获得平均收入，有利于农业与其他产业均衡发展。例如，欧盟最新共同农业政策统筹安排支农资金，积极推进农业补贴"绿箱化""公平化""绿色化"，加大对青年农民补贴和职业化培训力度，取得了一系列积极成效。加拿大对农业采用的是类似于我国增值税、允许农业生产资料抵免税的商品劳务税，对粮食、种子等农产品和农用生产资料实行零税率。法国政府出台了一系列针对农业领域的补贴政策，鼓励土地兼并，对失去土地的农民给予赔偿和生活补贴，协助建立各种类型的农业合作社和互助组织，引导农民走向互助和合作；对农作物、畜产品和加工品进行补贴，农作物按面积补、牲畜按头数补、葡萄酒按质量补；对购买农业机器设备、农用燃料、化肥采取补贴或免税等优惠办法。

3. 采取农产品关税保护措施

当前全球经济面临多重挑战，经济增长风险偏于下行，贸易壁垒增加，地缘政治风险仍存。一些发达国家受贸易保护主义影响，为保护本国农业和农民的利益，通过关税控制农产品进口，鼓励本国农产品出口。例如，美国农产品管理措施主要包括关税调节、关税配额、关税高峰、农产品关税特别保护措施等。根据其农产品关税特殊保护条款，美国一旦确认进口产品危及国内农业计划执行时，总统根据法律有权按照进口产品的价值征收50%的关税，或者在一定时间内对该产品实行进口限额。欧盟成员国实行关税同盟，农产品在欧盟内部零关税自由流通；对外统一采用高关税水平和严格的关税制度，形成高于欧盟内部的价格门槛，对欧盟成员国的农业进行有效保护。日本、韩国等国主要是限制农产品进口，加拿大等国主要是税收补贴出口农产品。

（二）发达国家涉农税收政策对我国乡村振兴的启示

发达国家一系列的涉农优惠政策和举措对农业农村发展产生了积极的效果，城乡间不仅消除了地域差别，也消除了制度上的差别，建立起一种相互渗透、相互融合、高度依赖、共同繁荣的机制，城市和乡村高度融合，有效实现了城市带动农村协同发展的良性互动。其中少不了涉农税收政策产生的积极效果，这对我国税收政策助力乡村振兴提供了有益启示。

1. 需要构建城乡、工农商相统一的税收体系

我国全面取消农业税，对解决"三农"问题、助力乡村振兴有积极的意义。取消农业税以来，农民的负担减轻，但并没有改变收入偏低的问题。城乡差距还呈现进一步拉大的趋势，长期存在的二元体制及农产品与工业产品的"剪刀差"并没有根本改变。单从税制对乡村振兴的因素上考虑，取消农业税只是停留在农业生产环节，在农产品流通、农业生产资料购买等环节仍不同程度地承担了增值税、营业税等。因此，可以借鉴发达国家的经验，遵循税制一体化的原则建立城乡、工农商统一的税收体系，对涉农税收给予特别的税收优惠政策，以保护农业、提高农业生产和投资收益，推动乡村振兴步伐。

2. 需要发挥税收在乡村振兴中的导向促进作用

乡村振兴一方面需要政府财政资金的大力支持，另一方面也需要社会资金、技术、人才等各种资源向乡村振兴聚集，帮助农业农村积极"造血"。在市场经济条件下，市场主体的唯利性往往会将有限资源投向非农业农村领域，从而在一定程度上阻碍农业农村发展。因此，可以借鉴发达国家充分运用税收"杠杠效应"，发挥其在调节农产品进出口贸易、引导社会资本人才聚集、加强农民社会保障及养老支持、打造"一村一品"乡村文化等方面的积极作用，形成税收助力乡村振兴的聚合效应。同时，也需要通过税收政策设计来规避资源向乡村振兴聚焦过程中可能出现的环境污染、资源浪费等负效应。

3. 需要布局符合中国特色的乡村振兴税政方案

适应生产力发展水平是考核税收制度的重要标准，生产方式的变迁是推动制度变迁的根本原因，而税收助力乡村振兴政策的核心在于解决好农业与第二、三产业的负担平衡、共融共进问题。税收治理模式及相关政策安排有着鲜明的国家属性，与西方国家乡村振兴的命题不同，我国正处在不平衡、不充分发展的时代背景下，基本道路、经济制度、文化特征、发展阶段等方面的差异，决定了我们不能完全照搬照套发达国家经验，这就要求税收政策要具备包容性，同时也要体现制度文化、人口规模、产业传统等必须关注的特征，以彰显中国特色、形成中国方案。

四、发挥税收职能作用全力助推乡村振兴的建议

当前，应充分发挥税收调节激励作用，优化涉农税收优惠政策，完善乡村税收征管服务，探索出一条税收支持乡村振兴的中国道路，科学引导资本、人力、技术、信息等要素流向乡村，支持乡村产业兴旺。

（一）促进农村第一、二、三产业就地融合

当前，我国涉农产业在初级生产销售环节大多不纳税，应在此基础上考虑与第一产业发展相关联的第二、三产业的税收支持问题。一是扩大税收优惠政策覆盖范围。税收优惠政策从支持初级种养向精深加工、销售环节延伸，对农业合作组织以及农产品深加工、种养加工销售一体企业等新型农业经营主体实行增值税和所得税优惠。二是制定支持乡村休闲旅游的税收政策。从供给侧促进乡村旅游业自身发展，对乡村旅游基础设施建设环节耕地占用税、契税、印花税等税收进行减免，借鉴企业所得税项目投资抵免和定期减免政策，对乡村休闲旅游收入实行税收减免，对乡村民族文化产品实行低税或免税政策。三是鼓励社会资本投入乡村产业，降低融资成本。对金融机构向农产品精深加工、仓储保鲜、冷链物流、乡村休闲旅游、乡村康养的企业发放贷款利息的收入减免所得税，给予金融机构涉农贷款增量税收优惠政策，鼓励金融机构不断创新金融产品和服务方式，拓宽贷款担保抵押的范围和品种，降低龙头企业和农户的融资成本。

（二）优化调整现行税收支持政策

税收政策必须与乡村振兴坚持协同推进和整体推进，解决好各方面的配套问题。需要以"整体推进"的方式对现有政策进行系统梳理，针对涉及税收支持乡村振兴的文件进行清理，并根据乡村振兴的实际需要进行完善，逐步形成以法律、法规和政策性文件为主的横向脉络、以涉税事项为主的纵向脉络的税收优惠政策体系。一是提升农产品税收直接税比重。党的十九届五中全会提出，要优化税制结构，适当提高直接税比重。与此相适应，可借鉴大多数发达国家的做法，降低间接税所占比例，实现由农产品的生产、加工、经营的流转税制向收入分配、财产积累调整的直接税制转变。二是改革农产品增值税征收模式。建议对初级农产品取消免税政策，采用"即征即退"或"先征后返"予以支持，同时取消农产品收购发票，改用普通发票作为扣税凭证。这样一方面可以完善增值税链条，减少控管风险；另一方面可以增加广大农业生产主体的"税感"。三是对农业农民实行精准支持。改"暗补"为

"明补",对农户购入农用机械、种子、化肥等生产资料,凭发票实行增值税退税。四是推进社会保险制度改革。合并城镇、农村居民社会保险两套制度,加快推行社会保险费改税,提高社保资金来源的稳定性,确保乡村居民老有所养。

(三) 引导乡村人才资源配置

一是鼓励人才进乡村。对乡村引进的管理型、研发型人才给予个人所得税优惠,特别是农村扶贫的援助人员应予以免征个人所得税;对于回乡自主创业兴办实体的,应在房产税、企业所得税等税种上予以税收优惠;积极探索税收支持本地职业院校开展特色民族职业教育,培养民族文化传承继承人,并提高乡村文化传承人的税收优惠待遇,鼓励其传承的积极性。二是加大定向优惠力度。对在农村从事互联网、大数据、云平台等新兴产业的人员,或者从事"生产基地+加工企业+商超销售"等新模式经营的从业人员,提高个人所得税六项附加扣除标准;对于在乡村从事讲学、技术服务和指导等人员取得的劳务报酬所得,建议免征个人所得税,鼓励全国优秀专业人员以技术指导和兼职等方式参与乡村产业研发和技术服务,弥补人才短板;对到乡村进行旅游开发、服务创新、产业创新、创意创新的乡村旅游服务人才进行所得税减免。

(四) 优化乡村税收宣传服务

树立"主动优化"思维,为税收支持乡村振兴提供支撑。一是深化"放管服"改革。加快税收业务融合,不断提升服务软实力,同时通过不断优化征管流程、简便审批流程、减少涉税资料报送等手段,来营造的友好乡村区域纳税人税收营商环境。积极协调乡镇邮政点代开发票,同时在办税服务厅为农户开通绿色通道,为涉农纳税人提供便利。在税务登记、发票领用、税收征管等环节为涉农企业提供个性服务和专项支持,不断提升税收服务乡村经济发展能力。二是构建税收宣传大格局。税务部门可以联合市场监管、金融保险、招商等部门形成协同治税的大格局,加强对新型农业经营主体和农民个人税收优惠政策的宣传和培训,增强他们运用税收优惠政策服务自身发展的动力和能力。

完善绿色税制　推动绿色发展

王　娟　张玉梅　袁琳竺[*]

一、问题的提出

习近平总书记在党的十九届五中全会上指出，我国仍需推动绿色发展，深入实施可持续发展战略，促进经济社会全面绿色转型，建设人与自然和谐共生的现代化。这一要求的提出，不仅在宏观上说明了绿色中国、和谐发展是我国发展的方向，也在微观上说明我国企业需要转变发展方式，消费者应当树立绿色消费理念。

从企业角度看，绿色转型需要企业耗费高额支出来调整生产结构、进行员工培训、配置设备等，巨大的转型成本使企业对绿色转型望而却步。从消费者的角度看，现有税制体系主要是针对企事业单位的行为，而个人行为对环境造成的影响没有得到有效规制，因此其消费理念和消费方式并没有实现根本转变。

由此可见，发挥政府宏观调控对于企业绿色转型、个人绿色消费的作用，加快推进我国生态文明建设，是我国可持续发展的重点。税收作为政府调控经济的重要手段之一，能够贯穿于企业全生命周期，对企业和个人行为产生直接和间接的影响。根据具体发展情况，我国将生态环境治理与不同税种结合，相互协调、相互补充，初步建立了以环境保护税为主体税种，以资源税、消费税、车船税、车辆购置税等多种税种作为辅助税种较为完整的绿色税制体系。

所谓绿色税收，也称环境税收，是以保护环境、合理开发利用自然资源、

---

[*] 王娟，武汉工程大学管理学院副教授、管理学博士；张玉梅，武汉工程大学管理学院硕士研究生；袁琳竺，武汉工程大学管理学院硕士研究生。

推进绿色生产和消费为目的的生态税收,从而保持人类的可持续发展。自20世纪70年代以来,发达国家就已经掀起了绿色税制改革的热潮。当前,如何建立绿色税收制度,以保护和改善我国的环境,促进国民经济可持续发展,已成为我国税收理论界面临的一个重要课题。绿色税制体系不仅要对企业和个人污染环境的行为进行调节,也要向保护生态环境的企业提供税收优惠。

绿色税制体系从不同角度、不同阶段监督和规制企业和个人的行为,有助于优化市场资源配置,加快产业绿色转型升级的步伐,引导人民树立绿色消费理念。值得注意的是,绿色税制体系的构建是以环境治理与经济建设协调统一为基础,也即是说,绿色税制体系是与社会发展相融合的,二者并非对立关系。因此,在发挥绿色税制体系对于提高生态环境的正外部性效益的同时,必须保证经济社会发展的同步性,牢牢把握绿色税制体系的改革不能脱离于经济体制改革而独立存在这一关键点。只有保证绿色税制体系迎合我国发展态势,将经济建设与环境保护有机结合,才能维护最广大人民根本利益,促进经济社会发展全面绿色转型,建设人与自然和谐共生的现代化。

二、绿色发展理念与绿色税制体系的发展概述

新中国成立初期,我国各方面都处于百废待兴的阶段,国家发展主要以经济建设为主,环境保护被放在次要位置。随着我国生态资源不断被开发利用,工业化建设取得显著进步,生态环境与经济建设的矛盾日益严重。2015年,党的十八届五中全会将绿色发展理念与创新、协调、开放、共享等发展理念一同组成五大发展理念。

以绿色发展理念为指引,我国的绿色税制体系情况和发展历程如下。

(一) 以环境保护税作为主体税种

环境保护税是我国专门针对生态文明建设和绿色发展而设立的专门调节企业行为的税种。2015年6月,国务院法制办公布《环境保护税法(征求意见稿)》。2018年1月1日,以"税负平移"为原则,将现行排污费改为环境保护税,并采用按季申报的申报方式,以大气污染物、水污染物、固体废弃物和噪声四大类污染物作为主要征税范围,向企业的污染排放行为进行征税。《环境保护税法》对环境保护税的计税依据、税率、征税对象、免税情形等都作出了详细规定。

虽然环境保护税(以下简称环保税)是新生税种,但是其通过"多排多征、少排少征、不排不征"的正向减排激励机制,配合已有的环境保护相关

税收，对企业污染排放进行末端治理，形成了投入、生产、消费、再循环等环节相对完整的绿色税制链条。在税收的杠杆作用下，许多企业对原有生产方式进行调整，引进节省能源、污染排放量低的生产设备，加快了产业绿色转型。环境保护税的设立和完善，是我国绿色税制体系建设迈上新台阶的重要标志。

（二）资源税、消费税等其他多种税种作为辅助税种

1. 资源税

我国早在1984年就开始征收资源税，经历了多次改革之后，现已发展成为涵盖原油、天然气、煤炭、矿产、盐等多种资源的税种具体改革历程如表1所示。资源税的征收，对我国生态资源保护起到了重要作用。

表1　　　　　　　　　　我国资源税改革历程

时间	改革内容
1984年	只对原油、天然气、煤炭、铁矿石征收，其他矿产品暂缓征收资源税
1986年	财政部发布《关于对煤炭实行从量定额征收资源税的通知》
1991年	铁矿石纳入资源税征税范围
1994年	国务院重新颁布资源税暂行条例，进一步扩大征收范围
2010年6月1日	我国率先在新疆开展原油、天然气资源税从价计征改革，拉开了资源税制度改革的序幕
2010年12月1日	油气资源税改革扩大到内蒙古、甘肃、四川、青海、贵州、宁夏等12个西部省区
2012年	"两广"地区进行天然气价格形成机制改革试点
2013年	部分地区部分金属和非金属矿资源税从价计征改革试点
2011年11月1日	油气资源税改革推广至全国范围
2014年12月1日	煤炭资源税从价计征改革全面实施，同时全面清理涉煤收费基金
2015年5月1日	资源税从价计征改革覆盖稀土、钨、钼三个品目
2016年5月10日	河北省开展水资源税收先行试点工作，将水资源分为地表水和地下水两类二级税目分别征税
2019年8月26日	通过《中华人民共和国资源税法》，具体规定了能源矿产、金属矿产、非金属矿产、水气矿产、盐等征税对象的适用税率和计税方式

总体看，我国资源税改革随着经济体制改革的脚步而不断调整，其征税范围不断扩大、计税方式不断改进、税率不断调整，基本符合我国建成现代

化国家的发展要求和绿色发展理念的要求。

2. 消费税

消费税是我国建立绿色税制体系的重要体现。例如，消费税的征税范围包括烟、木制一次性筷子、摩托车、小汽车、电池、实木地板、成品油、贵重金银首饰及珠宝玉石等，这些税目的共同特点是会导致我国生态资源的减少和环境污染的增加。例如，电池中含有汞等重金属元素，如果不经过人工降解就随意丢弃，会对我国的土壤造成不利影响，导致绿色植被难以生长；又如，实木地板、木制一次性筷子的生产，需要投入大量森林资源，我国森林覆盖面积较20年前已经出现了明显下跌。对这些项目征收消费税，不仅起到了筹集税收收入、调控经济的作用，也是我国经济发展与绿色发展的重要纽带。

3. 车船税

车船税也是我国完善绿色税制体系的一部分。车船税从税收方面促进我国空气污染物排放量的减少，有助于空气污染治理迈上新台阶。

最后，城市维护建设税和车辆购置税也在一定程度上减少了我国碳排放总量，提高我国生态治理能力。一方面，城市维护建设税作为企业要缴纳的小型税种之一，其虽然基数小，但是其征税的范围广，可以覆盖至各个发展阶段的企业。城市维护建设税的收取，对于促进绿色生态具有重要意义。另一方面，车辆购置税的存在提高了居民个人购置高耗能高排放的车辆成本，在一定程度上削减了人们对车辆的购买能力，从而减少了我国汽车尾气排放总量，减少大气污染。

综上所述，我国绿色税制体系将生态文明建设和社会主义市场经济建设有机结合，发挥税收对于市场经济秩序的调节和引导作用，保障我国在绿色发展道路上走得更远。但是，由于我国仍然处在社会主义初级阶段，经济实力与发达国家还有一定距离，这意味着以经济建设为基础的绿色发展道路，仍然有较长的路要走。换句话说，我国绿色税制体系还有许多有待完善和改进的地方。

三、我国绿色税制体系建设存在的问题分析

（一）征税范围有待拓宽，征税规模的扩大尚未紧跟时代发展

随着我国绿色发展理念与经济建设越来越深层次融合，绿色税制体系的征税范围也需要随着社会发展而扩大。但是，目前我国新型环境问题出现的速度与绿色税制体系征税范围扩大的速度没有实现同步。

以环境保护税为例，存在于劣质涂料等产品中的挥发性有机化合物会对

人体健康和空气状况产生不利影响，但目前的环境保护税法仅将大气污染物、水污染物、固体废物、噪声四项列入了征税范围，并未将该类会挥发性有机化合物的污染物纳入其中。

另外，光污染也是新的环境问题，目前光污染主要包括白亮污染、人工白昼污染和彩光污染，其正在威胁着人们的健康。在日常生活中，人们常见的光污染的状况多为由镜面建筑反光所导致的行人和司机的眩晕感，以及夜晚不合理灯光给人体造成的不适感。目前，我国绿色税制体系针对光污染并没有作出明确的规定，但该污染形式已经对广大人民的身体健康和日常生活带来了一定影响，如何利用税制体系对这些新的环境问题进行合理规范，在源头上将其纳入绿色税制体系的束缚之中，利用法律武器分散和弱化这些扰乱人民正常生活秩序的环境污染物的有害影响，是完善绿色税制体系的重要方面。

（二）部分企业"钻空子"实施偷逃税等违法行为阻碍绿色税制推行

尽管我国绿色税制体系建设已经取得显著成效，但是由于经济主体具有趋利性，部分企业为了获得更大的经济利益而采用各种手段实施偷逃税行为。这种状况不仅减少了我国绿色税收专项收入总额，还导致环保企业创新积极性较低，反而可能导致市场上出现"劣币驱逐良币"的现象。例如，环保税是建立在排污行为之上的税种，行为危害性需要进行专业的量化计算，因此，在偷逃税的发生率上，排污行为要比一般的市场交易行为更具有隐蔽性。再如，环境污染物监测、监督和审核确认都具有极强的专业性，如果税务机关的工作人员缺乏相关的财税知识来审查具体纳税信息、专职复核人员责任心不强导致现场监测工作开展不到位，都会导致污染企业钻法律的空子，隐瞒污染物以减少应纳税额。

偷逃税问题同样存在于消费税征管上。如目前，航空煤油消费税税率为每升 1.2 元，而汽油消费税税率为每升 1.52 元，部分生产者利用两者的税率差异采用非法手段将航空煤油销售给非航天运输经销商，经销商再将航空煤油与其他成品油混合后直接对外销售，逃避了其他油品应缴消费税税额，并从中获取了高额价差收益。这些现象不仅危害了其他按规缴纳消费税的企业利益，也阻碍了绿色税制体系发展。

（三）税收优惠政策的激励效果不明显

绿色税制体系的一大特点在于，其对于采用节能环保技术的企业实施一定的税收优惠政策。但是在目前看来，我国的税收优惠对环境保护的激励作用还有待提升，对企业和个人行为的调节尚不能形成合力。

具体而言，主要有以下内容。

首先，作为我国绿色税制体系的主体，环境保护税的相关税收优惠政策没有很好地起到绿色税制作用。如政策明确"依法设立的不超过国家和地方规定的排放标准的城乡污水集中处理、生活垃圾集中处理场所排放相应应税污染物和机动车、铁路机车、非道路移动机械、船舶和航空器等流动污染源排放应税污染物，都可以暂免征收环保税。"虽然这一规定是我国出于基本国情考虑的，但是，绿色发展理念要求绿色税税制体系能够引导个人低碳消费，减少有害垃圾排放，因此，环境保护税免征对象中涉及居民生活和出行，在一定程度上不能很好地起到绿色生活观念的引领作用。

其次，消费税中税收优惠政策的节约型消费激励理念没有引起足够重视。就消费税的本质而言，其是对特定货物和劳务征收的一种间接税，而不是在零售（消费）环节征收的特质税，因此，其在调节消费行为、促进节能环保、正确引导消费需求等绿色发展方面有着重要意义。但当前，消费税税收优惠还没有对节能减排、环境保护、绿色发展产生足够的影响。

最后，增值税在绿色税收优惠上所发挥的效力可能存在"误伤"。

（四）绿色税制体系的外部实施力度不足，相关部门征管体系建设存在缺陷

目前，我国绿色税收的征收存在一定的混乱性。以环境保护税为例，在环境保护税的征收过程中，环保部门主要的工作是定期向税务部门传递涉税数据，税务部门将其与纳税人自主申报的排污数据进行对比，最终确定应纳税额。在此过程中，如果环保部门受到其监测设备数量的限制，导致监测范围和覆盖面不够广阔，监测数据不够完整，或者是纳税人受到的监测频次过少，则会导致环保部门不能如期将监测数据传递给税务部门，使得征税效率降低。而在企业自行监测环境涉税数据时，如果设备安装的的数量和质量存在任何缺陷，都会导致企业向税务机关的信息传递延迟，造成纳税人逾期缴纳税款的局面。

四、完善绿色税制体系的政策建议

（一）扩大环境保护税的征税范围，逐步将绿色税收渗透到整个社会发展进程中

鉴于当下我国生态保护形式严峻，扩大绿色税制体系的征税范围具有现实紧迫性。如前所述，挥发性有机物产生的 $PM_{2.5}$ 已经对我国大气环境造成极大伤害，2020年3月，中共中央办公厅、国务院办公厅印发的《关于构建现代环境治理体系的指导意见》提出：强化环保产业支撑，加强关键环保技术产品自主创新，推动环保手台（套）重大技术装备示范应用，加快提高环保产业技术装备水平；鼓励推行环境污染第三方治理，开展园区污染防治第三方治理示范。可见，大气治理已经成为我国环境污染治理的重要方面，为此，我国绿色税制体系应当加强大气污染物的税收规制。此外，碳排放的大量增加也是我国乃至世界面临的环境问题。碳排放量大量增加而森林资源骤减使得温室效应加剧，对此，我国绿色税制体系应当加强对具体碳排放的源头约束。

例如，就环境保护税而言，我国虽然针对保护环境专门颁布并实施了环境保护税法，但是其尚处于初级试验阶段，整体看，环境保护税在污染物排放的征税项目上还可以更加明晰。政府应当及时颁布相关行政法规，对大气污染、碳排放等先行开展治理工作，再对环境保护税的征税范围及时调整和完善，将已经出现的污染源按要求同步至环境保护税法的征税项目中，做好污染物的细化和分类。就消费税而言，应当将对生态环境造成较大污染却并未征收消费税的商品，适时纳入消费税的征税范围之中，如遗弃后将造成高污染的电子产品、难以自然降解的塑料包装、排放二氧化碳等污染物的消费品。此外，现行资源税应当将征税范围覆盖部分存量达到警戒线的资源，如森林资源和草原资源等，从而刺激企业加快产业绿色转型升级。而车船税的计税依据改为排放量和耗油量，同时还要考虑其是否安装了环保装置，同时对公共交通方式给予税收优惠政策的倾斜，进一步降低公共交通运营成本，从而吸引出行者乘坐公共交通，减少交通拥堵以及大气污染。

但是，应当注意，我们所谈的征税范围扩大并不是盲目的，更不是一蹴而就的。绿色税制体系的完善应当以促进我国经济发展为基础性原则，相关税种征税范围的扩大应当遵循经济发展的客观规律，逐步完善我国绿色税制体系建设。

（二）加强偷逃税等行为的法律规制，利用互联网强化日常评估管理

在税收征管工作中，偷逃税一直是我国税收征管工作中重点问题。加强绿色税收征收监管，税务机关可以从以下几个方面入手：第一，国家税务总局层面，应当完善税法体系，提高对偷逃税等行为的行政处罚力度。第二，地方税务机关要落实征管相关工作，加大税务稽查查处力度提升纳税人的纳税自觉性。第三，加强税法宣传，引导全体公民学法懂法，利用新媒体（尤其是微信、微博等热门信息传播平台）进行广泛宣传，强化全民族的纳税

意识。

此外，企业应当自觉将应税产品的生产和经销的信息纳入税务部门数据监测系统中，加强与税务机关的互联互通，以保证企业经营的稳定性。

（三）完善税收优惠政策，整合税收优惠的正向激励机制

首先，对于农业生产不应采取简单的"一刀切"式的税收优惠政策。应当提高免征环保税优惠政策的适用门槛，相关纳税人必须满足国家规定条件，经税务部门确认后，才可以享受环保税的优惠政策。而这个门槛则可以设置为该项农业生产或该农业生产户的排放物几乎不会对环境造成伤害，或者，农业生产者在生产过程中有净化排放物的环节等。其次，对于污染处理场所排放处理过的污染物的税收优惠也需要进行调整。应当明确，企业向处理场所进行排污以及污染处理场所进行污染处理后向大自然进行排污都属于环保税的征收范围，应当征收环保税。而对于污染处理场所进行污染处理后进行的排污行为，也可以设置一定税收优惠，以支持污染物处理行业的发展，同时还可以以财政补贴的形式保证污染物处理行业的健康运营。

以资源税为例，首先应当明确资源税的环境保护作用及职能，杜绝缺乏社会责任感的企业对自然资源的过度开采以及浪费，从而切实保护自然资源，对于那些进行资源循环开采以及进行采后修复的企业，他们切实履行了自身的社会责任与环保责任，可以对此种企业采取一定的资源税优惠政策，鼓励更多企业提高资源利用效率，杜绝过度开采。再以环保税为例，中国目前环保税规定：尽管规模化养殖不属于免征项目，但是只要规模化养殖场产生的畜禽养殖废弃物在符合国家和地方环境保护标准的设施、场所贮存，并采取粪肥还田、制取沼气、制造有机肥等方式进行综合利用和无害化处理的，就可以免征环保税。这种针对企业自身主动进行排污处理和综合利用的行为所采取的免税条例，应当在具体实施过程中寻求可以扩大推广范围的领域，例如，对于那些主动进行剩余涂料无害化处理的装潢公司，也可以提供一定的减免税。

（四）加强税务与其他政府部门的沟通与合作

绿色税收的征收管理不是税务部门的单打独斗，这需要所有相关部门的共同努力与协作。首先，税务部门应当继续加强与环保部门合作，进一步完善与环保部门的信息共享系统，并积极与环保部门协商，做好数据资料复核工作。其次，税务部门应当加强与国土资源、林业、水务部门的联系，积极推进数据共享，做好辖区内资源储备量统计、应税企业普查登记等工作，获

取纳税人采矿权转让情况、矿产开采量、水资源或森林资源占用量、耕地占用量等涉税数据。最后，要积极推进税务稽查与办案过程中的部门合作，对于部分资源开采企业，环保或资源部门更加了解情况，在处理绿色税收案件的过程中要与这些部门共同合作，听取建议。

但是，将绿色税收观念传递给每一个纳税人并将其贯穿在经济发展的方方面面，是一个非常漫长的过程。作为税收知识与税收文化的引领者，税务部门以及所有税务工作者肩负责任，主动学习并提升绿色税收意识。此外，还应引入绿色税收工作的考核评价体系，构建完善的绿色税收工作综合评价机制。对那些工作成果显著，为环境保护做出突出贡献的工作人员给予一定的物质方面和精神方面的奖励。对于纳税人在缴纳绿色税收时不理解的税收政策问题，税务工作人员要耐心解释，争取在具体工作中以自身的绿色税收知识以及绿色税收意识，去影响、引导纳税人，提高纳税人对绿色税收的认识与认可，并最终实现绿色税收观念的全民普及。

五、结语

综合看，目前我国生态文明建设已经取得了卓越成效，无论是环境保护税的开征，还是资源税、消费税、车船税、城市维护建设税等税收政策的改革与优化设计，都体现了我国政府坚定绿色发展道路的决心，绿色税制体系的完善也在我国经济社会逐渐趋于稳定发展的基础上获得了更高层次的飞跃。尽管我国绿色税制体系还有可以提高的空间，例如，征税项目可以覆盖得更加广泛，偷逃税等违法行为还需要继续加强整治，税收优惠政策应当深入贯彻落实等，但是通过逐步扩大征税范围，加强税收管理，推进税收优惠实施等举措，能够大幅促进绿色税制体系建设朝着正确方向发展。

让绿色、生态、环保等环境治理工作理念与财税政策充分融合，让绿色税制体系能够充分发挥经济行为约束和生态环境保护中的积极效用，促进五大发展理念在我国发展道路上的指引作用，有助于解决人民美好生活需要与当前不充分不平衡的发展之间的矛盾，提升我国综合国力和国际竞争力，加快我国生态文明建设脚步，实现我国经济又好又快发展。

围绕推动绿色发展　完善绿色税制体系

韩万里　李晓广*

一、新时代绿色发展的意义

我国"十三五"时期，生态文明首次列入"十大目标"，"美丽中国"和"绿色发展"理念第一次写入五年规划，我国相继打响了"蓝天、碧水、净土"三大保卫战。2020年初以来，受新冠肺炎疫情冲击和世界经济衰退的影响，我国经济遭遇前所未有的下行压力。但是，国家推进生态优先、绿色发展的脚步矢志不渝、坚定不移。共抓大保护，不搞大开发，长江经济带建设稳步推进。黄河流域生态保护在沿黄九省区持续深化。党的十九届五中全会提出，推动绿色发展，促进人与自然和谐共生。可以预期，"十四五"乃至更长时期，推动绿色发展、促进人与自然和谐共生的理念和举措将在通往生产发展、生活富裕、生态良好的全面建设社会主义现代化国家之路上继续发挥关键作用。

推动绿色发展，促进人与自然和谐共生，需要深入实施可持续发展战略，完善生态文明领域统筹协调机制，构建生态文明体系，促进经济社会发展全面绿色转型，建设人与自然和谐共生的现代化。从税收制度看，特别是从绿色税收制度，要求我国绿色税收政策能够充分发挥生态环境保护对产业结构优化升级的倒逼作用，并通过优惠政策，支持和服务企业绿色发展。一方面，绿色税收规制加快推动钢铁等行业企业转型升级，推进各类园区循环化改造；另一方面，在加快推进数字经济、智能制造、生命健康、新材料等战略性新

---

* 韩万里，国家税务总局吉林省税务局资源和环境税处处长，吉林省法学会经济法研究会常务理事，中共国家税务总局党校兼职研究员；李晓广，国家税务总局吉林高新技术产业开发区税务局四级主任科员，管理学硕士，国家税务总局财产和行为税司专业人才库成员。

兴产业和绿色制造业发展方面，运用税收的杠杆作用，加大对绿色环保产业的支持力度，真正做到不以牺牲环境为代价来提升生产发展质量。

二、我国绿色发展背景下的绿色税制体系

（一）绿色税收的时代内涵

绿色税收又称环境税收，是指对污染行业和污染物的排放所征收的税，或对投资于防治污染或环境保护的纳税人给予的税收减免。它不仅包括为环保而特定征收的各种税，还包括为环境保护而采取的各种税收措施。其实质是运用税收政策将资源与环境的负外部性成本内部化的一种经济调控手段。从税收的经济作用而言，绿色税收制度是指由主体绿色税种和各税种之间协调配合所组成的绿色税收体系。国家税务总局税收科学研究所课题组（2018）认为，绿色税收制度是指为使税制整体符合环保功能而对传统以经济为中心的税制进行全面绿化调整的一系列措施和制度。因此，可以理解为绿色税收是国家为实现污染防治目标而推进传统税制全面"绿化"转型过程中所征收的各种税收以及所制定的各项税收优惠政策的统称，其核心是税制"绿化"进程中所形成的由若干性质不同绿色税种以及税收优惠政策组成的绿色税收体系。

（二）绿色税收的发展历程

1932年，西方福利经济学代表性学者庇古提出了"绿色税收"的概念，但这一思想在当时西方发达国家经济社会发展中并未得到充分重视。随着工业化进程的加速，人与环境之间的矛盾日益凸显，各国政府才开始重视环境保护问题。1972年，联合国环境规划署发布了《人类环境宣言》。这一宣言的发布使发达国家掀起了绿色税制改革浪潮，欧美等发达国家为了强化环境保护采取了经济干预的措施，通过出台具有绿色税收内容的经济政策对破坏环境的行为加以限制，构建了包含资源税、汽油税、垃圾税、噪音税、水污染税、碳排放税等税种的税收体系。受绿色税制改革热潮的影响，许多发展中国家也先后开启了税收制度改革进程，将绿色税收作为未来政策调整的重要内容。

党的十八大以来，以习近平总书记为核心的党中央把生态文明建设摆在改革发展和现代化建设全局更加突出的位置，坚定贯彻新发展理念，不断深化生态文明体制改革，提出了一系列新思想、新战略。党的十八届五中全会提出"推动建立绿色低碳循环发展产业体系"，并首次将"美丽中国"纳入

国家五年规划,将"绿色GDP"纳入经济社会发展评价体系。党的十九大将"美丽"两字写入建设社会主义现代化强国发展目标,并进一步提出加快生态文明体制改革,建设"美丽中国"的具体措施。2018年6月,党中央提出要坚决打好污染防治攻坚战的实施意见,聚焦国内环境严格治理。在这一背景下,税制改革也在稳步推进,国家相继频繁出台多项资源节约和环境保护的绿色税收政策,通过一系列"组合拳"助推"美丽中国"建设,主要体现在以下三个方面:一是全面推行资源税改革。这一阶段资源税经历了扩大征税范围、实行从价计征和水资源试点等一系列改革,推动建立了税收自动调节机制,规范了资源领域税费关系,有利于资源集约节约利用。二是开征环境保护税。2016年12月通过的《中华人民共和国环境保护税法》是我国第一部旨在推进生态文明建设的单行税法,是树立和践行"绿水青山就是金山银山"理念的重要举措,对进一步完善绿色税收体系,加强生态文明建设,实现高质量发展具有积极意义。三是继续调整消费税。"调整消费税征收范围、环节、税率,将高耗能、高污染产品及部分高档消费品纳入征收范围",这是新一轮税制改革应遵循的基本方向。

(三) 构建和完善绿色税制的必要性

虽然我国资源总量较大,但是人均资源却相对匮乏,加之长期粗放型增长模式带来的资源过度消耗和环境恶化,远远超出生态环境的承载能力,迫切需要探索生态可持续发展和经济高质量互促共进的政策组合,而构建绿色税收制度便成为政策组合中重要选项之一。绿色税收具有双重作用,主要体现在对有助于环境保护生产经营活动的激励作用与对损害自然生态生产经营活动和产品的约束作用两个方面。发达国家在构建绿色税收体系过程中,通过税收杠杆作用,借助税收优惠及差异化税率的方式,对保护环境的企业和个人给予激励,对于污染环境和浪费资源的企业和个人给予约束,激发市场参与者保护环境和资源的主观能动性,最终实现绿色发展,形成人与自然和谐共处的局面。

1. 推动绿色经济发展

党的十八届五中全会提出,发展绿色经济必须将自然生态环境因素考量在内,把促进节能减排贯穿社会再生产的生产、流通、销售整个全过程。因此,要进一步深化财税体制改革,构建绿色税收制度。2016年12月25日,第十二届全国人民代表大会常务委员会第二十五次会议审议通过《中华人民共和国环境保护税法》。该法通过严明执法、合理预期,让排放污染的纳税人支出治理、修复环境所需要的费用,并负担相应的社会责任,发挥了税收杠杆作用，引导企业生产经营活动行为，加强环境保护，推动更高质量、更高效率、更加公平、更可持续的良性发展。2020年9月1日，《中华人民共和国资源税法》实施，从价计征计税方式使资源价格与税收联系更直接，从而通过资源税征收反映了资源的优劣、稀缺程度以及市场供求关系，进而调节因自然资源级差所导致的企业之间利润分配不合理的问题，促使在市场竞争中的企业之间更加公平。同时，由于税法强制约束，促使企业合理开采和利用资源，提高资源的使用效率和环保意识。通过税收调节机制，规范税费关系，减轻相关企业的负担，优化政府之间财政收入分配关系，推动绿色发展，适应社会主义市场经济发展的客观要求。

2. 弥补行政手段缺陷，减少污染排放

1979年，我国颁布《中华人民共和国环境保护法（试行）》确立排污费制度，现行环境保护法延续了这一制度。2003年，国务院颁布《排污费征收使用管理条例》，对排污费征收和使用的管理作出规定。我国排污费是一种行政手段，强制性、规范性、统一性程度不够，只规定了排污下限。排污者只要不超过污染物的排放标椎，不付出任何成本就可以随意利用环境资源。并且，一旦企业污染程度达到政府规定的排放标准，企业便会失去购进更先进环保设备或研发环保技术的动力，对企业的持续性节能减排的刺激力度下降。相比，环境保护税在法律层面遵循"谁污染、谁付费"的原则，更具有强制性和固定性，在一定程度上能够弥补行政性收费随意性大、法律强制力较弱、地方政府和部门干预等问题。其次，绿色税收制度能够减少排污量和降低后续治理成本，优化资源配置。在我国经济发展进程中，曾一度存在"先污染后治理"的思想倾向，许多企业不重视污染治理，有的企业只顾眼前利益，缺乏长远打算，在治理污染的问题上得过且过，偷排、不达标等不符合规定的情况时有发生。特别是一些经济欠发达的地区，政府为了完成经济指标，大力发展经济，往往就忽视了环境保护，增加了污染物的排放量，加剧了环境污染。环境治理的成本由全体纳税人共同负担，显然会造成企业之间利益分配不均衡，严重影响市场经济的持续健康发展。征收绿色税收是一种治理负外部性行为的经济手段，政府通过制定税收制度进行必要的干预，让污染企业有偿使用生态环境资源，增加其税收负担，从而抑制企业污染排放量，优化市场资源配置。

3. 转变企业生产方式

绿色税收以环境污染程度为税费测算依据，即以损害补偿为征收标准。

通过对环境污染行为征收税费，意味着提高了企业经济成本，可以有效遏制效益低、排污大的企业的生产经济活动，最终降低其市场竞争优势，甚至被排除市场。通过实施绿色税收政策，将那些效益差、规模小的自然资源开发企业排除在市场范围之外，而对于那些使用绿色能源、合理开发利用资源的企业进行激励，将促进企业改变生产方式，对经济持续健康发展将产生深层次长远影响。

4. 促进可持续发展

可持续发展的内在要求是对资源的最优配置，从而达到以有限资源发挥最大化利用的目标。世界共享环境资源，理应对环境进行共同保护。在经济可持续发展进程中产生的绿色税收概念，早在诞生之初就备受青睐，被应用到经济调控领域，成为可持续发展的有力调节手段。绿色税收制度的适用能够有效治理生态破坏行为，提升自然资源开发和利用的合理性，促进社会与经济的持久健康发展。

5. 引导民众转变观念

在税收体系中引入绿色税收，激发全社会环境保护意识，形成绿色的消费理念，这也是人类社会可持续发展的必然要求。通过实施绿色税收，可以对那些污染、破坏自然环境和资源的行为予以有效遏制，以强制约束措施激发人类保护环境的意识。具体而言，绿色税收的社会效用主要包括：第一，引导消费习惯、生产方式，激励生产者重视环境污染引发的外部性，并在其生产成本中予以考量，激励消费者将这种外部性在其消费成本中予以考量；第二，将税收收入专门用于环境和资源的保护和治理中，增强收入服务环境和资源的针对性；第三，通过调整税基，对生产、消费行为进行引导，转变经济发展方式，提升全民环保意识。

三、国外绿色税制的经验借鉴

在建立健全环境税收制度的过程中，由于各国国情、经济基础和发展状况的差异，其征收方式以及在整个税收制度体系中的地位作用也不尽相同。虽然我国已经成为世界第二大经济体，综合国力不断提高，国际影响力显著增强，但是我国仍处于并将长期处于社会主义初级阶段，我国的基本国情和财税体制发展现状决定了我国的绿色税收制度还在探索完善之中。相比较而言，国外一些国家关于绿色税收方面的经验做法更加丰富，值得学习借鉴。

(一) 美国的绿色税制

美国在注意到资源的稀缺性与生态环境保护的紧要性之初，就开始重视绿色税收制度的建立。美国经历了几十年环境税收制度的改革，拥有一套比较成熟的绿色税收制度。从整体看，美国的绿色税收制度涵盖各个层面、各个领域，既涉及个人，又涉及企业。遵循"污染者付费"原则，将税收政策与环境保护相结合，对企业征收环境税，减轻生态环境压力。与税收奖励手段相结合，引导企业在生产过程中更多使用清洁能源和新技术，鼓励消费者在消费环节更加注重绿色环保。通过循序渐进的方式推行绿色税收制度，让公众逐渐接受并认可政府决策。

美国绿色税制主要涵盖以下税种：一是矿产资源税费和开采税。虽然美国的煤炭、天然气、铁矿石产量丰富且分布广泛，但并不均衡。因此，为了减少矿产资源开采量，提高利用率，美国政府对矿产资源开采者征收矿产资源税费和开采税。二是环境污染税。主要包括二氧化硫排放税、噪音税、固体废弃物处理税、塑料袋使用税。其中，二氧化硫排放税主要对煤炭燃烧产生二氧化硫的浓度征税，以此减少煤炭使用量，降低环境污染。另外，企业和消费者对饮料包装袋、塑料容器等塑料制品不注重循环利用造成资源浪费的，政府对其征收固体废弃物处理税。为了应对每年大量产生的塑料袋，美国还开征了塑料袋使用税。

在税收优惠政策方面，美国采用多种形式来鼓励企业和消费者保护环境。如直接抵扣税费、加速折旧、投资税费抵扣等方式。对有利于环保的新技术、新产品，政府会给予一定优惠，减免企业所得税；对于回收利用设备的行为，只要符合规定，就可以免征销售税；对环境有益的债券、建设救援款项等也能够进行税前扣除。美国政府将绿色税收收入分为两部分使用：一部分作为信托基金，由环保署统筹支配，用于垃圾清理方面；另一部分作为超级基金，是最大的环保专项基金，全部用于治理环境污染。

(二) 丹麦的绿色税制

从世界各国范围看，丹麦是最早开征能源税和改革环境税的国家之一。1993年，丹麦实施环境税收改革，成为欧盟第一个进行绿色税制改革的国家，之后逐步形成了比较成熟和完善的绿色税收体系。该体系由资源税体系和环境税体系构成。其中，资源税体系主要以能源税为主，环境税体系主要包括二氧化硫税、一次性使用餐具税以及自来水税等。丹麦在1996年就开征了二氧化硫税，征税方式分为两种：一种是依照二氧化硫实际排放量；另一种是根据所使用燃料的含硫量。对二氧化硫征税，使主要以含硫燃料进行生产的企业税收成本有所增加，从而减少使用含硫能源，积极寻找环保能源作为替代品，改进生产技术。一次性使用餐具税的前身是对塑料制品和其所含的有害化学物质征税。后来经过改革，统一确定为一次性使用餐具税，按商品批发价的1/3征收。众所周知，在我们生活中，过度使用及随意处置塑料垃圾、一次性餐具等不可降解产品非常普遍，产生的危害会严重影响民众的生存环境。因此，该税种倡导人们减少使用塑料垃圾、一次性餐具，积极使用可循环、可重复利用的产品，对生态环境保护起到非常重要的作用。此外，对于能源税而言，丹麦采用了较高税率。只要使用天然气、液化石油气和燃料油就必须缴纳税收。而自来水税的征收是为了使人们意识到自来水是一种比较稀缺的自然资源，消费自来水就需要支付一定的税收，以此引导人们节制用水，珍惜水资源，减少浪费和污水排放量。这个税收由自来水公司代收，一定程度上也减少了征管成本。

（三）日本的绿色税制

日本作为一个岛国，地域面积狭小、资源匮乏，但其所消耗的资源能源却很大。因此，日本一直非常注重环保，国民也都积极参与环境保护、资源节约的行动。日本政府在污染防治方面做出了许多努力，出台了大量政策。随着日本经济的持续发展，其二氧化碳排放总量一直急剧上升，原因来自工商业排放和家庭排放。一方面，日本的发电主要是火电，火电依靠大量燃煤来支撑，从而二氧化碳产生较多；另一方面，日本的汽车、船舶数量近年来猛增，其排放的二氧化碳的浓度也迅速增加。基于此，为了提高环境质量，遵从可持续发展的原则，日本政府提出"碳税计划"，没有开征新税种，只是增加了资源税类的税收。为了降低税收对经济发展的影响，政府采取循序渐进的方式，逐步提高税率，从而使二氧化碳的排放量得到控制。

另外，日本政府还采取许多税收优惠措施。对于可以提高能源利用率的设备，除了免除折旧税以外，还可以加计30%的特别折旧；对可以减少空气污染、水污染和噪音的设备，减征所得税和固定资源税；能够防治污染和回收资源的设备在计提折旧时可以减按成本的30%计提。可见，日本对于环保设备采取了全面的优惠措施，目的在于尽量减少企业税收负担的同时，能够对企业进行约束和引导，通过税收控制措施，形成节能减排的经济发展模式，走上绿色发展的道路。

（四）对我国绿色税制的启示

发达国家在几十年的绿色税收制度实践中，不断地进行变革，总结成功经验，吸取失败教训，作出符合国家长远发展的科学决策。他们的做法产生了许多积极意义，其经验对我国构建和完善绿色税收制度具有重要的启示。

1. 绿色税收政策制定应立足本国国情

各国在经济发展过程中所面临的环境挑战都有其特殊性，因此，许多发达国家都是从本国的实际情况出发，通过对原有税制循序渐进的变革，把绿色税收有序地过渡到税制当中，使其在资源环境领域方面发挥重要作用。每个国家对于绿色税收的理解不同，没有统一的标准和固定模式，都是根据国家需求和现实情况来决定的，但最终目的都是为了达到保护本国资源和环境的目的。绿色税制变革大体上有两种方式：一种方式是像丹麦那样，为了保护生态环境和资源，基于资源与环境的现实情况和需求，将现有的税制重新组合；另一种方式是像美国、日本那样，并不重新组合，而是在原有制度的基础之上，开征所需要的新税种，并对具体税制进行改革和完善。我国的经济正处在高质量发展新阶段，绿色发展是我国当前和今后一个时期发展历程中的迫切要求。在这种背景下，我国现有税收制度的绿色改革和完善，必须进行全方位、多角度的考量，结合发达国家的经验教训以及我国的实际情况和需求，摸索出一条适合我国国情的绿色税收制度发展道路。

2. 绿色税制应"奖"与"惩"结合

绿色税收具有双重作用：一方面激励保护环境的经济活动，另一方面约束过度破坏资源环境的经济活动和产品。发达国家在进行原有税制绿色化改革的过程中，就运用了绿色税收的双重作用。通过对滥用资源能源和过度破坏生态环境的企业进行征税，约束企业的不良行为，使其承担相应的社会责任。同时，对从事有关环境保护的经营活动，进行税收优惠条件的奖励，以此来激发企业的创造力，促使其积极创新技术、改变生产方式，真正做到治理与激励相结合。我国现行的绿色税收的优惠，相比其他国家，内容较少，针对性不够，对保护生态环境产生的效果还不够明显，这也是我国在完善绿色税收制度中的一个现实课题。要尽可能地把环境保护融入每个税种当中，使绿色税收的作用能够有效发挥，税收优惠激励效果能够更加显著，实现更高质量的绿色发展。

3. 绿色税收收入应专款专用

当环境被污染破坏时，即使绿色税收制度不能完全有效约束，绿色税收收入专款专用制度可以立即启动，提供资金，开展环境治理。生态环境是公共产品，无论谁污染了环境，都需要缴纳绿色税收，把这部分绿色税收作为专门治理污染的资金，不仅不会减少其他方面的收入，而且恰好可以用在全体民众的共同利益上。针对绿色税收，要建立完备的专款专用制度，严格执行专款专用路径，如污染防治、环境问题治理、环境破坏弥补等方面。只有严格执行这一制度，才能为环境管理获取牢靠稳固的资金。当前，我国绿色税收制度中的税种收入也应坚持专款专用，当国家资金缺乏，而环境治理急需时，绿色税收的"专款专用"就能立即弥补缺口，为生态环境治理提供可靠的资金来源。

四、我国现行绿色税制存在的主要问题

自环境保护税立法迈出全面深化改革序幕中"落实税收法定原则"的第一步后，烟叶税法、耕地占用税法、资源税法相继施行，我国现已形成以环境保护税、资源税、耕地占用税为重点，以车船税、烟叶税和其他税种绿色化政策相配合，涵盖资源开采、生产、流通、消费、排放五个环节的绿色税收体系。绿色税收虽然对我国资源节约与环境保护起到了一定的作用，但与我国现行经济发展水平相比，还存在一些问题，主要体现在以下几个方面：

（一）环境保护税仍需完善

环境保护税法虽然已在我国开始施行，但基本上是"平移"了以前的排污费制度，一定程度上抑制了绿色税种应该发挥的有效作用。亟待完善的主要体现在以下两个方面：一是征收范围较窄。例如，我国环境保护税目前主要对税法中规定的四类污染物（大气污染物、水污染物、噪声、固体废物）征税，伴随着我国经济高速发展，二氧化碳排放量逐步上升，已经成为世界二氧化碳排放大国之一，面对严峻的形势，我国却并没有将二氧化碳纳入征税范围。同时，在现实生活中，也存在大量污染生态环境的行为和高能源耗费的产品，这些也需要被囊括其中。二是征收税率设置较低。从一定意义上讲，环境保护税对污染的规制效果，往往取决于污染物排放企业污染治理成本与环境保护税税额之间的差额。如果环境保护税税额高于企业的治理成本，就能有效约束污染物排放。反之，如果环境保护税税额低于甚至较大幅度低于企业污染治理成本，企业便会选择缴纳环境保护税而弱化污染治理动机。在这种情形下，环境保护税对企业而言，就相当于购买了"排污权"。这样，也就无法形成有效的约束，充分发挥对企业污染排放的规制作用。在开征环

境保护税时，我国为了让纳税人更易于接受制度的变更，也考量到企业所要承担的税负，环境保护税只是在原来排污费制度基础上整体平移。其税率整体没有改变，因而一定程度上影响了环境保护税对企业排污行为的规制作用。

(二) 现行绿色税种环保职能作用不够强

在我国现行绿色税收制度体系中，大部分税种的设置目的是增加国家财政收入和调控国家宏观经济。虽然像资源税、消费税、车船税等税种具有保护环境、节约资源的职能作用，且政府也一直在不断完善相关规定使其绿色化，但这仅仅是一种附加职能，并没有从保护环境和节约资源的角度来全面考虑相应条款的制定，对环境保护的调节力度上，"绿色"还是没有完全到位。从资源税看，其征税范围不够宽泛。现行征收资源税的只是矿产品、固体盐、液体盐，还有很多其他资源没有纳入征税范围。此外，水资源税征税还没有推广到全国，一定程度上影响了水资源的保护进度。再从消费税的视角看，部分应税对象适用税率较低，在绿色方面的作用有限。以一次性木制筷子为例，其消费税税率仅仅为5%，最终所要承担的税负很低。没有通过提高生产成本来阻止生产者大量生产，也就无法实现保护森林树木这些绿色资源的初衷，更没有使消费者意识到自身行为习惯造成的危害，最终导致环保效果有限。另外，消费税征税范围也还不够广泛。如造成"白色污染"的塑料制品、含磷化肥等，没有纳入消费税之中，也影响了消费税环保导向的应有效果。

(三) 绿色税收政策优惠力度还不够

现有绿色税种中的优惠措施缺乏长期性、系统性和针对性，大部分优惠政策存在不规范、时间节点的限制，而且，这些优惠政策大多是对企业直接减免，很少采用如抵免投资额、加速计提折旧、财政返还、转移支付等间接方式。有关促进节能、节水、合理利用资源、保护环境等方面的优惠政策，只在增值税、企业所得税中加以体现还远远不够，应该覆盖得更加广泛，使更多企业都能享受绿色税收优惠。以企业所得税为例，其减税、免税措施还有待进一步加强。我国现有企业所得税法中，对于环境保护、资源节约等方面的减征、免征税收措施比较分散，尚未形成有机的统一体；部分规定不够清晰明确，有些只是高度概括性的条款，具体解释不够精准使得企业在实际操作中就会觉得花费大量成本不划算，相应的也不会特别重视。这造成优惠措施调节力度较弱，不利于我国绿色税收制度的整体系统构建。另外，有的优惠政策对绿色税收存在中伤。增值税对农药、农膜有相应的免税政策，其出发点是为了更好地惠农，惠及民生。但从环境角度考虑，一些农药毒性很大，喷洒之后对空气、土地都会产生诸多长期危害。还有一些农膜是塑料制品，其成分难以降解，不仅会造成白色垃圾污染，还会对水资源造成污染。

五、完善我国现行绿色税制的建议

（一）完善环境保护税

1. 扩大环境保护税征收范围

要把大量污染生态环境的行为以及高耗能的产品纳入环境保护税的征收范围。如生活垃圾、二氧化碳等。以生活垃圾为例，借助垃圾分类的开展，从而对生活垃圾征收环境保护税。以垃圾的重量为计税依据，并且可以依据垃圾的类别设置差别税率，同时将垃圾税收收入投资于垃圾分类研究开发上。这不仅可以在源头上解决垃圾污染问题，还可以为以后的专项治理提供资金保障。

2. 调整环境保护税税率

我国环境保护税的税率水平以原来的排污费为基础，从一定程度上讲，已经无法实现激励企业治理污染的立法初衷。建议在坚持"多排多征、少排少征，不排不征"的原则下，设置阶梯累进税率，企业污染物排放越多，所适用的税率越高，承担的税负越重，从而倒逼高污染企业减少污染物排放量，降低污染物排放浓度。

3. 完善环境保护税收激励政策

环境保护税的征收目的主要是保护环境、治理污染。我国应对节能减排的企业进行政策倾斜，支持企业使用新能源、清洁能源进行生产，带动产业结构转型，激励企业进行技术创新、产品新功能的研发。为此，可优先考虑表彰和奖励运用清洁技术和升级设备的企业，如免除一段时间的环境保护税，允许环保设备加计扣除或对其进行一定比例的税收返还等措施。

4. 开征碳税

目前，许多国家都开征了碳税，我国作为二氧化碳排放量大国，从长远发展看，应将二氧化碳作为征税对象，从而减少二氧化碳排放。在实际的操作中，由于我国核心技术相对短缺，税收征管水平有待提升，在规定计税依据时，要考虑实际情况、技术是否可行。从我国现行国情看，建议以能源燃料的含碳量为计税依据来征收碳税。而税率的考量，应兼顾生产成本、对经济社会影响以及环境承载能力，根据能源燃料的含碳量不同，设计差别税率。

（二）推动其他税种绿色转型

1. 资源税的绿化调整

一是要扩大征税范围。为了减少资源能源的滥用，应扩大资源税的征收范围。如将森林、草场、滩涂等纳入征税范围，尽快将水资源征收范围从试点省份扩展至全国范围。二是提高资源税税率。目前，我国的人均资源匮乏，现有资源税的税率水平是比较低的。对于战略资源、稀缺资源、开采资源对环境危害较大的都应考虑相应提高税率。

2. 充分发挥消费税绿色职能作用

消费税是否应发挥绿色职能作用，这个问题一直存在争议。本文认为，绿色税收发挥的作用应体现在各个方面、各个环节，才能确保所有领域、环节协同共进。因此，消费税应该发挥绿色职能作用，为环境保护贡献一份力量。一是扩大征税范围。对高污染产品、损害环境的产品征收消费税，如塑料制品、电子产品、含磷洗涤剂、造成重污染的农药农膜等。同时，可以考虑提高一些税目的税率，如一次性筷子、实木地板。二是调整纳税方式。可以考虑将纳税方式设定为价外税，通过在高污染的产品上表明价格和所要承担的税负，让消费者清晰地认识到其中的税收比重，引导消费者减少对高污染产品的购买，从而选择绿色产品。

（三）进一步发挥税收优惠激励作用

为了进一步鼓励企业转变生产方式，扩大绿色生产规模，除了原有的优惠方式外，还应该充分利用投资额减免、即征即退、差别征税、税收返还等多种形式的税收优惠方式，从而支持和鼓励企业循环利用资源、研究开发新环保技术进行污染防治、使用低耗能低污染的新能源等环保行为。主要体现在以下两个方面：一是扩大税收优惠范围。企业使用环保设备允许当年100%税前扣除或加计计提折旧。二是加大税收优惠力度。可依据不同行业性质以及企业实施环保行动的力度实行差异税率。同时，应对现行税制中不利于保护生态环境的优惠政策进行整合优化，如增值税中规定对农药、农膜、化肥的优惠政策及企业所得税中高污染小微企业同样可以享受到税收优惠政策等。针对以上会对大气、土壤、水资源造成严重污染的行为应该取消其所能享受优惠政策的条件。

税收促进新发展格局构建的作用机理及政策取向

王伟域*

2020年，在全球经济增长乏力、贸易与投资遭遇"逆全球化"波折、多边主义受到冲击，以及突如其来的新冠肺炎疫情全球大流行的叠加影响之下，我国政府为了应对外部环境的重大转变，积极倡导全球经济多边合作，坚持深化供给侧结构性改革，发挥国内超大规模市场优势，提出了加速构建以国内大循环为主体、国内国际双循环相互促进的新发展格局（以下简称新发展格局）。推动形成新发展格局，是适应国内外政治经济发展环境变化作出的战略性决策，也是"十四五"时期我国进入新发展阶段进一步深化改革及经济转型的重要战略布局。税收作为调控国民经济、调节收入分配的重要杠杆，必须以服务新发展格局为着力点，在促进新发展格局的构建中发挥积极作用。

一、税收是促进新发展格局构建的重要力量

构建新发展格局是我国的主动作为和长期性战略，是我国在寻求实现工业化过程中基于国内经济条件和国际经济环境决定的，是马克思主义经济循环和社会再生产理论在当代中国实践中创新发展的最新成果。税收作为国家参与社会财富分配的重要方式，作用于生产、分配、流通、消费各个领域，关联并影响社会经济生活的方方面面，正确地认识和处理好新发展格局下税收与经济的相互关系，有助于充分发挥税收职能作用，推动加快构建新发展格局。

马克思主义的税收经济思想认为，税收与经济之间是一对相互依存、相

---

* 王伟域，国家税务总局税务干部学院科研所研究员、管理学博士，中国财政学会理事。

互促进的辩证关系，即经济决定税收，税收影响经济。在新发展格局背景下，经济决定税收的依据主要源于三个方面：一是生产资料所有制的性质决定税收分配的性质。新发展格局可以看作为我国经济发展的一个演进阶段，但并没有改变我国现有的所有制结构，这就决定了新发展格局下我国税收分配的社会主义性质不变，但分配关系、分配形式可以是多样化的。二是经济结构决定税收分配结构。新发展格局下的经济结构，无论是经济成分结构、产业结构还是生产组织方式都会对税收分配结构起决定性作用。三是经济发展决定税收的规模和质量。新发展格局下科技创新要素推动生产力发展水平不断提高，进而促进税收收入规模扩大；同时，扩大内需提升消费能力、缩小居民收入差距、优化经济结构促进税收收入质量明显提升。特别是，数字经济深入"双循环"的各个环节，为经济社会发展注入新动力，① 使税收收入质量越来越高，成为构建新发展格局的重要动力源。从税收影响经济方面看，主要体现为：一是税负影响新发展格局下社会再生产规模和发展速度；二是税收分配结构影响新发展格局经济结构；三是税收分配质效影响新发展格局下的经济发展质量。总之，新发展格局决定着税收，税收亦影响于新发展格局，并有助于促进新发展格局构建。②

在构建新发展格局中，我国将集中力量办好自己的事，立足于发挥国内超大规模市场优势和内需潜力这一战略基点，充分依靠更深层次改革、更高水平开放、更有质量创新，通过繁荣国内经济带动世界经济的复苏。同时，特别强调要把新发展理念和总体国家安全观有机结合起来，以高度的智慧统筹发展和安全，做好应对任何情况下和任何形式的矛盾风险挑战的准备。

新发展格局重要战略的实施，对全方位推进税收改革与发展提出了要求。在促进新发展格局构建中，税收作为国家宏观调控的重要工具，可以运用制度、政策及征管等作用，充分地实现其职能目标。在内循环方面，可以通过税收制度和税收政策的导向作用，引导市场主体积极投身供给侧结构性改革，加快发展壮大。例如，2020年税务部门积极参与国家7批28项税费优惠政策

---

① 《中华人民共和国2019年国民经济和社会发展统计公报》显示，我国数字经济规模已经排名世界第二，数字经济占我国2019年GDP的30%，通过数字平台售出商品85239亿元，比上年增长19.5%，占社会消费品零售总额的比重为20.7%，比上年增长3.2%。参见：国家统计局. 中华人民共和国2019年国民经济和社会发展统计公报 [EB/OL]. （2020-02-28）[2020-12-28]. http://www.stats.gov.cn/tjsj/xfb/202002/t20200228_1728913.html.

② 陈文裕. 税收与新发展格局的辩证关系 [J]. 海峡税务，2020（10）：34-35.

及地方优惠政策制定,以最快速度、最高效率确保政策红利直达市场主体,全年新增减税降费超过2.5万亿元。为399万户纳税人办理延期缴纳税款292亿元,为我国率先复工复产、率先实现经济增长由负转正发挥了重要作用。① 引导企业积极顺应消费升级趋势,满足多样化消费需求,提供高品质产品、创意产品和优质服务,不断培育和壮大新型消费;引领企业和投资更加注重以科技创新投入提升核心竞争力,更加注重抢占战略性新兴产业的制高点,构筑未来竞争优势。在外循环方面,一方面,运用区域税收政策,助力国内各区域间相互开放,以带动我国现代化产业集群及区域经济协同发展。目前,我国最重要的战略部署是18个自贸区(港),遍及全国的不同区域,其中海南自贸港的政策是最为优惠及吸引投资者的,包括零关税、15%低税率的企业所得税、最高15%税负的个人所得税等,带来了海南投资热情的显著提升。另一方面,积极参与国际税收合作,以构建多边税收合作关系包括包容性增长框架、"一带一路"税收合作等,促进多边合作的开放。此外,税务部门还可以通过职能作用积极扫除影响构建新发展格局的体制机制性障碍,消除各类市场壁垒,畅通市场要素流通环节,补齐补强产业链,帮助企业转型升级,着力营造良好的税收营商环境,合理扩大投资规模,加快5G网络、数据中心等新基建建设,抓紧对战略性新兴产业的布局,形成新发展动能。

更为重要的是,构建新发展格局的根本出发点和归宿在于维系经济安全,在经济安全项下,诸如产业链安全、供应链安全、能源安全、粮食安全、食品安全、药品安全、金融安全、财政安全等已经提及或未被提及的安全线索,并非平行关系。在它们之中,财政安全最为重要。② 税收是财政收入的重要来源,如果税收安全出了问题,显然财政安全便无从谈起。因此,在促进新发展格局构建的进程中,必须高度重视税收安全问题,把税收安全作为对财政安全的更高要求,放在与经济安全和经济发展同一平台上加以考量。

二、税收促进新发展格局构建的作用机理

新发展格局是开放的国内国际双循环,是我国顺应经济发展历史规律,加快迈向高质量发展的强国方针。从经济学意义上看,国内大循环是指生产、

---

① 2020年新增减税降费超2.5万亿元 有效帮助广大市场主体减轻负担 [EB/OL]. (2021-01-09) [2021-02-01]. http://www.chinadevelopment.com.cn/news/zj/2021/01/1711899.shtml.
② 高培勇. 构建新发展格局背景下的财政安全考量 [J]. 经济纵横, 2020 (10): 22-27.

交换、分配和消费的经济循环过程全部发生在国境之内,没有国外的经济要素参与其中。现实中,只有国内经济循环是很少或不存在的。在每一个国家的国民经济循环过程中,都不同程度地有境外的经济要素参与,具体表现为一国经济中产品与服务的出口和进口活动。客观地讲,国内大循环是以满足国内需求为目标,以国内分工体系和市场体系为载体,以国际分工和国际市场为补充和支持,以国民经济循环顺畅、国内分工不断深化、国家技术水平不断进步为内生动力的经济循环体系。国际大循环是全球范围内的大循环,是以国际分工和国际市场为基础,以国际产业链和价值链为依托,以国际贸易、国际投资和国际金融为主要表现形式,各经济体基于比较优势相互竞争、相互依存的经济循环体系。税收促进新发展格局,需要把握新发展格局的经济逻辑,努力从促进国内消费需求、打通经济循环障碍和堵点、畅通国际循环等方面发挥职能优势,寻求破题之道。

(一) 立足国内大循环,增强经济循环的内生动力

税收促进国内大循环,应从生产、流通、分配、消费环节出发,打通梗阻,畅通内循环,促进形成强大国内市场。在生产环节,重点是通过税制创新助力供给侧结构性改革。由于总供给主要来自企业的生产经营活动,而企业生产活动又取决于土地、资本、劳动、数据等要素的投入和技术的进步以及管理效率的提升,因此,可通过减少税收对生产价格的扭曲(如降低增值税税率与合并税率档次等)来引导要素的合理配置,通过降低企业的生产成本(如降低企业所得税税率和社会保险费综合费率等)来提高要素的回报率,以及施行以技术进步为导向的税收激励机制,激发企业部门的创新潜能,提高供给效率。在流通环节,通过统筹运用各类税收手段(如改善间接税比重过大并提高直接税比重),降低商品和服务交易成本和流通成本,特别是减轻贸易流通环节中的物流仓储、交通运输、网络连接、信息服务、结算清算等成本。在分配环节,需要着力运用税收分配手段平衡好国民经济各部门之间的收入分配关系。税收作为优化政府部门、企业部门、居民部门之间收入分配格局的分配手段,政府征税可看作对企业部门收入和居民部门收入的强制无偿分配,在社会总收入不变的前提下,税收收入增加时,企业部门收入和居民部门收入就会相应地减少;反之亦然。当前,我国采取了大规模减税降费方式降低企业部门税费负担,就是优化政府部门、企业部门和居民部门之间收入分配的一种重要方式。在此过程中,虽然减税降费给政府部门带来了很大的减收压力,但为了平衡部门间的收入分配关系,除了压缩政府部门的

经常性支出外,还需要以适当的结构性增税(如适当提高自然人税收比重)来缓解政府减收压力。例如,加强对高收入高净值群体个人所得税的监管,可以在一定程度上达到改善收入分配目的。在消费环节,重点是优化地方税收激励导向作用,推动经济发展方式向消费驱动模式转变。从税制角度看,刺激社会消费的一个重要着力点在于依照消费地管辖权原则改革货物与劳务税(如对部分消费税税目改在零售环节征收),夯实地方税收基础,为消费注入内生动力。①

(二)打通经济循环"堵点"、补齐"断点",夯实双循环基础

新发展格局的重点不是简单的扩大内需,而是聚焦内需,着重进行供给侧结构性改革。消除供给侧的各种梗阻,使产业链、供应链、创新链能够更好更高效地循环,以生产激发循环动力,畅通并巩固国内大循环,凝聚发展新动能,实现供给侧和需求侧同步扩张和高质量发展。② 目前,在推动形成新发展格局的过程中,供需错配与城乡流通壁垒,是阻塞国内经济大循环的"堵点"。同时,由于我国科技创新体系仍存在基础科学研究短板突出、关键核心技术受制于人、科技成果转化渠道不畅、统筹协调机制不健全等问题,加之新冠肺炎疫情的叠加影响,造成了产业链转移的"断链"风险和中美博弈的"断供"风险,是影响双循环的"断点"。

无论是经济循环中的"堵点"还是"断点",都可以从经济学理论上去解读。供给学派认为,市场的需求是由商品的供给决定的,当市场上商品供不应求时,企业就会加快生产,商品就会越来越多。当企业家的资本积累越来越多时,就会形成固有的利益阶级,掌握大量的资本,企业家作为理性的经济人将会追逐更多的资本积累,因此,在商品供不应求时就会进一步扩大投入,提高商品产能。与此同时,劳动者的工资收入并没有大幅提升,假若在没有政策干预下,市场自发出清的功能会使商品价格不断下降,企业逐渐亏损,企业只能选择降低产能并且进行裁员导致中产阶级数量下降,居民个人消费支出减少,对商品的需求下滑,经济如此循环往复,并陷入恶性循环当中,逐利的资本逐渐走向湮灭。可见,市场出清的结果就是通货紧缩,商品价格下降,居民消费需求降低,最后的结果是所有的

---

① 洪江. 税收支持构建国内国际双循环新发展格局的机理分析[J]. 海峡税务, 2020 (10): 36-38.
② 樊纲, 郑宇劼, 曹钟雄. 双循环:构建"十四五"新发展格局[M]. 北京:中信出版集团, 2021: 68.

人会回到同一起跑线并且等待下一次经济复苏。凯恩斯主义出现后，这种僵局被打破。凯恩斯主义认为，需求决定供给，有多大需求，社会才应提供多大供给，在政府支出上应该增加财政预算，通过刺激财政支出化解经济危机。不过这种观点也存在一个问题：人们进行借贷消费时，债务到期就需要偿还，不仅需要偿还本金，还需要偿还利息，当社会债务规模达到一定程度时就会产生明斯基时刻。① 上述的分析尽管是假定在封闭的经济体系内，但对于经济贸易全球化时代其蕴含的经济学理论仍不乏启迪和指导作用。税收支持新发展格局下国内大循环就是要从打通"堵点"和补齐"断点"上下功夫，应从供给和需求两侧（供给侧着重引导优化资源配置、需求侧着重实现消费升级）同时发力，特别是，要面向科技创新和关键核心技术突破上提供税收政策供给，打破科技创新梗阻，助力实现关键生产链条的突破，为双循环筑牢基础。

（三）坚持双向开放，推动国内国际双循环

习近平总书记指出："要以畅通国民经济循环为主构建新发展格局，推动形成以国内大循环为主体、国内国际双循环相互促进的新发展格局是根据我国发展阶段、环境、条件变化提出来的，是重塑我国国际合作和竞争新优势的战略抉择。②" 这表明，新发展格局的形成是以国内大循环为主体并作为战略基点的，这是由我国的国情和大国经济发展规律来决定的，并不意味着不重视对外开放，也不意味着要挤压或放弃国际大循环，而是通过立足国内大循环的畅通，以国内分工和技术创新的发展推动国际分工和国际技术创新的发展，在更高水平上融入国际经济循环体系之中。

经济内循环在本质上要求扩大内需，要求居民部门将储蓄的资金购买本国的产能，并且持续形成旺盛的市场消费能力。国内生产总值（GDP）表示一个经济体内所有商品和劳务的总和，通常用货币进行衡量，当因产能过剩导致商品价格下降一半时，消费对 GDP 的贡献度将下降一半，企业无法实现盈利只能进行裁员，这又会减少居民部门的消费支出，最后导致恶性循环。此时，通过经济外循环可以避免经济危机。因为经济外循环模式下，内需不足并不会像封闭式经济体系那样产生危机，其经济的增长更

---

① 陆岷峰，徐阳洋. 经济双循环背景下中小企业的机遇、挑战与成长的着力点 [J]. 西南金融，2021（1）：34-36.
② 习近平在经济社会领域专家座谈会上的讲话 [EB/OL]. (2020-08-23) [2021-01-12]. http://cpc.people.com.cn/n1/2020/0825/c64094-31835136.html.

多依赖世界的需求,20世纪70、80年代的日本就是最典型的外循环国家。但是,外循环经济的弊端也十分明显。在国际贸易中,其主动权通常掌握在贸易规则制定方,外循环经济国家常常因为缺乏核心科技而被贸易规则制定者制裁,如技术封锁、科技禁运、企业制裁等。特别是当世界经济出现危机或者出现动荡时,世界整体消费能力下降,很难通过外部市场的消耗解决国内产能过剩问题,商品输出能力下降,产能过剩,此时经济外循环的模式难以持续,这就需要一种更深层次的扩大内需的探索。在当前逆全球化的背景下,从我国的大国现实国情出发,我们仍然需要坚持对外开放的基本国策,要更加积极主动地坚持双向开放,推动国内国际双循环,建设更高水平的开放型经济体系。税务部门作为在国家治理中发挥着基础性、支柱性、保障性作用的重要经济管理部门,应当加强统筹协调,充分利用税收宏观调控作用的优势,助力国内国际双循环一盘棋、相互助益。一方面,助力加大国内各区域间相互开放力度,通过发挥自贸区(港)在带动其他区域参与"外循环"中的作用,加快形成于我有利的国际经济大循环格局;另一方面,助力扩大多边合作关系,通过积极参与国际税收合作,加大构建包容性国际税收协调框架等,增强我国的话语权,培育新形势下我国参与国际合作和竞争的新优势。

三、税收促进新发展格局构建的政策取向

推动新发展格局构建,是未来一段时期经济发展的首要任务,也是"十四五"时期税收改革发展的着力点。在此过程中,要深刻地认识到税收在促进新发展格局构建中的重要地位和作用,遵循新时代税收与新发展格局相互关系的作用机理,积极发挥税收的政策调控和促进有效市场机制形成的职能作用,更好地推进我国经济行稳致远。

(一)内循环方面

促进国内大循环的税收政策取向,应循着供需双向发力的思路,在供给方面,按照从生产领域加强优质供给、减少无效供给、扩大有效供给,使供给体系更好适应需求结构变化的要求,其着力点应放在促进生产要素充分流动、减轻生产环节税负、推动制造业高质量发展。在需求方面,按照持续释放内需潜力,充分发挥消费的基础作用、投资的关键作用,其着力点在于通过降低个人所得税等直接税负担,以增加居民的可支配收入来促进消费增长和消费升级;同时,通过降低流转税负担促进稳定就业激励机制,增加农民

财产性收入来缩小城乡差距等。

1. 从促进生产要素充分流动上讲，短期内应简并增值税税率，打通增值税抵扣链条

有关资料显示，"十三五"时期，我国新办民营涉税市场主体5600万户，占比超9成，且占比逐年递增，在稳就业、保就业方面发挥了重要作用。[①] 且目前大多数中小企业和个体户以从事劳动密集型行业为主，降低劳动力成本可以获得更大的就业激励、提供更多的就业机会。由于现行增值税税率存在多档税率情况，上下游企业之间的税率不一致，导致企业间的增值税抵扣链条断裂，从而制约了产业分工细化和协作。为此，建议加快推进增值税税率简并，实现全产业链条的抵扣，更符合新发展格局下产品和生产要素流动的目标要求。同时，还应当根据行业性质科学划分和调整纳税人类型，完善一般纳税人与小规模纳税人的抵扣衔接。例如，可将生产制造产业链的小工厂和小批发企业纳入一般纳税人范围，减少其与一般纳税人之间的税率差异。

另外，从扩大国内市场需求角度，应进一步调整流转税税率，在逐步降低各类基本生活必需品流转税税率的同时，还要促进中高端消费品国内外流转税税率的统一衔接，实现中高档商品的国内外税率统一，以促进消费回流，扩大国内消费需求。

2. 从促进内需潜力上讲，既要切实降低流转税负担，还要进一步降低个人所得税负担、提升居民消费能力，并稳步推进税制改革，完善税收对个人财产分配制度，补齐国内大循环短板

一是解决好留抵税额过大问题，切实落实好以制造业为重点的减税降费。当前，影响我国经济转型发展的一大税制障碍是留抵退税规模过大问题。据不完全统计，2019年底留抵税额存量已过万亿元且呈进一步增长态势。[②] 这种大规模的留抵税额主要集中在制造业，使本来不堪税负的实体经济因资金占用问题而"雪上加霜"，产生了极为严重的税收负激励效应，不仅很大程度上对冲了营改增后的减税红利，而且提高了企业杠杆率，增加了企业融资成本，与当前深化供给侧结构改革方向相悖。在新发展格局下，加快制造业与科技型企业的发展，迫切需要进一步优化增值税留抵退税机制。其政策改革的总原则是，严格落实增值税留抵退税政策，放宽增值税留抵退税的条件，

---

① 何乐. "十三五"：新办涉税市场主体5745万户[N]. 中国税务报，2021-01-05（1）.
② 陈文裕. 税收与新发展格局的辨证关系[J]. 海峡税务，2020（10）：34-35.

逐渐扩大退税范围。同时，还应在完善增值税留抵退税机制上进行积极有效地探索。比如，在现行中央与地方"五五分担"的基础上，继续调整完善留抵退税分担机制，在部分财力紧张和经济落后地区探索建立上级财政留抵退税制补偿机制。

二是深化消费税改革，引导地方改善消费环境。消费税一直被认为是调节消费市场的利器，也是缓解地方财政收入压力的重要途径。通过后移消费税征收环节，将部分在生产环节征收的消费税品目逐步后移至批发或零售环节征收，不仅可以拓展地方财政收入来源，引导地方改善消费环境，而且符合新发展格局下的扩大内需的战略抉择。这应当成为"十四五"时期消费税改革的重要方向。同时，还应适当扩展消费税的征收范围。比如，将一些高档服务业和现代服务业以及一些网络消费纳入消费税。这既符合税基结构发展变迁的总体趋势，也是完善税制体系、提升税制公平性的重要举措。

三是加快推进个人所得税综合改革，提升居民消费能力。通过发挥个人所得税调节收入分配职能，将高收入群体纳入主体征收范围，降低广大工薪阶层税收负担，释放出更多收入以扩大内需。一方面，降低个人所得税税率，刺激个人消费。按国际惯例，个人所得税税率应低于或等于企业所得税税率，随着企业所得税税率逐步下降，个人所得税最高边际税率与相应的级次税率也应下调。另一方面，完善个人所得税基本减除费用的动态调整机制，缩小收入差距。以各地物价、收入水平为基础计算居民的基本生活开支，形成因地而异的动态专项附加扣除标准，促进居民收入提升，释放内需潜力。此外，还要考虑对高端人才的税收政策激励，加大科研人才个人所得税优惠力度。比如，降低高精尖领军科技人才个人所得税边际税率，实行特殊的优惠税率；提高科技成果转化中股权转让收入税收优惠，并降低科技成果转化收益的个人所得税边际税率，提高科研人才科技成果转化给自身带来的实际收益。

3. 全面落实重大改革措施中涉及财产性收入税收优惠，增加农民财产性收入，以缩小城乡差距，补齐国内大循环短板

特别是从促进房住不炒和共同富裕角度讲，应加快建立房住不炒、居者有其屋的房地产财税制度。一个可以探索的办法是，设立由税务部门主管和相关部门及全社会共同监督的房地产"资金池"，实行"由业主依市场评估据实报价、税务按价征税、涨价归公、跌价从资金池补贴"的解决机制，从而根本上实现平均地权、平抑房价、平衡财富、改善民生之目的。

(二) 外循环方面

虽然我国的外向型经济因疫情受到了较大的冲击,但是我国改革开放的战略是不变的。同时,从经济学理论上看,内循环的形成也依赖于外循环的畅通。我们要通过大力促进高水平的对外开放,寻求外循环更好的平衡点及共赢点,以促进我国经济发展以及世界的合作共赢。因此,在税收政策的取向上,我们既要立足服务于本国的对外开放,更要推动基于多边合作角度的开放,并以此推动构建更高层次的开放型经济。

(1) 在立足于本国的对外开放上,关键在于探索有利于对外开放新体制机制的税收政策支撑体系,不断总结经验形成模式,拓展对外开放深度和广度。

目前,我国最重要的战略部署是18个自贸区(港),对比这18个自贸区(港)的税收优惠政策,海南自贸港的政策是最为优惠及吸引投资者的。但是,除了海南自贸港之外,其他17个自由贸易试验区的税收优惠政策是十分有限的,缺乏全国统一的政策,主要以地方财政补贴为主。应该看到,自贸区(港)的主要功能在于贸易便利、制度创新,但不能仅仅因为避免成为税收洼地而局限外循环发展中税收政策所能发挥的积极效应,应该通过给予相对统一的税收优惠政策,进一步发挥自贸区(港)在外循环中的带动作用。

(2) 在基于多边合作角度的开放上,外循环应继续发挥我国参与世界多边合作的作用。

目前,我国已成为全球第二大经济体,我们理应密切关注全球税收发展动向,适应经济全球化和税制趋同化的形势,建立符合国际惯例、具有国际竞争力、税种整体协调、调节适度有效、权利义务规范的现代国际税收制度。同时,还要积极参与国际税收合作,增强我国的话语权,并从国际税收分配新规则中去寻求我国外循环经济发展更好的空间及环境,为包括我国在内的发展中国家尽力争取合法的税收权益,为我国与世界其他国家(地区)持续、平衡、包容性发展营造良好的税收环境。此外,还需要坚持高水平对外开放,以开放应对保护,以"拉钩"应对"脱钩",进一步深化关税改革,主动推动关税税率稳步下调,稳定全球贸易保护主义抬头背景下的产业链和供应链。

(三) 内外双循环相互促进方面

以国内大循环推动我国经济增长,并通过增加进口和对外投资带动世界经济复苏,推动国际经济大循环,形成国内国际双循环相互促进的新发展格局,进而推动我国经济高质量发展和建设开放型世界经济,是我国在新发展阶段针对当前国内外形势作出的战略选择，是符合世界经济发展的逻辑和规律，同时也是践行构建人类命运共同体的必然要求。在此过程中，要正确地处理好"有效市场"和"有为政府"的关系，既要发挥市场在资源配置中的决定性作用，又要重视发挥政府优化市场环境与营商环境的作用。① 因此，除了需要围绕内外双循环相互促进作出相应的税收政策调整外，还应当建立以新的基于规则制度等为重点建设的税收治理机制。

（1）完善出口退税管理程序，提升出口退税效率。

针对出口企业发展中存在的问题，要进一步简化出口退税审批程序，加快出口退税进度，帮助企业缓解资金压力。对由于特殊原因导致的收汇日期迟滞等问题，税务部门应在加强管理审核的基础上，探索完善延期收汇处理制度，帮助企业在特殊情况下合法享受出口退税政策，进一步保障和优化疫情冲击和贸易摩擦下出口企业的生存和发展环境。

（2）构建国内国际税收利益协调机制、税收利益分享机制、有序税收竞争机制和高质量税收实现机制，以培育新增长极和动力源拉动市场双循环，促进新型城镇化，推动城市群、都市圈一体化发展，提高经济潜在增长率和市场资源配置效率，促进区域经济协调发展和布局优化。

（3）以金税四期工程建设为载体，以稳妥实施发票电子化改革为重点，加快推进数据治税改革，着力对接创新创业市场双循环，促进大数据、人工智能、区块链、5G等科技创新成果和新技术迅速转化为生产力，推进数字化智能税收治理体系建设②，服务打通支撑双循环的全流程创新链条。同时，对接数字经济赋能市场双循环，推动数字技术产业化、传统产业数字化，提高产业链供应链的稳定性。

此外，要加快修订《税收征管法》和现行税收法律法规制度；进一步强化精确执法，增强税务执法的规范性统一性③，并持续不断地优化税务执法方式，既营造公平良好的税收环境，又确保国家税收安全。

---

① 王伟域. 推动有效市场和有为政府更好结合 [N]. 经济日报，2021-01-06（9）.
② 王伟域. 大数据运用与税收治理效能 [N]. 中国税务报，2020-12-23（7）.
③ 郭瑞轩. 带好队伍展现新气象 干好税务开拓新局面 高质量推进新发展阶段税收现代化 [N]. 中国税务报，2021-01-11（1）.

国际税收治理

GUO JI SHUI SHOU ZHI LI

发挥税收职能作用 服务高水平对外开放

姜跃生[*]

对外开放是我国的基本国策。以开放促改革、促发展，是我国现代化建设不断取得新成就的法宝。党的十八大以来，以习近平总书记为核心的党中央坚持实施更大范围、更宽领域、更深层次的对外开放，进一步促进了我国经济的高质量发展。近年来，西方主要国家民粹主义盛行、保护主义抬头，经济全球化遭遇逆流，新冠肺炎疫情使逆全球化更加明显。面对外部环境变化带来的新矛盾、新挑战，习近平总书记高瞻远瞩、掌舵定向、亲自部署，推出了一系列高水平对外开放的战略举措，使我们党对外开放的思想实现了新的飞跃。习近平总书记关于对外开放的一系列论述已成为习近平新时代中国特色社会主义理论的重要内容和最新发展。党的十九届五中全会通过的《中共中央关于制定国民经济和社会发展第十四个五年规划和二〇三五年远景目标的建议》（以下简称《建议》）关于实行高水平对外开放的论述是我们党对外开放思想最新成果的具体体现，需要认真学习和领会，结合税收工作的实际切实加以贯彻和落实。《建议》关于对外开放的论述主要在第十一部分即"实行高水平对外开放，开拓合作共赢新局面"部分。另外，第五部分中关于"如何以国内大循环吸引全球资源要素，促进内需和外需、进口和出口、引进外资和对外投资协调发展"的论述和第六部分中"加强国际宏观经济政策协调，搞好跨周期政策设计"的内容也是对外开放的重要方面，需要与第十一部分结合起来加以理解和领会。为了加深对《建议》中高水平对外开放论述的理解，本文围绕其要点，对党的十八大以来有关对外开放的论述进行了梳理和总结，并结合税收的职能作用，提出

---

[*] 姜跃生，国家税务总局江苏省税务局一级巡视员，国家税务总局税务干部学院高级研究员，中国国际税收研究会学术委员会副主任委员。

了进一步做好税收工作的建议。

一、围绕对外开放基本国策，提高税收服务大局的思想自觉

对外开放是党的基本路线的重要组成部分。党的十八大和十九大都强调，我国坚持对外开放的基本国策，开放的大门不会关闭，只会越开越大。在坚持以往对外开放基本论述的基础上，党的十八大以来，我们党对外开放的论述有以下新的发展和变化：一是实行高水平的对外开放。在更大范围、更宽领域、更深层次上提高开放型经济水平，推进全方位、全领域的全面开放，建设更高水平开放型经济新体制，培育国际经济合作和竞争的新优势。二是从历史发展规律的角度强调对外开放的必要性。2016年1月18日，习近平总书记在省部级主要领导干部学习贯彻党的十八届五中全会精神专题研讨班的讲话中指出："我国30多年来的发展成就得益于对外开放，一个国家能不能富强，一个民族能不能振兴，最重要的就是看这个国家、这个民族能不能顺应时代潮流，掌握历史前进的主动权。实践告诉我们要发展壮大，必须主动顺应经济全球化潮流，坚持对外开放，充分运用人类社会创造的先进科学技术成果和有益管理经验。"三是用推动建设开放型世界经济来推进和维护我国的对外开放。2013年9月5日，习近平总书记在二十国集团（G20）领导人峰会上强调要共同维护和发展开放型世界经济。2018年11月5日，习近平总书记在首届中国国际进口博览会的讲话中倡议共建创新包容的开放型世界经济。2020年7月21日，在企业家座谈会上，习近平总书记再次强调，我们要站在历史正确的一边，推动建设开放型世界经济。四是用人类命运共同体的论述来深化和拓宽我国对外开放的理论基础和思想自觉。

税收在国家治理中处于基础性、支柱性、保障性作用，具有组织收入、宏观调控、维护国家权益的职能，在吸引外资、促进对外投资、推动全球贸易与投资方面具有独特的作用。改革开放以来，涉外税制的建立和完善对推进对外开放作用显著。在开启全面建设社会主义现代化国家的新征程中，面对逆经济全球化的严峻挑战，首先，税务部门更应不忘初心、牢记使命，提升政治站位，自觉围绕习近平总书记和党中央推进对外开放的战略部署，竭心尽智，彰显税收的作用与力量。其次，税务部门要顺应我国已成为全球最大商品贸易出口国、第二大外资流入国和对外投资大国的新状况，借鉴国际通行做法，将我国的涉外税制和国际税收税制的指导思想从过去较为狭义的组织收入与维护国家权益调整为创造最优的税收环境，以提高我国企业的全球竞争力。再次，税务部门要按照《建议》完善现代税收制度的要求，深入分析G20国际税改方案和世界主要国家国际税收立法的新趋势，权衡利弊，先易后难，攻防有略，加快相关立法和制度建设步伐，尽快解决当前涉外税制中存在的资本输入税制较简单、资本输出税制较滞后、跨境个人管理空白多等问题，提升我国国际税收税制的竞争力和影响力。最后，税务部门要按照《建议》深化税收征管制度改革的要求，在尽量简化、优化税收规定和征管流程的基础上，实现数字办税、数字管税，推行税企双方的合作型遵从模式，培养有国际水准的国际税收队伍，减少企业的遵从成本。

二、围绕对外开放与其他经济目标的互动关系，提高税收服务经济的系统思维

对外开放涉及经济、社会生活的各个方面，是贯穿于《建议》所述各项主要经济目标的一条重要纽带。只有按照《建议》所倡导的系统观点，分析对外开放与这些经济目标的互动关系，税收服务于对外开放才能整体思考、系统设计、找准定位、细化落实。

对外开放与创新驱动。2016年5月30日，习近平总书记在全国科技创新大会上强调："科学技术是世界性、时代性的，发展科学技术必须具有全球视野、把握时代脉搏。"2020年9月11日，习近平总书记在科学家座谈会上再次强调："国际科技合作是大趋势，我们要更加主动地融入全球创新网络，在开放合作中提升自身科技创新能力。越是面临封锁打压，越不能自我封闭、自我隔绝，而是要实施更加开放包容、互惠共享的国际科技合作战略。"习近平总书记的指示为我们正确理解对外开放与创新驱动的互动关系指明了方向。无论是经济学界关于"贸易开放程度越高，通过投资和贸易所产生的技术溢出效应就越多"的实证结论，还是改革开放以来引进外资带来的技术溢出效应和技术转化成果，特别是华为等中国企业立足全球进行科技创新的成功经验，都说明实行高水平的对外开放是推动我国科技创新的必由之路。尤其是在西方有些国家搞技术打压的情况下，更要按习近平总书记的要求，咬定科技国际合作不放松，让企业在全球范围内配置科技资源、寻找合作伙伴、突破技术封锁。

对外开放与现代产业体系。现代产业体系的核心是实体经济，目的是推

动产业基础高级化、产业链现代化，提高经济质量效益和核心竞争力。2018年1月30日，习近平总书记在主持十九届中央政治局第三次集体学习时指出："要着力发展开放型经济，提高现代经济体系的国际竞争力"。现代产业体系同传统的产业体系相比，具有国际的开放性，国际分工生产的产品通常比国内分工生产的产品更有效率、更有竞争力。目前，500多种工业产品中，我国有220多个产品产量位居世界第一，但大多数处于产业链中低档，一些具有优势的产业中，核心零部件仍主要依靠外国。要改变这一状况，推动经济体系优化升级，离不开对外开放，离不开吸引外资：一是外资企业在我国许多行业中处于领先甚至标杆的地位，提升产业链、供应链现代化水平，外资企业应起到一定的引领作用；二是随着制造业的全面开放，投资新兴产业的外资企业具有一定的技术、品牌、管理优势，有利于带动上下游配套企业的聚集；三是随着服务业的进一步开放，外资在现代服务业的投资会越来越多；四是推动数字经济与实体经济深度融合，推动产业数字化方面，许多外资企业已走在前面。

对外开放与新发展格局。《建议》提出要加快构建以国内大循环为主体、国内国际双循环相互促进的新发展格局。2020年7月21日，习近平总书记在企业家座谈会上指出："以国内大循环为主体，绝不是关起门来封闭运行，而是通过发挥内部潜力，使国内市场和国际市场更好联通，更好利用国际国内两个市场、两种资源，实现更加强劲可持续的发展。"对外开放与新发展格局相互依存、良性互动。一是构建新发展格局是塑造我国国际经济合作和竞争新优势的战略抉择。在逆全球化趋势加剧的情况下，必须改变过去"两头在外"的"世界工厂"模式，在努力打通国际循环的同时，进一步畅通国内大循环，提升经济发展的自主性、可持续性。二是新发展格局的构建将成为推动我国高水平开放的独特优势。我国拥有全球最大最具潜力的市场，拥有全球最完整、规模最大的工业体系和完善的配套能力。市场是全球最稀缺的资源。近年来，在许多成本上涨的情况下，外资对我国的投资持续增长，外商投资企业的内销比重越来越大，充分说明了市场对吸引外资的重要作用。2019年，消费对经济增长的贡献率为57.8%，强大内需将为未来10~15年我国经济稳定增长打下基础。有人预测，未来5~10年我国对全球经济增长率的贡献将保持在25%~30%，我国内需市场的释放将拉动全球经济的增长。三是内需潜力的释放需要以高水平的开放来融入国际经济循环。

对外开放与深化改革。改革与开放如鸟之两翼。以开放促进改革是我们党推动现代化建设的成功经验。《建议》提出要激发各类市场主体活力。随着全方位、全领域的开放，外资进入国有资本混合所有制改革、垄断行业竞争性环节市场化改造、民营企业股份制改造的情况会越来越多，激发外资的活力是应有之义。建设高标准的市场体系，加快转变政府职能，是加快形成法治化、国际化、便利化营商环节的必然要求，是加强同国际经贸规则的对接、形成公平开放统一高效市场环境的客观需要。这将使我国吸引外资由过去主要靠优惠政策转变为更多依靠投资环境和营商环境。税制改革本身就是整个改革的有机组成部分。"十三五"规划提出要建立税种科学、结构优化、法律健全、规范公平、征管高效的税收制度。《建议》关于税收改革的表述，除了"健全地方税、直接税体系，优化税制结构，适当提高直接税比重"的表述外，亮点之一是把税收制度与税收征管制度分别表述，比"十三五"规划的要求更为具体。如何理解"现代税收制度"的深刻含义，在"十四五"时期如何深化税收征管制度改革、推进税收征管现代化已成摆在税务部门面前重大和紧迫的课题。另外，《建议》还提出要完善宏观经济治理，加强国际宏观经济政策协调。我国是世界经济大国，在制定国内宏观经济政策时，关注汇率、利率、税率在国际层面的联动运用，积极参与国际经济治理，可以为国内宏观政策的跨周期设计、逆周期调节提供更大的战略空间与回旋余地。

税收服务对外开放、服务经济发展的大局，必须按照《建议》的要求，坚持系统观念，对税收政策进行全面梳理，按照《建议》确定的主要经济工作任务进行综合集成、分类细化。一是落实好高新技术企业和研发费用加计扣除的税收优惠政策，鼓励跨国公司在我国单独成立研发中心，增加研发投入，促进企业转型升级。二是执行好我国企业所得税法规定的成本分摊协议制度，鼓励跨国公司的中国子公司与国外母公司共同研发、共担成本、共享成果，努力缩小我国外资企业与国外母公司在技术转化上的时间差；引导中国公司总部与设在国外有研发职能的集团成员共同研发、共享成果，及时掌握国外最新的科技成果，尽力减少技术打压带来的影响。三是借鉴国外的通行做法建立"专利盒"制度，解决目前高新技术企业认证中高新产品收入占比、研发人员占比过高带来的问题，凡发生的研发费用均可加成后按所占企业费用总额的比例享受税收优惠。同时，鼓励企业从事基础研究，凡发生的合格费用，借鉴国际经验，可加成后予以扣除。四是吸引境外高端人才为我国企业从事研发或转让技术，完善吸引境外科技高端人才来华的个人所得税等政策体系，利用国外发生的研发费用可以在我国加成抵免的税收优惠，鼓励我国企业在国外建立研发中心，聘请国外高端人才从事研发，利用外籍个人在华取得的股息红利免税的政策，引导有技术和专利的外籍人员以技术投资入股，运用技术转让的税收优惠和税收协定优惠，鼓励外国企业和个人将技术、专利、工艺转让给我国企业。五是用好用活集成电路、软件开发、服务外包、环保节能节水等行业税收优惠和海南自贸港、临港新片区、深圳前海等地区性优惠，吸引外资更多地投入研发、高科技、环保、现代服务业，进一步优化外资的投资结构。六是用好出口退税，加工贸易深加工结转免税，自贸区、保税区内简单加工免征增值税与增值税一般纳税人的认定，用足跨境电商企业所得税核定征收的规定，提高出口产品质量，推动外销与内销的联结和畅通，在促进加工贸易转型升级的基础上提升国际竞争力。七是促进内循环和现代产业体系的发展，抓住发票电子化的有利契机，对重要产业链、供应链、价值链进行动态分析，及时解决存在的政策问题，畅通人流、物流，减少人为干扰，促进国内大市场的有效运行。要按照《税收征收管理法》的有关规定，按独立交易原则处理好企业的关联交易、内部交易，促进不同地区征管的规范性、统一性，防止不同地区口径不一给企业带来困扰。对全国性的、全省性的重点企业集团，可以通过签订合作备忘录的形式，明确政策口径，统一政策规定，给企业经营提供更多的确定性和稳定性。

三、围绕建设更高水平开放型经济新体制，提高税收职能作用发挥的效应

从开放型经济体系，到开放型经济新体制，再到更高水平的开放型经济新体制，反映了党的十八大以来，根据急剧变化的国际经济形势，科学判断，与时俱进，认识不断深化、内容不断丰富、规律逐步把握的过程。2012年11月，党的十八大报告提出要完善互利共赢、多元平衡、安全高效的开放型经济体系。2013年11月，党的十八届三中全会通过的《中共中央关于全面深化改革若干重大问题的决定》（以下简称《决定》）提出要构建开放型经济新体制，其要点主要包括放宽外资准入、加快自贸区建设、扩大内陆沿边开放、"一带一路"建设等内容。2015年9月，《中共中央 国务院关于构建开放型经济新体制的若干意见》中提出要建立市场配置资源新机制，形成经济运行管理新模式，形成全方位开放新格局，形成国际合作与竞争新优势。2019年11月，党的十九届四中全会通过的《中共中央关于坚持和完善中国特色社会主义制度、推进国家治理体系和治理能力现代化若干重大问题的决定》中强

调要建设更高水平开放型经济新体制，提出要实施更大范围、更宽领域、更深层次的全面开放，健全外商投资准入前国民待遇加负面清单管理制度，推动规则、规制、管理、标准等制度性开放，加快自由贸易试验区、自由贸易港等对外开放高地建设。2020年11月，在全面推动长江经济带发展座谈会上，习近平总书记再次强调要加快推进规则标准等制度性开放，建设更高水平开放型经济新体制。

除了以上开放型经济提法的变化，开放型经济的重点内容也与之适应，与时俱进，在表述上产生了以下几个转变：一是从沿海内陆沿边开放到打造以自由贸易试验区、自由贸易港为标志的对外开放新高地。党的十八大报告提出促进沿海内陆沿边开放优势互补，形成引领国际经济合作和竞争的开放区域。党的十八届五中全会提出要扩大内陆沿边开放，打造陆海内外联动，东西双向开放的全面开放新格局。党的十九大沿用了党的十八届五中全会的提法。党的十九届四中全会提出要加快自由贸易试验区、自由贸易港等对外开放高地建设。二是从商品和要素流动型开放到注重规则等制度性开放。党的十八届三中全会提出要放宽投资准入，党的十八届五中全会提出要扩大开放领域，放宽准入限制，有序扩大服务业对外开放，扩大金融业双向开放。党的十九大强调实行高水平的贸易和投资便利化政策，全面实行准入前国民待遇加负面清单管理制度，大幅度放宽市场准入。党的十九届四中全会则提出推动规则、规制、管理、标准等制度性开放。近年来，外商投资法颁布，优化营商环境条例出台，外商投资负面清单大幅度压缩，海南自由贸易港、上海浦东和深圳制度性开放措施不断推出，就是这一转变的生动体现。三是从发挥市场、劳动、资源等比较优势到培育国际合作与竞争的新优势。四是从依法保护外资企业合法权益到坚定维护中国企业海外合法权益。五是从形成以技术、品牌、质量、服务为核心的出口竞争优势到营造以人民币自由使用为基础的新型互利合作关系。这些转变是十八大以来我们党对外开放思想理论创新和实践创新的最新成果，在《建议》中得到了集中的体现。

税务部门既是组织收入的执法部门，更有服务纳税人的服务职能，与面广量大的外资企业、外贸企业、"走出去"企业和跨境自然人联系紧密，在建设更高水平开放型经济新体制中使命光荣、职责重大。一是按照习近平总书记加强同国际经贸规则对接的要求，稳步推进G20国际税改在国内法的落地工作，积极借鉴国际上主要国家税改的新趋势，提高我国税收制度和税收征管制度的国际化程度、国际化水准和国际影响力。二是要加强国际税收的法治建设。根据外商投资法、优化营商环境条例、外商投资负面清单等法律、法规和政策，对税收的相关制度、政策、流程进行清理，该废止、修改的要及时废止与修改；对扩大开放范围、放宽市场准入的各类服务业要及时研究税收政策和征管制度，防止政策滞后造成的负面影响；要及时总结和推广自由贸易试验区和自由贸易港税收实践中的成功经验和先进做法；要加强涉外税收案件的行政复议和行政诉讼工作，给外国投资者提供涉税法律救济的便捷通道、透明程序和国际标准。三是要以建立全国统一的新一代智能化电子税务局为契机，全面实现涉外企业纳税申报、会计报表报送、优惠备案、涉税申请的网上办理，形成具有国际水准的网上办税系统和一流的纳税服务。四是转变管理方式，建立合作型遵从。在运用好跨国公司利润监控系统实施持续分析和监控的基础上，对通过大数据分析发现的税收风险要先对纳税人进行风险提示，引导纳税人自查自纠，并将纳税人的自查自纠情况纳入征管系统的企业一户式进行储存和评价，作为纳税信用信誉评级的重要参考。在研究价值创造，分类型、分行业、分集团分析企业跨国价值链的基础上，运用经济合作与发展组织（OECD）常规利润与剩余利润、固定回报的安全港规则等最新理念寻找简便易行的跨国利润分配方法。五是要进一步加强国际税收合作。加快涉税争议两国之间双边磋商的进度，增加双边或单边预约定价安排谈签的数量，提高跨国情报交换的质量。六是要加快开放型经济涉税人才的培养。习近平总书记指出："参与全球治理需要一大批热爱党和国家的方针政策，了解我国国情，具有全球视野，熟练运用外语，通晓国际规则，精通国际谈判的专业人才。"如何采取有效措施，发挥税务大军人才济济的优势，落实好习近平总书记的指示，培养一大批符合更高水平对外开放要求的税收专业人才，是"十四五"时期摆在税务部门面前的一项迫切任务。

四、围绕推动共建"一带一路"高质量发展，提高我国国际税收合作的水平

党的十八大报告提出，要加快"走出去"步伐，推动同周边国家互联互通。党的十八届三中全会正式提出，要推进丝绸之路经济带、海上丝绸之路建设，形成全方位开放新格局。党的十八届五中全会通过的"十三五"规划建议中强调，要推动"一带一路"建设，坚持共商共建共享，完善双边、多边合作机制，推动基础实施互联互通和国际大通道建设，共同建设国际经济合作走廊，加强同国际金融机构的合作。党的十九大报告指出，要以"一带一路"建设为重点,坚持"引进来"和"走出去"并重,遵循共商共建共享原则,加强创新能力开放合作。2020年,李克强总理所作的《政府工作报告》提出,高质量共建"一带一路",共商共建共享,遵循市场原则、国际通行规则,发挥市场主体作用。以上论述的变化反映了我们党在"一带一路"建设上不断总结经验,根据变化的国际形势及时调整优化,对规律性的把握逐步深化的过程。《建议》对"十四五"时期"一带一路"建设工作的规划不仅是以前论述的集大成者,而且在许多方面有新的拓展和深化。

一是在继续坚持共商共建共享原则的基础上,提出秉持绿色、开放、廉洁理念。绿色是党五大新发展理念在"一带一路"建设上的延伸和体现,又是"一带一路"高质量发展的应有之义,体现了党建设人类命运共同体高度的历史责任感。开放则是指针对国际上某些势力逆全球化甚至干扰我国同"一带一路"国家合作的做法,通过双边、多边合作,秉持开放理念,形成开放效应,打造开放样板。廉洁可以促进合作项目的顺利推进,提升项目所在国的社会观感和民众评价。《建议》还特别强调安全保障,促进共同发展,这不仅是针对恐怖组织的破坏行为,也是针对国际上一些仇华势力通过政治、经济施压,干扰甚至中断我国合作项目的恶劣做法。

二是在基础实施互联互通的基础上,提出构筑互利共赢的产业链、供应链合作体系,拓展第三方市场合作,扩大双向贸易和投资。这一提法不仅是针对国际上一些认为"一带一路"是我国消化过剩产能的错误言论,而且是重在解决基础设施建好后当地经济如何受益的问题。优势互补的产业链合作体系是长期合作的生命力所在,《区域全面经济伙伴关系协定》(RCEP)等涵盖越来越多国家地区的自由贸易协定则为这一合作体系建设提供了契机和基础;拓展第三方市场则可以有效利用合作方国家在国际贸易中所持有的关税减免或配额、产品标准等优势;双向贸易和投资可以减少对方国家的贸易逆差,提高相互依存度,形成利益共同体。

三是在政府先导的基础上,提出以企业为主体,以市场为导向,遵循国际惯例和债务可持续原则,健全多元化投融资体系。近年来,一方面,国际上一些势力不断抹黑我国,认为我国"一带一路"项目给所在国造成了债务陷阱;另一方面,一些"一带一路"国家经济环境趋紧,债务负担上升,在融资方面对我国期待过高,我国的前期投资主要集中于大的基础设施项目,中长期融资的制度安排较弱。为此,要发挥企业在投融资决策中的主体作用,提高决策的科学性和债务管理水平。要加快创新项目对外合作模式,政府给予更为精准的分类施策。要积极打造各种类型、多种层次金融机构协同参与的投融资模式，吸引世界银行、国际货币基金组织等国际开发机构共同参与。

四是在项目先行的基础上，提出要战略、规划、机制对接，加强政策、规划、标准联通，深化公共卫生、数字经济、绿色发展、科技教育合作。这是更高层次的合作和开发，不仅可以促进我国的制度性开放，而且可以有力提高其他"一带一路"国家开放的层次和水平，使开放成为"一带一路"国家制度性安排，为推动建设开放型世界经济作出探索和贡献。

税务部门在服务"一带一路"建设上空间广阔，作用独特。"十四五"时期在已有成绩和经验的基础上要按照建立合作共赢的国际税收体系的总体要求，着力抓好以下几项工作：一是建全和完善对外投资税制。长期以来，我国的涉外税制主要集中于外商投资企业的税收管理，2008年的《企业所得税法》对对外投资税制作出了比较全面的框架安排，但这一方面的规定要么比较原则，难以实操，要么已经滞后，不适应国际税改的要求。应以推进"一带一路"高质量建设为契机和动力，结合G20税改的要求、我国加入多边互助合作公约承诺的义务和实践，系统思考，整体设计，形成有国际竞争力的对外投资税制，使我国企业对"一带一路"国家的投资更有确定性、公平性。二是建立和健全对外投资企业的税收申报制度，这一制度是国际通行做法，也是税务部门服务"走出去"企业的有效抓手。由于申报制度的缺少，在实际工作中存在税务部门底数不清、情况不明，企业存在的境外税收风险得不到及时提醒、税收协定优惠待遇和国外税额抵免有些未能享受等问题。随着蓝图计划等G20国际税改方案的推进，建立对外投资企业的税收申报制度已经迫在眉睫。三是强化对外投资的税收保障制度和国际合作体系。对我国企业在"一带一路"国家产生的税务争议，在提高我国企业提出双边磋商的意识和加快双边磋商进度的基础上，借鉴国际最新做法，进行争议所涉及国家的多边评估和磋商，推动我国企业与"一带一路"投资所在国税务机关签订双边或单边预约定价安排。四是发挥"一带一路"税收征管合作机制的作用。构建"一带一路"税收征管合作机制是近年来国家税务总局为服务"一带一路"实施的重大战略举措，成效显著，树立了中国税务的良好形象。"十四五"时期，在加大信息共享、经验交流的同时，要进一步协调"一带一路"国家在G20国际税改问题上的立场，反映"一带一路"国家的呼声和要求。要寻求更简便、更有确定性的办法，落实好G20国际税改的相关要求，建立更加简便、更有效率的"一带一路"国家税收争议解决机制。五是帮助投资"一带一路"的企业防范税收风险。引导企业设计好全球价值链，做到政治安全、经济安全与税收风险防范相结合，税收规划与全球价值链的设计相结合，重视无形资产的作用，发挥好董事会的决策作用与国际化专业团队的支撑作用。

五、围绕积极参与全球经济治理体系改革，提高我国在全球税务治理体系改革中的影响力

党的十八届三中全会通过的《决定》提出，要形成参与国际宏观经济政策协调的机制，推动国际经济治理结构的完善。2015年9月，《中共中央 国务院关于构建开放型经济新体制的若干意见》对此作了进一步的阐述，包括积极参与全球经济治理，推进全球经济治理体系改革，支持联合国、G20平台作用，全面参与国际经济体系变革和规则的制定，提高我国的话语权。"十三五"规划则进一步归纳为：积极参与全球经济治理和公共产品供给，提高我国在全球经济治理中的制度性话语权，构建广泛的利益共同体。党的十九大报告在构建人类命运共同体内容中呼吁推动经济全球化朝着更加开放、包容、普惠、平衡、共赢的方向发展。党的十九届四中全会强调，推动建立国际宏观经济政策协调机制。2020年11月，习近平总书记在G20领导人第15次峰会上呼吁完善经济全球化的治理结构。从以上过程可以看出，我国参与全球治理体系改革的立场和要求是随着建立人类命运共同体的政治定位，反对逆全球化、支持多边合作的经济要求和实行高水平的对外开放的战略目标不断发展和深化的。《建议》对积极参与全球经济治理体系改革的要求正是以上多年经验的总结和进一步发展，其要点主要在于：一是强调G20在国际经济合作中的关键作用；二是通过参与世界贸易组织改革，维护多边贸易体制；三是积极参与多边区域投资贸易合作机制，推动新兴领域经济治理规则制定；四是通过自由贸易区提升战略，构建面向全球的高标准自由贸易区网络。

国际税收治理体系改革是全球经济治理体系改革的重要组成部分，国际层面汇率、利率、税率的协同联动是推动世界经济和贸易发展的重要动能。我国近年来积极参与G20主导下的国际税收规则的改革，从BEPS行动计划、全球征管互助多边公约的签署、统一报告标准（CRS）为代表的税收透明度措施的落实，到OECD受G20委托开展全球跨境利润分配新规则蓝图计划的讨论，都表达了中国立场，做出了中国贡献，受到国际社会的广泛赞誉。在OECD组织的各项同行审议中，我国成绩优异，名列前茅。按照《建议》的要求,"十四五"时期,我国税务部门要更加积极有为,通过国际税务治理体系的改革,为我国高水平的对外开放提供良好的国际税收环境:一是提高思想认识。随着数字化和无形资产在价值创造中的作用越来越大,建立在有形经济、实体存在基础上的传统的国际税收规则逐渐失灵,国际税收规则正面临百年未有之大变局,这与我国的切身利益密切相关,必须高度重视。二是提升政治站位。国际税收治理体系的改革涉及发达国家与发展中国家利益的调整,涉及不同国家利益、立场、实力的较量,是一个政治性很强的工作。一定要提升政治站位,从党和国家工作的大局出发,既推进多边合作、互利共赢,又要从我国实际出发,牢记我国仍处于社会主义初级阶段,在国际税收规则的制定和国内法的适用上做到既积极又稳妥,既讲共性又讲个性。三是积极参加国际数字税规则的制定。在蓝图计划讨论中,坚持平等参与、公平合理、简便易行的原则,为广泛共识的形成做出中国的贡献。四是为我国参加的多边区域投资贸易合作做出税收贡献。围绕《区域全面经济伙伴关系协定》(RCEP)和更高标准的自贸协定,研究促进人员、投资、货物更加自由流动的税收措施,在企业和个人居民身份判定、常设机构判定、协定受益所有人判定方向制定更为简便易行的操作标准,在跨国公司价值链利润跨国分配方面制定更有明确性、更有可操作性的制度和办法。五是做好自由贸易区涉税制度性开放措施的研究与出台。以海南自由贸易港为试验田,探索有国际竞争力的国际税收制度的健全和完善,为我国构建面向全球的高标准自由贸易网络,提供坚实的国际税收制度基础和实践经验。

实行高水平对外开放,是事关全局的系统性、深层次的制度性安排和战略布局,税务部门肩负着崇高的使命,发挥着重要的职能作用。在以习近平总书记为核心的党中央正确领导下,税务部门一定会不忘初心、牢记使命,主动作为,善作善为,为实现高水平对外开放,开启全面建设社会主义现代化国家新征程做出应有的贡献。

积极运用税收协定
服务于高水平对外开放大局

朱炎生[*]

党的十九届五中全会深入分析国际国内形势，审议通过了《中共中央关于制定国民经济和社会发展第十四个五年规划和二〇三五年远景目标的建议》（以下简称为《建议》），为未来五年至十五年的经济社会发展作出科学的系统谋划和战略部署。《建议》对"十四五"时期如何发挥税收在国家治理中的基础性、支柱性、保障性作用提出了新要求。国际税收作为中国特色税收治理现代化的国际侧面，是为全面建设社会主义现代化国家赢得国际税收话语权的重要力量。要做好新形势下的国际税收工作，需要我们在总结已有工作经验、认清新形势新要求的基础上，积极运用税收协定，推动建立互利共赢的国际税收体系，以服务于高水平对外开放大局。

一、我国运用税收协定的主要经验

（一）广泛签订避免双重征税协定，积极构建税收协定网络

在国际社会中，各国普遍运用避免双重征税协定来避免国际重复征税，以促进跨境经贸活动发展。自20世纪80年代以来，在改革开放国策的指引下，我国开始对外签订避免双重征税协定，对外开展国际税收协调与合作。1983年9月我国与日本签订首个避免双重征税协定，随后陆续与其他国家缔结避免双重征税协定。截至2020年12月底，我国已经和108个国家签订了避免双重征税协定，协定数量排名全球第四位。从这些税收协定的首次签订时间看，24个税收协定签订于20世纪80年代，39个税收协定签订于20世纪

---

[*] 朱炎生，厦门大学法学院国际税法与比较税制中心副主任、教授，中国财税法学教育研究会理事，厦门市国际税收研究会理事。

90 年代，2000 年至 2009 年签订了 31 个税收协定，2010 年至 2018 年底签订了 13 个税收协定。为了促进与香港、澳门、台湾之间的经贸活动，内地还分别与香港、澳门达成了避免双重征税的相关税收安排，与台湾达成了避免双重征税的相关税收协议。①

上述避免双重征税协定和税收安排、协议形成了一个庞大的协定网络，基本覆盖了与我国开展经贸交往的伙伴国和地区，有效消除了国际重复征税，减轻了纳税人的税收负担，充分保护了纳税人的合法权益，对我国和经贸伙伴国之间经贸活动的进一步开展发挥了有力的推动作用。

（二）签订专项税收情报交换协定，提升境外税收信息的获取能力

尽管我国对外签订的避免双重征税协定所包含的税收情报交换条款可以有效地提升我国在缔约对方的税收情报获取能力，但是我国很少与那些通常被认为属于低/无税（所得税）区的国家和地区签订避免双重征税协定。由于纳税人往往会在这些低/无税区设立相关实体以安排其全球经贸活动，包括与我国相关的经济活动，因此，为了能有效获取纳税人在这些低/无税区相关经营安排的涉税信息，我国主要与此类低/无税区签订专项的税收情报交换协定。自 2009 年 12 月至 2014 年 1 月，我国先后与巴哈马、英属维尔京群岛、马恩岛、根西、泽西、百慕大、开曼、圣马力诺、列支敦士登 9 个国家和地区签订了税收情报交换协定。②这些税收情报交换协定就交换信息的种类和范围、交换信息的使用、专项信息交换请求的提起方法和程序、境外税务检查或调查、信息交换请求的拒绝、保密义务和管理费用等方面内容作出了相应的规定。与避免双重征税协定中的税收情报交换条款相比，税收情报交换协定的规定更加细化，通常提供诸如境外税务检查或调查等更加有效的情报交换方法，有利于进一步提升我国境外税收情报的获取能力。③

---

①② 国家税务总局. 我国签订的避免双重征税协定一览表 [EB/OL]. [2020-12-26]. http://www.chinatax.gov.cn/n810341/n810770/index.html.

③ 值得注意的是，由于我国与阿根廷于 2018 年 12 月才签订避免双重征税协定，在此之前，为了税收情报交换的需要，我国与阿根廷在 2010 年 12 月还签订了税收情报交换专项协定。根据两国之间避免双重征税协定议定书第 11 条的规定，此前两国之间已生效执行的税收情报交换专项协定不受该避免双重征税协定的影响。国家税务总局. 中华人民共和国和阿根廷共和国对所得和财产消除双重征税和防止逃避税的协定 [EB/OL]. [2020-12-26]. http://www.chinatax.gov.cn/n810341/n810770/c3941867/content.html.

（三）运用多边税收协定，探索多边税收合作

尽管当前的多边税收合作主要以表达各国政治性合作意愿的工作文件为基础，相关工作成果也不具有法律约束力，但是，近年来，在联合国、经济合作与发展组织、二十国集团、世界银行和国际货币基金组织等国际组织的推动下，在一些税收合作经验成熟、合作意愿强烈的领域，各国也达成了为数不多的几项多边税收协定，例如，关于国家间税收情报交换、税收追缴和税务文书送达等税收征管合作的《多边税收征管互助公约》（2013年8月27日签署，2016年2月1日批准，2017年1月1日起执行）、关于转让定价国别报告自动交换的《转让定价国别报告多边主管当局间协议》（2016年5月12日签署）、关于金融账户涉税信息自动交换的《金融账户涉税信息自动交换多边主管当局间协议》（2015年12月16日签署，2017年5月生效，2017年7月起执行，以下简称《金融账户信息自动交换协议》）以及关于落实"防止税基侵蚀和利润转移项目"（BEPS）成果的《实施税收协定相关措施以防止税基侵蚀和利润转移的多边公约》（2017年6月7日签署，以下简称《BEPS多边公约》）。① 目前，我国已签署加入了上述多边公约和协议，据此开始了多边税收合作新模式的探索。

（四）修订原有避免双重征税协定，深化新形势下的国际税收合作

如前所述，我国一半以上的避免双重征税协定是2000年以前签订的，它们对我国早期的改革开放和引进外资发挥了重要的推动作用。然而，随着我国改革开放的深入，这些早期签订的税收协定不仅难以适应国内税法的变化，也不能完全满足资本输入输出新形势的要求，因此，对这些税收协定的修订势在必行。

自2010年以来，我国已经对与24个国家和地区签订的税收协定以签订议定书的方式进行了部分修订。② 2007年7月我国和新加坡签订新的避免双重征税协定，取代双方于1986年签订的原协定，开启了以新协定全面修订原协定的新方式。其后，自2009年起，我国陆续与比利时（2009）、芬兰（2010）、英国（2011）、马耳他（2010）、丹麦（2012）、荷兰（2013）、瑞士

---

① 国家税务总局. 我国签订的避免双重征税协定一览表［EB/OL］.［2020-12-26］. http://www.chinatax.gov.cn/n810341/n810770/index.html.

② 中国国际税收研究会. 中国国际税收40年：与改革开放同行［M］. 北京：中国税务出版社，2018：213.

(2013)、法国 (2013)、德国 (2014)、俄罗斯 (2014)、罗马尼亚 (2016)、西班牙 (2018)、意大利 (2019)、新西兰 (2019) 14个国家签订了取代原协定的新协定。①

需要指出的是，在修订原有税收协定方面，为了在税收协定中落实"BEPS行动计划"工作成果确定的"最低标准"，2017年6月我国签署加入了《BEPS多边公约》。该公约如果经我国批准而生效后，将会对我国与该公约在其境内生效的成员方之间签订的税收协定，在相关的范围内自动产生修订的效果。

（五）不断优化税收协定的国内适用机制，营造良好税收营商环境

经过近40年的税收协定工作探索，我国已在税收协定解释、执行及建立配套规则与机制方面，不断优化税收协定的国内适用机制。

1. 确立税收协定的统一解释机制，专门性解释与通用性解释相结合，确保对协定条款理解的一致性和准确性

我国在国际条约的国内适用问题上采取所谓的"纳入原则"，即国际条约批准生效后无须经过国内法的转换就可以直接在国内适用。据此，我国签订的税收协定一旦批准生效后，各地税务机关就可以直接依照税收协定处理与纳税人的相关税收事项。为了避免各地税务机关因各自理解协定条款和用语造成的执法标准不一给纳税人带来困扰，实践中形成了由国家税务总局制定解释文件统一解释税收协定条款的解释机制。从发展过程看，早期解释文件大多针对特定税收协定的特定条款作专门性解释，缺乏对税收协定的整体解释或对各税收协定涉及的普遍问题作通用性解释，因此，早期解释文件较为分散，解释内容不够系统、全面。随着经验积累和总结，2010年，国家税务总局在制定《国家税务总局关于印发〈中华人民共和国政府和新加坡共和国政府关于对所得避免双重征税和防止偷漏税的协定〉及议定书条文解释的通知》（国税发〔2010〕75号）时，参考经济合作与发展组织范本和联合国范本注释，结合我国实际，对中新税收协定逐条作全面详尽的解释，并以此作为通用性解释文件，要求各地税务机关在解释其他税收协定时参考。在此基础上，针对税收协定执行涉及的认定标准、判断基准等普遍性执法问题，国

---

① 国家税务总局. 我国签订的避免双重征税协定一览表 [EB/OL]. [2020-12-26]. http://www.chinatax.gov.cn/n810341/n810770/index.html.

家税务总局也陆续制定专项的解释文件。①

2. 采用"备查制"最大程度地简化执行程序，在规范协定执行程序的同时，提高非居民纳税人适用程序的便捷性

由于税收协定对缔约国根据其国内税法行使的征税权具有限制作用，纳税人可以根据协定的相关规定免除或减轻其原本按照国内税法应当负担的纳税义务，因此，在我国的非居民税收管理实践中，缔约国对方居民适用协定，被普遍理解为缔约国对方居民可以享有的一种优惠待遇。② 基于这种理解，2015年以前国家税务总局曾建立缔约国对方居民适用税收协定的审批程序。③ 显然，这种审批程序加重了纳税人的遵从负担，也增加了纳税人适用协定的不确定性。为简化税收协定的适用程序，2015年8月国家税务总局将审批制改为备案制。④ 虽然备案制减少了纳税人享受税收协定待遇的不确定性，但是纳税人适用协定的程序仍未简化。有鉴于此，2019年10月国家税务总局进一步将税收协定的适用程序大幅度简化，由备案制改为备查制，即纳税人无需在纳税申报时或向扣缴义务人主张享受协定待遇时事先提交享有税收协定待遇所依据的相关资料，只需将此资料按照相关规定事后自行归集和留存备查，并填写一份内容简单的基本信息表，即可自行享受协定待遇。⑤ 备查制最大程度地简化了协定执行程序，大幅提升了纳税人适用协定的便捷性，切实减轻了非居民纳税人的遵从负担，有力提升了"引进来"的税收营商环境。

3. 建立和完善税收情报交换和相互协商程序的国内配套规则和运行机制，

---

① 例如，《国家税务总局关于税收协定执行若干问题的公告》（国家税务总局公告2018年第11号）明确了税收协定中常设机构、海运和空运、演艺人员和运动员条款以及合伙企业适用税收协定等执行事项；《国家税务总局关于执行税收协定特许权使用费条款有关问题的通知》（国税函〔2009〕507号）、《国家税务总局关于税收协定中财产收益条款有关问题的通知》（国家税务总局公告2012年第59号）、《国家税务总局关于进一步完善税收协定中教师和研究人员条款执行有关问题的公告》（国家税务总局公告2016年第91号）分别对协定相关条款作出解释。

② 其实，根据大多数学者的意见，税收协定规则相对于国内税法规则而言属于特别规则，在确立纳税人的纳税义务时，不仅国内税法规则规定的所有要件需要满足，税收协定规定的要件也需要满足。就发挥的作用而言，作为特别规则，税收协定规定的要件属于附加要件或补充要件。因此，将非居民适用税收协定理解为一种优惠待遇，似乎有待商榷。[奥]迈克尔·朗. 避免双重征税协定法导论[M]. 朱炎生，译. 北京：法律出版社，2017：15-17.

③ 详见《国家税务总局关于印发〈非居民享受税收协定待遇管理办法（试行）〉的通知》（国税发〔2009〕124号）。

④ 详见《国家税务总局关于发布〈非居民纳税人享受税收协定待遇管理办法〉的公告》（国家税务总局公告2015年第60号）。

⑤ 详见《国家税务总局关于发布〈非居民纳税人享受协定待遇管理办法〉的公告》（国家税务总局公告2019年第35号）。

确保机制运行的有效性

通过签订避免双重征税协定、专项税收情报交换协定,加入《多边税收征管互助公约》《转让定价国别报告自动交换协议》和《金融账户信息自动交换协议》,我国已在国际层面与缔约伙伴国形成了广泛的税收情报交换协定网络。在国内层面,《国家税务总局关于完善关联申报和同期资料管理有关事项的公告》(国家税务总局公告 2016 年第 42 号)将国别报告明确纳入关联申报内,并明确了国别报告的报送方式和内容;《非居民金融账户涉税信息尽职调查管理办法》(国家税务总局 财政部 中国人民银行 中国银行业监督管理委员会 中国证券监督管理委员会 中国保险监督管理委员会公告 2017 年第 14 号)明确了我国金融机构识别非居民账户并收集相关信息的原则和程序。另外,国家税务总局开发的多边税务数据服务平台于 2008 年投入运行,用于国内涉税信息报送,非银行金融机构通过该平台已顺利完成注册登记并报送非居民金融账户涉税信息。① 这些国内配套规则和平台的建立,为我国充分利用税收情报交换机制对外开展情报交换奠定了坚实的基础。

为了在国内层面落实相互协商程序,《税收协定相互协商程序实施办法》(国家税务总局公告 2013 年第 56 号,以下简称《实施办法》)不仅规定了我国居民(国民)申请启动的相互协商程序所涉及的主体资格、具体事项范围、应具备的条件、税务机关受理申请的条件、在相互协商过程中申请人的证据资料补充以及申请人撤回申请的权利和义务、税务机关启动相互协商程序的条件等相关具体问题,还规定了缔约对方主管当局请求启动相互协商程序、我国国家税务总局主动向缔约对方请求启动相互协商程序以及缔约双方主管当局达成协议的执行所涉及的相关具体问题。此外,专门针对特别纳税调整事项启动的相互协商程序,《特别纳税调查调整及相互协商程序管理办法》(国家税务总局公告 2017 年第 6 号,以下简称《管理办法》)规定了企业或协定伙伴方提出相互协商申请的条件,相互协商的内容,相互协商过程中的资料补充,相互协商的拒绝、暂停和终止以及所达成的相互协议的执行等问题。《实施办法》和《管理办法》的实施,形成了我国针对两类不同涉税事项建立不同的相互协商程序的实践。这种做法不仅有利于提高相互协商程序

---

① 中国国际税收研究会. 中国国际税收 40 年:与改革开放同行 [M]. 北京:中国税务出版社,2018:298.

的效率，也有利于提升相互协商的专业化水平。

二、新形势对我国运用税收协定的新要求

（一）我国运用税收协定面临的新形势

当今世界正经历百年未有之大变局，以数字化技术、5G、大数据、区块链和人工智能等新一代信息通讯技术为代表的新一轮科技革命方兴未艾，以经济数字化为代表的产业变革深入发展，以金砖国家和新兴经济体为代表的发展中国家作为一支新兴的国际政治经济力量使国际力量发生深刻调整。与此同时，世界经济自2008年国际金融危机以来复苏缓慢，再加上受2020年初开始全球扩散的新冠肺炎疫情的严重冲击，世界经济增长受到阻滞而再次陷入困境，全球经济复苏变得不确定不平衡。在此背景下，世界进入动荡变革期，各种保护主义、单边主义措施层出不穷，经济全球化遭遇逆流，以致于当今国际政治经济发展环境日趋复杂，不稳定性不确定性明显增加。尽管如此，和平和发展仍然是当今国际社会的时代主题，人类命运共同体观念深入人心，共建"一带一路"倡议得到国际组织和各有关国家和地区的积极响应和大力支持。在平等自愿基础上开展合作以实现互利共赢，仍然是国际社会的普遍共识。

就国内情况而言，在全面建成小康社会后，"十四五"时期我国将开启全面建设社会主义现代化国家的新发展阶段。贯彻"创新、协调、绿色、开放、共享"的新发展理念，构建以国内大循环为主体、国内国际双循环相互促进的新发展格局，坚持系统观念，增强机遇意识和风险意识，树立底线思维，构建高水平社会主义市场经济体制，实行高水平对外开放，推动经济、社会、文化、生态等各领域的高质量发展，已成为我国今后应对国际国内形势变化，提高我国经济社会发展水平、推进国家治理体系和治理能力现代化、塑造国际经济合作和竞争新优势的战略选择。

具体到税收工作方面，为了在全面建设社会主义现代化国家的新征程中充分发挥税收在国家治理中的基础性、支柱性、保障性作用，国家税务总局在总结过去税收现代化建设实践基础上，统筹内外两个大局，提出要形成"坚强有力的党的领导制度体系、成熟完备的税收法治体系、优质便捷的税费服务体系、严密规范的税费征管体系、合作共赢的国际税收体系、高效清廉的队伍组织体系六大体系"，着力提升"政治引领能力、谋划创新能力、科技

驱动能力、制度执行能力、协同共治能力和风险防范能力六大能力"①,并要求在新发展阶段不断完善拓展"六大体系"的具体目标内容,不断强化提升"六大能力"。② 在上述"六大体系"和"六大能力"中,"合作共赢的国际税收体系"和"协同共治能力"是中国特色税收治理现代化体系的国际侧面,将其纳入税收现代化建设的框架体系内,意味着国际税收合作需要与中国特色税收治理现代化体系的其他方面相互配合、相互呼应,共同推动我国的税收现代化建设。③

（二）新形势下运用税收协定的新要求

税收协定是开展国际税收合作的重要法律工具,在上述国际国内新形势下开创我国税收现代化建设的新局面,必然对我们今后运用税收协定提出了新的要求。笔者认为,这至少体现在以下三个方面。

1. 要以服务于高水平对外开放大局为出发点

实行高水平对外开放,就意味着要全面提高对外开放水平,坚持更大范围、更宽领域、更深层次的对外开放,建设更高水平开放型经济新体制,推进"一带一路"高质量发展,积极参与全球经济治理体系改革。税收协定既然是国际税收合作成果的法治化,以服务于高水平对外开放大局为出发点,就意味着要通过法治化的国际税收合作,推进中国特色税收治理的现代化,推动高水平开放型经济新体制的建设,尤其要推进"一带一路"框架下的高质量高水平国际税收合作,提升沿线国家和地区的税收治理能力和治理水平,并逐步通过法治化路径积极推动全球税收治理体系的改革。

2. 要以开创合作共赢新局面为着眼点

实现合作共赢,以合作实现互利、以互利求得共赢、以共赢促进共同发展,是我国对外开放、参与国际交往所坚持的一贯原则。在新发展阶段实行高水平对外开放,就要开创合作共赢的新局面,实现高质量"引进来"和高水平"走出去",增强对外经贸的综合竞争力,尤其是要在共建"一带一路"过程中坚持共商共建共享原则,构筑互利共赢的产业链、供应链合作

---

① 国家税务总局办公厅.担当作为 提质增效 推进新时代税收现代化建设再上新台阶——全国税务工作会议在北京召开［EB/OL］.（2021-01-06）［2021-01-09］.http：//www. chinatax. gov. cn/chinatax/n810219/n810729/c5142249/content. html.

② 国家税务总局办公厅.带好队伍展现新气象 干好税务开拓新局面 高质量推进新发展阶段税收现代化——全国税务工作会议在北京召开［EB/OL］.（2021-01-06）［2021-01-09］.http：//www. chinatax. gov. cn/chinatax/n810219/n810724/c5160614/content. html.

③ 邓力平,陈丽.中国特色税收治理现代化之国际侧面研究［J］.国际税收,2020（12）：4-5.

体系，遵循国际惯例和债务可持续原则，健全多元化投融资体系，并在积极参与全球经济治理体系改革过程中坚持平等协商、互利共赢，推动完善更加公正合理的全球经济治理体系。税收是经济治理的重要组成部分，对外开放中开创合作共赢新局面，需要国际税收合作的有力支撑。这就意味着我们需要积极运用税收协定，关注国际经济发展中不断出现的新事物新机遇和新挑战，优化税收营商环境，提升国际税收合作质量，为开创合作共赢新局面提供助力。

3. 要以推动构建互利共赢的新型国际税收关系、创新国际税收合作机制为着力点

经济与税收的关系是辩证的，经济决定税收，税收反作用于经济。经济繁荣发展带来税收增长，合理的税收制度促进经济可持续增长。[①] 从国际经济学角度看，国际税收合作不仅取向于税收利益的协调，还取向于促进跨境经贸发展。[②] 这就意味着国际税收关系中的权利义务设计，并非单纯地关注税收利益如何分配，而是以系统观念为指导实现税收利益和非税利益的统筹兼顾，最终实现参与各方整体利益的互利共赢。这种互利共赢的新型国际税收关系的构建与我国的税收现代化建设中"合作共赢的国际税收体系"的形成、完善和拓展相结合，离不开税收实体规则与程序规则两大支柱的共同支撑，相互配合。因此，只有创新国际税收合作机制，在新机制中落实各项实体规则、完善各项程序规则，才能真正实现互利共赢。显然，上述方面与税收协定的内容设计紧密联系，是我们运用税收协定的着力点。

三、新形势下运用税收协定的具体建议

如何将上述新要求贯彻到今后运用税收协定的具体实践中，笔者提出如下建议。

（一）扩大税收协定覆盖面，将税收协定网络延伸至我国企业的主要投资目的地或经贸交往前景向好的国家和地区，拓宽国际税收合作的广度

尽管当前我国避免双重征税协定网络已经覆盖了 110 多个国家和地区，基本上囊括了与我国经济往来较多的国家和地区，但是仍然有一些与我国经贸交往密切的国家尚未与我国签订避免双重征税协定。例如，在 146 个与我

---

① 郝昭成. 百年重塑国际税收新体系 [J]. 国际税收, 2016 (11): 44.
② 廖体忠. 公平和现代化的国际税收体系：回顾与探索 [J]. 国际税收, 2019 (11): 6.

国签署了"一带一路"合作文件的国家和地区中,[①] 与我国签订避免双重征税协定的只有 54 个。从区域分布看,我国与位于非洲、南美洲、大洋洲的国家签订的避免双重征税协定数量也十分有限,与斐济、马绍尔群岛、瓦努阿图等一些被普遍认作避税地的国家和地区也没有签订税收情报交换协定。

这种情况表明,我国的税收协定网络向共建"一带一路"伙伴国拓展仍存有较大空间。为满足我国建设开放型经济体的要求,我们有必要通过税收协定与这些国家开展国际税收合作,进一步优化生产要素配置,消除跨境投资贸易的税收障碍,营造友好的税收营商环境,推进彼此间产能合作,让税收协定网络助力"一带一路"建设的高质量发展。

(二) 根据双方经贸交往的具体特点对条款作个性化设计,提高税收协定服务于双方经贸高质量发展的精度

我国绝大部分避免双重征税协定是 20 世纪 80、90 年代以及 21 世纪初签订的,主要参考当时的经济合作与发展组织范本和联合国范本,各个税收协定的条款内容与范本条款相比较,基本上没有作太大的改动,以致于这些税收协定往往给人以千篇一律之感。这种状况虽然在我国 2010 年之后的税收协定实践中有所改变,[②] 但是,由于这一时期对外签订或修订的税收协定为数不多,相关条款的变化也只是集中针对相关投融资活动,因此,就整体而言,协定条款个性化设计不明显,充其量仅是一种新动向。

显然,从开拓互利共赢的国际合作新局面出发,我国今后修订原有税收协定或签订新税收协定时,应充分结合缔约双方经贸活动的具体特点而作出切合双方实际利益需求的条款设计。具体而言,在我国当前已为资本净输出国的现实条件下,为服务我国在东南亚、非洲、拉美和中东欧的区域合作战略,积极配合"一带一路"建设和国际产能合作,在与这些地区的国家签订税收协定或修订原有税收协定时,应全方位考虑缔约双方开展出口贸易、基础设施建设、建筑工程承包、劳动力输出、文化交流以及投融资活动等的具体特点,对

---

① 截至 2021 年 1 月 10 日,与中国签订了"一带一路"合作文件的国家和地区共计 146 个,参见:https://www.yidaiyilu.gov.cn/info/iList.jsp?cat_id=10037。

② 这一时期新修订的税收协定为了适应资本输入输出形势的变化,普遍降低了股息、利息、特许权使用费等所得的预提所得税税率,我国与巴基斯坦、柬埔寨等国签订的税收协定对缔约国政府拥有的金融机构给予利息免征预提所得税待遇,与俄罗斯的税收协定甚至对缔约国一方居民给予利息免征预提所得税待遇。显然,上述税收协定的相关安排考虑了缔约双方的实际利益需求,有利于推动双方相关经贸活动的发展,体现了双方开展互利共赢的国际税收合作。

涉及纳税人税收实体待遇的条款作出精准的个性化设计，统筹考虑税收利益和非税利益的平衡，切实反映双方实际利益需求，真正实现互利共赢。

（三）科学安排税收协定的涵盖内容，强化征管互助，提高争议解决效率，简化国内执行程序，不断挖掘国际税收合作的深度

从全球范围看，各国开展的国际税收合作主要关注两大问题：一是消除国际双重征税，二是遏制纳税人的税基侵蚀和利润转移行为。当前绝大部分税收协定都是围绕上述问题设计相关条款内容，并积极开展税收情报交换、税收征管互助、税收争议解决等税收征管合作。从近期的合作经验看，首先，税收情报交换方式在改进，所交换的纳税人涉税信息范围在扩大，缔约方境内税制的透明度也在增加；其次，税收征管互助的事项不限于税收情报交换，已经扩大到文书送达和税款追缴；最后，解决跨境税收争议的相互协商程序持续改进，引入了具有约束力的仲裁机制。

与上述已有的合作经验相对照，当前我国通过税收协定对外开展的国际税收合作的深度有限。例如，我国对外签订的很多税收协定还没有包含防止税收协定滥用等旨在遏制税基侵蚀和利润转移行为条款，也没有开展税收情报交换之外的其他征管协助，相互协商程序机制有待进一步改进，仲裁机制也尚未引入。

针对上述不足，我国需要在今后的国际税收合作中，重视研究全球范围内国际税收合作的既有经验与我国税收现代化建设的实际需要之间的内在联系，与时俱进、合理吸收已有的成功经验，不断挖掘对外开展国际税收合作的深度。与此同时，还需要以开放促改革，充分运用税收协定促进国内税收法治化。例如，完善与税收协定相配套的国内税法规则，进一步简化税收协定的国内执行程序，提升国内税法规则的立法层次和执法水平，促进税收协定规则与国内税法规则的深度融合，确保税收协定能有效服务于国内的税收现代化建设。

（四）灵活运用双边、区域多边和全球多边等税收协定形式，拓展国际税收合作的维度

尽管目前全球范围内的国际税收合作机制仍然以双边税收协定为主，区域合作机制和全球多边机制为数不多，但是，近年来在各国的积极参与和相关国际组织的大力推动下，出现了国际税收合作由双边机制迈向区域多边甚至全球多边机制的发展趋势。相对而言，长期以来，我国开展的国际税收合作主要以双边合作为主，开展多边、区域税收合作的进展滞后。其中，最突出的问题就是，尽管我国与"一带一路"沿线的54个国家和地区签订了双边税收协定，也有不少"一带一路"沿线国家和我国共同签署加入了《税收征管互助多边公约》《BEPS 多边公约》等多边税收协定，然而，我国与"一带一路"沿线国家尚缺乏以区域性多边税收协定为支撑的区域性税收合作机制。①

2020 年 11 月，我国与包括东盟 10 国在内的 15 个国家共同签署的《区域全面经济伙伴关系协定》将建成世界上最大的自贸区，对推动亚太区域经济一体化、共建"一带一路"具有重大意义。我们应该以此为契机，循序渐进，灵活运用税收协定的不同形式，多维度地推动区域内国家开展全面税收合作。

（五）从大国税收思维出发，充分发挥税收协定作为"硬法"与指南、范本等"软法"之间的配合协调作用，把握好开展国际税收合作的力度

近年来，随着全球发展资源争夺的日趋激化、数据资源价值的凸显、跨境远程数字化交易的兴起，既有的国际税收秩序发生变革，原有的共识性国际税收规则面临重塑。在此背景下，全球层面的多边税收合作不可避免。

我国实行高水平对外开放，建设高水平开放型经济体制，离不开良好国际税收法治环境的维系。为此，我国需要从大国财税思维出发，适时转变角色，积极参与全球性多边税收合作，推动国际税收秩序向更加公正合理的方向变革。而在共识性国际税收规则形成过程中，我国需要秉承人类命运共同体理念，坚持正确的义利观，团结发展中国家力量，由以往的规则借鉴者和跟随者向规则参与者和引领者转变，充分发挥建设性作用，发出中国声音，贡献中国方案，肩负起发展中大国责任，推动建立有利于维护发展中国家共同利益的国际税收新秩序。

在积极参与全球性多边税收合作过程中，我们需要充分认识到全球税收治理的复杂性。推动国际税收秩序朝更加公正合理的方向变革是一个渐次发展的过程，需要不断汇集推动变革的各方力量，凝聚各方共识，统筹各方个别利益和共同利益，由点到面，从局部到全局，循序渐进。相应地，将多边

---

① 自 2017 年提出"一带一路"沿线国家税收合作以来，"一带一路"税收合作取得积极进展，沿线国家不仅签订了《阿斯塔纳"一带一路"税收合作倡议》《"一带一路"税收征管合作机制谅解备忘录》《乌镇声明》《乌镇行动计划（2019—2021）》等税收合作文件，还成立了"一带一路"税收征管合作机制、"一带一路"税收征管合作论坛等多边税收合作平台。需要指出的是，这些合作文件不具有国际法约束力，据以成立的多边税收合作平台只是各参与方沟通交流的平台，并不属于国际法意义上的国际组织。

合作取得的相关成果通过税收协定加以法治化也不可能一蹴而就，需要掌握好力度，稳步推进。在此过程中，我们一方面，需要充分发挥指南、指引、最佳实践、范本等"软法"在国际税收新规则形成过程中的催化作用；另一方面，又需要不失时机地充分利用税收协定作为"硬法"在国际税收新规则形成过程中的巩固作用，两者彼此配合，相互协调作用，共同推动建立国际税收新秩序。

加强"一带一路"税收征管合作
积极推进高水平对外开放

盘海源 [*]

党的十九届五中全会提出,"要实行高水平对外开放,开拓合作共赢新局面",并要求"建设更高水平开放型经济新体制,全面提高对外开放水平,推动贸易和投资自由化便利化,推进贸易创新发展,推动共建'一带一路'高质量发展,积极参与全球经济治理体系改革"。这是以习近平总书记为核心的党中央在当今世界新形势下,深刻思考我国前途命运和世界发展大势所提出的中国答案。实行高水平对外开放,打开国门搞建设,已成为我国参与国际经济事务的指导方针。作为全球经济治理体系不可分割的一部分,近年来我国在国际税收治理方面做出了不懈努力,在二十国集团(G20)主导的重塑国际税收规则的进程中发出中国声音,贡献中国智慧,有力地提升了我国在全球税收领域的话语权。

一、全面认识做好"一带一路"税收征管合作的重大意义

"一带一路"倡议是习近平总书记立足经济新常态提出的促进我国经济大开放发展的战略举措。党的十九届五中全会提出,我国要实施更大范围、更宽领域、更深层次对外开放,依托我国大市场优势,促进国际合作,实现互利共赢。"一带一路"倡议对于实现这一目标具有至关重要的作用。在国际经济交往与合作中,国际税收征管合作发挥着不可替代的作用,在减少贸易壁垒、防范不正当竞争、营造公平国际市场环境、促进各国共同发展方面具有独特优势。

---

[*] 盘海源,国家税务总局怀化市税务局局长,湖南大学经济与贸易学院税务专业硕士研究生校外导师。

（一）做好"一带一路"税收征管合作是推动"一带一路"深耕细作的需要

"深化改革、扩大开放、创新发展"是我国经济发展的指导方针。习近平总书记2013年在访问哈萨克斯坦和印度尼西亚时提出"一带一路"倡议，作为我国落实扩大开放方针的关键着力点，致力于为我国经济发展营造良好的外部环境，开拓新的广阔的国际市场，促进我国与"一带一路"沿线国家和地区的共同发展。实践证明，"一带一路"建设成绩斐然。以贸易方面数据为例，2014年至2019年，我国与"一带一路"沿线国家（地区）之间贸易值累计超过44万亿元，年均增长达6.1%，是同期我国与非"一带一路"国家（地区）贸易值增速的两倍。2020年，东盟超过欧盟和美国成为我国第一大贸易伙伴。同时，我国还是25个"一带一路"沿线国家最大的贸易伙伴，也是非洲的最大贸易伙伴。2020年11月，我国外贸进出口总额3.09万亿元，增长7.8%，连续6个月实现正增长。其中，出口1.8万亿元，增长14.9%，贸易顺差5071亿元，再创历史新高①。这一成绩超过了多数经济学家的预测。在2020年这一艰难年度取得如此骄人成绩，体现了我们党和人民的伟大劳动，体现了"一带一路"建设的正当其时。当前，"一带一路"倡议正处于成长发展的关键时期，但也面临着部分国家贸易保护主义抬头、沿线各国经济社会情况千差万别、税收政策和征管方式各不相同、国家间税收竞争以及国际逃避税现象比较突出等难题。近年来，为了破解上述难题，我国税务系统进行了积极探索，如建立"一带一路"税收征管合作机制、开展国别（地区）税收信息研究、帮助发展中国家提高税收征管能力等，取得了初步成果，有力地推动了"一带一路"倡议顺利实施。但总体上看，运用国际税收合作共治破解上述难题仍然任重道远。

（二）做好"一带一路"税收征管合作是推动构建新发展格局的需要

2020年5月14日，习近平总书记在中央政治局常委会上提出，要充分发挥我国超大规模市场优势和内需潜力，构建以国内大循环为主体、国内国际双循环相互促进的新发展格局（以下简称"双循环"）。"双循环"是在2020年新冠肺炎疫情突发导致全球经济混乱低迷、我国经济发展面临外部不确定性增加情况下提出的发展战略，是关系我国经济安全和发展前景的重大谋划和战略布局，具有强烈的现实价值和深远的历史意义。"双循

---

① 数据整理自海关总署网站。

环"以巩固和发展供给侧结构性改革成果为出发点,坚持产业升级、结构调整的战略方向,坚持科技创新、绿色发展的工作思路,通过完善宏观调控跨周期、逆周期设计和调节,实现我国经济社会稳增长和防风险的长期均衡。"双循环"还要求进一步高水平对外开放,继续推进贸易和投资自由化、便利化,打造我国"世界工厂+世界市场"的国际分工合作新定位。"双循环"需要掌握关键核心技术,稳住外贸外资基本盘,提升我国产业链、供应链的稳定性和竞争力。"双循环"与"一带一路"倡议交相融合,相互促进,共同服务于我国经济社会发展需要。"一带一路"税收征管合作机制的嵌合"双循环"的关键需求,为高水平对外开放提供良好的外部税收环境,为"一带一路"沿线各国协调彼此税收政策、共同应对国际社会重大经济问题提供了可靠的沟通平台。2020年6月我国主持召开的以"同心抗疫,共克时艰"为主题的"一带一路"税收征管合作机制会议就是这样一次有益的尝试。

(三) 做好"一带一路"税收征管合作是推动我国经济可持续发展的需要

近年来,随着我国经济和科技快速崛起,个别国家推行单边主义,采用科技封锁、关税加征、经济制裁、投资限制等手段,干扰我国经济社会崛起进程,维护其国际优势垄断地位。主张共商共建共享的"一带一路"倡议着眼于求同存异、兼容并蓄、合作共赢,反映了沿线人民的共同心声,得到了沿线各国的热烈响应,拓展了我国经济发展的国际空间,使我国在应对复杂外部环境时有了更大的回旋余地。当前,国际新旧秩序斗争激烈,以美国为首的西方国家竭力维护、强化二战后由其主导建立的、体现发达国家利益的国际秩序和规则机制,因此,开展"一带一路"税收征管合作是我国谋求建立国际政治经济新秩序努力的一部分,是我国和"一带一路"沿线国家和地区经济平稳发展的润滑器。首先,过去以经济合作与发展组织(OECD)为代表的发达国家制定的国际税收规则和主导的国际税收合作实践,主要体现和维护发达国家利益,发展中国家发言权不足,无法获得与其对世界经济增长贡献所匹配的税收利益。与此相反,我国倡导构建的"一带一路"税收征管合作机制,充分听取了广大发展中国家改善世界税收治理机制的诉求,反映了广大发展中国家合理分配税收利益的愿望,维护了发展中国家的税收主权。"一带一路"税收征管合作机制是我国主动参与国际税收治理、重塑国际税收新秩序的重要举措。其次,"一带一路"税收征管合作机制的建设和完善,有利于促进"一带一路"国家税收法律制度的交流借鉴,有助于推进税收征管的沟通合作、加快涉税争议的协商解决,从而增强税收确定性和预见性,推进沿线国家和地区的政策沟通、设施联通、贸易畅通、资金融通、民心相通。可以说,"一带一路"税收征管合作机制越完善,在国际上的影响越大,我国和沿线国家在全球国际税收新规则的制定中就越有话语权。最后,我国和"一带一路"沿线国家在探索建立公平合理、互利共赢的税收征管合作机制过程中,通过我们税收理念的宣传和工作实践的印证,与美国政府单边税改形成巨大反差,有利于我国占领道德及规则制高点,增强我国在国际税收合作和税制改革中的发言权和话语权。

二、准确把握开展"一带一路"税收征管合作的基本原则

随着国际国内局势的不断演变,"一带一路"倡议以其广泛的包容性吸引越来越多的国家和地区加入,其内容和使命不断丰富,为"一带一路"服务的国际税收征管合作面临的任务和工作也越来越重要。2019年7月,国家税务总局局长王军提出全国各级国际税收管理部门要认真贯彻落实习近平总书记关于税收工作的重要论述和对国际税收工作的系列重要指示精神,紧紧围绕国务院"放管服"改革要求,攻坚克难,锐意进取,优化国际税收营商环境,服务"一带一路"建设,深度参与国际规则制定,强化国际税收管理,积极推动构建合作共赢的新型国际税收关系,在国际税收领域的话语权和影响力不断增强,为国家全面开放战略做出积极贡献。王军局长高度概括了开展"一带一路"税收征管合作应当牢牢把握的几项基本原则。

(一) 坚持互利共赢

"一带一路"倡议的实质和目的,就是以"一带一路"合作机制作为平台,沿线国家和地区平等参与,相互借鉴,一起协商,最终实现共同发展。这是我国作为全球第二大经济实体,共建人类命运共同体的责任与担当。当前,全球经济下行,新冠肺炎疫情肆虐,国际局势动荡,部分地区冲突加剧,"一带一路"倡议面临严峻的形势和挑战,此时我国更应该与"一带一路"沿线国家和地区一道,勠力同心,直面困难,坚持开放合作,坚持和谐包容,坚持市场运作,坚持互利共赢。不断运用"一带一路"发展的丰硕成果积极主动引领全球经济发展,在合作中互信、在矛盾中互谅、在前进中互助、在发展中互利,让"一带一路"发展的东风惠及全球。"一带一路"税收征管合作作为"一带一路"倡议税收治理和完善的平台,必须立足于

互利共赢、共同发展的人类命运共同体价值基本原则。应当积极通过保障全球范围内的税收利益和成果共享，在国际税收规则制定中充分发声，让国际税收规则向有利于发展中国家的角度转变，以不断提高发展中国家的税收治理水平，努力减少国家间不正当税收竞争，消除跨境贸易壁垒，促进全球经济交融与税收合作，从而实现各国间全球范围内的利益最大化。同时，应充分发挥"一带一路"区域一体化的集团优势，释放全球经济活力，更好地创造全世界范围内的优良营商环境。目前，"一带一路"倡议已从愿景化为行动，从行动转为现实，从谋篇布局的"大写意"向精工细作的"工笔画"不断迈进。"一带一路"税收征管合作的发展应当继续按照习近平总书记的指示，以我国经济社会发展为契机，让更多国家搭上我国发展快车，帮助他们实现发展目标。要坚持正确义利观，以义为先、义利并举，不急功近利，不搞短期行为。把"一带一路"税收征管合作作为人类命运共同体的税收探索、税收方案，不断改进和完善，造福"一带一路"沿线国家和人民，建设一个更加美好的世界，这是"一带一路"税收征管合作的初心和使命。

（二）坚持便捷高效

随着"一带一路"建设持续繁荣，成果不断扩大，各国政府早已不限于简单的贸易经济合作，而是转向更深层次规则协调的机制构建，税收征管合作机制就是其中的一个重要项目。2019年4月，第一届"一带一路"税收征管合作论坛在浙江乌镇举行，会议强调"一带一路"建设参与国（地区）应通过加强税务合作与政策沟通，共同应对税收挑战，从而提高税收政策和征管的可预测性，尽量避免涉税争议，降低税收不确定性对吸引投资造成的负面效应。这也要求"一带一路"税收征管合作在全球税收秩序重铸与调整的当下，必须坚持便捷高效、科学发展的原则，在沿线国的税收合作中尽可能追求各国税收利益的最大公约数，充分考虑各国国情与税收现状，积极推进"一带一路"参与国多边税收协议的签订，努力跟上国际税收发展的步伐，确保税收征管合作更加灵活地在大范围内进行高效税收协调，减少税收沟通成本，加快国别税收分歧的协商效率，从而让越来越多的发展中国家可以在跨境经济交流中得到更多实惠。坚持"一带一路"税收征管合作机制便捷高效原则符合全球化发展潮流，是对多边合作及全球经济税收治理的有效探索，是"一带一路"税收合作深入发展的必经之路。

(三) 坚持灵活多样

习近平总书记在 2019 年 4 月 26 日第二届"一带一路"国际合作高峰论坛开幕式上的主旨演讲中指出,"共建'一带一路'为世界经济增长开辟了新空间,为国际贸易和投资搭建了新平台,为完善全球经济治理拓展了新实践,为增进各国民生福祉做出了新贡献,成为共同的机遇之路、繁荣之路"。"一带一路"的喜人成果也预示着我国的"一带一路"已经成为全世界瞩目的伟大工程,"一带一路"不仅是中国的"一带一路",更是世界的"一带一路"。面对我国国际税收主导权的不断提升,"一带一路"税收征管合作必须在新形势牢牢把握灵活多样的原则,让更多的沿线国家找到合适的参与方式,提高"一带一路"区域的整体税收治理能力,创造更好的税收环境。为此,我国政府不仅要在顶层设计、宏观谋划上为"一带一路"税收征管合作提供多样化、订单化的参与方式供各国选择,同时也要积极通过政企合作等方式,主动引导"走出去"企业积极参与税收合作建设。此外,在保证各国常态化、机制化的税收交流外,还应当加强建设各国税收政策的分享机制,在尊重和适应各国不同的经济社会制度基础上达成高度共识。

(四) 坚持稳中求进

"一带一路"税收征管合作是我国深度参与全球税收治理的重要举措,为世界各国提供了新的跨国税收治理思路。在参与全球税收治理中,"一带一路"税收征管合作的发展必须坚持稳中求进的工作总基调,在合作中,既要主动贯彻新理念,有效整合资源、集中力量,也要在参与和制定国际税收协定、国际税收标准等工作中循序渐进、量力而为。在"一带一路"税收合作中,应主动从与我国关联度较高、经济社会合作密切的国家和地区开展深度合作,摸索出成功经验。再以此为切入点延伸到其他"一带一路"沿线国家和地区,为各国优化投资和营商环境提供更多利好,让税收征管合作在各国的经济发展中发挥越来越大的作用,让"一带一路"税收征管合作机制形成更多的、更好的可视化成果。同时,在"一带一路"税收征管合作中,我国作为主导国也要为各参与国积极捍卫税收主权与税收利益创造有利条件。此外,我国还需要进一步加强与沿线国税收对话,追求各国间的最佳税收实践。各国税务部门也应当进一步完善税收协调措施与机制,减少税收争端,创造良好营商环境,为各国经济发展提供保障。在沟通中合作,在合作中发展,坚持脚踏实地,坚持稳中求进,才能让"一带一路"税收征管合作根基扎实,才能助力"一带一路"发展行稳致远。

三、政策沟通，筑牢"一带一路"税收征管合作基础

毛泽东同志曾经指出，政策和策略是党的生命。实践证明，任何国家和政府的行动，都是同一定的政策相联系。开展"一带一路"税收征管合作，首要问题是做好不同国家之间税收政策的沟通协同。

（一）开展顶层设计，做好政策沟通总规划

习近平总书记多次指出，构建"丝绸之路"经济带，要创新合作模式，加强"五通"，即政策沟通、道路联通、贸易畅通、货币流通和民心相通，以点带面，从线到片，逐步形成区域大合作格局。随着越来越多的国家和地区把自己的发展战略与"一带一路"倡议相对接，如何与如此众多且差异巨大的国家有效开展国际税收征管合作，首先在于做好政策沟通。政策制度是国家和社会治理的基础工具。不同国家和地区之间税收政策的沟通，可以加深相互之间的理解，有利于彼此之间的协调。更重要的是，税收政策深度沟通大大便利了不同国家之间贸易和投资主体前期的税收规划、执行中的税收处理、完成时的税收结算。因此，这项工作显著节约了社会交易成本，必将有力地促进"一带一路"国家间的经济交流，推动各国经济社会共同进步。政策交流工作涉及方方面面，既有各国税收制度、征管规程方面具体规定的交流，也有涉税立法、执法、司法工作制度的交流，还有双边税收协定、多边税收公约及"一带一路"区域外税收政策立场协调等内容。因此，需要从国家层面顶层设计，做好"一带一路"税收征管合作的政策沟通规划，有效率、高质量地推进此项工作。

（二）加快推进税收协定谈签和更新，降低"一带一路"沿线跨境税收成本

不同国家的税制差异带来的税收冲突主要体现在双重征税上。为了消除税制差异带来的摩擦，具有独立税收管辖权的两个或者多个主权国家间，通常会通过签订公约、双边或多边税收协定的方式来消除税收障碍，解决国家间税收利益冲突，以提高资源配置的效率。在经济全球化的背景下，生产要素的流动性大幅增加，跨国企业经济活动地点更加广泛，各国的境外税收税源也更加分散。境外税收收入成为各国财政收入不可或缺的重要来源，各国税务机关为了维护税收主权而产生的税收摩擦也日益凸显。税收协定作为主权国家处理相互间税收分配关系的重要协调工具，可以帮助建立争端解决机制，对消除双重征税、合理归属利润起着重要作用。21 世纪初以

来，数字经济飞速发展，各种经济新业态层出不穷，"一带一路"沿线国家相对落后，各国税收政策制度的出台跟不上新经济发展的变化，一些经济领域的双重不征税现象开始出现并呈蔓延态势。"一带一路"沿线国家应对此开展专题研究，凝聚共识，按照税基侵蚀和利润转移（BEPS）第1项行动计划——"应对数字经济和电子商务带来的挑战"的指导，依据价值创造贡献原则，公正合理划分税收权益，探索出一条对数字经济等新经济业态合理征税的路径。

（三）深化国别（地区）税收信息研究，为"一带一路"走出去企业提供税收指导

对境外投资目的国税制的不了解是限制我国企业"走出去"的重要原因之一。为了给与企业开展境外投资的信心，2015年起，国家税务总局开始推广国别（地区）税收信息研究工作。截至2020年11月底，国家税务总局已通过门户网站陆续推出了104个国家（地区）的国别投资税收指南，覆盖了大部分"一带一路"及与我国经贸往来频繁的国家和地区，同时每年定期对指南进行更新完善，为企业境外投资提供更加丰富、准确、及时的税收资讯。现阶段的国别税收研究仍然存在一定的局限性。一是信息来源有限。境内研究人员收集情报主要来源于国家官方网站公布的信息，能收集到的有效资料十分有限。二是信息公布滞后。部分"一带一路"沿线国家（地区）互联网普及程度并不高，官方网站信息更新不及时。三是实操指导较少。指南内容以当地税制介绍为主，而企业在经营中遇到的问题更多来自实务操作层面。因此，税务部门要以企业的实际需求为导向，拓展国别（地区）税收信息的获取渠道，充实研究内容，提升研究质量，使国别（地区）税收信息研究对"一带一路"建设的促进作用越来越大。

（四）谋划税收政策差异研究，优化"一带一路"企业资源配置

在"一带一路"建设中，企业行动已经走在了理论研究的前面。但是，不少"走出去"企业在东道国因为政治、经济、文化上的巨大差异而产生"水土不服"的情形。企业开展境外投资项目需要考虑到国际形势、企业实力和投资项目等因素，而税收风险是目前企业跨国投资想做好却又难以做好的重要一环。"一带一路"沿线国家众多，不同国家的经济发展程度不一样，税制也有很大差别。我们的"走出去"企业很难掌握投资目的地国家（地区）全面的税收信息，提前做好境外投资税收规划更无从谈起。我国企业在跨境经营和处理国际税务事项的过程中经常面临很大压力，遇到税收争议难以掌握主动权。因此，开展税收政策差异性研究迫在眉睫。当前，许多"一带一路"沿线国家也在积极推动区域经济集团的融合发展，如南方共同市场、海湾合作委员会、非洲大陆自贸区等。税收政策差异研究可以从区域经济入手，深入发掘亚非拉新兴国家的投资机会，在税收政策规定上找出差异点，在办税规程上找出便捷点，在税收负担上找出最低点，为"一带一路"境外投资企业提供有效的税收信息，帮助"走出去"企业找到"最优解"。

四、机制畅通，提升"一带一路"税收征管合作效率

随着"一带一路"倡议深入推进和实施，税收因素在"一带一路"跨境贸易和投资等经济交往中的影响越来越大，跨境经济业务对国家之间税收合作的需求越来越多。建立有效的沟通合作机制，解决跨境税收争议、防范国际逃税和避税、扶持帮助跨国经营企业降低税收遵从成本、优化"一带一路"营商环境的需求越来越迫切，成为我国和"一带一路"沿线国家必须面对的重大课题。

（一）立足双边机制，建立多路径、宽口径沟通渠道

双边机制是目前我国与"一带一路"沿线国家最现实、最有效的税收征管合作办法。截至 2020 年 4 月底，我国已对外正式签署并生效的双边税收协定 100 个，其中"一带一路"沿线国家 56 个。这些双边税收协定都规定了相互协商程序条款，以便解决纳税人与主管税务机关之间因跨境经济交易活动而产生的税收争议。从争议解决具体规定内容上看，这些相互协商程序条款基本上参考了 OECD、联合国发布的税收协定范本中的相关规定。近年来，我国跨境税收争议案件呈上升趋势，申请启动双边相互协商程序机制处理的情况越来越多，争议案件的复杂程度也呈加重趋势，使得结案平均用时越来越长。由于相互协商程序机制先天具有强制性不足的缺陷，造成跨境税收争议机制的效率与人民的期盼差距甚高。鉴于此，为回应跨境企业的诉求，更好推进"一带一路"倡议，营造有利于"一带一路"沿线国家和地区发展的税收友好型营商环境，我们需要从两个方向着手：一是借鉴 BEPS 第 14 项行动计划——建立更加有效的税收争议解决机制中的"最佳实践"标准，健全和完善现行的相互协商程序。二是有重点、循序渐进地与"一带一路"相关国家协商，在解决跨境税收争议中引入双方都认可的国际税收仲裁机制。在双边交流机制中，除了税务机关发挥主渠道作用外，可以通过向驻外使馆派驻税务人员、跨境企业交流、税务人员互派学习等方式多路径进行交流，加深对彼此税收制度、征管业务的学习和了解。在交流内容上，除了税收争端解决外，税收情报交换、税收政策借鉴、第三方参与协调等都可以纳入双边协商交流机制内容。

（二）建设多边机制，充分利用好多边区域组织协商平台

我国目前与"一带一路"沿线国家的税收合作多以签订双边协定为主，多边协定参与较少。事实上，在"一带一路"沿线有数十个大大小小的区域政治经济组织，比较有影响力的有东南亚国家联盟、阿拉伯国家联盟、海湾合作委员会、东非共同体、非洲联盟等。这些区域组织成员国大多有相同的国情，经济发展水平接近，政治体制相似，宗教信仰相同。更重要的是，这些区域组织都把经济合作作为组织和成员国的一项重要任务，少数组织甚至实现了贸易、投资和人员流动的自由化。应与这些区域组织建立紧密的联系，探索不同程度的的经济合作，利用该组织已有的经济合作成果，加强我国与这些组织国家之间的友好交流。这样不仅能促进我国与"一带一路"沿线国家的联系，提升"一带一路"倡议的影响力和吸引力，而且能节省人力物力，更加深入地融入当地经济社会发展，取得双边合作难以达成的效果。

（三）推动全域机制，全面发挥"一带一路"税收征管合作机制的作用

全方位、全覆盖建立税收征管合作，是推动"一带一路"倡议全面落地的必然要求。2019年4月第一届"一带一路"税收征管合作论坛发表了《乌镇声明》，形成了《乌镇行动计划（2019—2021）》（以下简称《乌镇行动计划》），同时构建了"一带一路"税收征管合作机制，成立了"一带一路"税收征管能力促进联盟，深化了税收征管合作共识，制订了征管合作行动计划。"一带一路"税收征管合作论坛是我国税务部门迄今为止筹办的参与方最多、规模最大、国际关注度最高的多边活动，是全球税收合作发展的里程碑事件，开启了国家（地区）间税收合作的新时代，必将为落实党的十九届五中全会关于"一带一路"高质量发展的精神发挥重要作用。当前，国际社会单边主义和贸易保护主义抬头，我国作为全球化的受益者和推动者，要旗帜鲜明地深化和发展跨国合作。为继续推动"一带一路"高质量发展，我国税务部门要和"一带一路"国家（地区）一道，共商共建税收征管合作机制，共享税收合作成果，推动"一带一路"沿线实现高水平对外开放，促进彼此之间贸易自由化、投资便利化，推动区域经济向开放、包容、平衡、共赢的

方向发展。

(四)探索信息机制,共建"一带一路"税收大数据平台

信息化是当代开展税收征管合作的必然要求,大数据是实现征管合作的必由之路。建立"一带一路"税收征管合作信息平台,有助于提高沿线国家和地区税收管理现代化水平,促进各国税收业务相互融合,便捷企业跨国办理税收业务。建设"一带一路"税收征管合作大数据平台,既需要国内政府跨部门的通力协作和社会各界的大力支持,也需要沿线国家的积极配合。税收大数据平台必须具有为沿线国家间开展税收合作提供数据支撑和涉税业务处理的功能,至少要包括三个方面的基本内容:一是能帮助沿线各国及时发布本国税收政策和办理流程和了解他国税收政策和办税规程;二是能协助"一带一路"国家之间进行税收情报交换、开展跨国争议税收协商等工作;三是能帮助跨境纳税人处理境外纳税申报等涉税事项。当前,部分"一带一路"国家政府信息化水平较低,为实现共建"一带一路"税收征管合作大数据平台这一目标,需要大力提升沿线国家特别是较落后国家政府的税收电子化、信息化水平;同时要立足实际,先易后难、分期分批、逐步铺开这项工作。

五、多方融通,形成"一带一路"税收征管合作合力

在开展"一带一路"税收征管合作的过程中,需要联合多部门,积极调动企业及中介机构、科研院所等多方力量,形成合力,共谋发展。

(一)深化部门合作,实现涉税信息共享

充分掌握涉税信息是税务部门加强境外税收服务与管理的关键,而跨境税源的大量信息分散在商务、外汇、海关、财政、公安等多个其他政府部门。多部门管理是基于政府职能分工和专门化分类管理的需要,但在客观上也导致了管理效率低、管理碎片化等问题的产生,此外还容易出现政策之间衔接不顺甚至相冲突的情况。因此,税务部门应加强与相关政府部门之间的沟通协调,畅通合作渠道,增强管理的一致性,减少制度摩擦带来的额外成本,共同为"走出去"企业的发展提供良好的制度环境。同时,完善部门间信息共享机制,定期交换、比对相关信息数据,以便全面掌握涉外企业各方面情况,提高管理的及时性和有效性。为落实《乌镇行动计划》中"税收征管数字化"的相关要求,税务部门还应进一步提升信息管理和数据利用水平,注重资源整合,发挥集成效应,最大程度利用各方信息服务于"一带一路"税收征管。

(二) 落实税企协作，做到跨境服务精准

加强与"一带一路"跨境企业之间的沟通交流，准确把握企业涉税需求，这样的税收征管合作才是纳税人需要的，也是我们的工作必须追求的。"一带一路"税收征管合作怎么做、做什么，跨境"引进来"和"走出去"企业、个人最有发言权，这就要求在开展税收征管合作工作中，让"一带一路"跨境纳税人全流程参与。当然，政府税收资源的有限性不可能使税务机关的工作面面俱到，符合每一个跨境纳税人的需要。《乌镇行动计划》中的"简化税收遵从"对此作了基本规范。第一，加强税收宣传。既要有全面撒网式的税收宣传，又要有"点对点"的以个性化需求为导向的精准宣传及涉税辅导。要落实"便民办税春风行动"，利用每年4月的全国税收宣传月活动，全面、广泛开展税收宣传，推动税收营商环境的持续改善。要了解"引进来""走出去"企业等重点企业的涉税需求，有针对性地开展"一带一路"税收政策宣传。第二，做好涉税辅导。当前，部分"走出去"企业因为被投资国语言、会计核算方法、税收制度与国内有着很大的差异，境内财务人员很难对境外的涉税情况进行准确地申报；还有部分"走出去"企业出于各种顾虑，不愿意主动上门咨询寻求协助，因此得不到个性化的辅导，而税务机关由于缺乏收集企业境外投资信息的第三方渠道，不能掌握企业境外投资信息，难以主动提供辅导服务。针对这些情况，税务机关应有的放矢，在拓展信息渠道取得跨境税源信息的基础上，及时精准地为企业提供涉税辅导，让更多"走出去"企业能充分了解投资目的地的经商环境与税收制度，帮助"走出去"企业防范税收风险。第三，重视信息安全。税务机关应高度重视信息安全工作，对掌握的跨境税源信息加强保密，保护纳税人隐私，建立相应的内部控制机制以降低潜在的隐私风险，与第三方共享信息应严格控制在法律允许的范围内。

(三) 引入社会力量，提升征管合作品质

借助社会力量，特别是提供专业税收服务的中介机构、从事税收研究的科研院所的知识和经验，将大幅提升"一带一路"税收征管合作工作品质。开辟税务机关、涉税专业服务机构的沟通协作通道，充分发挥税务师事务所、会计师事务所、律师事务所、科研院所等机构在服务"一带一路"倡议中的专业化作用，为税收征管合作建言献策。当前，我国"引进来""走出去"企业和个人规模庞大，各大知名会计师事务所、税务师事务所，为应对跨境纳税人跨国投资和经营业务面临的税收风险，提供了专业而优质服务，并在

此过程中对重大跨境税收问题进行了长期深入研究,形成了具有针对性、操作性的经验。税务机关应通过与这些涉税专业服务机构的合作,鼓励其充分发挥优势,提高自身业务能力,提升服务水平。一方面,鼓励他们加大对国际化专业人才的培养,吸引更多优秀人才充实到国际业务中,提升跨国税收咨询业务能力建设,更好地为"一带一路"倡议服务。另一方面,鼓励和吸引他们着眼经济全球化新形势和跨国企业发展新需求,加大服务"一带一路"税收征管合作力度,共同为"一带一路"沿线国家(地区)经济社会发展贡献力量。

加强出口退税管理　服务高水平对外开放

戚玉龙[*]

党的十九届五中全会是在我国"两个一百年"奋斗目标的历史交汇点上召开的一次重要会议。全会提出的"坚持实施更大范围、更宽领域、更深层次对外开放""加快构建以国内大循环为主体、国内国际双循环相互促进的新发展格局""建立现代财税金融体制"等，对我国的出口退税工作指明了未来前进的方向。

一、通过三个"更"，读懂《建议》中的高水平对外开放

未来五到十五年，我国将怎样发展是党的十九届五中全会所要回答的主要命题。其通过的《中共中央关于制定国民经济和社会发展第十四个五年规划和二〇三五年远景目标的建议》（以下简称《建议》），60条、2万余字，想要一下子学懂弄通较为吃力。如果紧紧抓住了"发展"这个关键词，就能够把握一个大框架。这个框架的核心是三个"新"——新发展阶段、新发展理念、新发展格局，即我国已经进入新发展阶段，需要进一步贯彻新发展理念，以此来构建新发展格局。三个"新"与"创新、协调、绿色、开放、共享"这五大发展理念具有内在的紧密联系。例如，构建新发展格局，保障产业链供应链安全，解决像高端芯片被"卡脖子"的问题，必须深入贯彻"创新"的发展理念，这就是为什么党的十九届五中全会提出"把科技自立自强作为国家发展的战略支撑"。又如，构建新发展格局，畅通国内大循环，必须贯彻"共享"的发展理念；构建新发展格局，强调决不是封闭的内循环，而是更高水平的开放，这也是五大理念中"开放"理念的应有之意。

冷战结束后，全球化迅猛发展，国际经贸、金融与投资的一体化日进千

---

[*] 戚玉龙，国家税务总局湖北省税务局货物和劳务税处副处长、经济学博士。

里，开创了世界经济发展的"黄金期"。但当前，逆全球化浪潮迭起，民粹主义、单边主义和贸易保护主义沉渣泛起，全球化遭遇不小阻力。在此背景下，我国提出更高水平的开放，坚持开放发展、联动发展和共同发展，不仅是大国担当的体现，也是自信心的展露。如何推动下一步高水平开放？党的十九届五中全会给出了基本路径：坚持实施更大范围、更宽领域、更深层次对外开放，建设更高水平开放型经济新体制，全面提高对外开放水平，推动贸易和投资自由化便利化；同时推进双多边合作，推动共建"一带一路"高质量发展，积极参与全球经济治理体系改革。

党的十九届五中全会公报中，"开放"二字出现达 11 次之多。"开放"这一理念始终贯穿在我国经济社会发展未来总规划的远景目标、指导思想、遵循原则、主要目标、具体任务等内容中，从中可以清晰看到开放在中国经济社会发展大战略中的地位和分量。我们可以通过三个"更"来进一步读懂《建议》中的高水平对外开放。

一是更大范围的开放。经过 40 多年的改革开放，目前我国已经基本形成东部沿海、中部腹地和西部内陆不同梯次、共同开放的格局。商务部数据显示，截至"十三五"末期，全球 230 多个国家和地区与我国建立了经贸与投资合作关系。但不可否认，我国不同地区、不同省市与外部世界交融的程度并不均衡，外资外企准入的门槛高低不一，本地企业"走出去"、布局全球的水平也不尽相同。为更大程度地激发国内经济发展的潜能，"以外督内"，借外力打通"任督"二脉，用对外开放倒逼内部改革，未来的开放还需在空间上下更大功夫，打破沿海与内地的藩篱，使每一块地方都成为开放的前沿阵地。

二是更宽领域的开放。我们构建的新发展格局，决不是封闭的国内"单循环"，而是开放的、相互促进的国内国际"双循环"。新时代、新发展阶段要求对外开放涵盖经济体系的各大领域，在生产、消费、交换、分配等各环节，在经贸、投资、金融等各领域，在农业、制造业、服务业等各产业，形成对外开放的全覆盖网络。我国开放的大门不会关闭，而且将进一步敞开，一个日益开放与发展的中国将为世界各国创造广阔的发展机遇。

三是更深层次的开放。未来的开放不仅包括"引进来"，也包括"走出去"，是双向的开放。这种开放不仅涉及大幅降低境外商品和服务我国市场的准入门槛，降低关税总水平和消除非关税壁垒，而且涉及要素层面甚至是经济体制层面，以形成多层次的纵深开放。这就要求不仅商品可以自由流动，而且劳动力、土地、资金、技术、数字信息等也可以自由流转，也就是要做好"流动型开放"；并且要在法律法规和管理体制上作出相应调整，将我国的成功经验制度化，为完善全球的各种制度体系做出贡献，也就是要做好"制度型开放"。这也是在2020年11月召开的浦东开发开放30周年庆祝大会上，习近平总书记强调的"深入推进高水平制度型开放，增创国际合作和竞争新优势"的题中之意。

开放是数十年来我国经济飞速发展的密码之一，也是"中国模式"日益成型的重要动力基础。在改革开放的伟大实践中，"开放发展"已内化成我党治国理政思想的重要组成部分和我国经济社会治理理念的重要基石。站在这个维度，就能更加清晰地理解党的十九届五中全会多次提到的"开放"理念，就能更加深刻地明了在新冠肺炎疫情如此严重的国际大环境下我国仍然坚持举办第三届中国国际进口博览会的历史意义，就能更加透彻地领会党的十九届五中全会提出的"坚持实施更大范围、更宽领域、更深层次对外开放"。在历史进入"新发展阶段"后，我国将一如既往坚持开放共赢发展，并将在未来五至十五年将对外开放提升至全新水平。

二、站在党的十九届五中全会更高的视角来认识出口退税工作

历史是体现人类接续奋斗的历程，今天的历史是过去的现实，今天的现实又会成为未来的历史。要深入学习领会党的十九届五中全会"实行高水平对外开放"要求，要站在更高维度认识出口退税工作。可以先做一组数据对比。"十三五"时期，全国出口退税办理额从初期（2016年）的接近1.2万亿元，稳步增长到末期（2019年）的接近1.6万亿元，而同期我国的军费预算从初期（2016年）的不足1万亿元，到末期（2019年）的不足1.3万亿元，每年全国的出口退税办理额均高于军费预算2000亿~3000亿元，这与我国"以经济建设为中心"的逻辑是一脉相承的。

无论是规范分析，还是实证分析，出口退税对于我国外贸出口的强力促进作用都是毋庸置疑的。"十三五"时期，全国出口退税办理额与我国外贸出口保持了同步增长。在"中美贸易战"的艰难时期，出口退税为外贸出口保驾护航的作用更为凸显。尤其是2020年，在全球外贸萎缩10%以上的情况下，我国的外贸出口仍然实现了可喜的增长。根据海关总署2020年12月7日发布的数据，2020年前11个月，我国货物贸易进出口总值29.04万亿元，比上年增长1.8%，这是继1—9月外贸进出口累计增速年内首次转正以来，连续第三个月保持正增长。根据商务部预测，2020 年我国进出口总额有望达到 32 万亿元左右，较"十三五"末期的 2015 年增长 30%。① 根据世贸组织数据测算，2020 年我国国际市场份额进一步提升，将超过 2015 年 13.8%的历史最高水平。

如果仅从"出口退税"这个词来字面学习，无论是党的十九届五中全会公报、习近平总书记作的说明，还是《建议》，并没有直接提及。但是通过进一步学习，我们可以感受到，党的十九届五中全会作出的决策部署和《建议》安排的目标任务，很多方面都对发挥税收在国家治理中的基础性、支柱性、保障性职能作用、发挥出口退税促进外贸出口职能作用树立了新目标、提出了新要求、开拓了新境界。

（一）要在服务好"新发展格局"中发挥出口退税职能作用

如何构建以国内大循环为主体、国内国际双循环相互促进的新发展格局，可以归纳为"一个中心、两个关键侧"。"一个中心"，即以扩大消费为中心；"两个关键侧"，即扭住供给侧结构性改革，同时注重需求侧改革，通过两个关键侧共同发力，打通堵点，补齐短板，贯通生产、分配、流通、消费各环节，形成需求牵引供给、供给创造需求的更高水平动态平衡，提升国民经济体系整体效能。只有站在这个更高的维度，来认识我国的外贸出口、认识出口退税对促进外贸出口的职能作用，才能增强全国税务系统的"底线思维"和"系统观念"，更好地应对"十四五"时期可能出现的各种新老问题和更加严峻复杂的新形势。

（二）要用足用好出口退税这个"合规的外贸政策工具"

自 1985 年我国实行现代意义上的出口退税制度以来，已经历经了 35 年的不断摸索完善。在 2012 年开始的营改增试点之前，出口退税的普遍定义是"国际贸易中为鼓励和保障世界贸易各国出口货物参与公平竞争而采取的一种税收措施，也是我国为增强国内货物的国际市场竞争力而实行的一项鼓励性政策"。随着 8 年来持续改革，向着构建现代增值税制度的目标不断迈进，我国的出口退税概念定义已转变为"国际贸易中，对报关出口的货物、劳务及提供适用增值税零税率应税服务，退还或免征在国内各生产环节和流转环节按税法规定已缴纳的增值税和消费税，是国际贸易中通常采用并为各国所接受的、目的在于鼓励出口货物、劳务、服务参与国际市场竞争，同时避免国

---

① 数据整理自商务部网站及相关媒体报道。

际双重征税的一项税收管理措施"。无论是"一项鼓励性政策",还是"一项税收管理措施",由于出口退税不是一个单独的税种,现行政策规定是对增值税和消费税两个税种办理出口退税,所以理论界和实务界都亟须厘清对出口退税性质、概念、定义的基本认识。2020年2月23日,统筹推进新冠肺炎疫情防控和经济社会发展工作部署会议在北京召开,习近平总书记在题为《不获全胜决不轻言成功》的重要讲话中要求:"稳住外贸外资基本盘。要用足用好出口退税、出口信用保险等合规的外贸政策工具,保障外贸产业链、供应链畅通运转……"习近平总书记在这次讲话中专门点到了"出口退税",也是中央层面对出口退税性质的权威定义。无论是一种已征税款退还也好,还是一种财政支出(部分理论界称为"税式支出")也罢,归根到底还是习近平总书记定义的"合规的外贸政策工具",这样才是回到了出口退税的源头和"初心"。从另一个角度,也可以将其理解为国家通过税务部门,将出口货物、劳务、服务对应的纳税人应该获得的"退款"、国家对纳税人的"欠款"及时返还给纳税人。这就需要全国税务系统进一步提高自身顺应新发展阶段、贯彻新发展理念、构建新发展格局的能力和水平,更充分地发挥出口退税的职能作用。

(三)要继续落实和完善出口退税政策

《建议》提出"完善宏观经济政策制定和执行机制,提高调控的科学性"。"十三五"时期尤其是新冠肺炎疫情以来,党中央、国务院出台了包括出口退税政策在内的一系列减税降费政策,在应对经济下行压力、扩大消费、提升发展质量等方面发挥了积极作用。在"十四五"时期,甚至在可以预见的较长时期内,出口退税政策仍然有其存在的合法性、合理性和必要性,税务部门将继续落实和完善出口退税政策,支持加快发展现代产业体系,促进高质量发展。从合法性和合理性而言,相对于美国、日本、欧盟为保护国内农业和农户而采取的财政补贴政策而言,出口退税政策是国际通行做法,符合 WTO 规则,只要是实行了增值税(国外或将其称为货物劳务税、销售税等)的国家和地区,普遍都采取了出口退税政策。从必要性而言,表面上看,出口退税款的一部分确实是由我国政府拿出财政资金补贴给海外消费者,但是背后的实质需要认清,那就是这种做法既巩固和扩大了以我国强大制造业为中心的产业链和供应链不断扩展和延伸,又解决了大量的农村转移人口(或者叫"农民工")、高校毕业生、退伍转业军人等重点保障群体的就业问题。从我国与美国之间的贸易争端现状看,美国对我国出口商品加征25%等档次的关税,虽然会增加美国进口商和终端消费者的负担,也就是很多国内外专业分析所指出的"对美国人征税",但受议价能力、需求方市场、保市场份额和长期合作关系等因素影响,必然会有一部分出口商品降价或打折扣,导致由我国出口企业承担部分成本。这样,在利润率降低的情况下,出口退税款的及时获得对于出口企业获得喘息机会、稳固市场份额等就更显重要。我们不仅要算明白"经济账",更要算明白"民生账、就业账、社会账、战略账"。在我国经济社会进入新发展阶段,仍然处于需要保留部分低端制造业并不断向中高端制造业迭代的过渡时期,如果贸然取消出口退税政策,将会造成一系列不可预估的风险,那将是得不偿失的。我们要坚定继续延续出口退税政策总体不变的决心,同时也要针对目前我国出口退税在政策、管理、服务、防骗等层面存在的问题逐步予以完善。

三、将系统观念贯穿于出口退税工作,更好落实党的十九届五中全会精神

不谋全局者不足以谋一域。党的十九届五中全会将坚持系统观念明确为"十四五"时期经济社会发展必须遵循的重大原则之一,体现了党在科学思想方法上与时俱进的新进展、新创造。各区域、各部门、各产业、各群体,都是经济社会发展大系统的组成要素,也都是中华民族伟大复兴这一战略全局中的有机构成,不能脱离战略系统的整体推进获得孤立的发展与成长。

《建议》提出"坚持实施更大范围、更宽领域、更深层次对外开放,依托我国大市场优势,促进国际合作,实现互利共赢。"2020年的《政府工作报告》也提出,面对外部环境变化,要坚定不移扩大对外开放,稳定产业链供应链,以开放促改革促发展。"十三五"末期,为了稳住外贸外资基本盘,国家陆续出台了一系列支持政策,出口退税是其中的重要内容,发挥了重要作用,全国外贸外资均回稳向好,为"六稳""六保"做出了积极贡献。同时我们要清醒认识到,当前国际疫情持续蔓延,世界经济严重衰退,国际贸易投资大幅下降,保护主义上升,外贸外资形势依然复杂严峻。针对"十四五"时期可能出现的更为严峻复杂的局面,需要坚持系统观念,并贯穿于出口退税各项工作中,以更好地贯彻落实党的十九届五中全会精神。

(一)坚持系统观念,完善出口退税政策

整体论是系统观念的首要观点,没有整体性视野就难有系统观念。坚持系统观念,要求在认知和处理问题时,必须着眼于事物的整体来绸缪布局,把整体的效益和功能作为根本归宿和出发点。这就启示我们,经济、政治、

文化、社会、生态、科技、教育、国防等各项发展任务的实现都会受到系统的整体制约，脱离其他方面配合的孤军深入式的单项改革是难以成功的，出口退税政策亦是如此。如何破局，可以归纳为"统、合、变"三字口诀。

1. 一个"统"字，即应对相关部委改革不断推进的新形势，统筹完善出口退税政策

"十三五"末期，商务部和海关总署在"9610"的基础上，主要新增了"9710""9810"两种跨境电子商务出口的贸易性质代码，目前我国现有的105个跨境电商综合试验区内企业已经建设了1800多个海外仓，成为海外营销重要节点和外贸新型基础设施。从对应的出口退税政策而言，在财政部和国家税务总局暂未有配套享受出口退税政策相关的公告和通知的过渡阶段，具体办理的税务机关只能暂时比照《财政部 国家税务总局关于跨境电子商务零售出口税收政策的通知》（财税〔2013〕96号）的规定执行。虽然现阶段办理的金额不大，但仍然可能存在增加税务部门执法风险等隐患。

坚持系统观念，可以综合考虑在"十四五"时期实现出口退税与出口收汇彻底脱钩的可行性。国家外汇管理局数据显示，截至2020年11月末，我国外汇储备规模为31785亿美元，较10月末上升505亿美元，升幅为1.61%。[①] 整体上看，我国外汇储备规模保持了相对稳定，2020年已经连续7个月保持在3.1万亿至3.2万亿美元。在可以预见的未来，我国外汇储备将继续保持总体稳定，这一方面是我国经济延续持续复苏态势，疫情对经济的影响逐渐减弱，宏观经济稳中向好为外汇储备规模保持稳定打下坚实基础；另一方面是我国金融市场持续加大开放力度，外汇市场平稳运行，跨境资本流动基本平衡。随着人民币汇率形成机制更趋完善，人民币汇率弹性也将进一步增强。在这种大背景下，基于《国务院关于调低出口退税率加强出口退税管理的通知》（国发明电〔1995〕3号）、《国家外汇管理局 海关总署 国家税务总局关于货物贸易外汇管理制度改革的公告》（国家外汇管理局公告2012年第1号）的有关规定，现行出口退税"出口企业申报退（免）税的出口货物，须在退（免）税申报期截止之日内收汇……未在退（免）税申报期截止之日内收汇的出口货物，除……不能收汇或不能在出口货物退（免）

---

① 国家外汇管理局. 截至11月末我国外汇储备规模为31785亿美元 [N/OL]. 新京报, 2020-12-07 [2021-01-09]. https://baijiahao.baidu.com/s?id=1685410554475938632&wfr=spider&for=pc.

申报期的截止之日内收汇的出口货物外,适用增值税免税政策"等政策规定,可以考虑在"十四五"时期予以废止。

2. 一个"合"字,即探索未来出口退税与正在试行的期末留抵退税制度"双轨合一"

我国的增值税制度虽然已经从生产型转变成为消费型,但仍然处于改进完善之中。多年来纳税人和理论界反复呼吁的期末留抵税额予以退还的建议已经破题。目前的现状是,正在试行的期末留抵退税制度本身尚未统一,主要存在三种类型:第一种是增值税期末留抵税额退税制度,第二种是部分先进制造业纳税人退还增量留抵税额,第三种是疫情防控重点保障物资生产企业全额退还增量留抵税额。出口退税政策设计所要解决的问题根源是进项税额,体现为期末留抵税额,这与目前正在试行的期末留抵退税制度"同根同源",完全可以考虑合一。"十四五"时期,可以探索分步实施。第一步,需要统一出口退(免)税计算方法。目前我国出口退税政策规定有两种并存的计算方法,即适用于外贸企业的"免退税"办法和适用于生产企业的"免抵退税"办法,无论是计税依据,还是具体计算公式都不一致,既无法适应企业经营方式多样化、跨界化、融合化的新趋势,也人为造成税收负担不一致、存在税收筹划的空间,连目前的出口退税申报系统都分为生产企业和外贸企业两套系统,而且附带衍生出生产企业视同自产产品如何适用"免抵退税"办法等政策难题。从出口退税原理、出口企业发展趋势、财政资金负担压力等因素综合考虑,将"免退税"和"免抵退税"统一为"免抵退税"办法的呼声较高。第二步,需要逐步统一期末留抵退税制度,本文不是探讨解读"十四五"时期增值税制度完善问题,这里不展开阐述。在这个基础上逐步将期末留抵退税制度和出口退税政策规定合二为一、双轨合一,有一定可行性。

3. 一个"变"字,即进一步完善现有的出口退税政策体系

在"十四五"时期,进一步完善我国现有的出口退税政策体系还有较大空间,同时需要规避"退税万能论",出口退税政策不能包打天下、解决所有问题。根据系统观念,既可以做"减法",也可以做"加法",具体情况具体分析。

清理现行出口退税政策中的一些特殊规定,这是做"减法"。根据形势的变化,"十三五"初期我国已经取消了绝大部分的海洋工程结构物退税政策规定,让整个政策体系更加精简整洁。同时,还有一些政策,如研发机构采购

国产设备增值税退税政策应该被清理。这是因为该项政策设计的源头是已经废止的不符合WTO规则的外商投资企业采购国产设备退税，出台的初衷是鼓励我国研发机构采购使用国产设备。在实操层面，由于设立这种研发机构的都是有一定经济实力的企业，有其他渠道能够消化采购国产设备所支付的进项税金，对于申请享受该项政策的积极性不高，并且执行中可能会产生其他一些问题。因此，"十四五"时期可以考虑将该项政策融入期末留抵退税制度之中。

增加一些出口退税政策规定，这是做"加法"。"十三五"时期，根据经济发展和国家战略需要，出口退税政策"加法"不断出台，例如，2020年底在海南自由贸易港实施的船舶退税政策和在珠江流域实行的启运港退税政策等。又如，跨境应税行为适用增值税零税率政策。综合看，我国的该项政策已位居世界先进水平，"十四五"时期可以考虑在总结梳理现行跨境应税行为适用增值税零税率和免税政策规定实际效果的基础上，探索进一步放宽跨境应税行为适用增值税零税率的服务行业范围。

（二）坚持系统观念，优化出口退税服务

协同论是系统观念的核心观点，同样的碳原子，按不同结构组合，或为钻石或为石墨，二者效能大相径庭。没有协同性视角就难以优化系统效能。坚持系统观念，要求在发现和解决问题时，必须着眼于系统中各要素间的关系来协调机制，把结构调整作为优化系统效能的基本途径和着力点。对于出口退税服务工作而言，在现有良好基础之上，可以运用协同论这种方法论，坚持系统观念，进一步予以优化。

1. 将特殊时期的出口退税服务措施上升为常态化措施

2020年以来，面对新冠肺炎疫情影响，全国税务系统坚决贯彻落实党中央、国务院"六稳""六保"工作部署，积极落实国务院出台的提高出口退税率政策，统筹推进出口退税无纸化"非接触式"办理、实地核查"容缺办理""单一窗口"退税申报功能等多项便利化措施，进一步优化出口退税服务，加快出口退税进度，助力出口企业发展并取得积极成效。未来应总结完善疫情期间推出的服务出口退税的各项措施，将其规范化、常态化。为更好地贯彻落实党的十九届五中全会精神，"十四五"时期需要继续大力支持发展跨境电商、海外仓、外贸综合服务、市场采购贸易等新业态。例如，我国沿海地区已经有"跨境电子商务企业对企业直接出口"和"跨境电子商务向海外仓出口"的业务申报退税，需要进一步关注此类业务开展情况，以便及时做好配套的退税服务。还需要继续加快出口退税进度，确保"将正常出口退税业务平均办理时间压减至 8 个工作日以内"目标的实现，确保按照出口退（免）税企业分类管理办法规定的时限办理退税，并为"十四五"初期国家税务总局全面推广无纸化出口退税单证备案做好前期准备。

2. 有效利用现代科学技术进一步优化出口退税服务措施

"十四五"时期，需要进一步增强创新思维，积极运用互联网技术和信息化手段，创造性地开展出口退税工作。例如，出口退税申报和审核审批退调库，在现有全程电子化的基础上，可以探索运用大数据、云计算，全部在云端完成，彻底摆脱单台电脑、单机版申报软件的限制，并且实现"掌上办"。在最后的出口退税款退付形式上，也可以探索用中国人民银行在"十三五"末期开始试点的数字人民币。借助增值税发票电子化的东风，出口退税所对应的出口合同、出口发票、运输单据等，可以考虑在"十四五"时期探索运用区块链技术加以电子化。再比如，在物联网和人工智能的基础上，配合逐步成熟的数字孪生技术，拓展虚拟办税服务厅中的出口退税办理模式以及咨询模式，有可能摸索出快速提升出口企业办税人员申报退税和税务干部审核办理退税操作熟练程度的新路径。

3. 进一步探索改革出口退税组织架构和管理模式

"十三五"时期，出口退税的组织架构和管理模式经历了变化。2018 年以前主要体现在出口退税审批权限下放到原县（市、区）一级国税机关，进一步促进了征退税衔接甚至是征退税合一。2018 年省以下国税地税机构合并，全国的出口退税机构设置，根据出口退税办理额大小出现了区别，办理额度较大的省一级设置第二税务分局（出口退税服务和管理局），其他省一级撤销原进出口税收管理处，相关职责和人员并入货物劳务税处。设置第二税务分局（出口退税服务和管理局）的省份也有区别，有的就是按照处室管理，有的还负责出口企业的出口退税受理申报和审核审批，并有单独经费列支等。副省级省会城市的机构设置又有些许区别，例如，武汉市税务局仍然保留单独的进出口税收管理处。省以下的出口退税管理职责都是在货物劳务税管理部门，各地各级的名称有所区别。这种组织架构和管理模式在实际工作中，可能会出现下级对口多个上级机构，不一定利于工作的上传下达和部署反馈，在"十四五"时期可以紧跟《建议》提出的"深化税收征管制度改革"要求，探索进一步改革完善的可行性。"十四五"时期，无论机构如何变动，需要辩证处理好专业化集中管理和属地管理这一组关系，这两种组织架构和管理模式各有利弊，而我国的外贸出口分布、出口企业分布和对应的出口退税办理额差异明显，不一定要强制统一为某一种模式，需要因地制宜、差异化对待。同时，随着我国出口退税信息管理水平的不断提高、无纸化管理的不断深入、出口退税各项服务措施的不断升级，在加大基层税务人员出口退税业务技能培训的基础上，也可以探索实现彻底的属地管理模式，并辅之以风险管理、退税评估、税务稽查等手段。

（三）坚持系统观念，强化出口退税风险管理

开放论是系统观念的必备观点，没有开放性视角就难有系统活力。坚持系统观念，要求在处理系统和环境的关系时，必须着眼于系统自身与外部环境的开放循环，把有益的物质、信息、能量交换作为中心诉求和交汇点。对于防范骗取出口退税在内的出口退税风险管理而言，更需要运用开放论的方法论，坚持系统观念，努力内外兼修，发挥整体合力，进一步强化风险管理。

1. 深入研究对新的骗取出口退税行为的定性和防范

例如，对于手机正常报关出口申报退税，然后通过水客"蚂蚁搬家"、边贸"肩挑人扛"等方式偷运入境，回流到国内市场销售，很多海关和税务机关的稽查部门都认定为骗取出口退税。对于这种新动向，如果将手机视为纯粹为了骗取出口退税所使用的一种"道具"，那就应该认定为涉嫌骗取出口退税，同时还涉嫌偷逃进口关税。但是在业务管理部门之间也存在争议，单从出口退税办理环节这个角度看，认定为涉嫌骗取出口退税依据不足，值得进一步探讨。还比如，外贸综合服务企业所采取的服务模式，具有快速退税、便利出口的优势，一旦被不法分子利用，极易转化为骗税周期短、易得手、更隐蔽的违规"优势"，成为间接骗税牟利的工具，这种新手法需要在"十四五"时期密切关注。再比如，对于跨境应税行为适用增值税零税率政策，具体审核过程中，由于服务贸易大部分都是虚拟形态，出口后没有出口货物报关单电子信息作为佐证，很多时候只能就申报数据审申报数据，如何判断和定性这种服务贸易的涉嫌骗取出口退税行为，需要在"十四五"时期进一步深入研究。

2. 加强信息共享互通，共同防范出口骗税风险

追溯这数十年骗取出口退税违法犯罪行为的发展历程，其基本操作手法

是类似的，底层逻辑是相通的，操作手法要么是"买单配票"，要么是"低价高报"，要么是"以次充好"，要么是"张冠李戴"，要么是用零退税率产品冒充有退税率产品，要么兼而有之。随着"十三五"时期我国出口退税率逐步与征税率保持同步，骗取出口退税的商品种类主要集中在体积小、重量轻、单价高、易于携带和运输等商品上。骗取出口退税与地下钱庄的非法结售汇和洗钱犯罪、进出境的走私、上下游企业多道环节"洗票"虚开增值税专用发票等，都是紧密扣合在一起的。多年来，这种貌似"简单粗暴"的骗税手法没有发生质的改变。因此，防范出口骗税风险也亟需运用系统理念，将税务部门的专业优势、公安部门的侦查优势、海关部门的情报优势、人民银行的数据优势整合起来，深度融合形成叠加效应。"十四五"时期，可以考虑从两个层面予以加强。在中央部委层面，国家税务总局应与财政部、商务部、海关总署、公安部、人民银行、外汇管理局等部门，进一步加强信息共享、政策协调和专项行动合作等，探索尽快建立综合各部门信息的骗税分析模型软件，进一步强化案情联合研判、线索移送、联合办案等工作环节衔接。在地方政府层面，允许地方相关职能管理部门横向传递互通信息，例如，启运港退税政策涉及运输船舶、运输企业对应的纳税信用等级、海关风险管理等级、外汇"高风险收汇"信息等，允许在省级层面互通。对于一些骗税敏感性的出口货物进行物理结构分析及性能的鉴定，税务机关是不具备这方面专业知识和资质的，在地方政府层面就可以考虑借助第三方机构来评估鉴证。

3. 切实增强底线思维，打铁还需自身硬

《建议》提出"统筹发展和安全，把安全发展贯穿国家发展各领域和全过程"。对于出口退税工作而言，"十四五"时期，要坚守出口退税安全底线思维，进一步探索通过加强出口退税风险管理及时发现和识别"假出口"骗取出口退税等违法犯罪行为，维护良好的外贸出口涉税秩序。对于从事出口退税工作的税务干部而言，要坚守廉洁退税底线，日常在执行出口退税政策、与出口企业工作往来、软件升级和整合等诸多工作中，都要时刻绷紧廉政这根弦，只有真正做到"打铁还需自身硬"，才能更好地确保出口退税安全。

大道至简，实干为要。党的十九届五中全会已擘画好未来"高水平对外开放"的宏伟蓝图，我国已于 2020 年 11 月 15 日签署了"区域全面伙伴关系协定"（RCEP），并在积极考虑加入"全面与进步跨太平洋伙伴关系协定"（CPTPP）。"十四五"时期我国的外贸出口还将跨上新台阶，出口退税工作的重要性将会更加凸显。要贯彻落实好党的十九届五中全会精神，实现上述出口退税工作设想,需要狠抓工作落实,发扬求真务实、真抓实干的优良作风,以钉钉子精神推动各项出口退税工作任务落地见效,更需要发挥党建引领作用,提高党建与出口退税业务融合程度,把党的领导贯穿于出口退税工作各方面、全过程,以高质量党建引领各项出口退税工作高质量发展,切实服务好"高水平对外开放"的宏伟蓝图。

党的领导与队伍建设

加强党的领导
完善"带好队伍、干好税务"机制体系

傅晓东*

党的十九届五中全会把坚持党的全面领导作为新发展阶段必须遵循的第一位原则和根本政治保证,强调要坚持和完善党领导经济社会发展的体制机制。税务部门落实这一要求,必须围绕坚持和加强党对税收工作的全面领导,不断健全"带好队伍、干好税务"的"十大举措",带好队伍展现新气象、干好税务开拓新局面,高质量推进新发展阶段税收现代化。

一、充分认识加强党对税收工作全面领导的重大意义

习近平总书记指出:"党政军民学,东西南北中,党是领导一切的,是最高的政治领导力量。"[①] 加强党对税收工作全面领导,是"坚持党对一切工作的领导"的题中应有之义。

(一)坚持党对一切工作的领导,是习近平新时代中国特色社会主义思想的重要组成部分

中国特色社会主义最本质的特征是中国共产党领导,中国特色社会主义制度的最大优势是中国共产党领导。党的十八大以来,以习近平同志为核心的党中央坚持和加强党的全面领导,充分发挥党总揽全局、协调各方的领导核心作用,立足中华民族伟大复兴战略全局和世界百年未有之大变局,不断深化对经济社会发展规律的认识,作出我国经济发展进入新常态的重大判断,坚持稳中求进工作总基调,形成以新发展理念为指导、以供给侧结构性改革

---

* 傅晓东,国家税务总局黄石市税务局党委书记、局长,公共管理硕士,首批全国税务领军人才。
① 习近平. 中国共产党领导是中国特色社会主义最本质的特征 [J]. 求是,2020 (14).

为主线的政策框架,加强和优化宏观调控,实施一系列重大战略,推出一系列重大举措,推动党和国家事业取得历史性成就、发生历史性变革。实践充分证明,坚持党对一切工作的领导,是我国经济社会持续健康发展的根本保证,也是党和国家的根本所在、命脉所系,更是全国各族人民的利益所在、幸福所系。

习近平总书记对坚持和加强党对一切工作的领导的重大意义、方向原则、体制机制、方式方法等重大问题进行深刻阐述,极大深化了我们党对共产党执政规律、社会主义建设规律、人类社会发展规律的认识,丰富发展了马克思主义执政党建设的理论。坚持和加强党对一切工作的领导,是习近平新时代中国特色社会主义思想的重要组成部分。我们深入学习贯彻这一思想理论,对于增强"四个意识"、坚定"四个自信"、做到"两个维护",自觉在思想上政治上行动上同以习近平同志为核心的党中央保持高度一致,完善坚持和加强党的领导的体制机制,坚持稳中求进工作总基调,坚持新发展理念,具有十分重要的指导意义和现实意义。

(二) 加强党对税收工作全面领导,是税务机关的政治属性决定的

2019年7月9日,习近平总书记在中央和国家机关党的建设工作会议上指出:"中央和国家机关必须牢固树立政治机关的意识。各部门各单位职责分工不同,但都不是单纯的业务机关。中央和国家机关是践行'两个维护'的第一方阵。带头做到'两个维护',是加强中央和国家机关党的建设的首要任务。"① 作为中央和国家机关的重要组成部分,税务机关第一身份是政治机关,第一属性是政治属性,第一要求是旗帜鲜明讲政治。税务系统实行"一条线"垂直管理,不仅税务总局是政治机关,而且各省、市、县局和税务所(分局)都是政治机关,都要把政治建设摆在首位,把坚持和加强党的全面领导贯穿于税收工作各方面各环节、全领域全过程。

近年来,在加强党对税收工作全面领导下,各级税务机关始终坚持以习近平新时代中国特色社会主义思想为指导,坚持政治统领、突出党建引领,深入学习贯彻习近平总书记关于税收工作的重要论述和指示批示精神,认真贯彻落实党中央、国务院决策部署和各级党委政府工作要求,税务系统党的领导得到前所未有的加强,各级税务局党委把方向、管大局、保落实的领导

---

① 习近平. 在中央和国家机关党的建设工作会议上的讲话 [EB/OL]. (2019-11-01) [2021-01-09]. http://www.xinhuanet.com/politics/leaders/2019-11/01/c_1125180360.htm.

核心作用显著发挥，党的旗帜始终在税收改革发展、助力脱贫攻坚、服务"国之大者"的前沿阵地高高飘扬。

党的十八大以来，国家税务总局党委确立以"带好队伍、干好税务"为主要内容的新时代税收现代化建设总目标，提出并不断充实完善"六大体系"的具体目标内容，逐步提升"六大能力"，探索构建推进实现税收现代化目标的"十大举措"。各级税务机关按照总局部署，服从和服务于经济社会发展大局，发挥税收在国家治理中的基础性、支柱性和保障性作用，推动新时代税收现代化建设不断取得新成效、新业绩。从国税、地税合作到国税、地税合并，从营改增试点到全面推开，从落实更大规模减税降费政策到统筹推进疫情防控和服务经济社会发展，税务系统上下都始终坚持党建引领税收改革发展，坚持党建与业务工作深度融合互促，确保了税收工作始终沿着正确方向不断向前推进，在使各级党委抓起来、基层党组织硬起来、党员干部素质强起来的过程中，税收事业发展有了更为坚实的基础、取得了更为显著的成效。

（三）加强党对税收工作全面领导，是确保实现税收现代化目标的根本保证

当今世界正经历百年未有之大变局，新冠肺炎疫情影响广泛深远，世界进入动荡变革期，我国发展面临的内外环境发生深刻复杂变化，外部不确定性和内部不稳定性叠加，经济复苏基础不稳，区域竞争更加激烈。习近平总书记指出："能不能驾驭好世界第二大经济体，能不能保持经济社会持续健康发展，从根本上讲取决于党在经济社会发展中的领导核心作用发挥得好不好。"[①] 因而，越是形势严峻复杂，越是矛盾风险挑战增多，越要有坚强的党的领导核心来保证我国经济行稳致远、社会安定和谐。要确保实现以"带好队伍、干好税务"为主要内容的新发展阶段税收现代化建设总目标，也必须按照党的十九届五中全会要求，更加自觉地坚持和加强党对税收工作的全面领导，使税务系统党的领导制度体系在引领税收现代化高质量发展中发挥更为显著的优势。

要进一步丰富完善与全面建设社会主义现代化国家相适应的税收现代化建设内涵、进一步建立完善与高质量发展相配套的现代税收制度、进一步提

---

① 习近平. 在党的十八届五中全会第二次全体会议上的讲话（节选）[EB/OL]. （2015-10-29）[2021-01-09]. http://www.qstheory.cn/dukan/2020-06/04/c_1126073270.htm.

升与完善国家治理体系和治理能力现代化相匹配的税收治理体系与能力、进一步加强完善与贯彻新发展理念、构建新发展格局、推动高质量发展相适应的干部队伍建设，促进税收事业发展方向更明、思路更清、举措更实、效果更显。

要根据我国"十四五"规划和2035年远景目标对发挥税收职能作用提出的新要求，紧盯高质量推进新发展阶段税收现代化建设、服务全面建设社会主义现代化国家这个总目标，抓好完善现代税收制度、深化税收征管改革这两个关键环节，找准科技创新、扩大内需、调节分配这三大着力支点，当好国家财力的坚定保障者、宏观调控的高效执行者和国家战略的忠实服务者，充分发挥税收职能作用。

要积极主动融入国家经济社会发展大局，坚持围绕中心、服务大局的工作理念，牢固树立"人民至上"的价值理念、"人人都是营商环境"的发展理念和当好税务"店小二"的服务理念，打造政策最优、成本最低、服务最好、办事最快的市场化、法治化、国际化税收营商环境，建设服务税费征管、服务经济社会发展的智能智慧税务，实现税费收入与经济社会发展之间的可持续协调性增长，提高税收服务大局能力。

要始终保持头脑清醒、立场坚定，把坚持和加强党对税收工作的全面领导，作为新发展阶段税收现代化建设的统帅和灵魂，坚定不移贯彻党中央、国务院关于税收工作的各项决策部署，自觉把思想和行动统一到党的十九届五中全会精神上来，把立足新发展阶段、贯彻新发展理念、构建新发展格局的新形势、新任务、新要求切实转化为谋划和推动税收改革发展的生动实践。

二、健全机制体系，保证党对税收工作的全面领导

加强党对税收工作的全面领导，需要解决好认识问题，更需要解决好机制体系问题。"带好队伍、干好税务"是新发展阶段税收现代化建设的主要内容，也是完善党领导税收工作机制体系的主要抓手，加强党对税收工作的全面领导，要重点把握以下几个方面。

（一）在税收现代化进程中切实做到"两个维护"

"两个维护"是党的领导的最高政治原则和根本政治规矩，坚持和加强党对税收工作的全面领导，首先必须要做到"两个维护"。党的十八大以来，税务系统建立健全"党委领导、学用结合、党建引领、制度保障、责任落实、监督考核"的政治机关建设"六大体系"①，不断增强广大税务干部践行"两个维护"的思想行动自觉。在新发展阶段税收现代化进程中，更要把牢政治方向，确保全系统上下在思想上政治上行动上始终同以习近平同志为核心的党中央保持高度一致，坚守党性立场，增强政治意识，提高政治判断力、政治领悟力、政治执行力，在大是大非面前头脑清醒、旗帜鲜明，在涉及税收现代化发展的方向性原则性问题上自觉向党中央看齐、向党的理论和路线方针政策看齐、向党中央决策部署看齐；更要严守政治纪律和政治规矩，党中央提倡的坚决响应，党中央决定的坚决照办，党中央禁止的坚决杜绝，对习近平总书记关于税收工作的重要论述和指示批示，对党中央、国务院各项决策部署，要全面深入学习领会、严肃认真贯彻落实，做到闻令而动、令行禁止，任何时候任何情况下都能做到政治立场不移、政治方向不偏；更要坚定理想信念，坚定对马克思主义的信仰、对中国特色社会主义的信念，使对党绝对忠诚在思想上政治上行动上坚如磐石，切实把"两个维护"落实到税收工作各方面各环节，贯穿到税收现代化建设全领域全过程，体现到"带好队伍、干好税务"的实际行动和效果上来。

（二）完善党领导税收工作的制度体系

习近平总书记指出："只有党的各级组织都健全、都过硬，形成上下贯通、执行有力的严密组织体系，党的领导才能'如身使臂、如臂使指'。这就是新时代党的组织路线强调'以组织体系建设为重点'的道理所在。"② 党的十八大以来，税务系统着力健全党的领导组织和制度体系，探索构建了"条主责、块双重，纵合力、横联通，齐心抓、党建兴"的新"纵合横通强党建"和"下抓两级、抓深一层"党建工作机制，始终坚持围绕中心抓党建、抓好党建促业务。在近年来国税地税征管体制改革、落实更大规模减税降费、推进综合与分类相结合的个人所得税改革、发票电子化改革、推行职务与职级并行等改革发展任务中，各级税务机关党委、基层党组织都起到了党建引领、谋划创新、促进落实的重要作用。按照党的十九届五中全会关于"提高党的建设质量"要求，要继续坚持党对税收工作的全面领导，认真落实《关于新形势下党内政治生活的若干准则》《中共中央关于加强党的政治建设的意见》

---

① 王军. 坚持系统观念 健全"六个体系" 切实加强税务机关党的政治建设 [EB/OL]. (2020-11-24) [2021-01-09]. http：//www.chinatax.gov.cn/chinatax/n810219/n810724/c5159007/content.html.
② 习近平. 贯彻落实新时代党的组织路线，不断把党建设得更加坚强有力 [J]. 求是，2020 (15) .

等党内法规制度，认真贯彻落实民主集中制这个党的根本组织制度和领导制度，进一步完善税务系统党的领导组织体系和制度体系，严格执行党委议事决策制度、工作规则，进一步健全完善党委工作运行机制和党建工作机制，把各级税务机关党委建设成为坚决听党领导、管理严格、监督有力、班子团结、风气纯正的坚强组织，保证党在领导税收工作中把方向、管大局、保落实的领导核心作用充分发挥。

（三）明确新发展阶段中"带好队伍"的主要目标任务

发挥税收职能作用，服务全面建设社会主义现代化国家，关键是要锻造一支让党中央放心、人民群众满意、忠诚干净担当的税务铁军，这也是税务系统"带好队伍"的主要目标任务。首先，必须对党绝对忠诚，这是党的干部队伍建设的首要政治原则和根本遵循。要始终坚持把学习贯彻习近平新时代中国特色社会主义思想作为各级党委会议的"第一议题"、作为各类干部教育培训的"第一主题"，加强思想淬炼、政治历练、实践锻炼、专业训练，进一步提升广大税务干部政治站位，始终保持清醒的政治头脑，更加突出提高政治判断力、政治领悟力、政治执行力，深刻认识统筹"中华民族伟大复兴战略全局和世界百年未有之大变局"的"两个大局"，深学细悟笃行，准确把握我国社会主要矛盾变化带来的新特征、新要求，准确把握国际环境复杂局面带来的新矛盾、新挑战。其次，必须严管善待干部，建立完善从讲政治的高度管人、管事、管权的有效制度和长效机制。在抓实构建"纵合横通强党建"工作机制的基础上，发挥绩效考评"指挥棒"作用，构建数字人事知事识人体系，打造"金字塔"式的人才梯队，加强基层建设，厚植干事创业氛围，不断完善"纵合横通强党建、绩效管理抓班子、数字人事管干部、人才工程育俊杰、严管善待活基层"的"带好队伍"机制体系。最后，必须培育"上善"文化。习近平总书记强调："没有高度的文化自信，没有文化的繁荣兴盛，就没有中华民族伟大复兴。"[①] 坚定中国特色社会主义道路自信、理论自信、制度自信，说到底是要坚定文化自信。税务系统要用社会主义核心价值观强基固本、用中国税务精神凝心聚力、用"向上向善"的精神力量推动税收现代化建设。要积极倡导社会主义核心价值观，弘扬"忠诚担当、崇法

---

① 习近平. 决胜全面建成小康社会夺取新时代中国特色社会主义伟大胜利——在中国共产党第十九次全国代表大会上的报告 [EB/OL]. (2017-10-27) [2021-01-09]. http://cpc.people.com.cn/19th/n1/2017/1027/c414395-29613458.html?from=groupmessage&isappinstalled=0.

守纪、兴税强国"的中国税务精神,注重全方位贯穿、深层次融入,在落细、落小、落实上下功夫,进一步振奋干事创业的精气神,让"向上向善"成为广大税务干部日用而不觉的行为准则。

(四) 锚定新发展格局中"干好税务"的重要着力支点

党的十九届五中全会提出构建以国内大循环为主体、国内国际双循环相互促进的新发展格局,其中科技创新、扩大内需、调节分配关系全局,为加快税收现代化建设,实现税收与经济同频共振、同步发展确定了重要着力支点。首先是强化支持科技创新的战略支撑。《中共中央关于制定国民经济和社会发展第十四个五年规划和二〇三五年远景目标的建议》对科技创新进行专章部署,并将其摆在各项任务的首位。向内,各级税务机关要自发主动、坚定不移地走科技兴税之路,以发票电子化改革为突破口,以税收大数据为驱动力,加快推进智慧税务建设,更好服务国家治理;向外,要进一步积极参与制定促进基础研究、提高研发费用加计扣除、支持高新技术企业发展等税收优惠政策,全力支持创新驱动发展战略和加快建设创新型国家、创新型城市。其次是把准促进扩大内需的战略基点。构建新发展格局,是与时俱进提升我国经济发展水平的战略抉择,也是塑造我国国际经济合作和竞争新优势的战略抉择。党的十九届五中全会指出:"构建新发展格局,要坚持扩大内需这个战略基点,使生产、分配、流通、消费更多依托国内市场,形成国民经济良性循环,并更好地吸引全球资源要素,既满足国内需求,又提升我国产业技术发展水平,形成参与国际经济合作和竞争新优势。"[①] 各级税务机关要积极研究扩大内需的税收措施,发挥税收大数据优势支持产业链供应链稳定。同时,加强国际税收合作,支持高水平对外开放。最后是落实调节分配的战略任务。共同富裕是社会主义的本质要求,是人民群众的共同期盼。我国推动经济社会发展,归根结底是要实现全体人民共同富裕。党的十九届五中全会着重提出促进全体人民共同富裕,强调要加大税收、社保、转移支付等调节力度和精准性,提高人民收入水平。税收是调节收入分配的重要手段,各级税务机关要继续研究和落实有利于扩大中等收入群体、优化收入分配的税收政策,有效发挥税收调节作用,促进社会公平,稳步实现全体人民共同富裕。

---

① 中共中央关于制定国民经济和社会发展第十四个五年规划和二〇三五年远景目标的建议 [EB/OL]. (2020-11-03) [2021-01-09]. http://www.gov.cn/zhengce/2020-11/03/content_5556991.htm.

（五）坚持以系统观念、底线思维、斗争精神推动税收现代化建设机制体系完善

系统观念是党的领导具有基础性的思想和工作方法。各级税务机关要立足当前、放眼长远，加强前瞻性思考、全局性谋划，自觉把税收工作融入党和国家事业发展大局中去思考和谋划，既要系统谋划、统筹推进，也要重点突破、以点带面；既要加强税收领域前沿问题研究，增强做好税收工作的主动性和预见性，也要坚持好传统、好制度、好做法，积极探索新思路、新方法、新途径，确保稳中求进、守正创新相统一。底线思维是党治国理政的重要思想方法、工作方法、领导方法。越是取得成绩的时候，越要有如履薄冰的谨慎，越要有居安思危的忧患，这是我们党治国理政的一条重要经验。各级税务机关必须坚守组织收入纪律底线、税费安全底线、依法治税原则底线、干部队伍稳定底线、廉洁从税底线，把前进中的困难和挑战估计得更充分一些，把应对各种复杂局面、意外情况的预案做得更周密一些，确保在风险可控的范围内实现税收现代化发展预期目标。斗争精神是马克思主义的鲜明底色，也是实现中华民族伟大复兴的必然要求。面对世界百年未有之大变局，税收工作面临的环境和形势具有不确定性，广大税务干部，特别是领导干部，要以强烈的政治责任感和历史使命感，安不忘危、存不忘亡、乐不忘忧，时刻保持警醒，不断振奋精神，保持只争朝夕、奋发有为的奋斗姿态和越是艰险越向前的斗争精神，在应对重大挑战、抵御重大风险、克服重大阻力、解决重大矛盾中，坚持原则、坚定立场，敢于挺身而出、敢于亮剑斗争，勇于迎难而上、勇于担当作为，为新发展阶段税收现代化建设奉献大智慧和正能量，为构建新发展格局贡献税务力量。

三、切实提高各级税务机关党委和领导干部"带好队伍、干好税务"的能力

加强党对税收工作全面领导，完善"带好队伍、干好税务"机制体系，各级党委和领导干部是关键。各级税务机关要按照党的十九大提出的增强执政本领的要求，切实抓好干部队伍建设，增强政治能力，锤炼过硬本领，不断提高各级党委和领导干部深入学习贯彻习近平新时代中国特色社会主义思想，"带好队伍、干好税务"的能力和水平。

（一）提高认识和把握新发展形势的能力

分析把握形势，是各级党委和领导干部明方向、作决策、抓落实的前提和基础。党的十九届五中全会着眼未来五年乃至更长远的发展，围绕把握新

发展阶段、贯彻新发展理念、构建新发展格局,集中回答了新形势下实现什么样的发展、如何实现发展这个重大问题。新发展阶段明确了全面建设社会主义现代化国家、向着第二个百年奋斗目标进军的新的历史方位;新发展理念指明了在贯彻"创新、协调、绿色、开放、共享"理念基础上实现更高质量、更有效率、更加公平、更可持续、更为安全发展的新的目标追求;新发展格局确立了以国内大循环为主体、国内国际双循环相互促进的新的路径抉择。这是党中央对经济社会发展形势的科学判断和决策部署,更是人民的期盼和向往,也是税务系统各级党委和领导干部必须认识和把握的新发展形势。"知之愈明,则行之愈笃。"税务系统各级党委和领导干部,要有"一万年太久,只争朝夕"的紧迫感、责任感,对"新发展阶段、新发展理念、新发展格局"的历史和现实意义有高度充分的认识和把握,真正做到入脑入心、见真见谛、见情见义、见知见行,做到融入新发展阶段更加稳健快捷,贯彻新发展理念更加自信坚决,构建新发展格局更加投入高效。要牢固树立战略思维、历史思维、辩证思维、创新思维、法治思维、底线思维,始终关注党中央在关心什么、强调什么,关注人民群众在期盼什么、向往什么,对准党中央对经济社会发展形势的科学判断和决策部署,对焦人民群众的愿望和期盼,汇聚起税务系统上下服务实现第二个百年奋斗目标、全面建设社会主义现代化国家的磅礴伟力。

(二) 提高税收服务经济社会发展大局的能力

党的十八大以来,税务系统始终围绕经济社会发展大局,通过加快税收法定进程促使依法治税与法治中国建设一脉相承,实施结构性减税作用于产业结构优化和经济治理,推进综合与分类相结合的个人所得税改革嵌入社会治理,深化税制改革理顺政企、央地收入分配格局更有利于调动地方积极性,全面推行资源税从价计征、扩大水资源税试点以及开征环境保护税、实施资源税法撬动绿色经济发展,积极开展国际交流参与"一带一路"税收征管合作提升国际税收规则话语权,以及确保党中央、国务院更大规模减税降费政策措施落地生根,服务党中央、国务院关于统筹推进常态化疫情防控和经济社会发展的重大决策部署等,实现了税收与国家治理同频共振、与经济社会同步发展,体现了税收服务经济社会发展大局的能力在不断加强、不断提高。迈入新发展阶段、融入新发展格局,税务系统更要把服务经济社会发展作为第一目标,坚持服务高质量发展的理念支撑,提高政治站位,紧跟国家发展战略,主动融入经济社会发展大局。将是否有利于构建新发展格局、保障高质量发展作为首要出发点,充分发挥税收在逆周期调节、强化国家科技力量、增强产业链供应链自主可控能力、扩大内需、补经济短板、保市场主体、节能环保、防范风险、巩固精准脱贫成果等方面的职能作用,主动参与、服务经济社会管理,努力提供更高质量、更可持续的财力保障,落细落实各项税收支持政策,做优做好服从服务大局文章,全面发挥税收在国家治理中的基础性、支柱性、保障性作用。

(三) 提高谋划创新推进税收现代化发展的能力

党的十九届五中全会提出:"坚持创新在我国现代化建设全局中的核心地位。"① 习近平总书记关于税收工作的重要论述和指示批示是高质量推进税收现代化建设的根本遵循。坚持以创新贯穿始终,用创新之匙开启新发展阶段税收现代化建设是不二法门。形势在变,任务在变,工作思路措施也应随之而变,税收现代化的内涵,也是随着对发展形势认识的不断加深,对税收工作发展规律的探索和掌握而与时俱进的。习近平总书记指出:"我们是历史唯物主义者,要认识到没有继承,就没有发展;没有创新,就没有未来。必须始终坚持在继承中创新,在创新中发展。"② 税务系统各级党委和领导干部作为谋划创新的主导者,面对不断变化的形势和任务,既要总结运用长期管用的经验,又要善于根据新的形势任务谋划创新之举,必须准确识变、科学应变、主动求变,破除坐享其成的心态,摒弃安于现状的观念,力戒按部就班的惰性,习惯用创新的思维、改革的办法,推动各项税收工作上台阶、上水平。要聚焦"新、精、进"做好工作,持续深化和丰富税收现代化建设的内涵,进一步完善拓展新发展阶段税收现代化"六大体系"具体目标内容,以党建高质量发展为引领带好队伍展现新形象,以进一步优化税务执法方式为引擎干好税务开拓新局面,加快智慧税务建设,完善与数字经济相适配、与税收现代化进程相适宜的"以数治税"体制机制,建设更加符合经济社会发展形势需要的现代税费体系、现代税费征管制度、现代税务行政管理机制、现代税务干部队伍,切实提高以改革创新手段破解发展难题、以创新思路措施服务发展大局的能力。

---

① 中共中央关于制定国民经济和社会发展第十四个五年规划和二〇三五年远景目标的建议 [EB/OL]. (2020-11-03) [2021-01-09]. http://www.gov.cn/zhengce/2020-11/03/content_5556991.htm.

② 挺立潮头开新天——习近平总书记在浙江的探索与实践·创新篇 [EB/OL]. (2017-10-06) [2021-01-09]. http://jhsjk.people.cn/article/29573663.

（四）提高统筹发展和安全的能力

习近平总书记指出："安全是发展的前提，发展是安全的保障。"① 统筹发展和安全，增强忧患意识，做到居安思危，是我们党治国理政的一个重大原则。税务系统各级党委和领导干部必须要增强机遇意识和风险意识，下好先手棋、打好主动仗，确保税收现代化建设顺利推进。要坚持总体国家安全观，坚持国家利益至上，以人民安全为宗旨，以政治安全为根本，把安全发展贯穿税收发展各领域和全过程，坚定维护国家政权安全、制度安全、意识形态安全和税收经济安全，有效防控税收风险，坚决维护良好的经济税收秩序。要充分认识统筹发展和安全，不是把砝码只放在安全上而把发展摆在次要位置。安全和发展是鸟之两翼、车之双轮，两者不可偏废。为了发展而不顾及潜在风险挑战，为了安全而在发展上裹足不前，都是不对的。要在发展中更多考虑安全因素，在确保安全的同时努力推动高质量发展，实现发展和安全互为条件、彼此支撑。要处理好防范与化解的关系，坚持以大概率思维应对小概率事件，加强综合研判、统筹谋划、预案制定、有力应对，尽可能将税收风险消除在萌芽状态；要处理好稳与进的关系，坚持稳中求进是党中央对全国经济社会发展的总基调，推进税收现代化也要着重把握好"稳"与"进"的关系。要审慎如初、稳扎稳打，为税收事业发展营造稳定环境，更要把握"进"的态势，树立强烈的争先意识，瞄准一流目标，振奋精神、鼓足干劲，争分夺秒推进税收现代化建设。要处理好税收执法和税法遵从的关系，进一步优化税务执法方式，深入推进精确执法、精细服务、精准监管、精诚共治，坚持依法依规征税收费，不折不扣落实减税降费政策，深化风险导向下的"双随机、一公开"税务监管，一体推进构建不敢腐、不能腐、不想腐的制度机制，推动税务执法、服务和监管的理念方式手段变革，稳步提高执法精准度、税法遵从度和社会满意度。

（五）提高为税收现代化发展营造良好环境的能力

发展环境直接关乎税收现代化建设成效。近年来，我国税收发展环境总体明显改善，但一些地方、某些领域税收发展环境仍然欠佳，影响着税收现代化进程。税务系统各级党委和领导干部抓税收现代化建设，要聚焦"带好队伍、干好税务"、把握各项关键因素、广泛聚集各类资源力量推动高质量发

---

① 习近平. 在第二届世界互联网大会开幕式上的讲话 [EB/OL]. (2015-12-16) [2021-01-09]. http：//www.xinhuanet.com/politics/2015-12/16/c_1117481089.htm.

展,在进一步营造良好的税收政策环境、营商环境、法治环境、人文环境上下功夫。要提高政治站位,落实以人民为中心的发展思想,继续做好"六稳""六保"工作,完善减税降费政策,不折不扣把各项减税降费政策落实到位,持续激发市场主体活力,让市场主体特别是中小微企业和个体工商户增加活力。要以市场主体需求为目标完善打造一流营商环境的措施、推进纳税缴费便利化改革,在优化税收营商环境、深化"放管服"改革、推进便民办税三个方面统筹发力,重点推进"一网通办""一窗通办""一事联办",实现"非接触式"办税缴费方式多样化、常态化、长效化。要深入贯彻习近平法治思想,着力推进法治税务建设,始终将依法治税作为税收工作的生命线,坚持用法治思维和法治方式,调整税收关系、规范税收秩序、化解税收矛盾,为全面推进新发展阶段税收现代化营造良好法治环境、提供有力法治保障。要建立完善共建共治共享的税收治理机制体系,加速对税收信息的融合与共享,依法公开、公正分配税收成果,增强人民群众获得感、幸福感、安全感。要深入推进精诚共治,树立综合治理理念,坚持多管齐下、多主体参与、多方面支撑,融汇社会共治合力,形成党政领导、税务主责、部门合作、司法保障、社会协同、公众参与的税收现代化共治格局,凝聚起依法治税、诚信纳税、护税协税、成果共享的社会共识,在更高层次、更广范围推动形成多方协同共治格局。要高度重视新时代税务文化建设,把税务文化纳入税收现代化建设总体规划,形成党委统一领导、责任部门各负其责、群团组织协同推进、全体税务干部共同参与的税务文化建设新格局。要强化理想信念教育,培育和践行社会主义核心价值观,营造风清气正、惠风和畅的良好政治生态。要根据广大税务干部精神文化需求,加强文化阵地建设,打造具有"税务+地方"特色的文化品牌,进一步增强文化认同和行为自觉,持续解决形式主义、官僚主义突出问题为基层减负,深入弘扬中国税务精神,厚植向上向善的税务文化环境。要强化"小智治事、中智治人、大智治制"的制度意识,维护制度权威,抓好制度落实,增强制度执行力和保障力。税务系统各级党委和领导干部要做制度执行的表率,带动全系统自觉尊崇制度、严格执行制度、坚决维护制度,让制度管用见效落地,让遵规守纪成为税务人的行为养成和行动自觉,切实提高运用制度履职尽责的能力和水平,把制度优势转化为税收治理效能,转化为税收现代化发展的良好环境。

（六）提高打造高素质专业化税务铁军的能力

税务系统各级党委和领导干部要深入学习贯彻习近平总书记对税务总局党委持续探索构建"带好队伍"机制制度体系有关工作作出的重要批示，落实总局党委通知要求，建立崇尚实干、带动担当、加油鼓劲的正向激励体系，树立体现讲担当、重担当的鲜明导向，完善税务系统激励担当作为的长效机制，打造高素质专业化税务铁军。干部敢于担当作为，既是政治品格，也是从政本分。要科学分析当前"带好队伍"存在的突出问题，聚焦影响干部担当作为的关键环节建章立制，构建系统完善、科学规范、运行有效的"全链条"制度体系，落实落细激励干部担当作为的机制措施，让广大税务干部在制度和规矩的范围内放心放手干事创业。要坚持党管干部原则，充分发挥各级党委在选人用人方面的把关决定作用，树立重实干、重实绩的鲜明用人导向，完善干部考察识别、选拔任用配套制度，建立能上能下的选人用人机制，推动形成能者上、庸者下、劣者汰的用人导向和从政环境。要改进和完善个人绩效考核方式方法，做好数字人事全面推行后的考评改进提升、系统优化升级、结果充分运用工作，充分发挥税务系统绩效管理、数字人事等科学考核评价体系的激励鞭策作用。要按照建设高素质专业化干部队伍的要求，建立源头培养、跟踪培养、全程培养的素质培养体系，加大对年轻干部的培养、选拔、任用力度，建立年轻干部到基层锻炼、在基层成长、从基层选拔的制度，有计划选派干部特别是年轻干部到吃劲岗位、基层一线和艰苦地方经受磨练，引导广大干部在实践中经风雨、见世面、壮筋骨、长才干。要落实领军人才管理使用机制，加强各级骨干人才队伍建设，强化税收现代化建设的人才支撑，大力培育与税收现代化建设要求相匹配的高素质专业化税务人才队伍。要发挥好"学习兴税"平台作用，持续开展"业务大比武、岗位大练兵"活动，全面提升干部能力素质，激发干事创业动能。要全面落实"三个区分开来"要求，建立健全容错纠错机制，对该容的大胆容错，不该容的坚决不容，让干事创业者轻装上阵，为担当作为者保驾护航。要满怀热情关心关爱干部，完善和落实谈心谈话制度，健全干部待遇激励保障制度体系，完善政治上激励、工作上支持、待遇上保障、心理上关怀的各项制度，切实增强广大税务干部的荣誉感、归属感、获得感，着力锻造一支让党中央放心、人民群众满意、忠诚干净担当的高素质专业化税务铁军，为实现"带好队伍、干好税务"的新发展阶段税收现代化目标提供坚实组织保障。

全面加强党的建设
着力打造一支忠诚干净担当的税务干部队伍

任国保　陆力成*

党的十九大报告明确指出:"党要团结带领人民进行伟大斗争、推进伟大事业、实现伟大梦想,必须毫不动摇坚持和完善党的领导,毫不动摇把党建设得更加坚强有力。"① 党的十九届五中全会再次提出:"坚持和完善党领导经济社会发展的体制机制,是实现高质量发展的根本保证。"② 税务机关首先是政治机关,其政治属性是第一属性,必须旗帜鲜明讲政治,坚持和加强党对税收工作的全面领导,深入推进党的建设,尤其在新发展格局下,要不断完善党对税收工作领导的机制体系,不断完善上下贯通、执行有力的组织体系。以党的建设高质量,引领推进税务干部队伍建设高质量,着力打造一支忠诚干净担当的高素质专业化税务干部铁军,更好保障税收改革发展顺利进行,更好发挥税收在国家治理中基础性、支柱性、保障性作用,高质量推进新发展阶段税收现代化。

一、深刻认识税务系统全面加强党的建设的重要意义

(一) 加强党的建设是加强党对税收工作全面领导的必然要求

习近平总书记强调:"要把抓好党建作为最大的政绩。"③ 只有切实做好

---

* 任国保,国家税务总局税务干部学院(长沙校区)党委委员、纪委书记,第六批全国税务领军人才;陆力成,国家税务总局怀化市税务局稽查局一级主办。

① 习近平. 决胜全面建成小康社会夺取新时代中国特色社会主义伟大胜利——在中国共产党第十九次全国代表大会上的报告 [EB/OL]. (2017-10-27) [2021-01-09]. http://cpc.people.com.cn/19th/n1/2017/1027/c414395-29613458.html? from=groupmessage&isappinstalled=0.

② 中共中央关于制定国民经济和社会发展第十四个五年规划和二〇三五年远景目标的建议 [EB/OL]. (2020-11-03) [2021-01-09]. http://www.gov.cn/zhengce/2020-11/03/content_5556991.htm.

③ 习近平. 在党的群众路线教育实践活动总结大会上的讲话 [EB/OL]. (2014-10-09) [2021-01-09]. http://theory.people.com.cn/n/2014/1009/c40531-25793731.html.

党建工作，才能更好地坚持和加强党的全面领导，提高党的凝聚力、战斗力、创造力，高质量完成党交予的各项任务。自国税地税征管体制改革以来，各项税收改革发展工作任务繁重。面对艰巨繁重的改革发展任务，税务系统要按照党的十九届五中全会关于"提高党的建设质量"要求，认真落实党建工作各项规范，不断完善税务党建工作机制及制度体系，积极探索税务党建新路子，健全新"纵合横通强党建"机制体系，提升基层党组织的政治功能、组织力、向心力，引导党员干部在不忘初心、牢记使命中建功立业；继续落实好党建与业务一起抓的各项措施，将工作抓常、抓细、抓长、抓严，推动党的建设和业务工作同进步、共提升。只有高质量推进党的建设，才能更好使基层党组织硬起来、党员干部素质强起来，更好实现党对税收工作的全面领导，引领各项税收任务的圆满完成。

（二）加强党的建设是新发展格局下推进税收治理现代化的根本保证

推进新发展格局下税收治理现代化，必须把全面从严治党要求贯穿于税收改革发展各方面全过程。要通过高质量党的建设，打通党建与党风廉政建设工作、党建与人事工作、党建与监督工作、党建与教育培训工作、党建与绩效管理工作、党建与征管改革工作、党建与组织收入工作，健全税务系统各级党委总揽全局、协调各方，党建工作领导小组与各职能部门分工负责的齐抓共管、有机统一的党建工作机制。税务系统要立足新发展阶段、贯彻新发展理念、服务新发展格局，按照2021年全国税务工作会议部署，以党的建设高质量发展为引领和保障，进一步完善拓展新发展阶段税收治理现代化"六大体系"具体目标内容，进一步强化提升新发展阶段税收治理现代化建设的"六大能力"，持续不断改进健全"带好队伍、干好税务"的"十大举措"，带好队伍展现新气象、干好税务开拓新局面，高质量推进新发展阶段税收现代化，更好服务国家治理体系和治理能力现代化。

（三）加强党的建设是打造税务铁军的动力之源

培养造就一支具有铁一般信仰、铁一般信念、铁一般纪律、铁一般担当的税务干部队伍，最重要的一条就是加强党的建设，充分发挥税务系统各级党委的"火车头"作用、基层党支部的"领头雁"作用以及广大党员的"一面旗"作用。要充分认清当前"带好队伍、干好税务"的艰巨性、紧迫性和复杂性，通过扎实有效的党建工作，充分调动党员干部的积极性、主动性、创造性，切实增强各级党组织的引领力、凝聚力、战斗力，更好肩负起为国聚财、为民收税的神圣使命，真正把党对税收工作的全面领导体现在税收工作各领域、全过程,把税务系统这支数量庞大的干部队伍打造成一支让党和人民放心的政治可靠、业务精熟、作风优良、纪律严明、充满活力的税务铁军。

(四)加强党的建设是提高税务机关依法治税能力的政治保障

税收法治是国家治理的重要组成部分。面对我国经济发展进入新常态,税收增速总体放缓,税制结构存在的顺周期调节问题凸显;税源结构变化巨大,税源的复杂性、隐蔽性和流动性越来越强,以及涉及个人的直接税改革推进,增加了数量庞大的自然人纳税人,对依法管理和纳税服务提出了新要求;税制改革与其他领域改革紧密相连,直接影响人民群众的切身利益,社会高度关注,诉求复杂多元,矛盾问题和风险挑战前所未有等问题,推进税收法治显得尤为紧迫,提高税务机关依法治税能力更加紧迫。一方面,各级税务机关党组织和党员干部要贯彻习近平法治思想,坚持用法治思维和法治方式调整税收关系、规范税收秩序、化解税收矛盾,妥善应对税收工作的新情况、新问题、新挑战,不断提高防范风险、化解矛盾能力。另一方面,各级税务机关党组织和党员干部要善于运用法治力量凝聚深化改革共识、打破利益固化樊篱、巩固拓展改革成果,保障各项税制改革顺利推进,不断提升税务机关依法治税能力,推进全面依法治税。

二、准确把握以党建引领税务干部队伍建设的总体要求

(一)强化党的领导

1. 完善加强党对税收工作全面领导的制度机制

服务构建新发展格局,税收工作能否在实现有效市场和有为政府的深度融合中发挥其应有的职能作用,至关重要的是要始终坚持党在税收工作中的领导地位。税务系统各级党委必须在切实增强"四个意识"、坚定"四个自信"、做到"两个维护"的前提下,不断建立健全党委领导税收工作的重要制度、具体机制、工作规则,着力把好税收工作方向,管好税收工作大局,保证税收任务落实,充分发挥党委总揽全局、协调各方的政治优势,增强税收改革的系统性、整体性、协调性,推动税收工作朝着税收现代化高质量发展,确保党的路线方针政策在税收工作中不折不扣贯彻落实。

2. 进一步提高税务系统党的建设质量

税务系统各级党委要深入贯彻习近平新时代中国特色社会主义思想,完善上下贯通、执行有力的组织体系,确保党中央决策部署有效落实。税务系统各级党组织政治建设高质量要提升政治能力践行"两个维护",思想建设高质量要学懂弄通做实习近平新时代中国特色社会主义思想,组织建设高质量要提升基层党组织组织力,作风纪律建设高质量要厚植风清气正的政治生态,制度建设高质量要持续完善"纵合横通强党建"机制制度体系。通过组织开展一系列富有税务特色的庆祝建党100周年活动,进一步激发爱党爱国爱税热情,以高质量党建引领保障高质量推进新发展阶段税收现代化。

3. 进一步提升税务机关党的领导能力和领导水平

要发挥好税务机关在税收治理体系中的"主角"作用,至关重要的是强化"税务机关首先是政治机关"意识,坚守政治属性第一属性,落实旗帜鲜明讲政治第一要求,提升税务机关党的领导能力和领导水平:一要牵住落实全面从严治党政治责任这个"牛鼻子",推动税务机关各级党组织和党员领导干部强化政治担当,知责于心、担责于身、履责于行,压实压紧主体责任、监督责任;二要改进和优化党的领导方式,深入贯彻习近平法治思想,坚持以法治理念、法治体制、法治程序开展工作,坚持税收法定,突出依法治税,完善税收法治体系;三要强化党的政治监督,构建纪检监督、巡视巡察监督、职能监督等有效贯通、协同发力的一体化税务大监督格局,这是严明政治纪律和政治规矩、加强政治建设的必然要求。

(二) 确保政令畅通

1. 政治上必须做到"两个维护"

当今世界正经历百年未有之大变局,我国正处于实现中华民族伟大复兴关键时期,越是接近目标、越是形势复杂、越是任务艰巨,越要坚决维护党中央权威和集中统一领导,越要坚决维护习近平总书记在党中央的核心、全党的核心地位。做到"两个维护",关键看行动,最终看效果。要增强政治判断力、政治领悟力、政治执行力,严守党的政治纪律和政治规矩,做到党中央提倡的坚决响应、党中央决定的坚决照办、党中央禁止的坚决杜绝、党中央国务院出台的各项税收政策要坚决落实到位,真正在思想上政治上行动上同以习近平同志为核心的党中央保持高度一致。只有这样,才能把正确的政绩观贯穿在干事创业、治税兴税中,才能把税收现代化的"路线图"转化为"施工图""效果图",实现税收高质量发展。

2. 工作上必须做到科学部署

习近平总书记指出:"各部门党组(党委)要围绕中心抓党建、抓好党建促业务，坚持党建工作和业务工作一起谋划、一起部署、一起落实、一起检查，使各项举措在部署上相互配合、在实施中相互促进。"① 这不仅阐明了党建工作与业务工作的关系，而且把工作的科学部署提高到了很重要的高度，其目的是确保政令畅通，实现既定目标。税务系统各级党委在工作部署上要有抓工作的雄心壮志，更要有抓落实的科学态度，做到顶层设计科学、实施路径合理、系统谋划明确、落实措施扎实，并明确责任主体，保证可执行、可监督、可检查、可问责，经常、主动、自觉向党中央看齐，最终将工作落实到中央各项战略部署和方针政策上来，落实到各项税收政策的实施上来，概言之，税收工作一定要对表对标中央精神抓落实。

3. 监管上必须强化工作督查

一项科学的决策作出后，最根本最重要的就是要抓落实，督查就是推动党的路线方针政策落实和保持政令畅通的必要手段。可以说，没有督查就没有落实。就税务系统而言，少数单位依然存在对绩效目标的落实情况关注不够、工作落实不力等问题。解决这些问题，督查可以发挥有效作用。面对新形势、新任务、新要求，税务系统必须坚持问题导向、目标导向、效果导向，瞄准薄弱环节，用好督查这个"利器"，确保工作落地见效；必须进一步加强和改进党委督查工作，完善督查工作机制，创新督查工作方式。要通过督查，打通政策落实堵点、补齐工作短板，让各项税收政策措施落细落实，使工作成效经得起实践、人民和历史的检验。

（三）解决思想误区

加强党的建设必须从思想政治建设入手，只有从思想上政治上真正地入了党，才能更好地从行动上入党。从目前了解到的税务干部的思想状况看，主要存在以下两种思想误区。

1. 误区一：党的政治建设是空泛、抽象的东西

在现实生活中，有些税务党员干部简单地认为党的政治建设太空泛、太抽象，远远不如党的思想建设、组织建设、作风建设、纪律建设、制度建设和反腐败那么具体实在。正是因为这种思想上的错误认识，导致有的税务机关党组织习惯于把防线只设置在反对和抵制腐败上，认为只要干部没有腐败问题，其他问题包括政治问题都可以忽略不计，没有必要加以追究，也不愿

---

① 习近平. 在中央和国家机关党的建设工作会议上的讲话［EB/OL］.（2019-11-01）［2021-01-09］. http://www.xinhuanet.com/politics/leaders/2019-11/01/c_1125180360.htm.

意加以追究。在同样的惯性思维下，有的税务干部认为，自己没有利用手中的税收执法权力贪污受贿就行，其他问题，哪怕是政治问题都不在话下，没有什么可怕的，以"业务部门的业务干部自居"，缺乏政治敏锐性、政治鉴别力。

在新时代党的建设总要求中，党的政治建设居于首要位置，发挥着灵魂般的统领作用，是非常明确具体的，决非空泛、抽象的。党的政治建设内涵丰富、要求实在，这深刻体现在政治立场、政治方向、政治原则、政治道路、政治生活、政治纪律、政治规矩、政治能力、政治文化等各个方面，全面融贯于党的其他建设等各个领域，并且有着实实在在的、明确的规定性要求。习近平总书记曾严肃地指出："政治问题，任何时候都是根本性的大问题。"[1] 任何时候党员干部在政治上出了问题，对党的危害、对税收事业的危害都不亚于腐败问题，有的甚至比腐败问题更严重、更具破坏性。新时代全面从严治党，必须注重政治上的要求，不能只讲腐败问题，而不讲政治问题。若是不从政治上认识和解决问题，就会陷入头痛医头、脚痛医脚的被动局面，无法从根本上解决问题。

2. 误区二：党的政治建设与业务工作是"两张皮"

现实生活中，有些税务党员干部不同程度地存在"重业务、轻政治"的思想倾向，党章党规党纪不愿学学得少、"党言党语"不熟悉不会说，在党不言党、羞于讲"政治"，而一旦讲起自身的业务工作，却又"头头是道、眉飞色舞、滔滔不绝"。对于党员干部而言，搞好自身业务工作固然是本职，无可厚非，但若是党员干部只重业务而轻政治，那么就会使自己的业务工作迷失政治方向，丧失精神动力。

党员干部在履行职责、开展工作的同时，既要提高政治站位，把准政治方向，注重政治效果，考虑政治影响，又要坚决防止和纠正把政治与业务人为地割裂开来、对立起来的错误做法。要始终把政治建设摆在党的建设和税收工作的首位，准确把握税收工作的政治属性，善于从政治上观察和处理税收改革发展问题，旗帜鲜明地站在党和人民的政治立场上，用政治眼光、政治立场看待和分析税收问题、研究推进税收工作，使讲政治从外部要求转化为内在主动，有效避免迷失方向、缺乏动力的政治风险。

---

[1] 习近平. 在第十八届中央纪律检查委员会第六次全体会议上的讲话 [EB/OL]. (2018-07-01) [2021-01-12]. http：//www.ccdi.gov.cn/toutiao/201807/t20180701_174888.html.

三、着力打造忠诚干净担当税务干部队伍的实践路径

(一) 始终把坚定理想信念摆在队伍建设首位

理想信念是共产党人的精神之"钙",是共产党人的政治灵魂,是共产党人经受住任何考验的精神支柱。邓小平同志曾指出:"为什么我们过去能在非常困难的条件下奋斗出来战胜千难万险使革命胜利呢?就是因为我们有理想,有马克思主义信念,有共产主义信念。"① 立足中华民族伟大复兴的战略全局和世界百年未有之大变局,在高质量推进新发展阶段税收现代化建设进程中,打造一支忠诚干净担当的税务干部队伍,必须要走好的第一步就是要让党员干部坚定理想信念,自觉做共产主义远大理想和中国特色社会主义共同理想的坚定信仰者和忠实实践者。

1. 把坚定理想信念作为思想政治建设第一任务

习近平总书记强调:"理想信念动摇是最危险的动摇,理想信念滑坡是最危险的滑坡。"② 古今中外无数事实告诉我们,一个政权的瓦解、衰落往往是从思想政治领域开始的,往往是从理想信念的丧失或缺失开始的。我们党一百年的历史经验告诉我们,不管将来我们面对的形势、任务和环境发生怎样变化,崇高的理想信念万万不能丢。新时代党的思想政治建设,必须把坚定理想信念摆在首位。同时,要增强税务党员干部的党性修养,这是党员干部将党性内化于心、外化于行的锤炼过程,是党员干部改造主观世界的永恒主题。

2. 把坚定理想信念作为新时期好干部的第一标准

我们党在制定新时期好干部标准时始终强调理想信念的至关重要性。进入新时代,习近平总书记明确提出"信念坚定、为民服务、勤政务实、敢于担当、清正廉洁"的好干部标准,把信念坚定摆在第一位。习近平总书记强调:"理想信念坚定,是好干部第一位的标准,是不是好干部首先看这一条。"③ 如果理想信念不坚定,不相信马克思主义,不相信中国特色社会主义,政治上不合格,经不起风浪,这样的干部能耐再大也不是我们党需要的好干

---

① 邓小平文选第 3 卷 [M]. 北京: 人民出版社, 1993: 110.
② 习近平. 在庆祝中国共产党成立 95 周年大会上的讲话 [EB/OL]. (2016-07-02) [2021-01-12]. http://cpc.people.com.cn/n1/2016/0702/c64093-28517655.html.
③ 习近平: 在全国组织工作会议上的讲话 [EB/OL]. (2014-10-08) [2021-01-12]. http://jhsjk.people.cn/article/25790563.

部。税务党员干部必须坚定崇高的理想信念,必须有坚守信仰、献身理想的高尚品格和追求,始终保持对远大理想的执着追求,始终坚定对马克思主义的信仰。

3. 把坚定理想信念作为干部廉洁自律的第一要求

腐败现象与党的性质格格不入,自始至终站在廉洁自律的对立面,是我们党执政以来面临的最大威胁。一名党员干部要做到廉洁自律,前提就是必须坚定崇高的理想信念。习近平总书记强调:"共产党人如果没有信仰、没有理想,或信仰、理想不坚定,精神上就会'缺钙',就会得'软骨病',就必然导致政治上变质、经济上贪婪、道德上堕落、生活上腐化。"[1] 新时代税务党员干部要始终把坚定理想信念摆在廉洁自律的第一位,做到为民务实清廉,切实转变工作作风,自觉把远大理想、崇高信念和修身律己结合起来,自觉把理想信念时时处处体现为行动力量,自觉把理想信念转化为全心全意为人民服务的实践,从而树立起让人看得见、感受得到的理想信念标杆。

(二) 始终在税收工作中体现以人民为中心的责任担当

坚持以人民为中心的发展思想和工作导向,是我们党的一切工作包括税收工作的根本立场、根本原则,也是税收工作的出发点和落脚点。新时代需要新担当、呼唤新作为。税务机关及其党员干部要把党的十九大报告中关于"坚持以人民为中心"的部署要求贯穿于税收工作的各领域、全过程,主动担当起为人民服务的责任。

1. 依靠人民群众积极稳妥推进税制改革和征管改革

税务系统在研究税收政策、制定税收法律法规、分析经济税源时要把调查研究作为必经程序,坚持"从群众中来,到群众中去",深入基层和纳税缴费企业开展调查分析,及时了解基层群众与广大纳税人、缴费人的所思所想所盼,着力解决影响税制改革的热点、难点、堵点问题,切实优化各类税收征管资源配置,以现代信息化建设为支撑,不断降低税收征纳成本,提高税收征管改革实效。

2. 依靠减税降费政策落地见效提升人民群众的"获得感"

减税降费政策,是新时代我国经济快速发展的助推器,更是民心之所向、人民利益之所在。税务机关作为减税降费政策的具体落实执行者,要保持高

---

[1] 习近平. 在全国党校工作会议上的讲话 [EB/OL]. (2016-05-01) [2021-01-09]. http://cpc.people.com.cn/n1/2016/0501/c64094-28317481.html? r4g3z.

度的政治敏感性，始终站在讲政治的高度，做到学深悟透、坚决贯彻、全面落实，抓实抓细延续实施和新出台的税费优惠政策落实，持续优化推动政策红利直达市场主体的机制和做法，让各项减税降费政策落地见效。税务机关既要增强做好税收工作的前瞻性，提前谋划好每一个阶段的重点工作，又要增强工作的系统性、统筹性，立足本地区、本部门实际创造性开展工作，下大力气破解难题，因地制宜拿出实实在在的有效举措，把该减的税减到位、把该降的费降到位，以优良的作风、精心的服务赢得广大纳税人、缴费人的理解和支持，用实实在在的工作成效，切实增强纳税人、缴费人的获得感，让税收改革红利惠及广大人民群众。

3. 依靠"放管服"改革为纳税人营造公平的税收营商环境

优化税收营商环境是税务机关发挥税收职能作用、助力经济高质量发展的关键所在，是营商环境的重要组成部分，是降低纳税人负担、激发市场主体活力的重要抓手。各级税务机关要把"放管服"改革创新作为解决实际问题的重要途径，保持越是艰险越向前的勇气决心、刚健勇毅，跟着问题走、奔着问题去，勇于直面问题、解决问题、破解难题，着力打造更优、更快、更简的税收服务环境，公平、公开、公正的税收执法环境，落实、落细、落准的税收政策环境，畅通、稳定、共享的信息系统环境，切实强化精确执法，大力推行精细服务，科学实施精准监管，深入推进精诚共治，最终实现政策最优、成本最低、服务最好、办事最快的"四最"税收营商环境。

（三）始终把完善考核评价激励机制作为激发干部活力的重要抓手

面对新时代、新要求、新任务，如何进一步激发税务干部担当作为的内生动力，有效办法是加强对干部的考核激励。税务机关要深入贯彻落实新时代党的组织路线，坚持严管和善待结合、激励和约束并重，不断完善考核评价激励机制及其标准体系，厚植向善向上良好氛围、增强干事创业"六大能力"，极大激发税务干部潜能，为新发展格局下税收现代化建设提供源源不断的动力和能量。

1. 以科学的考核评价机制激励干部勇于担当

健全完善税务系统的政治考察与工作绩效相结合、日常管理和年度考核相结合的干部考核评价制度，把敢不敢扛事、愿不愿做事、能不能干事作为识别干部、评判优劣、奖惩升降的重要标准。在考核评价上，一方面，要做到考核内容精准。用好年度考核、任期考核、平时考核、专项考核等方式，综合运用绩效管理、数字人事、巡视巡察、专项督查、大数据、分析研判等方法，考准考实领导干部工作实绩，把真干假干、干多干少、干好干坏辨别出来。另一方面，要做到考核制度严密。税务系统要结合单位实际制定科学实用的考核办法，完善考核机制，将平时考核与年度考核有机结合，将个人工作、自我评价与领导考核相结合，推动干部考核管理落在日常、严在经常，调动和激发干部工作的积极性。

2. 以真诚的关怀和爱护激发干部干事激情

税务系统各级领导干部要经常与基层干部进行思想沟通和感情交流，既要在干部的选拔任用上关照、培养、选用年轻税务干部，尽快通过思想淬炼、政治历练、实践锻炼、专业训练，使他们快速成长起来，对德才兼备的优秀年轻干部大胆提拔使用。还要在树立典型模范上充分发挥评先评优、奖励表彰等的激励作用，大力选树和培养使用先进典型，进一步振奋干事创业的精气神，促进广大基层干部立足本职岗位担当作为。要提高干部教育培训和人才培养水平，持续解决形式主义、官僚主义突出问题为基层减负，国家税务总局和各省局都要像基层服务纳税人、缴费人一样，更好地为基层服务；要像减税降费让市场主体轻装上阵一样，更好地让基层税务人轻装上阵抓落实，让广大干部有更多的精力担当履职、扎实干事。而且要在容错纠错上倾斜，让实干家专心谋事、让探路人放开手脚、让开拓者奋勇前行。

3. 以正确的选人用人机制激发干部工作活力

政治路线确定之后，干部就是决定的因素。树立正确的选人用人导向，选准用好干部，是党的事业兴旺发达的关键问题。要激活税务党员干部的工作活力，首先要坚持德才兼备、以德为先的选人用人机制，坚持和落实习近平总书记提出的"忠诚干净担当"要求，严把政治关、能力关、作风关、廉洁关，不断健全队伍组织体系，优化班子结构，提升班子整体功能，大力选拔对党忠诚、有理想、有能力、有品德的干部，大力选拔对群众有感情、为群众谋福祉的干部，大力选拔埋头苦干、勇于任事、会抓落实、狠抓落实、富有实效的干部，大力选拔敢于担当、锐意改革、迎难而上的干部，大力选拔严于律己、廉洁奉公、一心干事、一身干净的干部，全面提高税务干部队伍的政治能力、专业本领、工作水平、作风素质。

后　　记

《新发展阶段税收治理》一书，是国家税务总局税务干部学院（中共国家税务总局党校）根据国家税务总局提出的"要把学习贯彻好党的十九届五中全会精神作为当前和今后一个时期税务部门的重大政治任务"的要求而组织编写的。本书以习近平新时代中国特色社会主义思想为指导，围绕"新发展阶段、新发展理念、新发展格局"，紧密联系新时代税收改革与发展实践，对党的十九届五中全会及审议通过的《中共中央关于制定国民经济和社会发展第十四个五年规划和二〇三五年远景目标的建议》（以下简称《建议》）进行了全面而又系统的税收学解读。

本书梳理了《建议》中涉及财税工作的 23 个重要主题，由邓力平、马海涛等理论界的知名专家、学者和实务界的税收行家对其进行了较为全面的学理化阐释、学术化表达和系统化构建。书中收录的文章是对党的十九届五中全会及《建议》进行税收理论创新的最新研究成果，具有较强的学术性、前沿性和实践性，是税务系统深入学习贯彻党的十九届五中全会精神及《建议》的辅导读本，也是各类财经院校师生以及广大纳税人的重要参考书。

本书的编写得到了国家税务总局税务干部学院（中共国家税务总局党校）有关领导和同志们的大力支持。由科研所王伟域研究员主持梳理党的十九届五中全会及《建议》中涉税相关主题，提出策划方案、编写思路、撰写提纲并对所有来稿进行编纂。在编纂过程中，中共国家税务总局党校主持日常工作的副校长、国家税务总局税务干部学院党委书记、院长曾光辉指导并审阅，公共教研部主任阚道远副教授做了大量的组织和协调工作，公共教研部副主任黄建教授梁军锋教授、科研所李新副教授和武靖国副研究员，以及《税收经济研究》编辑部的高庆靖、王未和学院党委办公室朱宝强等参与了本书的审稿、编校和组稿等相关工作。中国税务出版社副社长马连庆、副总编辑王静波十分重视本书的出版并提出许多有益的意见，中国税务出版社编辑为本书的出版做了大量的具体工作，对部分文字做了润色和精简。在此，一并表示衷心感谢！

由于本书涉及的税收领域广，所讨论的问题热点、难点和焦点较多，加之作者的视野和水平有限，特别是撰写时间比较仓促，书中瑕疵和错漏之处在所难免，热忱欢迎专家和读者批评指正。此外，本书在编纂过程中，查阅了大量国内外学者的相关研究成果，并汲取了许多宝贵的思想，因受版面所限，未能对参考的所有文献一一标注，在此谨致诚挚谢意，也请予以谅解。

王伟域

2021 年 4 月